투기자본의 천국

국가 부도와 론스타 게이트

투기자본의 천국

이정환 지음

인물과
사상사

추천의 글

한국 경제는 투기적 국제 금융자본의 천국이 된 지 오래다. 영리를 추구하는 회계법인과 법무법인들이 이들을 돕는 것은 당연하다고 할지라도, 국민 경제의 이익을 지켜야 할 의무가 있는 정치인과 정부 관료마저 많은 수가 사실상 국제 금융자본의 로비스트가 되어가고 있는 이 상황에서 과연 국민 경제를 살릴 길은 없을까? 이 책에서 저자는 철저한 진실을 추구하는 언론인, 날카로운 이론으로 무장한 지식인, 풍부한 대안적 상상력을 가진 사회운동가라는 1인 3역을 해가면서 한국 경제의 실상을 낱낱이 파헤치고, 그 문제점을 분석하며, 대안을 모색한다. 더 나은 세상을 만드는 데 관심이 있는 독자라면 누구나 꼭 읽어야 할 책이다.

— 장하준(영국 케임브리지대학 경제학과 교수)

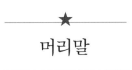

머리말

미칠 것 같은 기분이었다. 잠자리에 들었다가도 벌떡 일어나 자료를 들추어보던 날이 하루 이틀이 아니었다. 그렇게 2년이 넘도록 붙잡고 있던 원고다.

이 책은 2006년에 펴낸 『투기자본의 천국』 10주년 개정판으로 기획되었다. 2016년 6월, 카카오 스토리펀딩에서 연재를 시작했고, 3개월 정도 원고를 취합해 펴낼 생각이었으나 추가 수정을 거듭하면서 훌쩍 2년을 넘겼다. 시간이 많이 흐르기도 했고 추가하거나 보완할 부분이 많아 계획처럼 개정판이 아니라 90% 이상을 새로 써야 했다.

이 책은 2006년 출간 당시 대검찰청 중앙수사부 검사들의 필독서로 불렸지만, 석연찮은 이유로 누군가가 1쇄를 모두 쓸어갔고 소량으로 찍은 2쇄도 일찌감치 팔린 뒤 절판되었다. 이 책을 구할 수 없느냐는 문의가 있었지만, 좀더 보완해서 쓰겠다고 약속한 게 벌써 12년이 훌쩍 지났다.

등장인물만 수백 명에 이르고, 이들의 수사 기록 · 진술 조서 · 판결문 등 읽어야 할 자료가 수만 페이지였다. 관련 논문 수백 건에 엇갈리는 수많은 해석과 평가도 나를 괴롭혔다. 국회 상임위원회와 국정감사 관련 자료도 수천 페이지였다. 온갖 토론회와 기자회견에서 쏟아져나온 다양한 증언과 주장, 취재 과정에서 확보한 비공개 자료 등은 이루 말할 수 없이 많았다. 팩트는 넘쳐나지만 여전히 결정적인 퍼즐 몇 조각이 부족하다는 생각에 분량이 늘어나면 늘어날수록 더 조급하고 초조했다.

원고를 쓰다가도 흐름을 잃기 일쑤였고, 한참을 쓰다 보면 이미 썼던 내용이거나 전혀 다른 맥락으로 튀기도 했다. 그동안 취재 메모와 취재 과정에서 확보한 자료도 군데군데 흩어져 있었다. 세밀한 부분을 파고들수록 큰 그림을 놓치기 일쑤였고, 큰 그림을 그리다 보면 중요한 퍼즐 조각이 빠져 있다는 사실을 깨닫기도 했다. 무엇보다도 사건과 사건이 연결되는 맥락을 살펴야 했다. 과연 올해 안에 끝낼 수는 있을까 하는 좌절과 절망의 시간을 견뎌내면서 겨우겨우 불필요한 부분을 덜어내고 핵심을 가다듬고 혼미한 정신을 추스르면서 계속해서 진실의 실체를 파고들었다.

물론 사명감도 있었다. 사건은 언제나 흘러가고 잊히지만 누군가는 탈탈 털어서 시작부터 끝까지 기록하고 질문을 남겨야 한다고 생각했다. 좀더 사건의 본질에 다가서고 누군가에게 책임을 물어야 한다. 시스템을 드러내야 한다. 내가 아니면 누구도 할 수 없다고 나 자신에게 용기를 북돋았다. '지금 하지 않으면 영원히 못한다!' 그것은 기자로서 자존심이기도 했다.

이미 지난 15년 동안 그야말로 수십만 건의 기사가 쏟아졌다. 많은 사람이 충분히 잘 알고 있다고 생각하지만, 정작 아무도 정확히 알지 못하는 사건, 온갖 이해관계가 충돌하고 수많은 편견과 오해에 사로잡혀 있는 사건, 20년 가까이 한국 사회를 지배하고 있는 IMF 외환위기의 망령.

이 책은 '신자유주의의 세계화'와 '투기자본의 천국'의 실체를 드러내는 역사적 기록이 될 것이다. 지루하고 답답하게 읽힐 수도 있겠으나 과정을 이해해야 본질에 다가설 수 있다고 믿는다. 단순히 나쁜 놈들을 비난하고 그들에게 분노하는 것만으로 세상이 달라지지 않는다는 것을 우리는 잘 알고 있다. 단순히 사건을 복기하는 데 그치지 않고 구조를 드러내고 시스템을 폭로해야 한다는 게 이 책을 쓰면서 수없이 했던 다짐이고 각오였다.

그사이에 론스타는 5조 원 가까이 챙겨서 나갔고 한국 정부를 상대로 5조 원의 소송을 걸었다. 소송에 이기면 5배 가까이 남는 장사가 되는 것이다. 론스타와 한편이었던 사람들이 여전히 론스타와의 소송에서 한국 정부를 대변하고 있다. 내부의 적을 드러내지 않고서는 외부의 적과 싸워 이길 수 없다는 게 이 책의 문제의식이다. 제일은행과 한미은행, 외환은행 매각에서 출발해 IMF 이후 공적자금 투입과 환수, 국부 유출의 역사, 그 과정에서 유사 로비스트 집단 김앤장법률사무소의 역할과 정부 관료들의 회전문 현상, 투자자-국가 간 소송Investor-

State Dispute, ISD과 글로벌 투기자본의 역학관계 등을 추가했다.

흔히 기자들끼리 농담 반 진담 반으로 취재를 너무 많이 하면 기사를 쓰기 어렵다고 한다. 아는 것만 쓰고 끝내면 되는데, 담을 게 많을수록 논리가 꼬이고 변죽을 울리고 주제가 산으로 튀게 마련이다. 그래서 더더욱 쉽고 가볍게 쓸 수 없었다. 이 책은 무겁고 심각하다. 여기에 한국 사회와 한국 경제를 이해하는 중요한 키워드가 담겨 있다고 자부한다.

이 책은 복잡하고 어렵다. 무죄판결을 받은 사람들에 대한 의혹을 담고 있고 여전히 시스템을 지배하는 사람들과 그들의 시스템을 폭로한다. 여전히 사건은 진행 중이고 현재로서는 이 이야기의 끝이 어디로 향하는지 알 수 없다. 다만 기자로서 기록의 의무를 다하고 문제의식을 공유해야 하는 무거운 책임을 다할 뿐이다.

물론 재미있지 않으면 할 수 없는 일이다. 기자 생활 20년 동안 나는 숫자를 다루고 사건의 맥락을 파헤치는 취재를 좋아했다. 주주 자본주의를 비판하고 경고하는 기사를 계속 썼고, 2014년에는 기업 지배구조를 둘러싼 7명의 경제학자의 논쟁을 다룬 『한국의 경제학자들』을 출간하기도 했다. 론스타 사건은 한국 경제의 구조적 문제가 집약되어 있는 사건이다. IMF 이후 지난 20년 동안 한국 사회의 구조적 변화를 읽을 수 있는 사건이기도 하다.

이 책은 언뜻 팩션(팩트와 픽션)처럼 읽힐 수도 있지만 완벽하게 100% 팩트만 담았다. 이 책에 나온 등장인물은 모두 실존 인물이고 모든 발언은 공인된 기록에서 인용한 것이다. 최대한 출처를 명확히 밝히고 확인 가능하도록 했다. 자칫 장황하거나 거칠다고 느낄 수도 있겠지만, 역사적 기록으로 남기는 것이 우선이고 해석과 평가는 그 다음이라고 생각해서 최대한 사건의 전체를 드러내기 위해 노력했다.

독자들은 관심 있는 챕터만 골라가면서 읽어도 좋다. 어느 부분부터 읽어도 각각의 챕터가 완결된 이야기 구조를 갖도록 구성했다. 이해를 돕기 위해 반복되는 설명이 있을 수 있다.

이 책은 크게 다섯 부분으로 나뉜다. 제1장은 론스타의 외환은행 인수 이전, 그러니까 IMF 외환위기 이후 투기자본의 공습을 다룬다. 제2장은 외환은행 인수 이후 투기자본과 한국 시민사회의 전쟁을 다룬다. 제3장은 론스타의 엑시트 플랜과 론스타의 불법 여부를 둘러싼 논란을 다룬다. 제4장은 약탈적 투기자본의 실태와 주주 자본주의의 함정을 다룬다. 제5장은 ISD와 전망을 다루었다.

이 책을 쓰는 데 도움을 준 고마운 사람들에게 감사 인사를 남긴다. 이 책은 그동안 론스타에 맞서 싸웠던 수많은 현장 활동가와 학자, 외환은행 노동조합, 정치인, 그들의 보좌관의 노력의 결과를 모은 것이다. 홍익대학교 전성인 교수와 수륜아시아법률사무소 송기호 변호사, 투기자본감시센터 장화식 전 대표와 윤영대 대표 등에게 많은 신세를 졌다. 이 책은 이들의 투쟁의 성과라고 할 수 있다.

정당과 정파적 논리를 떠나 국회의원 나경원, 심상정, 임종인, 최경환, 박원석 등과 그 보좌관들, 그리고 경제개혁연대와 참여연대의 활동가들과 여러 현장의 학자에게도 감사의 말씀을 전한다. 당연히 이 책은 수많은 동료 언론인의 취재 결과에 바탕하고 있다. 진실을 구성하는 사실의 단편, 크고 작은 조각 퍼즐 가운데 그 어느 것도 중요하지 않은 게 없었다. 나는 여전히 한국 저널리즘에 희망이 있다고 믿는 사람이다.

특별히 이 책의 추천사를 써주신 영국 케임브리지대학 경제학과 장하준 교수는 15년 전 월간『말』시절부터 내 기자 생활의 방향과 문제의식을 잡아주신 분이다. 주주 자본주의에 대한 장하준 교수의 통찰이 이 책에 충실히 반영되어 있다면 다행이고 영광이다.

아내 이경숙이 없었다면 이 책을 시작조차 하지 못했을 것이다. 이경숙은 길을 잃고 헤맬 때마다 방향을 제시해주었고 스토리텔링에도 많은 도움을 주었다. 이경숙 덕분에 나는 좀더 멋진 사람이 된 것 같은 느낌도 든다. 평생을 함께할 동료가 사랑하는 연인이고 좋은 스승이기도 하다는 것은 정말 행운이다. 딸 이선유에게는 이 책이 아빠가 그동안 제대로 놀아주지 못한 데 핑계가 될 수 있을지도 모른다. 그 정도의 의미가 있는 책으로 읽히기를 바랄 뿐이다.

도대체 책은 언제 나오냐고 만날 때마다 재촉하셨던 어머니 손주연 여사를 비롯해 천안의 이상훈과 황미혜, 신도화평강 가족에게도 이 책이 의미있는 선물이 될 수 있기를 바란다. 이 자리를 빌려 손태욱과 손태성 삼촌들께도 존경의 마음을 담아 인사를 남긴다. 장모님 박감태 여사의 건강이 우리 모두에게 큰 축복이라는 사실도 꼭 언급하고 싶다.

월요모임의 박용성과 김종화가 아니었다면 이 책은 좀더 일찍 나왔을지도 모른다. 하지만 당신들이 없었으면 사는 게 재미없었을 거라는 생각을 한다. 책이 나오면 우리는 늘 하던 것처럼 소주잔을 기울일 것이다.

좋은 친구들은 내가 인생을 헛살지 않았다는 증거라고 생각한다. 인세는 미리 받아서 다 써버렸지만 책이 나오면 사루비아다방의 김인과 김창한에게는 크게 술을 쏠 계획이다. 2쇄를 찍을 수 있기를 기원해주시길 바란다.

『미디어오늘』의 선배와 후배, 동료들에게도 깊은 존경과 감사의 마음을 전한다. 편집국장으로 있을 때 이 책을 시작했는데 그사이에 2년 임기를 채우고 대표이사 사장이라는 무거운 책임을 떠맡게 되었다. 『미디어오늘』은 2017년 5년 만에 흑자 전환을 했다. 핑계 같지만 이 책의 마감이 늦어진 것은 사장으로서 지난 2년 가까이 벌였던 수많은 난리법석과 무관하지 않다. 여전히 내 정체성은 기자라고 생각하지만 경영을 맡으면서 한 발 떨어져 있으니 저널리즘의 본질과 사명을 다시 생각하게 된다. 뉴스의 이면과 사실 너머의 진실, 나는 내가 『미디어오늘』 사장이라는 사실이 자랑스럽다. 이 책은 나의 기자로서 자존감과 열정을 증명하기 위한 결과물이기도 하다.

이 밖에도 감사 인사를 드릴 사람이 많다. 기자 생활의 롤 모델인 김주언 선배, 대우증권 사장을 지내신 홍성국 선생님, 한국금융연구원 미래금융센터의 최공필 센터장, 프론티어M&A의 성보경 회장, 『미디어오늘』 사장을 지내신 현이섭 선배와 이완기 선배, 신학림 선배, CBS 정병일 선배에게도 감사의 말씀을 남긴다. 자주 보지는 못하지만 성광야학의 후배들, 친구 신현철에게도 이 책이 선물이 되었으면 좋겠다. 『투자자-국가 직접소송제』를 쓴 홍기빈 선배와 월간 『말』 시절 편집장 이종태 선배에게도 많은 도움을 받았다. 영감의 원천인 IWDM Innovative Workshop for Digital Media 멤버들도 빼놓을 수 없다. 다들 포스가 함께하시길 May the force be with you.

회현어린이집 서하령 원장님을 비롯해 강현경, 박지현, 김민정 선생님, 그리고 임주영 이모께도 감사 인사를 드리고 싶다.

인물과사상사 강준우 대표와 박상문 편집장이 아니었으면 이렇게 아름다운 책으로 엮어낼 수 없었을 것이다. 아무쪼록 많이 팔려서 출판사에 손해라도 나지 않았으면 하는 바람이다. 그리고 스토리펀딩 후원자들의 이름을 이 책의 맨 뒤에 남긴다. 여러분 덕분에 이 책을 쓸 수 있었다. 오래 기다려주서서 고맙고 죄송한 마음이다. 진심으로 감사 인사를 드리고 싶다.

2018년 12월

이정환

★

차 례

제1장

외자 유치라는 망령과 헐값에 팔려나간 은행들

제2장

투기자본과의 전쟁

제5장

단군 이래 최대 소송과 '먹튀'의 완성

IMF 외환위기와 외환은행 매각 주요 사건 일지

1997년 1월 23일 한보철강 부도

1997년 7월 2일 태국 바트화 폭락

1997년 7월 15일 기아 협조 융자 신청, 사실상 부도, 청와대 확대경제장관
　　　　　　회의

1997년 8월 14일 인도네시아 루피아화 폭락

1997년 8월 15일 재정경제원 종합금융회사에 외화 자금 긴급 지원 검토

1997년 9월 10일 산업은행 15억 달러 규모 외환 채권 발행

1997년 9월 29일 외환시장 개장 40분 만에 달러 환율이 변동폭 상한선인
　　　　　　964원까지 상승, 사실상 거래 중단

1997년 10월 15일 쌍방울 부도

1997년 10월 16일 태일정밀 부도

1997년 10월 22일 기아자동차 법정관리 신청

1997년 10월 23일 홍콩 증시 폭락

1997년 10월 24일 미국 S&P, 한국 국가 신용등급 하향 조정

1997년 10월 27일 미국 무디스, 한국 국가 신용등급 하향 조정

1997년 10월 28일 주가지수 500선 붕괴, 미국 투자기관 모건스탠리, 「아
　　　　　　시아를 떠나라」 보고서 발표

1997년 10월 29일 정부 금융시장 안정대책 발표

1997년 11월 1일 해태 부도

1997년 11월 4일 뉴코아 부도

1997년 11월 5일 『블룸버그』「한국 가용 외환 보유고 20억 달러」 보도

1997년 11월 10일 원화 환율, 달러당 1,000원 돌파

1997년 11월 16일 미셸 캉드쉬 IMF 총재 극비 방한

1997년 11월 17일 외국 언론, 한국 IMF 구제금융 요청 가능성 시사, 재정경제원 사실 무근이라며 부인

1997년 11월 18일 한국은행, 정부에 IMF 구제금융 요청 촉구

1997년 11월 19일 강경식 경제부총리 · 김인호 수석 경질, 임창렬 신임 경제부총리 임명, 금융시장 안정 및 금융산업 구조조정을 위한 종합대책 발표

1997년 11월 21일 정부 IMF에 구제금융 공식 신청 발표

1997년 11월 22일 정부 IMF에 구제금융 신청 요청 발표

1997년 12월 2일 재경경재원, 9개 종합금융회사 영업 정지 명령

1997년 12월 3일 임창렬 경제부총리와 캉드쉬 IMF 총재, 공식적인 구제금융 합의서에 서명, 대기성차관 제공에 관한 양해각서 체결

1997년 12월 4일 대기성차관 협약 IMF 이사회 승인, 대기성차관 75억 달러, 보완 준비 금융 135억 달러 등

1997년 12월 5일 고려증권 부도

1997년 12월 6일 한라그룹 부도, IMF 1차 지원금 56억 달러 제공

1997년 12월 10일 5개 종합금융회사 업무 정지 명령

1997년 12월 11일 자본시장 전면 개방(1인당 한도 50%로 확대), 외국인 투자 한도 확대(50%), 개인당(7%), 종목당(26%) 한도 발표, 미국 S&P 한국 국가 신용등급 3단계 하향 조정

1997년 12월 12일 동서증권 영업 정지 처분 법정관리 신청

1997년 12월 18일 제15대 대통령 선거, 김대중 후보 당선, IMF 2차 인출 이사회 승인

1997년 12월 21일 미국 무디스, 한국 국가 신용등급 투자부적격 등급으로 하향 조정

1997년 12월 23일 원화 환율, 1,995원 돌파, 국공채시장 등 채권시장 전면 개방

1997년 12월 24일 정부, IMF 구제금융 협상에 대한 신청 발표

1997년 12월 25일 IMF 및 주요 선진국 자금 조기 지원 발표

1998년 1월 16일 현대그룹 구조조정 계획 발표

1998년 1월 18일 극동건설 부도

1998년 1월 30일 재정경제원, 종합금융회사 1차 폐쇄 대상 10개사 명단 발표

1998년 2월 3일 미국 S&P, 국가 신용등급 3단계 상향 조정

1998년 2월 15일 외국인에 대한 인수·합병 제한 완화

1998년 2월 17일 10개 종합금융회사 인가 취소(첫 금융기관 퇴출), 미국 S&P, 한국 국가 신용등급 3단계 상향 조정

1998년 2월 19일 BIS 8% 미달 12개 은행 경영 개선 조치

1998년 3월 23일 IMF 서울사무소 설치

1998년 3월 24일 세계은행 1차 구조조정차관 20억 달러 승인

1998년 3월 26일 미국 무디스, 한국 장기신용등급 전망 상향 조정

1998년 3월 27일 국제부흥개발은행, 한국에 대한 1차 구조조정차관 승인

1998년 4월 1일 금융감독위원회 공식 출범

1998년 4월 27일 외국인 투자 유치 종합대책 발표

1998년 5월 12일 거평그룹 부도

1998년 5월 16일 외국인 주식투자한도 폐지

1998년 5월 28일 외환은행, 코메르츠방크에서 외자 유치, 29.8% 지분 매각

1998년 6월 12일 5대 그룹 간 빅딜 추진, 한국전력공사 등 9개 공기업 조기 민영화 확정

1998년 6월 18일 금융감독위원회, 퇴출 대상 55개 기업 발표(5대 그룹 20개사, 6~64대 그룹의 32개사, 비재벌 계열 3개사)

1998년 6월 29일 금융감독위원회, 금융기관 구조개혁 조처(동화, 동남, 대동, 경기, 충청 등 5개 시중은행 폐쇄 빌표), 퇴출은행, 조건부 승인은행 발표

1998년 7월 3일 외환 매입 제한 폐지

1998년 7월 10일 개정 예금자보호법 시행, 환란 1차 공판 발표

1998년 7월 11일 상업·한일은행 합병 발표

1998년 9월 10일 하나·보람은행 합병 발표

1998년 9월 11일 국민·장기신용은행 합병 발표

1998년 9월 20일 장은·동방페레그린 증권 퇴출

1998년 10월 19일 5대 재벌 계열 사업 구조조정 방안 발표

1998년 10월 28일 은행권, 117개 기업 워크아웃 대상 선정

1998년 11월 5일 기아자동차, 현대자동차에 낙찰

1998년 12월 7일 정부·재계, 5대 재벌 구조조정안 합의

1998년 12월 18일 IMF 자금 18억 달러 첫 상환, IMF 긴급보완금융SRF
18억 달러 상환

1998년 12월 30일 IMF 긴급보완금융 10억 달러 상환

1999년 1월 1일 제일은행, 뉴브리지캐피탈에 매각 합의(지분 51%)

1999년 1월 25일 영국 피치, 한국 국가 신용등급을 투자적격으로 상향 조정

1999년 2월 12일 미국 무디스, 한국 신용등급을 투자적격으로 상향 조정

1999년 4월 19일 대우그룹 구조조정 계획 발표(대우중공업 조선 부문 매각,
김우중 회장 보유 주식 매각 대금 3,000억 원 출연 등 구조혁신 방안)

1999년 4월 21일 부실 5개 생명보험사(동아, 태평양, 한덕, 조선, 두원) 공개
매각 절차 개시

1999년 4월 23일 현대그룹 구조조정 계획 발표

1999년 5월 6일 종합주가지수 800 돌파

1999년 6월 30일 삼성자동차 법정관리 신청으로 삼성자동차·대우전자
빅딜 무산

1999년 7월 1일 정부, 긴급자원지급 40억 달러 조기 상환하기로 IMF와
합의

1999년 9월 17일 제일은행, 뉴브리지캐피탈과 매각을 위한 주요 조건에
합의하고 투자약정서 체결

1999년 10월 30일~12월 1일 대우그룹 12개 계열사에 대한 워크아웃 계

획 확정

2000년 2월 12일 기아자동차 법정관리 및 화의 신청 종결 결정

2000년 9월 12일 정부, 공적자금 40조 원 추가 조성 결정

2000년 9월 20일 IMF 대기성차관 60억 달러 조기 상환 방침 발표

2000년 10월 30일 현대건설 1차 부도

2000년 11월 3일 2차 29개 퇴출 대상 기업 발표(삼성자동차, 삼성쌍용차, 진로종합식품, 진로종합유통, 우성건설 등)

2000년 11월 6일 대우자동차 1차 부도 처리

2000년 11월 8일 대우자동차 최종 부도 처리

2000년 11월 10일 동아건설 부도

2000년 12월 3일 대기성차관 협약 및 프로그램 종료

2000년 12월 4일 김대중 대통령 'IMF 위기에서 완전히 벗어났다' 공식 발표

2000년 12월 17일 예금보험공사, 5개 부실은행에 공적자금 투입 결정

2001년 8월 23일 IMF 관리 체제 졸업(구제금융 195억 달러 전액 상환)

2003년 7월 28일 외환은행, 외자유치 배타적 협상자로 론스타 선정

20003년 8월 27일 론스타, 외환은행 인수 경영권 양도 본 계약

2003년 9월 16일 외환은행 임시주총 액면가 이하 증자와 사외이사 선임 등 의결

2003년 11월 20일 외환은행 이사회, 외환카드 감자 검토

2003년 11월 28일 외환은행 이사회, 감자 없이 외환카드와 합병 결의

2004년 2월 28일 외환카드 외환은행에 흡수합병

2004년 10월 14일 투기자본감시센터 론스타 주식 취득 승인무효 소송 제지

2006년 1월 12일 론스타 외환은행 매각 추진 발표

2006년 3월 7일 국회 재정경제위원회, 외환은행 매각 검찰 고발

2006년 3월 22일 국민은행 우선협상 대상자 내정

2006년 6월 10일 감사원 외환은행 헐값 매각 의혹 중간 발표, 검찰 통보

2006년 10월 31일 엘리스 쇼트 론스타 부회장 등 영장 청구, 외환카드 주가조작 혐의

2006년 11월 23일 론스타 외환은행 매각 계약 파기 선언

2006년 12월 7일 박영수 대검찰청 중수부장 론스타 중간수사 결과 발표

2007년 9월 3일 HSBC 론스타 지분 51.02% 인수 합의 발표

2007년 12월 17일 HSBC 금융감독위원회에 외환은행 지분 인수 승인 신청

2008년 1월 9일 존 그레이켄 론스타 회장 입국

2008년 2월 1일 서울중앙지방법원 외환카드 주가조작 사건 유죄 선고(론스타코리아 대표 유회원 징역 5년, 외환은행, 론스타 각각 250억 원의 벌금형 선고)

2008년 4월 29일 론스타 HSBC 매매계약 3개월 연장

2008년 7월 31일 론스타 HSBC 매매계약 시한 만료

2008년 8월 11일 HSBC 외환은행 인수승인 신청서 제출, 금융위원회 외환은행 매각 심사 착수

2008년 9월 19일 HSBC 외환은행 매매계약 파기 결정 인수 포기

2010년 4월 5일 외환은행 매각 절차 재개

2010년 10월 14일 외환은행 헐값 매각사건 대법원 무죄판결

2010년 11월 25일 론스타-하나금융 매매계약

2011년 3월 10일 대법원, 외환카드 주가조작 사건 원심 파기(론스타 사실상 유죄 취지 파기환송)

2012년 1월 27일 금융위원회 '론스타는 금융자본' 결론, 하나은행 인수 승인

2012년 5월 21일 론스타 한국 상대로 중재의향서 제출

2012년 11월 21일 론스타 ISD 신청서 제출

2013년 5월 10일 론스타-한국 정부 ISD 중재재판부 구성

2015년 5월 14일 론스타-한국 정부 ISD 1차 구술 변론

2015년 6월 29일 론스타-한국 정부 ISD 2차 구술 변론

2016년 1월 5일 론스타-한국 정부 ISD 3차 구술 변론

2016년 6월 2일 론스타-한국 정부 ISD 4차 최종 구술 변론

론스타 투자 구조도

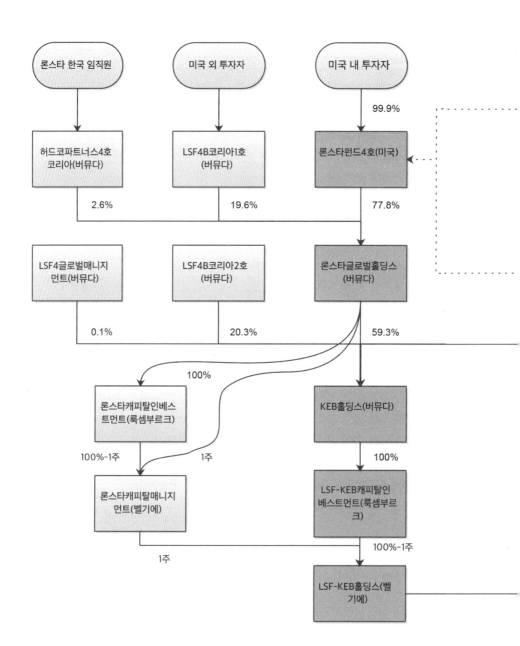

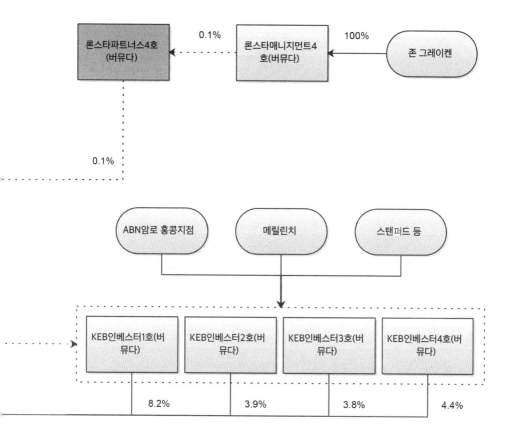

등장인물과 기관

ABN암로 네덜란드 은행. 론스타에 지분 투자를 했다.

권오규 2003년 2월부터 2004년 5월까지 청와대 대통령비서실 정책수석 비서관.

금융감독원 금융기관에 대한 감사와 감독 업무를 수행하는 기관으로 1999년 설립되었다.

금융감독위원회 금융 정책을 총괄하는 정부 부처로 1998년 설립되었으며, 2008년 금융위원회로 명칭이 변경되었다.

김광율 ABN암로 서울사무소 본부장.

김석동 2001년 5월부터 2004년 1월까지 금융감독위원회 감독정책1국 국장. 2011년 1월부터 2013년 2월까지 금융위원회 위원장.

김성진 재정경제부 경제협력국 국장.

김앤장법률사무소 론스타, 진로, 제일은행의 법률 자문을 맡았던 로펌.

김은상 2001년 7월 론스타의 재무 자문사인 살로먼스미스바니 한국 대표로 취임해 2년 동안 근무. 변양호의 고등학교 동기동창. 김석동의 고교 1년 후배(대학은 동기).

김진표 2003년 2월부터 2004년 2월까지 재정경제부 장관, 경제부총리.

김형민 2003년 12월부터 2008년 6월까지 외환은행 상무·부행장.

뉴브리지캐피탈 1994년 미국계 사모펀드인 텍사스퍼시픽그룹과 블럼캐
피탈이 설립한 회사.

도쿄스타은행 론스타가 일본에서 인수한 은행.

론스타펀드 미국 텍사스주 댈러스에 본사를 둔 폐쇄형 사모펀드인 론스타
펀드4호, 엄밀하게는 합자회사로 무한책임사원인 론스타파트너스4호를
의미한다.

리처드 웨커 론스타 인수 이후 외환은행 행장.

마이클 톰슨 론스타 미국 본사 법률 고문.

만프레드 드로스트 코메르츠방크에서 파견된 외환은행 부행장(여신 담당).

모건스탠리 1935년 설립된 미국의 투자은행.

박순풍 외환은행의 재무자문사인 엘리어트홀딩스 대표이사로 2002년 11월
부터 2003년 10월까지 외환은행 자문.

법무법인 세종 론스타의 법률 자문을 맡았던 로펌.

변양호 2001년 4월부터 2004년 1월까지 재정경제부 금융정책국 국장,
2005년 1월 금융정보분석원 원장을 마지막으로 재정경제부에서 퇴직,
2005년 8월 보고인베스트먼트 설립.

산웨이젠 뉴브리지캐피탈 아시아 대표.

살로먼스미스바니 씨티그룹의 자회사로 나중에 씨티그룹과 합병된다. 론
스타의 재무 자문사를 맡았다.

삼정KPMG 론스타의 회계 자문을 맡았던 회계법인.

서충석 2004년 5월부터 론스타 인수 이후 외환은행 재무본부장.

송현도 2001년 7월부터 2004년 1월까지 금융감독위원회 감독정책1국 은행감독과 사무관.

스캇 오(한국명 오창민) 살로먼스미스바니 상무, 씨티그룹 글로벌마켓코리아 부사장.

스탠다드차타드은행 뉴브리지캐피탈에 넘어간 제일은행을 인수해 이름을 바꾸었다. 2016년 이름을 SC제일은행으로 바꾸었다.

스티븐 리(한국명 이정환) 론스타어드바이저코리아 대표.

신재하 외환은행의 매각사인 모건스탠리 전무.

신진창 2002년 12월부터 2005년 3월까지 재정경제부 은행제도과 사무관.

엘리스 쇼트 론스타 부회장 겸 아시아 담당 책임자.

엘리어트홀딩스 박순풍의 1인 회사.

예금보험공사 고객의 예금 보호를 목적으로 하는 기관으로 1996년 설립되었다.

유재훈 2002년 1월부터 2004년 2월까지 금융감독위원회 감독정책1국 은행감독과 과장.

유한회사 삼일프라이스워터하우스쿠퍼스컨설팅 외환은행의 회계 자문을 맡았던 회사. 줄여서 삼일회계법인 또는 삼일이라고 쓴다.

유회원 론스타코리아 대표. 허드슨어드바이저 대표

이강원 2002년 4월부터 2003년 11월까지 외환은행 행장.

이곤학 2002년 2월부터 2004년 8월까지 금융감독원 은행검사1국 상시 감시1팀 및 2팀에서 수석 검사역으로 외환은행에 대한 상시 감시 업무 등 담당.

이근영 2000년 8월부터 2003년 3월까지 금융감독위원회 위원장.

이달용 2002년 11월부터 2003년 10월까지 외환은행 부행장, 2003년 11월부터 2004년 1월까지 행장 대행, 2004년 1월부터 2004년 4월까지 부행장.

이동걸 2003년 3월부터 2004년 9월까지 금융감독위원회 부위원장.

이성태 2003년 5월부터 2006년 4월까지 한국은행 부총재.

이영회 2001년 4월부터 2003년 9월까지 수출입은행 행장.

이재원 2002년 12월부터 2004년 3월까지 외환은행 태스크포스팀 팀장.

이정재 2003년 3월부터 2004년 8월까지 금융감독위원회 위원장.

재정경제부 경제 정책 수립과 조정을 맡는 중앙행정기관으로 1948년 재무부, 1994년 재정경제원, 1998년 재정경제부, 2008년 기획재정부로 명칭이 변경되었다.

전용준 외환은행 미래전략추진실장(2002년 5월~2003년 2월), 경영전략부장(2003년 2월~2003년 11월).

전윤철 2002년 4월부터 2003년 2월 27일까지 재정경제부 장관, 경제부총리.

정문수 2001년 3월부터 2003년 10월까지 외환은행 이사회 의장.

정성순 금융감독원 은행감독국 국장.

제프리 존스 주한미국상공회의소 의장, 김앤장 소속 고문.

주형환 2001년 5월부터 2003년 3월까지 재정경제부 은행제도과 과장, 2003년 3월부터 2005년 2월까지 대통령비서실 정책실 행정관.

진홍수 1999년 12월부터 2006년 4월까지 은행감독국 은행총괄팀 검사역. 2007년 사망.

추경호 2003년 3월부터 2005년 2월까지 재정경제부 은행제도과 과장.

코메르츠방크 외환은행 지분 23.62%를 보유하고 있다가 매각한 독일계 은행.

클라우스-페터 뮐러 코메르츠방크 행장.

토마스 나우만 코메르츠방크 재무부 부장, 외환은행에 파견된 사외이사.

하종선 스티븐 리에게서 론스타를 위해 로비를 부탁 받은 변호사, 변양호 의 경기고등학교 동창.

한국수출입은행 외환은행 지분 32.5%를 보유하고 있다가 매각한 한국의 국책은행.

한국외환은행 외국환 거래와 무역 금융의 원활을 기하기 위해 설립된 은 행으로 2015년 하나은행에 통합되어 KEB하나은행이 되었다.

한국은행 외환은행 지분 10.67%를 보유하고 있다가 매각한 한국의 중앙 은행.

허창욱 외환은행 재무기획부 차장. 2005년 사망.

홍콩상하이은행 1865년 설립된 홍콩을 본거지로 하는 HSBC그룹 산하의 은행.

제1장

외자 유치라는 망령과
헐값에 팔려나간 은행들

★
"나는 왕처럼 살고 있다"

2001년 5월, 미국 월스트리트에서는 한국에서 날아온 이메일 한 통이 화제가 되었다. 발신인은 칼라일그룹 한국사무소 직원인 피터 정 Peter Chung이었다. 그가 미국의 친구들에게 보낸 이메일 제목은 "나는 왕처럼 살고 있다Living like a king"였다. 다소 낯 뜨거운 내용이지만, 간단히 요약하면 다음과 같다.

"나는 한강이 내려다보이는 방 3개짜리 아파트에 살고 있어. 왜 방이 3개나 필요하냐고? 좋은 질문이야. 안방은 나와 뜨거운 영계들 chicks이 앞으로 2년 동안 뒹굴 퀸 사이즈 침대가 있는 곳이지. 두 번째 방은 내 영계들을 위한 할렘이고 세 번째 방은 너희 바람둥이들fuckers 이 한국을 방문할 때 머물 곳이야. 이틀에 한 번 그리고 주말마다 한국 최고의 클럽과 술집에 가는데 바이buy 사이드 업무를 더 배우면 날마다 가는 것도 가능할 것 같아. 밤마다 여자들에게서 만나자는 전화를 받고 한 번 나가면 적어도 3명의 영계가 우리 집에 오고 싶다고 달라붙어. 은행가들bankers에게서 이런저런 사업 제안을 받고 있는데 이들은 나의 변덕스러운 취미(골프, 최고의 저녁식사, 술집 접대 등)를 모두 충족시켜주지. 나는 이곳에서 왕이야. 그러니까 너희 바람둥이들은 나와 연락을 끊지 않는 게 좋을 거야."

이 이메일은 그의 전 직장인 메릴린치를 비롯해 월스트리트는 물론이고 세계 전역으로 쫙 퍼졌다. 블룸버그와 다우존스 등이 이 이메일을 소개했고 며칠 뒤에는 『워싱턴포스트』까지 비중 있게 이 사건을 다루었다. 결국 왕처럼 살던 그는 사표를 쓰고 회사를 떠날 수밖에 없었다. 한국 언론에서도 이 사건을 일부 다루기는 했지만 외신을 인용해 그의 여성 편력을 가십거리로 다루었을 뿐 그 의미를 제대로 짚고 넘어가지 않았다.

세계의 여러 언론이 이 우스꽝스러운 이메일에 큰 관심을 보였던 것은 칼라일그룹이 그 무렵 한미은행의 최대 주주였기 때문이다. 『워싱턴포스트』는 이 사건을 두고 "한국 은행 산업의 추악한 단면"이라고 비난했다. 그때만 해도(지금도 마찬가지지만), 칼라일이라는 이름이 낯설었고 칼라일그룹이 한미은행의 대주주라는 사실조차 아는 사람이 많지 않았다.

피터 정은 프린스턴대학 출신의 미국 교포 2세로 그때 나이 24세였다. 그가 한국에서 한 일은 무엇이었을까? 왜 한국의 은행가들이 그에게 줄을 서서 온갖 향응을 제공해야 했을까? 이 이메일은 칼라일 같은 외국계 펀드들과 피터 정 같은 '검은 머리 외국인'들이 IMF 외환위기 이후 한국에 들어와 무슨 짓을 했는지 짐작게 하는 한 단면이다.

2000년과 2001년, 그 무렵에는 뉴브리지캐피탈이나 칼라일펀드에 대해 아무도 비판하지 않았다. 이 이메일 사건이 터졌을 때도 칼라일그룹이 한미은행의 대주주였다는 사실을 아무도 눈여겨보지 않았다. 칼라일그룹이 JP모건 뒤에 숨어 있었기 때문이기도 하지만 우리는 칼라일에 대해 아는 게 거의 없었다.

나는 2003년부터 외환은행 불법 매각 사건을 추적하면서 론스타와 칼라일, 뉴브리지캐피탈 등 사모펀드들이 한국에서 무슨 짓을 했는지 살펴보고 경악을 금치 못했다. 이들이 어떻게 불가능한 걸 가능하게 만들고, 합법과 불법의 경계를 넘나들면서 한국 경제를 농락했는지 확인할 수 있었다. 누군가는 어쩔 수 없는 상황이었다고 말한다. 누군가는 그것이 시장의 원리라고 말한다.

우리는 적어도 무슨 일이 벌어졌고 무슨 일이 벌어지고 있는지 알아야 한다. IMF를 극복하는 과정에서 숱하게 팔려나간 기업들, 천문학적인 공적자금 투입과 구조조정, 론스타는 그 일부일 뿐이다. 그리고 비극은 여전히 진행 중이다.

먼저 칼라일의 이야기부터 시작해보기로 하자. 댄 브리어디Dan Briody의 『미국 자본주의의 통찰 1: 칼라일』(황금부엉이, 2009년. 이 책의 원제는 『철의 삼각지대: 칼라일그룹의 비밀 세계The Iron Triangle: Inside the Secret World of the Carlyle Group』)은 칼라일의 역사를 다룬 책으로 그 내용을 잠시 살펴보자.

칼라일은 1987년 스티븐 노리스Stephen Norris와 데이비드 루벤스타인David Rubenstein이 그들이 자주 모이던 호텔의 이름을 따서 만들었다. 이들은 알래스카의 부실기업들을 지원하는 특별법을 이용해 우량 기업들의 세금을 줄여주는 방법으로 재미를 보았고 여기서 얻은 이익이 칼라일의 설립 자본금이 되었다. 기회를 잘 잡기는 했지만 이때만 해도 칼라일은 다른 수많은 사모펀드와 크게 다르지 않았다.

몇 차례 실수와 실패를 거듭한 끝에 칼라일은 이 사업에 인맥이 무엇보다도 중요하다는 사실을 간파한다. 그래서 칼라일은 정치권에 줄을 대는 데 모든 역량을 집중하고 결국 성공한다. 이 부분이 칼라일이 다른 사모펀드들과 다른 점이다. 기대 수익이 높으면 그만큼 높은 위험을 감수해야 한다는 것은 투자의 기본 원칙이다. 그러나 칼라일은 위험을 피하거나 줄이는 방법을 일찌감치 깨달았던 것이다.

칼라일이 가장 먼저 끌어들인 퇴직 관료는 리처드 닉슨Richard Nixon 전 대통령의 인사담당관이었던 프레더릭 말렉Frederic Malek이다. 공화당 전국위원회 부회장으로 일하고 있던 그가 닉슨 시절의 스캔들이 뒤늦게 문제되어 물러나자 칼라일은 그를 재빨리 영입한다. 말렉은 그 뒤 칼라일이 케이터에어CaterAir라는 회사를 인수하는 과정에 주도적인 역할을 하게 된다. 이 회사의 인수는 칼라일 역사에서 매우 중요한 사건이다.

조지 W. 부시 미국 대통령이 대통령의 아들이었던 무렵, 그러니까 아버지 조지 H. 부시가 대통령으로 재직 중이던 무렵인 1990년, 칼라일은 조지 W. 부시를 케이터에어의 이사로 영입한다. 항공기 기내식을 납품하는 이 회사의 실적은 형편없었지만, 칼라일은 이를 계기로 현직 대통령과 그의 아들을 사업 파트너로 끌어들이게 된다. 이들의 인연은 물론 조지 W. 부시가 대통령이 된 뒤에도 계속 이어졌다.

칼라일은 이에 앞서 1989년, 프랭크 칼루치Frank Carlucci 전 국방부 장관을 영입했다. 칼루치는 도널드 럼스펠드Donald Rumsfeld 국방부 장관과 대학 시절 룸메이트이기도 하다. 한 사람은 조지 H. 부시 시절 장관이었고 한 사람은 조지 W. 부시 시절 장관이라는 사실도 흥미롭다. 칼루치는 그 뒤 칼라일이 퇴직 관료들을 끌어들이는 데 다리를 놓은 것은 물론이고 군수산업에 진출하는 과정에서도 주도적인 역할을 한다.

칼라일은 1990년 군수회사인 BDM을 헐값에 사들여 칼루치를 회장으로 앉힌다. 전직 국방부 장관이 국방부에 납품하는 군수회사의 회장으로 옮겨간 것이다. BDM은 눈부시게 성장했고 칼라일은 1994년 이 회사를 주식시장에 공개해 막대한 이익을 챙기게 된다. 이 밖에도 칼라일은 1992년 파산 위기에 몰린 LTV의 항공 부문을 인수해 눈길을 끌기도 했다. 칼라일과 경쟁해서 탈락한 상대는 미국 최대의 군수회사인 록히드마틴이었다.

1993년에는 제임스 베이커James Baker 전 국무부 장관과 리처드 다르멘Richard Darman 예산관리국장이 퇴임하자마자 칼라일로 옮겨갔다. 칼라일은 갑자기 언론의 집중 조명을 받게 되었고, 세계적인 투자 전문가로 꼽히는 조지 소로스George Soros가 칼라일에 1억 달러 이상을 투자한 것도 그 무렵이었다. 칼라일은 이를 떠들썩하게 홍보했고 소로스의 뒤를 이어 씨티그룹과 공무원퇴직연금 같은 굵직굵직한 투자자들이 칼라일에 돈을 싸들고 왔다.

칼라일의 자금은 눈덩이처럼 불어났고 인맥도 거침없이 뻗어나갔다. 영국 수상이었던 존 메이저John Major를 비롯해 한국의 박태준 전

국무총리, 필리핀의 피델 라모스Fidel Ramos 전 대통령, 태국의 아난 빤 야라춘Anand Panyarachun 전 총리 등이 칼라일에 합류했다. 칼라일은 2000년 미국 대선에서 조지 W. 부시를 대통령으로 만드는 데도 앞장 섰고 결국 성공했다. 부회장으로 있던 제임스 베이커는 아예 조지 W. 부시의 선거 캠프를 진두지휘하기도 했다.

심지어 칼라일은 9·11테러의 주범으로 꼽히는 오사마 빈라덴 Osama bin Laden 집안과도 거래를 했다. 9월 11일 아침, 조지 H. 부시는 샤피크 빈라덴Shafiq bin Laden과 한자리에 있었다. 칼라일 연례 투자자 회의에서였다. 샤피크 빈라덴은 오사마의 이복 형제다. 그는 칼라일 의 주요 투자자 가운데 한 명이고 조지 H. 부시는 칼라일의 고문이다. 테러 이후 미국 정부는 무기 구입 예산을 크게 늘렸고, 칼라일의 자회 사들은 덕분에 엄청난 돈을 벌어들였다. 9·11테러로 가장 많은 돈을 번 곳이 칼라일이라는 이야기가 나돌 정도였다.

전직 대통령이 테러리스트 가문과 사업 파트너라는 사실, 테러와의 전쟁 덕분에 이들이 함께 돈을 벌고 있다는 사실은 좀처럼 받아들이 기 어렵다. 한때 칼라일의 자회사에서 일했던 조지 W. 부시는 테러 직 후 오사마 빈라덴의 나라인 사우디아라비아를 공격하지 않고 엉뚱하 게도 이라크를 공격했다. 이 모든 아이러니를 어떻게 이해해야 할까? 미국과 칼라일의 이해가 충돌할 때 이들은 어느 편에 서는 것일까?

칼라일의 투자자산 규모는 2015년 3분기 기준으로 1,877억 달러 로 3,340억 달러의 블랙스톤에 이어 세계 2위 규모다. 운용 인력은 700명 정도로 알려져 있는데, 세계적으로 투자한 기업이 200여 개, 이들 기업이 고용한 임직원 수는 65만 명에 이른다. 미국 뉴욕대학 경영대학원 교수 구스타보 슈어드Gustavo Schwed는 2016년 1월, 『한국경제』와 한 인터뷰에서 "칼라일 같은 사모펀드들은 뉴욕이나 런던 사무실에 앉아 전 세계에 흩어져 있는 수백 개 투자 기업의 운명을 좌지우지한다"며 "전방위로 사업을 확장했던 GE의 잭 웰치 전 회장보다 영향력이 더 센 사람들"이라고 말했다.

이들이 만들어낸 천문학적인 이익은 결국 전직 대통령을 비롯한 퇴직 관료들의 광범위한 인맥과 영향력이 있었기에 가능했다는 관측이 지배적이다. 돈이 돈을 벌지만 돈만으로는 안 된다. 겉으로 드러난 것이 전부인지, 그 이면에 더 거대한 음모가 있는지는 아직 확인되지 않았다. 분명한 것은 불가능을 모르는 이 엄청난 투자가 완벽하게 합법이고 또 아무런 제재도 받지 않고 있다는 사실이다.

놀랍게도 이것은 미국만의 이야기가 아니다. 2000년 9월 칼라일이 한국에 들어와 한미은행을 인수할 때도 비슷한 일이 벌어졌다. 칼라일은 그해 3월, 금융감독위원회에 한미은행 주식을 사들이겠다고 신청을 했다가 거절당했다. 대주주 적격성 문제가 걸렸던 것이다. 칼라일은 사모펀드였을 뿐 금융기관이 아니었기 때문에 금융기관의 대주주가 될 자격이 없었다. 그런데 그해 9월 칼라일은 그나마 금융기관이라고 할 수 있는 JP모건을 앞세워 금융감독위원회의 승인을 받아낸다.

칼라일은 애초에 JP모건과 50대 50으로 투자를 하겠다고 금융감독위원회를 설득했다. 그런데 칼라일과 JP모건 컨소시엄이 인수한 한미은행 지분 36.6% 가운데 칼라일과 JP모건이 각각 8.2%, 나머지는 금융감독위원회의 추적을 피하기 위해 4% 미만으로 분산된 칼라일의 위장 계열사들의 지분인 것으로 뒤늦게 드러났다. JP모건이 대주주라고 금융감독위원회를 속였지만, 실제로는 칼라일이 대주주였고 그나마 간판 역할을 했던 JP모건 역시 직접 투자가 아니라 JP모건코세어 2호라는 사모펀드를 내세웠다. 이 사모펀드에서도 JP모건의 지분이 50%가 넘지 않았다. 명백한 불법 매각이었다.

표면적으로는 반반씩 투자한 걸로 되어 있지만 사실상 칼라일이 한미은행의 대주주였다는 이야기다. 금융감독위원회는 이런 사실을 몰랐을까? 아니면 알면서도 묵인했던 것일까? 지금까지 드러난 사실을 종합하면 후자일 가능성이 훨씬 크다. 당시 칼라일은 홈페이지에 위장 계열사들의 지분 비율을 버젓이 공개하기도 했다. 금융감독위원회가 이를 몰랐다는 것은 말이 안 된다. 비판과 비난이 쏟아졌지만 금융감독위원회는 끝까지 침묵했다.

칼라일아시아 회장 김병주가 2001년 8월 홍콩의 『파이낸스아시아』와 한 인터뷰를 보면 한국 정부를 얼마나 우습게 생각했는지 알 수 있다. 김병주는 당초 단독으로 한미은행을 인수할 계획이었으나 대주주 자격이 안 된다는 금융감독위원회의 말을 전해 듣고 독일의 도이체방크를 접촉했다. 그러나 도이체방크는 한미은행 인수에 대주주로 참여할 의사가 없었고, 그래서 찾은 게 JP모건의 사모펀드 코세어펀드였다. 『신동아』(2005년 4월호)는 김병주가 『파이낸스아시아』와 한 인터뷰 일부를 인용해 싣기도 했다.

"문제는 우리가 한미은행에 4억 5,000만 달러(약 5,000억 원)를 주기로 약속했다는 점이었습니다. 그러나 '코세어' 내부 규정상 투자 한도가 1억 달러에 불과했습니다. 우리는 'JP모건이 총 소요 자금의 4분의 1도 안 되는 금액을 제공했는데도 경영권을 공유해야 하는가?' 하는 질문을 던질 수밖에 없었죠. 결국 우리는 각각 1억 달러씩 출자해서 2억 달러의 특수목적회사SPC를 설립하게 된 것입니다."

2005년 9월 국정감사에서는 이 인터뷰가 뒤늦게 쟁점이 되었다. JP모건이 출자한 사모펀드를 얼굴마담으로 내세우고 위장 계열사들에 지분을 분산해 금융감독위원회를 속였다는 사실을 공공연하게 떠벌리고 있는데도 금융감독위원회 관계자들은 이 인터뷰를 4년이나 지나 『신동아』의 보도를 보고 확인했다고 답변했다. 이때는 이미 칼라일과 JP모건 컨소시엄이 보유 지분을 모두 씨티은행에 넘기고 7,107억 원의 시세 차익을 챙겨 빠져나간 뒤였다. 금융감독위원회가 침묵해야만 했던 사정이 있었던 것일까?

칼라일은 김앤장법률사무소와 법무법인 세종에 법률 자문을 맡겼는데, 2000년 8월 금융감독위원회 회의록을 보면 김앤장과 세종이 칼라일에 자문해준 내용이 거의 그대로 인용되어 있다. 금융감독위원회가 김앤장과 세종에 법률 자문을 받은 것 같은 상황이다. 회의록에는 외국 금융기관의 관행 등을 고려할 때 칼라일과 JP모건 컨소시엄의 한미은행 인수는 법적으로 타당하다는 주장이 담겨 있다. 칼라일의 주장을 금융감독위원회가 그대로 받아들여 매각을 승인하는 논리로 활용했다는 이야기다.

더 놀라운 것은 금융감독위원회 위원장 이근영이 퇴직 후 법무법인 세종의 고문으로 옮겨갔다는 사실이다. 미국에서 칼라일이 퇴직 관료들을 끌어들였던 것처럼 한국에서는 법률 회사들이 법조계는 물론이고 재정경제부와 국세청, 금융감독원, 금융감독위원회 인맥을 무더기로 끌어들이고 있었다. 굴지의 로펌들이 변호사도 아닌 이들을 왜 끌어들이는지, 이들이 이곳에 가서 얼마의 연봉을 받으며 무슨 일을 하는지 알려진 게 거의 없다.

미국 대통령을 지내고 칼라일 고문을 맡고 있던 조지 H. 부시가 2000년 6월 제주도에서 열렸던 칼라일 투자자 회의에서 포스코 명예회장 출신으로 국무총리를 지냈던 박태준과 SK그룹 회장 최태원 등을 만났다는 대목도 눈여겨볼 필요가 있다. 칼라일이 한미은행 인수를 발표한 것은 제주도 회의 직후였다. 칼라일 고문으로 활동했던 박태준은 김병주의 장인이다. 김병주는 박태준을 비롯해 금융감독위원회 위원장 이헌재와 재정경제부 금융정책국장 이종구 등을 상대로 광범위한 로비를 벌인 것으로 알려졌다.

주목할 부분은 이헌재의 역할이다. 이헌재는 경제부총리에서 물러난 뒤 김앤장의 고문으로 옮겨간다. 이른바 '이헌재 사단'이라고 불리는 그의 인맥은 재정경제부뿐만 아니라 금융감독원과 금융감독위원회 등 금융권 곳곳에서 발견된다. 칼라일과 정부 관료들이 만나는 지점이 칼라일의 법률 자문을 맡았던 김앤장이고 그 인맥의 중심에 이헌재가 있다는 이야기다. 특히 외환은행 매각을 결정하는 과정에 주도적으로 개입했던 정부 관료들, 변양호 당시 재정경제부 금융정책국장과 김석동 금융감독위원회 감독정책1국장 등도 모두 이헌재 사단의 핵심 멤버로 불리는 사람들이다. 모두가 이헌재의 사람들이고 김앤장과 한 다리 건너 엮이는 사람들이었다.

김앤장은 이헌재를 비롯해 법무부 장관 출신의 최경원과 청와대 민정수석을 지낸 박정규, 법무부 보호국장 출신의 윤동민, 법무부 기획관리실장을 지낸 김회선 등 쟁쟁한 검찰 출신 인사들을 영입해왔다.

국무총리를 지낸 한덕수 역시 김앤장의 고문으로 활동한 적이 있다.

이 밖에도 재정경제부 금융총괄국장 출신의 원봉희, 주미 대사를 지낸 현홍주, 경제협력개발기구OECD 대사를 지낸 구본영, 건설부 장관 출신의 서영택 등이 김앤장을 거쳐갔거나 재직 중이다. 이명박 정부와 박근혜 정부에서도 청와대 미래전략수석비서관 윤창번과 공직기강비서관 권오창, 민원비서관 김학준 등이 김앤장 출신이고 청와대 공직기강비서관을 지내고 더불어민주당 의원이 된 조응천도 김앤장을 찍고 청와대로 들어갔다.

국무총리를 지낸 한승수, 검찰총장을 지낸 송광수, 헌법재판소 소장을 지낸 박한철, 청와대 정무수석을 지낸 조윤선, 기획재정부 장관을 지닌 윤증현 등이 김앤장 출신이거나 김앤장에서 고문 등을 맡고 있다. 업계에서는 장관급 고문은 6억 원대, 차관급 고문은 4억 원대의 연봉을 받는다는 이야기가 나올 정도다. 공정거래위원회 위원장이나 금융감독위원회 위원장 출신이면 5억 원이 훨씬 넘는다는 이야기도 돈다.

회전문 현상은 곳곳에서 발견된다. 론스타가 외환은행을 인수한 뒤에 김앤장 자문위원을 지낸 김형민은 외환은행에 들어가 부행장까지 지냈다. 공정거래위원회 독점국장을 지내고 김앤장으로 옮겨간 서동원은 공정거래위원회 부위원장으로 다시 옮겨간 일도 있었다. 서동원이 부위원장으로 있던 시절 공정거래위원회가 홍콩상하이은행HSBC의 외환은행 인수를 승인한 것을 두고도 말이 많았다. 서동원은 다시 김앤장으로 복귀했다. 김회선은 법무부 기획관리실 실장으로 있다가 2005년 김앤장으로 자리를 옮겼고 2008년 이명박 정부 들어 국가정보원 2차장으로 옮겨갔다가 2009년 10월 김앤장으로 복귀했다. 전형적인 회전문 인사였다.

2015년 5월 『법률신문』 조사에 따르면 김앤장과 법무법인 광장·세종·율촌·태평양·화우 등 국내 6개 대형 로펌에 소속된 고문들을 전수 조사한 결과 97명이 활동하고 있는 것으로 집계되었다. 김앤장이 44명으로 가장 많았고 태평양 16명, 세종 12명, 광장과 화우 각 11명, 율촌 3명 순이었다. 국세청과 관세청 출신 고문들의 영입에 적극적이고 금융감독원과 공정거래위원회, 은행 출신도 인기가 높다는 게 『법률신문』의 분석이었다.

김앤장은 칼라일뿐만 아니라 제일은행의 대주주였던 뉴브리지캐피탈이나 외환은행의 대주주인 론스타의 법률 자문도 맡았다. 이들이 과연 칼라일이나 뉴브리지캐피탈, 론스타를 위해 그들의 영향력을 행사하거나 부당한 압력을 넣었을까? 명확하게 드러난 바는 없다. 그것은 칼라일도 마찬가지다. 분명한 것은 이들이 매우 적절치 못한 자리에 가 있다는 사실이다. 그리고 이들이 고문으로 있는 법률 회사가 외국자본의 국내 진출과 관련, 의혹을 불러일으킬 만한 거래에 개입되어 있다는 사실이다.

칼라일과 김앤장의 인맥, 그들과 정부의 역학관계는 거의 대부분 겹친다. 칼라일은 굳이 로비스트를 따로 고용하지 않았고 그럴 필요도 없었다. 부당하게 영향력을 행사했다는 증거도 없다. 극단적으로 전직 대통령인 조지 H. 부시가 현직 대통령인 조지 W. 부시에게 조언하거나 의견을 구하는 것이 로비일까? 드러나지 않을 뿐더러 드러난다고 해도 법적으로 문제 삼기 어려운 부분이 많다. 퇴직 관료들이 정부 정책에 미치는 영향력은 통제 영역 밖이다.

칼라일은 그 틈새를 파고들어 강력한 네트워크를 구축했고, 그 어느 사모펀드나 기업도 갖지 못했던 막강한 영향력을 행사하고 있다. 한국에서는 김앤장을 비롯해 법률 회사들과 회계법인들이 칼라일의 흉내를 내고 있다. 멀쩡한 은행이 부실은행으로 둔갑하고 헐값에 팔려나가기도 하지만 역시 법적으로는 아무런 문제가 없다. 외국자본 앞잡이 역할을 한다는 비난을 받을지언정, 이들을 통하면 정부를 움직일 수 있다는 믿음이 생겨나고 있는 것이다.

퇴직 관료들이 특정 기업의 이익을 위해 일하는 것을 어떻게 보아야 할 것인지 논의를 시작해야 한다. 퇴임 법관들의 전관예우가 뒤늦게 사회적 논란이 되고 있지만, 정부 관료들이 퇴직 이후 사실상 로비스트 활동을 벌이고 있는 데 대한 문제의식은 거의 없다. 그들의 영향력이 정부와 나라 전체의 이해와 상반되는 방향으로 행사될 가능성이 있고 충분히 그런 정황도 있다. 다만 이들의 움직임은 거의 드러나지 않거나 드러나더라도 통제할 방법이 마땅치 않다. 칼라일이 두려운 것처럼 김앤장이 두려운 것은 그런 이유에서다. 법의 구멍이 바로 여기에 있다.

칼라일의 한국 투자 실적은 그리 좋다고 보기 어렵다. 칼라일아시아 회장을 지냈던 김병주가 2005년 독립해 MBK파트너스를 설립하면서 운용 인력을 대거 빼내갔고 이후 칼라일은 한국 투자에서 별 재미를 보지 못했다. 김병주가 MBK파트너스를 설립한 이후의 행보도 석연치 않다. 한미캐피탈은 한미은행의 자회사였고 2004년 한미은행이 씨티은행에 팔리면서 함께 팔려갔다. 그리고 2년 뒤 MBK파트너스가 한미캐피탈을 사들이고 1년 만에 2배 가격에 우리금융지주에 팔아넘긴다. 한미캐피탈을 씨티은행에 팔아넘긴 것도 김병주이고 이것을 다시 사들인 것도 김병주였다는 이야기다. 매매가격이 적정했는지를 두고 뒷말이 난무했던 것도 이 때문이다.

칼라일그룹 한국사무소 직원 피터 정의 이메일은 2001년 시사 주간지 『타임』이 꼽은 '후회할 만한 이메일 톱 10'에 선정되기도 했다. 들리는 바에 따르면 피터 정은 이 이메일 사건 이후 스스로 물러나거나 해고되거나 선택하라는 지시를 받았다고 한다. 결국 칼라일을 떠났지만 오히려 '킹 정King Chung'이라는 별명으로 불리면서 여러 금융회사를 옮겨가면서 경력을 쌓았다.

"그 유명한 킹 정 알지? 이 사람이 바로 그 사람이야." 정글 자본주의의 본산, 월스트리트에서는 이런 사건이 오히려 실력 있는 사람이라는 평판을 만들어준다. 젊은 나이에 이머징마켓 한국을 쥐락펴락했던 유능한 펀드매니저. 실제로 한 헤지펀드가 피터 정을 고용했을 때 여러 언론에 기사가 나기도 했다.

칼라일의 꼼수, 누가 누구를 속였는가?

한미은행은 1983년 삼성그룹과 대우그룹이 주축이 된 한국상공회의소와 미국의 뱅크오브아메리카가 50.1%와 49.9%씩 합작 투자해 만든 은행이다. 한국과 미국에서 각각 한 글자씩 따서 '한미'은행이라는 이름으로 출범했지만, 뱅크오브아메리카가 지분을 조금씩 매각하면서 1980년대 후반에는 완전히 국내 주주들로 바뀌었다. 한때 경기은행을 인수하면서 국내 7위 규모 은행으로 성장했으나 IMF 외환위기의 직격탄을 맞으면서 위기를 맞게 된다.

한미은행의 2000년 당기순손실이 3,960억 원에 이를 정도로 경영 상황이 좋지 않았던 것은 사실이다. 그만큼 자본 확충이 절실한 상황이었던 것도 사실이다. 칼라일은 일찌감치 2000년 3월, 금융감독위원회에 한미은행 주식을 사들이겠다고 신청을 했다가 거절당했다. 칼라일은 사모펀드였을 뿐 금융기관이 아니었기 때문이다. 한국에서 비금융 주력자는 의결권이 있는 금융기관의 지분을 4% 이상 보유할 수 없었다.

그해 9월 칼라일은 금융기관인 JP모건을 앞세워 금융감독위원회의 승인을 받아냈지만, JP모건과 50대 50으로 투자를 하겠다는 조건은 거짓말이었다. 표면적으로는 한미은행이 주식예탁증서를 발행하면 칼라일과 JP모건 컨소시엄이 이를 인수하는 방식이었다. 발행 규모는 4,559억 원, 주당 발행가격은 6,800원이었다. 이 컨소시엄은 한미은행 지분 36.6%를 차지해 최대 주주가 되었고, 그 덕분에 한미은행의 자본금은 1조 500억 원에서 1조 5,000억 원으로 늘어났다.

문제는 JP모건이 들러리만 섰을 뿐 인수 주체는 칼라일이었다는 것이다. JP모건을 내세워 편법으로 금융감독위원회의 승인을 받아냈다는 이야기다. 컨소시엄에 참여한 펀드들의 지분 구성을 살펴보면 흥미로운 점을 발견할 수 있다. 가장 지분이 많은 펀드는 16.3%를 보유한 KAI(한미은행 투자펀드)였는데, 이 펀드는 칼라일과 JP모건이 반반씩 투자한 게 맞다. 문제는 나머지 지분인데, 채드윅과 프리웨이라는 펀드가 각각 3.6%를 보유한 것을 비롯해 스칼렛이 3.4%, 이글이 2.5%, 코란드가 1.0% 등 9개 펀드에 분산되어 있었다. 이 펀드들은 모두 페이퍼컴퍼니로 칼라일이 의결권을 갖고 있었다.

이것이 가능했던 것은 4% 미만의 보유 지분은 금융감독위원회에 신고하지 않아도 되었기 때문이다. 금융감독위원회는 이들 페이퍼컴퍼니의 지분에 대해 알지 못했거나 제대로 조사조차 하지 않았을 가능성이 크고 알면서도 묵인했을 가능성도 배제할 수 없다. 실제로 매물로 나온 한미은행의 지분 36.6% 중 JP모건은 8.2%를 보유하고 있었고 나머지 28.4%는 칼라일의 몫이었다. 칼라일과 JP모건이 반반씩 투자한 걸로 되어 있지만, 이미 칼라일이 한미은행의 지배 주주였다는 이야기다.

한미은행의 투자 구조를 잘 살펴보면 JP모건이 아니라 JP모건코세어2호라고 되어 있는 것을 발견할 수 있다. JP모건의 세계적 명성만 믿고 투자를 승인했지만, 사실은 JP모건이 만든 또 하나의 사모펀드였을 뿐이다. 당시 삼성경제연구소 수석연구위원 김용기는 "만약 금융감독위원회가 이런 사실을 몰랐다면 무능한 것이고 알았다면 당장 의결권을 제한시키고 지분 매각 명령을 내렸어야 했다"고 지적했다.

삼성경제연구소는 IMF 외환위기 이후 투기자본 연구와 주주 자본주의 비판에 상당한 인력을 투입했다. 영국 케임브리지대학 경제학과 교수 장하준 등이 주축이 된 대안연대회의가 삼성경제연구소와 같은 목소리를 내는 기이한 일도 벌어졌다. 국제 투기자본이 재벌의 경영권을 공격하고 있으며 재벌이 무너지면 투기자본이 한국 경제를 지배하게 된다는 논리가 횡행했다.

2001년 8월 『파이낸스아시아』에 실린 김병주의 인터뷰는 당시 상황을 짐작게 한다. 금융감독위원회에서 JP모건 지분 50%만 받아오면 허락해주겠다는 소문이 떠돌았던 것도 이런 맥락과 무관하지 않을 것이다.

"나는 한국 경제의 트로이카 3명 모두의 동의를 얻어냈습니다. 그들은 모두 우리에게 동일인 주식 보유 한도를 면제해주거나 관계 법령을 개정하겠다는 의사를 보여주었습니다."

칼라일은 한미은행을 인수하는 데 성공했다. 그리고 6,800원에 사들인 주식을 2004년 5월 주당 1만 5,500원에 씨티은행에 팔아 7,017억 원의 시세 차익을 거두고 빠져나갔다.

뉴브리지캐피탈과 칼라일이 각각 제일은행과 한미은행을 인수하는 과정을 비교하는 것도 의미가 있다. 제일은행이나 한미은행이나 경영 현황이 그리 좋지 못했던 건 사실이다. 특히 제일은행은 추가 출자를 하지 않으면 부도를 맞을 수밖에 없는 상황이었다. 문제는 뉴브리지캐피탈이나 칼라일의 대주주 자격인데, 금융감독위원회는 제일은행이 부실 금융기관으로 지정되어 있기 때문에 뉴브리지캐피탈 같은 사모 펀드가 경영권을 넘겨받을 수도 있다고 해석했다.

그러나 한미은행은 부실 금융기관도 아니었고 더구나 칼라일은 금융기관과는 거리가 먼 군수산업에 투자하는 사모펀드였다. 누가 봐도 금융기관의 대주주가 될 자격이 없었지만, 금융감독위원회가 그것을 승인한 것이다. 그런데 정작 JP모건의 투자 비율은 전체 투자 금액의 4분의 1밖에 안 되었다. 모르고 속은 것일까? 알고도 속아준 것일까?

결국 제일은행에서 잘못 꿰어진 첫 단추의 여파가 한미은행과·외환 은행까지 계속 이어진 것이다. 심지어 론스타는 JP모건 같은 들러리를 내세우지도 않고 단독으로 외환은행을 인수했다. 외환은행은 부실 금융기관이기는커녕 오히려 실적이 눈부시게 개선되고 있는 상태였다.

주목할 부분은 정부가 2000년 상반기까지만 해도 사모펀드의 은행 인수에 대해 반대 입장을 고수했다는 것이다. 그해 5월 조흥은행이 미국계 투자펀드 서버러스Cerberus에서 5억 달러를 유치하기로 전략적 제휴를 맺었을 때도 금융감독위원회는 은행법의 대주주 적격성 조항을 들어 반대했다. 5억 달러면 14% 지분을 확보할 수 있었는데, 금융감독위원회는 은행법에 따라 4% 미만인 1억 4,000만 달러까지만 가능하다고 통보했고 결국 서버러스는 조흥은행 지분 인수를 포기했다. 금융감독위원회는 칼라일의 한미은행 인수도 같은 이유로 완강히 반대해왔다. 그런데 그해 6월 조지 H. 부시가 다녀간 뒤로 상황이 반전된 것이다. 무슨 일이 벌어졌던 것일까?

★

차라리 제일은행을 국유화했어야 했다

은행 매각의 잘못된 첫 단추는 1999년 제일은행 매각으로 거슬러 올라간다. 제일은행의 매각은 뒤이어 계속될 한미은행이나 외환은행 매각에도 큰 영향을 미쳤다. 금융감독위원회 위원장을 맡고 있던 이헌재가 2012년 2월『중앙일보』와 인터뷰에서 당시 상황을 이렇게 회고한 적이 있다. 경제부총리 임창렬이 이헌재에게 했다는 말이다.

"제일은행을 정상화시켜주시오. 꼭 세계적인 최고경영자CEO를 영입해야 합니다."

"걱정 마십시오."

외환위기 직후인 1997년 12월, IMF가 서울은행과 제일은행을 폐쇄하라고 압박했고 한국 정부는 공적자금을 투입해 살린 다음에 해외에 매각하겠다고 약속했다. 임창렬이 11개월 뒤인 1998년 11월 15일로 날짜까지 박아서 발표를 했다. 그때가 1997년 12월 15일이었다. 이헌재는 회고록 성격의 『위기를 쏘다: 이헌재가 전하는 대한민국 위기극복 매뉴얼』에서 당시 상황을 다음과 같이 회고했다.

"은행 매각. 아무리 잘해도 칭찬받을 수 없는 일이다. 비싸게 팔면 '그 좋은 은행을 왜 팔았느냐'는 시비에, 반대 경우엔 '헐값 매각' 시비에 시달릴 게 뻔했다. 매국노 소리나 안 들으면 천만다행일 것이었다."

이헌재의 주장에 따르면 JP모건을 앞세워 40여 곳의 외국 금융회사를 접촉했으나 반응이 없었고 그나마 씨티은행이 제일은행 지점 중 괜찮은 것만 100개를 골라 인수하고 싶다고 밝혀온 게 전부였다. 괜찮은 지점만 빼내가고 깡통 지점만 남길 수는 없는 일이었다. 당연히 협상은 결렬되었다. 해외에서는 한국 경제가 아직 바닥을 치지 않았고 제일은행이나 서울은행의 부실이 얼마나 더 늘어날지 모른다는 게 지배적인 시각이었다.

제일은행이 매물로 나왔다는 소문이 돌자 HSBC는 도저히 받아들일 수 없는 제안을 들고 왔다. 100% 지분을 넘기되 나중에 자산이 부실해지면 되사주는 풋백 옵션put back option을 걸라는 것이었다. 이미 엄청난 공적자금을 쏟아부은 상황에서 부실은 떠안고 정작 은행이 살아나도 이익은 챙길 수 없는 조건이었다. 한국 정부는 은행을 팔긴 팔더라도 최소 40%의 지분을 확보해야 한다는 입장이었고, HSBC는 20% 이상은 곤란하다는 입장이라 별다른 진전이 없었다.

뉴브리지캐피탈 아시아 대표인 산웨이젠單偉建이 금융감독위원회를 찾아온 건 임창렬이 약속한 시간이 지난 1998년 12월이었다. 산웨이젠 지분 49%를 한국 정부에 주고 유능한 최고경영자를 데려와 경영을 정상화하겠다고 제안했다. 이때까지만 해도 금융감독위원회 등에서는 금융기관이 아닌 뉴브리지캐피탈 같은 곳에 은행을 넘겨서는 안 된다는 인식이 있었던 것 같다. 한국 정부는 끝까지 HSBC에 매달렸지만 HSBC는 27.5%까지 제안했을 뿐, 더는 물러서지 않았다. 결국 이헌재는 뉴브리지캐피탈을 제일은행의 새 주인으로 맞아들이기로 결정한다.

최종 계약이 체결된 건 1999년 12월 23일이었다. 뉴브리지캐피탈이 정부 보유 주식 50.99%를 5,000억 원에 인수하는 조건이었다. 여기에 추가 부실을 대비해 기존 여신은 인수 후 2년 이내, 워크아웃 여신은 3년 이내에 발생하는 부실 여신을 정부가 책임지는 조건이 붙었다. 금융감독위원회는 제일은행의 자본금을 4조 4,867억 원에서 9,806억 원으로 감자reduction of capital하는 것을 승인했다. 뉴브리지캐피탈의 5,000억 원으로 지분율 50.99%를 맞추기 위해 5분의 1 수준으로 자본금을 후려친 것이다. 51%의 지분은 단순한 지분 매각이 아니라 경영권이 통째로 넘어갔다는 것을 의미한다.

제일은행이 1999년까지는 100% 정부 소유의 은행이었다는 사실을 짚고 넘어가는 게 좋다. 한보철강과 기아자동차 부도를 겪으면서 쓰러져가던 은행을 정부가 완전 감자와 공적자금 투입으로 살려내면서 정부 소유 은행이 되었던 것이다. 1998년 3월과 1999년 6월 두 차례에 걸쳐 각각 1조 5,000억 원과 5조 3,000억 원을 투입한 것을 비롯해 모두 8조 4,000억 원의 공적자금을 투입되었다.

문제는 뉴브리지캐피탈이 내놓겠다는 돈이 단돈 5,000억 원밖에 안 되었다는 것이다. 5,000억 원에 지분 51%를 팔기 위해 정부는 대규모 유상감자와 액면 병합까지 해야 했다. 뉴브리지캐피탈이 싸게 살 수 있도록 자본금을 4조 4,867억 원에서 9,806억 원으로 줄인 것이다. 그렇게 엄청난 세금을 쏟아부어가며 살려낸 은행의 경영권을 단돈 5,000억 원에 그것도 외국계 펀드에 넘겨버린 것이다. 이렇게 어처구니없는 일이 어떻게 가능했던 것일까?

뉴브리지캐피탈에 대해서는 알려진 바가 많지 않다. 미국계 사모펀드인 텍사스퍼시픽그룹TPG과 블럼캐피탈이 아시아 지역 투자를 위해 1994년에 설립했다는 것 정도다. 두 펀드가 각각 70%, 30%의 지분을 갖고 있다. 데이비드 본더먼David Bonderman 텍사스퍼시픽그룹 회장과 블럼캐피탈 리처드 블럼Richard Blum 회장이 공동회장을 맡고 있다. 텍사스퍼시픽그룹은 주로 금융, 정보기술, 소비재 산업에 투자했다. 버거킹과 델몬트, 재팬텔레콤 등의 최대 주주이기도 했다.

문제는 이런 투자회사가 과연 금융기관의 대주주가 될 자격이 있느냐는 것이다. 그때나 지금이나 뉴브리지캐피탈은 금융기관도 금융지주회사도 아니었다. 그런데 제일은행이 부실 금융기관이라는 이유로 금융기관의 대주주가 될 자격이 없는 외국계 투자회사에 정부 소유의 은행을 넘긴 것이다. 뉴브리지캐피탈은 은행법 시행령의 예외 조항을 적용해 사모펀드에 은행을 넘긴 첫 번째 사례였다.

한국 정부는 매각 이후에도 제일은행에 6조 6,780억 원을 더 집어넣어야 했다. 그때만 해도 이런 풋백 옵션이 있다는 사실조차 거의 알려지지 않았고 터무니없이 불리한 조건이었지만 헐값 매각에 대한 논란도 거의 없었다. 외자 유치가 최선의 IMF 극복의 수단으로 여겨지던 시절이었다.

정부와 뉴브리지캐피탈이 드래그 얼롱Drag-along 계약을 체결한 사실이 뒤늦게 밝혀져 논란이 되기도 했다. 드래그 얼롱이란 최대 주주가 일정 지분 이상을 매각할 때 매입자가 요구할 경우 2대나 3대 주주까지 동일한 조건으로 팔아야 하는 계약을 말한다. 제일은행의 지분 51%를 보유한 뉴브리지캐피탈이 지분을 30% 이상 매각할 경우 49%를 보유한 정부도 같은 조건에 주식을 내다팔아야 한다는 것을 의미한다.

2000년 1월 뉴브리지캐피탈은 이미 제일은행의 지분 100%를 내다팔 수 있는 권리를 얻게 된 것이다. 문제는 이런 사실이 2004년 10월 공적자금관리위원회가 국회 재정경제위원회에 업무 보고를 하기까지 4년간 전혀 공개되지 않았다는 것이다. 정부가 이면 계약을 한 것이 아니냐는 비판이 제기되기도 했지만, 정부 관계자는 비밀유지 계약에 따라 공개하지 않았을 뿐 이면 계약은 아니었다고 해명했다.

당시 재정경제부 등의 설명은 이랬다. 드래그 얼롱은 국제 인수합병 시장의 관행으로 주식을 사들이는 쪽에서는 나중에 유리한 가격에 되팔 수 있는 조건이 된다. 정부는 드래그 얼롱뿐만 아니라 태그 얼롱 Tag-along 계약을 맺었기 때문에 문제가 없다고 했다. 태그 얼롱은 드래그 얼롱의 반대 개념으로 최대 주주가 주식을 팔 때 2대나 3대 주주가 자신들의 보유 지분도 동일한 조건으로 함께 팔아달라고 요구하는 것을 말한다.

돌아보면 뉴브리지캐피탈이 들어오던 무렵 제일은행의 상황은 최악이었던 것은 맞다. 1998년 12월 말 기준으로 485억 원이던 자기자본이 1999년 6월에는 마이너스 1조 5,000억 원까지 줄어들었다. 신규 대출은 모두 중단되었고 기존 여신은 종전 한도 안에서만 만기 연장해주고 있는 상황이었다. 그야말로 부도 직전이었다. 정부로서는 다른 선택의 여지가 없었다. 당장 제일은행이 문을 닫으면 18조 2,000억 원에 이르는 여신을 모두 회수해야 하는 상황이었다. 회수가 어려운 고정 이하 무수익여신이 3조 8,323억 원, 전체 여신의 20%가 넘었다.

그 무렵 제일은행이 매우 어려운 상황이었던 것은 분명하다. 1997년 1월 한보철강이 부도 처리되면서 1997년 상반기에 3조 5,000억 원의 적자를 냈고, 1997년 7월 기아자동차까지 부도가 나자 부실 여신이 4조 5,187억 원까지 불어났다. 해외 차입이 전면 중단되었고 국내에서도 뱅크 런Bank Run(예금주들이 은행에서 한꺼번에 돈을 찾아가는 대규모 예금 인출 사태) 조짐을 보이기 시작하면서 급기야 한국은행이 나서서 공적자금을 쏟아붓기 시작했다. 2000년 11월 대우그룹까지 부도가 나면서 공적자금이 아니었다면 회생 불가능한 사태를 맞았을 가능성이 크다.

문제는 그렇게 가까스로 살려놓은 은행을 고스란히 외국계 펀드에 넘겨주었다는 것이다. 더 큰 문제는 그 과정에서 뉴브리지캐피탈의 대주주 적격성 심사조차 하지 않았다는 것이다. 정부 관료들은 외자 유치와 경영권 매각의 차이를 알지 못했거나 알면서도 무시했고, 사모펀드가 은행의 대주주가 된다는 것도 신경 쓰지 않았다.

당시 재정경제부 차관을 지냈던 강만수가 2000년 10월 『월간조선』에 기고한 글에 몇 가지 흥미로운 대목이 있다. 강만수에 따르면 IMF

와 협의 과정에서 부실 금융기관의 퇴출 전략과 주주와 채권자의 손실 분담 조건 등을 두고 한국 정부와 의견이 충돌했다.

"당시에 우리 측은 은행이 문을 닫는다는 것은 생각할 수 없는 일이었고 또한 자기자본이 마이너스인 경우 주식을 전액 소각한다는 것도 받아들이기 어렵다는 분위기였다. 특히 제일은행과 서울은행이 문을 닫을 경우 예금 인출 사태가 일어나고 금융시장에 감당하기 힘든 혼란이 올 것으로 생각하는 것이 다수의 의견이었다. 그러나 IMF 측은 처음부터 제일은행과 서울은행은 주식을 전액 소각하여 국유화한 다음 매각이나 청산을 하여야 한다고 생각하고 있었다. 그래서 기존 주주와 경영진에 대한 강력한 경영 책임을 묻지 않고 오히려 정부가 제일은행과 서울은행에 대하여 출자하는 것은 국제 금융시장의 원칙과 맞지 않는다고 주장하면서 강하게 반대하였다. 특히 당시 주가가 액면가의 50%에도 못 미치는 2,000원 전후였는데 액면대로 주당 5,000원에 출자하는 데 대하여는 국민의 세금으로 기존의 주주를 보조하는 결과가 되어 납득할 수 없다는 것이었다."

강만수가 IMF 부국장 완다 청Wanda Cheng을 만난 일화도 흥미롭다. 강만수가 전한 완다 청의 주장이다.

"결손이 자본을 초과하여 정상 경영이 어려운 금융기관을 정리할 때 자본금을 전액 소각하는 것은 다른 나라에서 모두 받아들이는 국제적인 기준Global Standard인데, 한국은 은행법의 최저 자본금이 1,000억 원 이상이어야 한다는 규정 때문에 전액 소각은 불가능하고 최저 1,000억 원은 잔존시켜야 한다는 것을 이해할 수 없고 은행의 영업권을 인정하고 경영에 참여하지 못한 소액주주는 보호되어야 한다는 논리는 납득할 수 없다는 것이었다."

강만수의 설명에 따르면 이 최저 자본금 1,000억 원이 제일은행의 문제를 꼬이게 만들었다. 강만수는 "최저 자본금 기준도 은행의 설립 요건의 하나이지 계속적으로 적용하는 기준으로 해석할 필요도 없고, 자본금을 다 잠식한 경우 주식을 소각하거나 않거나 실질적으로 동일하기 때문에 아무런 문제도 없었으나 실무선에서 너무 강하게 반대하여왔고 이러한 방침이 언론에 보도된 후여서 이미 돌아올 수 없는 다리를 건넌 사항이라, 앞으로는 이러한 문제가 없도록 법을 고치겠다는 약속을 하고 얘기를 끝냈다"고 털어놓았다.

스웨덴 중앙은행 부총재로 있던 라르스 하이켄스텐Lars Heikensten의 조언도 흥미롭다. 하이켄스텐은 IMF의 초청으로 한국을 방문했다. 다음은 강만수가 쓴 『현장에서 본 한국 경제 30년』에 나온 하이켄스텐의 조언 가운데 일부다.

"제일은행은 예금의 원리금 보장 등 정부 지원 없이는 정상 경영이 불가능하기 때문에 영업권을 인정하지 않아도 된다. 손실 부담 원칙은 주주가 우선이고 우선권 없는 후순위 채권자, 그다음이 일반 채권자, 그리고 마지막이 담보 채권자 순이다. 그게 국제 기준이다. 임원은 국유화되는 즉시 몰아내고 새 경영진이 취임해 매각 또는 청산 절차를 밟아야 한다. 직원도 부실 경영에 책임이 있기 때문에 새 경영진이나 매수자의 판단에 따라 정리해고해야 한다."

이미 은행이 망한 상황에서 주주들은 주식이 전량 소각되어도 아무런 권리가 없다는 게 하이켄스텐의 주장이었다. 정부의 지원이 없다면 망할 게 뻔하고 공적자금으로 소액 주주를 보호한다면, 세금으로 투자자들을 보호하는 결과가 되기 때문이다. 주식을 소각해서 주주들에게 손실을 부담하게 하는 게 우선이고 후순위 채권부터 소각하고 일반 채권자, 담보 채권자 순으로 손실을 분담하게 해야 한다는 이야기다.

실제로 스웨덴에서는 주식 전체를 소각해 자본금을 0원으로 만들기로 하고 이런 결정을 내리는 동시에 경찰이 경영진을 사무실에서 몰아내고 직원들에게도 책임을 물어 대대적인 정리해고에 돌입했다. 제일은행이나 다른 은행들도 국유화를 전제로 한 구조조정이 좀더 근본적인 해법 아니었을까?

그러나 제일은행과 서울은행은 이른바 글로벌 스탠더드와 전혀 다른 방향으로 갔다. 1998년 1월 15일 금융통화위원회는 제일은행과 서울은행에 대해 자본금 8,200억 원을 은행법의 최저 자본금인 1,000억 원, 즉 8.2대 1로 감자하도록 명령하고 정부가 두 은행에 지분율 94%가 되는 1조 5,000억 원을 출자해달라고 요청했다. 3조 원이 추가로 들어간 것이다. 성업공사가 부실채권 관리기금으로 인수한 4조 415억 원과 한국은행의 특별융자 2조 1,883억 원(제일은행 1조 4,974억 원, 서울은행 6,999억 원)을 더하면 두 은행을 살리는 데 9조 6,000억 원이 투입된 것이다.

강만수의 설명에 따르면 한국 정부는 IMF의 의견을 대부분 수용하면서도 1,000억 원 최저 자본금 기준을 고수하기 위해 주식을 전량 소각하지 않고 8.2대 1로 감자했다. 하이켄스텐이 경고한 세금으로 주주를 지원하는 안 좋은 선례를 만든 것이다.

한국 정부가 일부 감자가 아니라 주식을 전량 소각하고 국유화했다면 천문학적인 규모의 세금을 쏟아붓고 출처 불명의 사모펀드에 넘겨주는 일은 벌어지지 않았을 수도 있다. 강만수도 "정부는 당초 제일은행과 서울은행의 퇴출에 대하여 너무 겁을 먹었던 게 아닌가 생각된다"고 말했다.

"레임덕에 걸린 물러나는 정부와 1997년 12월 18일의 대통령 선거로 새로 들어오는 정부가 교차하는 전환기에, 그것도 여당에서 야당으로 정권이 바뀌는 힘의 공백과 질서의 재편 과정에서 충분한 정보와 검토를 거치지 못하고 시스템에 의해서가 아니라 소수의 사람들에 의하여 이러한 정책이 결정되었기 때문에 결과적으로 국민에게 엄청난 부담을 안기게 된 것이다. 물러나는 정부는 힘도 빠지고 의욕도 없었으며 들어오는 정부는 의욕은 있었으나 시스템과 노하우가 없었다. 정권이 여당에서 야당으로 교체되는 과정에서 공무원 조직은 흔들렸고 정부 조직 개편까지 있게 되어 공무원 사회의 동요는 방치됐다. 들어오는 정부는 정확한 정보와 훈련된 조직 없이 혼란스러운 상황에서 정책 결정에 개입함으로써 스스로 족쇄를 채우는 결과도 되었다."

강만수가 이명박 정부 시절 기획재정부 장관을 지내면서 사고를 많이 치긴 했지만, 강만수의 지적을 흘려듣기는 어렵다.

"만약 정부가 출자하지 않고 제일은행 주식을 모두 소각하여 국유화한 다음 매각하였다면 공적자금이 적게 들어갔을지 모른다. 그리고 팔리지 않아 청산하였다면 금융시장은 소용돌이쳤겠지만 시장 경쟁에 의하여 자연스럽게 경쟁력 있는 은행만 살아남고 나머지는 자연도태됨으로써 더 효율적으로 금융 구조조정이 가능할 수 있었고, 이 과정에서 기업도 적자생존의 원칙에 따라 자연 구조조정이 이루어질 수 있었을 것이라는 생각이 든다. 기존의 조직과 질서가 재편되면서 이미 정해진 정책을 재검토할 수 있는 시스템, 인력과 정보는 혼돈 속에 표류함으로써 새 정부는 정책의 오류를 바로잡을 수 있는 기회마저 놓치고 '잘못된 것은 잘못된 대로, 착오된 것은 착오된 대로, 누락된 것은 누락된 대로' 그렇게 흘러갔다."

그런데 몇 가지 질문이 남는다. 제일은행이 5년 만에 살아난 것은 뉴브리지캐피탈이 경영을 잘했기 때문일까? 뉴브리지캐피탈에 넘어간 5년 뒤 2004년 9월 기준으로 제일은행은 852억 원의 당기순익을 냈다. 자기자본이익률도 6.61%까지 뛰어올랐고 29.9%에 이르던 무수익여신은 1.40%로 줄어들었다. 자산 규모는 30조 9,338억 원에서 47조 723억 원으로, 여신 규모는 15조 3,222억 원에서 31조 391억 원으로 2배 이상 늘어났다.

다양한 평가가 가능하겠지만 먼저 1999년 이후 정부가 제일은행에 투입한 공적자금이 무려 17조 6,532억 원에 이른다는 사실을 눈여겨 볼 필요가 있다. 뉴브리지캐피탈에 넘어갈 무렵 제일은행이 이미 정상화된 상태였다는 지적이 나오는 것도 이런 맥락에서다. 심지어 정부는 매각 이후에도 풋백 옵션까지 주면서 제일은행의 부실을 모두 떠안지 않았던가.

또한 뉴브리지캐피탈로 넘어간 뒤 기업 대출이 줄어들고 가계 대출이 크게 늘어난 것도 눈에 띈다. 1999년만 해도 기업 대출이 11조 454억 원, 가계 대출이 1조 7,298억 원으로 기업과 가계 대출 비율이 7대 1 정도였는데, 2004년 9월로 오면 12조 5,401억 원과 18조 4,750억 원(4대 6)으로 역전된다. 그나마 가계 대출도 철저하게 주택 담보 대출이나 숙박 · 음식업에 집중되었다. SK글로벌(현재 SK네트웍스) 등 제일은행과 거래해온 기업들은 주거래 은행을 다른 은행으로 바꿔야 했다.

제일은행은 또 대부분 금융기관이 울며 겨자 먹기로 출자전환에 참여했던 LG카드 사태나 SK글로벌 분식회계 사건 때도 발을 뺐다. 은행으로서는 수익과 안정성을 고려한 전략이었겠지만, 은행의 공공성이나 사회적 책임을 저버렸다는 비판이 나오기도 했다.

제일은행은 2005년 1월 스탠다드차타드은행SCB에 다시 팔려나갔다. SCB는 드래그 얼롱 계약에 따라 뉴브리지캐피탈 지분뿐만 아니라 나머지 정부 지분까지 모두 사들여 100%의 지분을 확보했다. 인수 가격은 주당 1만 6,511원, 모두 3조 4,000억 원이었다. 뉴브리지캐피탈은 1조 6,510억 원을 벌어들였다. 5,000억 원을 투자했으니 시세 차익은 1조 1,510억 원, 5년 만에 2배 이상을 남긴 셈이다. 49% 이상 지분을 확보하겠다던 정부는 5년 만에 꼼짝없이 지분을 모두 내주어야 했다.

물론 정부도 나머지 지분을 팔아 1조 7,500억 원을 벌어들였다. 결코 싸게 판 것은 아니었지만 그동안 쏟아부은 엄청난 공적자금을 생각하면 그야말로 죽 쒀서 개 준 꼴이었다. 그동안 제일은행에 들어간 공적자금은 모두 17조 6,532억 원, 정부는 그 가운데 유상감자와 부실자산 매각 등으로 12조 3,000억 원을 회수했다. 결국 5조 3,532억 원의 손해를 본 셈이다.

물론 제일은행 매각에 대한 평가는 신중할 필요가 있다. 예금보험공사는 논란이 확산되자 제일은행을 청산했으면 국민 부담이 18조 5,000억 원에 이를 것이라는 자료를 내놓기도 했다. 예금보험공사 자료에 따르면 미국은 부실 금융기관의 공적자금 회수율이 61.3%에 이른다고 한다. 굳이 따지자면 제일은행의 공적자금 회수율은 69.7%로 이보다 높다. 제일은행의 매각 또는 청산은 IMF의 권고 사항이기도 했다.

뉴브리지캐피탈은 1조 1,510억 원을 벌어들이고도 세금 한 푼 내지 않았다. 뉴브리지캐피탈은 말레이시아의 라부안에 KFB뉴브리지홀딩스라는 자회사를 두고 있는데, 이 회사가 제일은행의 실질적인 대주주였다. 한국과 말레이시아는 이중과세 금지협약을 맺고 있어 본점 소재지 과세 원칙에 따라 뉴브리지캐피탈은 한국에 세금을 낼 필요가 없다. 그런데 라부안은 조세 회피 지역이라 뉴브리지캐피탈은 말레이시아에도 세금을 내지 않아도 된다.

뉴브리지캐피탈은 조세 회피 등의 논란이 확산되자 2005년 4월, 한국자산관리공사와 중소기업연구원에 각각 1,000만 달러씩, 모두 2,000만 달러를 사회공헌기금으로 내놓기도 했다. 생색은 잔뜩 냈지만 전체 수익의 2%에도 못 미치는 금액이었다. 사회공헌기금 기증식에 참석한 뉴브리지캐피탈 회장 리처드 블룸은 조세 회피 의혹을 단호하게 반박했다.

"우리는 세금을 회피하고 있지 않습니다. 한국과 미국의 과세 협약은 이중과세 방지협약입니다. 한미 양국에 이중으로 세금 내는 경우를 방지하기 위한 것입니다. 세금은 과세 협약에 따라 내는 것이고 그 이상의 세금을 내지 않을 것입니다. 세금을 내지 않아도 되는 것은 안 내는 게 맞습니다."

★

"모두 론스타의 사람이었다"

"재판장님, 증거 조사가 더 필요합니다. 기일을 연장해주시기 바랍니다."

검사가 말했다.

"이미 86회나 공판을 했습니다. 검찰이 요청한 증인도 31명이나 됩니다. 한 번 불렀던 증인을 다시 부를 필요는 없어 보입니다. 검사는 구형을 해주십시오."

판사가 말했다.

2008년 11월 10일, 배임과 뇌물 수수 등의 혐의로 기소된 변양호의 1심 재판의 결심 공판이 있었다. 검사가 거듭 추가 증인 신문을 요청했으나 재판부는 여기서 변론을 종결하겠다는 입장을 굽히지 않았다. 결국 2시간 가까이 재판부를 설득하던 검사들이 항의 차원에서 퇴장했고, 재판부는 검찰의 구형 없이 피고의 최후 진술을 들은 뒤 결심 공판을 마쳤다. 그리고 2주 뒤인 11월 24일, 법원은 변양호에게 무죄를 선고했다.

2003년 9월 외환은행 매각 당시 재정경제부 금융정책국장이던 변양호는 론스타와 결탁해 외환은행을 헐값에 팔아넘긴 혐의로 기소되었다. 검찰은 변양호 등이 고의로 외환은행의 자산 가치를 낮게 평가하고 부실을 부풀리는 수법으로 론스타에 부당 이득을 안겨주었다고 주장했으나 재판부는 "몇 가지 부적절한 행동을 한 점은 인정되지만 그것만으로 외환은행을 헐값으로 매각하기 위해 공모했다고 보기 힘들다"며 무죄를 선고했다.

놀라운 건 재판 직후 벌어진 일련의 사건이다. 결심 공판에서 퇴장했던 검사 2명 중 1명인 심재돈이 재판 직후 담당 부장판사에게 이메일을 보내 추가 혐의 사실 등을 거론하면서 재판이 부당했다고 주장했다. 논란이 되었던 건 "앞으로 잘되는지 두고 보자"는 등의 내용과 함께 일부 모욕과 비하적인 표현도 담겨 있었기 때문이다. 재판부는 가볍게 넘길 수 없는 사안이라고 판단해 법원 상층부에 보고했고 항의를 받은 대검찰청은 검사에게 사과를 지시했다. 결국 검사가 판사를 찾아가서 사과를 했고 일단락된 것처럼 보였다.

그러나 재판이 끝나고 두 달 뒤 이 검사는 갑자기 공주지청으로 전출되었다. 항소심 재판이 시작되었는데 수사 검사를 지방으로 내려 보내는 것은 수사를 중단하라는 지시나 마찬가지였다. 지청장으로 옮겨갔기 때문에 좌천이라고 보기는 모호하다는 관측도 있었지만, 여러 법조 관계자에게 물어본 결과 이렇게 중요한 사건을 맡는 도중 갑자기 지방으로 발령이 나는 경우 문책의 성격이 없는 것은 아니라는 게 대체적인 의견이었다. 심재돈은 공주에서 서울을 오가면서 공판에 참석했으나 법원은 이듬해 12월 항소심에서도 변양호에게 무죄를 선고했다.

놀랍게도 여기에는 반전이 한 번 더 있다. 심재돈은 변양호 재판 상고심 도중 다시 서울중앙지검으로 복귀했다가 2013년 검찰을 그만두고 김앤장으로 옮겨간다. 김앤장은 론스타의 법률 자문을 맡았던 로펌이다. 김앤장은 2003년 9월 외환은행 매각 직전 금융감독위원회에 론스타의 대주주 자격과 관련 법률 자문을 했고, 금융감독위원회는 김앤장의 의견서를 베껴 쓰다시피 해서 론스타의 외환은행 인수를 승인했다.

검찰이 일찌감치 김앤장이 이 사건과 무관하다고 선을 긋긴 했지만, 론스타 사건을 수사했던 검사가 론스타를 대리했던 로펌으로 옮겨간 것은 매우 부적절한 처신이었다. 론스타 관련 재판이 아직 남아 있는 상황이었고 론스타가 한국 정부를 상대로 ISD 소송을 낸 직후였다.

심재돈은 검찰 내부에서도 가장 강성으로 분류되는 검사였다. 이명박이 대통령으로 있던 시절 이상득의 비자금 의혹을 수사했고, 국민의당 원내대표 박지원의 저축은행 비리 수사 검사도 심재돈이었다. 동료 검사들 사이에서 "끝장을 봐야 직성이 풀린다"는 평가를 받던 정의로운 열혈 검사의 변신이었다. 도대체 무슨 일이 벌어진 것일까?

김앤장은 일반적인 로펌과 달리 합동법률사무소 형태라 각각의 변호사가 개인 사업자로 등록되어 있고 개별적으로 사건을 수임하기 때문에 이해상충의 문제가 없다고 주장한다. 실제로 심재돈이 김앤장으로 옮겨가 론스타를 변호했거나 론스타와 관련된 사건을 맡은 정황은 발견되지 않았다. 그러나 어제의 적이 오늘의 동지가 되는 현상은 여전히 낯설다.

론스타는 2012년 한국 정부를 상대로 ISD 소송을 내면서 김앤장에 사건 수임을 의뢰했으나 거부한 것으로 알려졌다. 그러나 법조계에서는 김앤장이 어떤 식으로든 론스타에 비공식적인 자문을 하고 있는 게 아니냐는 의혹이 끊이지 않았다. 심재돈이 검사 시절 항의했듯이 론스타의 재판은 석연치 않은 부분이 한두 군데가 아니었다. 변양호는 1심 재판의 최후 진술에서 유명한 말을 남긴다.

"저에 대한 검찰의 기소는 남대문에 화재가 발생했는데 기와를 뜯고 실수를 해 진화에 성공했더니 기와를 뜯어낸 행위가 잘못이라고 꾸짖는 것과 같습니다.……존경하는 재판장님, 최근 소위 변양호 신드롬으로 능력 있는 후배 공무원들이 일을 적극적으로 하질 않으려고 한다고 합니다. 부디 현명한 결정으로 후배 공무원들이 마음 놓고 일할 수 있게 해주십시오."

변양호는 석방된 뒤『변양호 신드롬: 긴급 체포로 만난 하나님』이라는 책을 냈다. 이 책에서 변양호는 "변양호 신드롬이란 소신 있게 일을 처리했던 내가 사후에 검찰로부터 곤욕을 치르는 것을 본 공무원들이 책임질 일을 하지 않으려는 현상을 두고 언론이 만든 말"이라고 설명한다.

법원은 변양호에게 무죄를 선고하면서도 "몇 가지 부적절한 행동을 한 점은 인정된다"고 밝힌 바 있다. 변양호의 주장은 부적절한 행동이 있긴 하지만(기와를 뜯어내긴 했지만), 외환은행이 망하는 것을 막았으니(남대문이 다 타서 주저앉는 걸 막았으니) 된 것 아니냐는 논리다. 그 부적절한 행동이란 무엇일까? 부적절한 행동이 있었는데 어떻게 무죄 판결을 받았을까? 변양호가 자신의 책에서 제대로 말하지 않은 것들이 있다.

변양호는 외환은행 매각을 두 달 앞둔 2003년 7월 15일, 서울 중구 소공동 웨스틴조선호텔에서 열린 비밀회동을 소집한 사람이었다. 나중에 '10인 비밀회동'이라고 불리게 된 이날 모임에서 외환은행 매각 방식과 절차가 결정된다. 10인 비밀회동의 참석자는 변양호와 재정경제부 은행제도과장 추경호, 금융감독위원회 감독정책국장 김석동, 은행감독과장 유재훈, 외환은행 행장 이강원과 부행장 이달용, 경영전략부장 전용준, 우리 정부의 매각 자문을 맡았던 모건스탠리 전무 신재하, 청와대 정책실 행정관 주형환 등이다.

한국 은행법은 은행의 대주주 자격 요건을 엄격하게 규정하고 있다. 은행은 일반 영리 기업과 달리 공공적 성격이 강하고 자칫 은행이 부실에 빠지면 경제 전반으로 위험이 확산될 수도 있기 때문이다. 은행법에 따르면 외국자본이 국내 금융기관의 대주주가 되려면 기본적으로 금융회사거나 금융지주회사여야 한다. 사모펀드인 론스타는 당연히 여기에 해당되지 않는다. 그런데 10인 비밀회동에서 변양호는 은행법 시행령 제8조 제2항을 해법으로 제시한다.

"부실 금융기관의 정리 등 특별한 사유가 있다고 인정되는 경우에는 금융기관이 아니어도 금융감독위원회의 승인으로 은행의 지분을 10% 이상 보유할 수 있다."

외환은행은 부실 금융기관이 아니었다. 실제로 얼마나 부실했느냐를 두고 해석과 주장이 엇갈리지만, 일단 법적으로 부실 금융기관이 아닌 것은 분명했다. 그런데 이날 회의에서 변양호 등은 "부실 금융기관의 정리"는 아니지만 "부실 금융기관 정리 등 특별한 사유"에 해당한다는 논리로 외환은행 매각을 밀어붙이기로 합의한다. '등'이라는 한 글자가 외환은행의 운명을 바꾼 것이다. 충격적인 것은 이런 절묘한 '신의 한 수'를 알려준 게 바로 김앤장이었다는 사실이다. 회의 일주일 전인 7월 8일, 김앤장이 재정경제부에 전달한 법률 검토 문건에는 다음과 같은 대목이 있다.

은행법 시행령 제8조 제2항 적용

· 특별한 사유가 있는 경우 금융감독위원회 예외 인정 가능

· 기준이 없고 재무구조 개선, 경쟁력 강화, 금융산업 구조조정 정책 등 고려

· 외환은행 부실 위험 가능성 설명

· 현 상황 타개를 위해 론스타 자본이 충분한 여유 제공

당시 열린우리당 임종인 의원에 따르면 재정경제부는 이 문건을 '비공식적'으로 받아서 '대외비'로 분류했다. 이 문건은 재정경제부를 거쳐 금융감독위원회로 건너갔고 금융감독위원회도 다른 경로로 직접 받은 정황이 있다. 7월 25일 금융감독위원회 회의 자료에 이 문건의 문구가 거의 그대로 등장한다.

은행법 시행령 제8조 제2항 적용

· 특별한 사유가 있는 경우 금융감독위원회 예외 인정 가능

· 부실 금융기관에 해당하지 않으나 잠재 부실 고려

· 외환은행 경영 악화 가능성 설명

· 외환은행 경영 정상화 위해 론스타 투자 유치 필요

이에 앞서 7월 15일 10인 비밀회동에서 변양호는 "외환은행 증자에 실패하면(론스타를 대주주로 받아들이지 않으면) BIS(자기자본비율)가 5.42%까지 떨어질 수 있다"면서 "은행법 시행령 8조 2항을 적용해달라"고 김석동에게 요청한다. BIS가 8% 밑으로 떨어지면 부실하다는 평가를 받는데, 당시 외환은행의 BIS는 10%가 넘는 상황이었다.

김석동은 "예외 승인을 적용하면 삼라만상이 다 해당된다"고 우려하면서도 "공식적으로 재정경제부에서 협조 요청 공문을 보내달라"고 수락한다. 실제로 재정경제부는 다음 날인 7월 16일 금융감독위원회에 "외환은행 매각은 부실 금융기관 정리 등 특별한 사유에 해당한다"는 내용의 공문을 보낸다. 재정경제부에서 금융감독위원회에 예외 승인을 요청하고 다시 금융감독위원회가 재정경제부에 유권해석을 요청해 명분을 만드는 '짜고 치는 고스톱'이었다. 이 고스톱을 설계한 게 바로 론스타의 법률 대리를 맡고 있었던 김앤장이었다는 이야기다.

변양호와 김석동 등은 "부실 금융기관 정리 등 특별한 사유"라는 예외 조항 역시 문제가 있다는 사실을 알고 있었다. 실제로 검찰 수사 결과를 보면 재정경제부 실무진에서 "전례가 없고 무리한 법률 해석"이라는 반발이 있었다. 사무관 신진창이 "BIS 비율이 8%가 넘어 예외 승인이 불가능하다"고 보고하자 변양호가 "BIS 비율을 낮춰 적기 시정 조치를 걸 수도 있지 않느냐"고 지시한 사실도 드러났다.

신진창은 "외환은행이 하이브리드 채권을 발행해 BIS 비율이 8% 밑으로 떨어질 가능성이 크지 않고 적기 시정 조치는 요건이 있어 곤란하다"고 항의했으나 변양호는 이를 묵살했다. 변양호는 『변양호 신드롬』에서 교묘하게 논점을 비튼다.

"8%를 하회하는 연말 BIS 비율 전망치가 예외 승인의 근거라는 주장은 론스타 매각에 무슨 불법이 있는 것처럼 주장하는 사람들이 만들어내고 언론에 부풀려진 후 감사원과 검찰에 의해 조작된 허구다."

변양호는 이 책에서 "부실 금융기관 정리 등 특별한 사유"라는 예외 조항을 적용하게 된 과정을 빠뜨렸다. BIS 조작은 이 예외 조항을 꿰맞추기 위해 동원된 것인데, 변양호는 실제로 외환은행이 매우 부실했다는 주장만 반복하고 있다. 설령 외환은행이 심각하게 부실했다고 하더라도 론스타가 법적으로 외환은행의 대주주가 될 자격이 안 되었다는 사실을 부정할 수는 없다.

★
결론을 미리 써놓고 시나리오를 짰다

'10인 비밀회동'에서는 외환은행의 BIS가 5.42%로 떨어질 수 있다는 이야기까지 나왔지만, 7월 21일 외환은행 이사회 분위기는 전혀 달랐다. 다음은 이사회 회의록에 기록된 이강원의 말이다.

"최근 영업이 부진하다는 의견에는 동의할 수 없습니다. 순이자 이익은 10.2%가 늘었고 수수료 이익도 지난해까지만 해도 1~2% 정도 늘어나는 데 그쳤는데 올해는 25%나 늘었습니다. 올해 860억 원의 이익을 계획하고 있는데 세금을 포함하면 2,000억 원 수준입니다. 지난해 110억 원, 세금 감안해 1,000억 원 수준의 이익에 비교하면 올해 들어 실적이 크게 개선됐다고 볼 수 있습니다."

당장이라도 망할 것처럼 호들갑을 떨던 이강원은 이사회에서 왜 큰

소리를 쳤을까? 이날 이사회에서는 상반기 대손충당금을 2,960억 원으로 잠정 집계하고 1년 전망을 8,467억 원으로 잡았다. 최악의 경우 9,875억 원까지 늘어날 수도 있다는 단서가 붙었지만, 이는 감독 당국이 충당금 적립 비율을 높여 잡을 경우를 감안한 것이다. 결국 이날 이사회는 수정된 전망에 따라 BIS 목표를 10.3%에서 10.0%로 낮춰 잡았다. 외환은행의 상황이 실제로 나쁘지 않았거나 그게 아니라면 BIS가 터무니없이 부풀려져 있었는데 그걸 몰라볼 만큼 이사들이 모두 바보였다는 이야기다.

이강원은 회의 끝 무렵에 "자본 적정성 확보 차원에서 론스타 건을 추진하고 있다"고 짧게 언급했다. "단순한 외자 유치냐 아니면 경영권을 넘기는 것이냐"는 질문에 그는 "결정된 것이 없기 때문에 구체적으로 말할 수 없다"고만 답변했다. BIS 10.0%(이사회 전망)와 5.42%(변양호 전망)는 간극이 크다. 어떤 게 잘못된 것일까?

변양호는 재판 과정에서 "외환은행의 잠재 부실은 1조 원에서 최대 1조 7,000억 원에 이르는 것으로 추산됐는데 이를 반영할 경우 BIS 비율이 4% 밑으로 떨어질 수 있다"면서 "1조 7,000억 원을 모두 반영할 경우 제로로 수렴한다"고까지 주장했다.

실제로 IMF 직후 외환은행이 건실했다고 보기는 어렵다. 그러나 경영권을 출처 불명의 사모펀드에 팔아넘길 정도로 부실했는지는 의문이다. 론스타가 그렇게 위험한 상황이라고 주장하려면 합리적인 근거를 제시해야 한다. 금융감독원은 5월 27일까지만 해도 외환은행의 BIS를 8.44%로 전망한다. 그런데 이 비율이 6월 16일 9.14%까지 뛰어올랐다가 7월 25일에는 6.16%로 확 줄어든다. 금융감독원이 BIS 6.16%의 근거라고 내놓은 것은 외환은행에서 받았다는 팩스 5장이었다.

이 팩스는 '10인 비밀회동'이 끝나고 일주일 뒤인 7월 21일 발송된 것이다. 금융감독원은 이 팩스를 외환은행에서 받았다고 설명했는데, 이는 사실일 가능성이 크다. 팩스 상단에 찍힌 '02-729-'로 시작되는 번호가 외환은행이 쓰는 국번이었기 때문이다. 다만 외환은행은 이 팩스를 작성하고 발송한 사람이 외환은행 차장 허태학인데 이미 지병으로 사망했다고 밝혔다. 죽은 사람에게 책임을 떠넘기는 것 아니냐는 의혹도 있었지만, 검찰 수사와 감사원 조사에서도 확인할 수 없었다.

허태학은 재무기획부 소속이었으나 외환은행 매각을 앞두고 경영전략부 소속 태스크포스팀으로 파견 나가 있는 상태였다. 재무기획부는 17층이고 태스크포스팀은 13층이었는데 두 곳 모두 729로 시작되는 번호는 없었다는 게 감사원 등이 확인한 사실이었다. 단순히 729 국번만으로 외환은행에서 보냈다고 보기 어렵다는 관측이 나오는 것도 이런 이유에서다. 일부 대목에서 단위가 '억 원'이 아니라 '10억 원'으로 잘못 적힌 부분도 있고 '유유가가증권'이라는 이해하기 어려운 오타도 석연치 않다.

흥미로운 대목은 또 있다. 외환은행은 나중에 KBS 〈추적60분〉 기자에게 허태학의 컴퓨터에서 발견되었다면서 문제의 팩스 5장을 제기했는데 여기에는 '유유가가증권'이 '유가증권'으로 수정되어 있었다. 비교할 수 있도록 인쇄를 해달라는 KBS 기자의 요구를 외환은행 관계자는 석연치 않은 이유로 거부했다. 팩스 5장을 둘러싼 여러 미스터리는 아직까지 밝혀지지 않았다.

또 하나 주목할 대목은 이 팩스에 중립적 시나리오와 비관적 시나리오가 나란히 적혀 있는데, 두 시나리오의 기준이 전혀 다르다는 것이다. SK글로벌 대손충당금이 중립적 시나리오에는 905억 원으로 잡혀 있는데 비관적 시나리오에는 188억 원으로 잡혀 있다. 비관적 시나리오가 대손충당금을 더 적게 잡고 있다는 것은 상식적으로 말이 안 된다. 이 밖에도 두산중공업의 유가증권 감액 손실도 비관적 시나리오에 더 적게 잡혀 있다.

왜 이런 일이 벌어졌을까? 두 개의 시나리오는 동일한 기관에 의해 일관된 기준을 갖고 작성된 것이 아니었다. 다른 기관에서 만든 자료를 누군가가 갖다 붙인 것일 가능성이 크다. 외환은행 이사회 속기록에 따르면 4월 7일부터 5월 7일까지 삼일회계법인과 삼정회계법인이 동시에 자산 실사를 했다. 삼일은 외환은행, 삼정은 론스타를 대리해서 각각 실사를 했는데, 이 5장의 팩스가 외환은행에서 나온 자료라면 삼일의 자료와 일치해야 한다. 그런데 중립적 시나리오는 삼일의 자료가 맞는데 비관적 시나리오는 자산 손실 규모가 무려 3,400억 원이나 차이가 난다.

그렇다면 결론은 명확하다. 실사를 한 곳이 삼일과 삼정, 두 군데뿐인데 삼일이 아니라면 삼정에서 나온 자료일 가능성이 크다. 삼정과 론스타는 아무런 자료도 공개하지 않았지만, 이 팩스는 결국 삼정에서 자료를 건네받은 론스타에서 흘러나온 것이라고 볼 수밖에 없다. '729'로 시작되는 전화번호 역시 외환은행 본점이 아니라면 어떻게든 론스타와 관련된 번호일 가능성을 배제할 수 없다.

실제로 2005년 국회 재정경제위원회 외환은행 문서 검증 보고서의 결론이었다. 정부 소유의 은행을 사겠다는 상대방인 론스타가 정부의 금융 감독기관인 금융감독위원회에 법률 자문을 한 것이다. 이 결론이 맞다면 금융감독원과 금융감독위원회는 론스타의 전망 또는 주장만 믿고 외환은행을 부실 금융기관으로 판단해 매각을 승인했다는 이야기가 된다. 누가 어떤 근거로 작성했는지 확인조차 되지 않은 의문의 5장짜리 팩스가 외환은행의 운명을 가른 셈이다. 당시 외환은행의 이사회 속기록을 보면 또 하나 흥미로운 부분이 눈에 띈다. 이달용의 발언이다.

"론스타와 외환은행 모두 회계법인을 통해 자산 실사를 하고 있는데 론스타 쪽에서 1조 6,000억 원의 자산 손실을 주장하고 있습니다. 그러나 구체적인 내용은 공개하지 않고 있습니다."

이 1조 6,000억 원은 팩스에 나온 자산 손실 규모와 정확히 일치한다. '10인 비밀회동'과 의문의 팩스, 변양호와 김석동의 발언은 모두 연결되어 있다. 치밀한 각본에 따라 계획된 것처럼 재정경제부, 금융감독원, 금융감독위원회는 일사분란하게 하나의 결론을 향해 움직인다. 이들은 외환은행을 론스타에 팔아넘기지 못해 안달을 하는 것처럼 보였다.

공교롭게도 금융감독원이 의문의 팩스를 받은 바로 다음 날인 7월 22일 김진표 경제부총리는 『블룸버그통신』과 인터뷰에서 외환은행의 지분을 론스타에 매각할 계획이라고 밝혔다. 론스타가 물밑작업을 하고 있다는 사실은 충분히 알려져 있었지만 공식적으로 확인된 것은 이날 김진표의 발언이 처음이었다.

"은행 경영진과 주주가 은행 정상화를 위해 외국 투자자를 맞아들이는 데 대해 동의했다. 수출입은행 소유의 외환은행 지분 32.5%의 전부 또는 일부를 론스타에 매각하는 내용을 고려하고 있다."

김진표의 이날 발언은 분명한 월권이었다. 무엇보다도 그때는 론스타의 자격 논란이 금융감독위원회 내부에서도 정리되지 않은 상태였다. 그러나 김진표의 발언 이후로 외환은행의 매각은 기정사실화한다. 재정경제부가 매각 과정에 주도적으로 개입한 흔적은 이 발언 전후에도 곳곳에서 발견된다. 변양호의 '단독 범행'이 아니었다는 이야기다.

전윤철과 김진표가 미묘하게 다른 입장을 보인 것도 눈길을 끌었다. 전윤철은 2002년 4월부터 2003년 2월까지, 김진표는 2003년 2월부터 2004년 2월까지 경제부총리를 지냈다. 외환은행이 팔려나갈 때 김진표가 경제부총리를 맡고 있었고, 전윤철은 감사원 원장으로 있으면서 외환은행 헐값 매각 관련 감사를 총괄했다.

김진표는 "외자 유치 등 특단의 조치가 없었으면 외환은행의 부실이 전체 금융권에 큰 충격을 줄 수도 있는 상황이었다"고 주장했다. 반면 전윤철은 "경제 상황이 안정되고 있었던 것으로 보인다"고 말했다. 전윤철은 "론스타가 서울은행 인수전에서 탈락한 것은 시세 차익을 노리는 사모펀드였기 때문"이라면서 "자본 확충이 필요하다는 보고는 받았지만 매각이 추진되고 있다는 사실을 전혀 몰랐다"고 말했다. 전윤철의 후임인 김진표는 "다른 인수 후보를 찾지 못한 상황에서 론스타는 불가피한 선택이었다"면서 "지금도 그때의 상황 인식이 틀렸다고 생각하지 않는다"고 밝혔다.

변양호는 사무관 박사 1호에 IMF 파견 근무를 하기도 했고, IMF 외환위기 발생 직전 위기의 징후를 최초로 보고하는 등 재정경제부에서도 자타 공인 금융 전문가였다. 그러나 불행하게도 재정경제부 장관을 지냈던 전윤철과 김진표는 금융 분야 전문 지식이 얕았다. 전윤철은 그나마 이해할 수 없는 사안은 함부로 결재를 하지 않는 깐깐한 스타일이었다. 변양호는 전윤철을 무시하고 보고를 누락하거나 왜곡했을 가능성이 크다. 변양호는 다음과 같이 진술한 바 있다.

"전윤철 장관님은 통상 당신이 서명할 문서가 아니면 문서를 잘 보시지 아니하고, 그냥 설명해봐 하시는 편이었고, 특히 금융에 대하여는 잘 모르시고, 특별히 관심을 갖고 계시지도 않아서 더욱 서명할 문서가 아니면 금융 관련 보고서들은 잘 보시지 않으셨습니다."

전윤철도 당시 제대로 된 보고를 받지 못했다고 주장했다.

"제 기억으로는 제가 재정경제부 장관으로 재임 중 외환은행을 매각한다는 구체적 계획이 있었던 것은 아니고, 외환은행의 자본 확충 필요가 있다는 보고를 몇 번 받은 기억만 있을 뿐입니다."

검찰은 변양호의 선고 공판을 앞두고 법원에 낸 의견서에서 "특히, 2003년 참여정부 출범 직후, 재정경제부총리 이외, 청와대에서 정부의 금융 경제 정책을 모니터링하고 지시할 만한 전문가는 없었다"고 지적했다. 정책수석 비서관이었던 권오규는 검찰 조사에서 "외환은행 매각 상황을 점검하고 그 타당성을 검증하는 실무를 전혀 챙겨볼 수 없었다"며 "변양호를 믿었다"고 진술했다. 다음은 권오규의 진술이다.

"은행 부실화 등은 국가 경제적으로 중요한 이슈이므로 만약 외환은행이 망할 지경으로 부실화되어 있었다면, 이를 마땅히 챙기고 관련 기관 간 긴밀한 협의를 진행함과 동시에 이를 조정하고, 대통령에게도 보고하였을 것인데, 그러한 보고를 재정경제부로부터 받은 사실도 없고, 금융정책국장으로부터 직접 설명을 들은 사실이 없었습니다. 외자 유치 정도로만 보고 받은 내용을 기억하고 있습니다."

검찰은 변양호가 의도적으로 외환은행 관련 보고를 누락했을 가능성이 있다고 보고 수사를 집중했다. 실제로 권오규는 대통령 당선자가 챙기던 업무일지에 조흥은행과 관련된 수많은 메모가 있었는데 외환은행 관련 메모는 거의 없었다고 진술했다. 검찰은 "피고인 변양호는 정권 교체기의 혼란을 틈타 결재를 편취하고, 상사를 기망하였으며 국가 의사결정 시스템을 마비시켰다"는 결론을 내렸다.

론스타가 살로먼스미스바니 한국 대표인 김은상 등을 통해 10억 달러에 51%의 지분을 매입하겠다고 가이드라인을 밝히고 협상을 진행 중이었는데도 변양호는 경제부총리에게 이를 보고하지 않았다. 2002년과 2003년은 가뜩이나 김대중 정부가 물러나고 노무현 정부가 들어서던 과도기였다. 변양호는 '부총리 보고 필'이라는 문구를 집어넣어 후임 부총리를 기망했다는 의혹을 받았으나 무죄판결을 받았다.

★
론스타가 아니었으면 외환은행이 망했을까?

론스타는 뿔 달린 악마가 아니다. 국부 유출이라는 말도 신중하게 써야 한다. 론스타가 나쁜 놈이 아니라 출처 불명의 사모펀드에 은행 인수를 승인한 한국의 감독 당국이 진짜 나쁜 놈들이다. 론스타는 원래 그런 놈들이다. 론스타를 비난하는 것만으로는 아무것도 해결할 수 없다. 물론 그렇다고 해서 론스타가 최선이었다거나 론스타 덕분에 외환은행이 살아났다고 주장하는 사람들에게 동의할 수는 없다. 론스타가 아니었다면 외환은행이 훨씬 더 심각한 상황을 맞게 되었을 거라고 주장하는 사람들이 있다.

　건국대학교 경영학과 교수 유효상이 쓴 『론스타, 그 불편한 진실』이라는 책이 이런 주장을 대변한다. 잘 쓴 책이라고 보기 어렵지만 그나마 체계적으로 정리된 주장이고 이런 비슷한 주장을 하는 사람들의 논리를 대표하는 글이라고 보고 조목조목 반박해 보겠다.

먼저 유효상은 론스타가 외환은행을 시장가격 이상에 인수했기 때문에 '먹튀'라고 보기 어렵다고 주장한다. 론스타가 인수한 이후 외환은행의 실적이 크게 개선되었고 그래서 시세 차익을 챙기는 건 당연한데 한국 정부의 고의적인 방해로 매각이 지연되어 손실을 입었다는 론스타의 주장에 힘을 실어준다. 애초에 2003년 9월, 외환은행의 매각이 불가피했다는 잘못된 전제에서 출발하고 있다.

유효상의 주장은 간단히 반박할 수 있다. 외환은행이 아무리 부실했더라도 이와 무관하게 론스타는 외환은행을 인수할 자격이 안 되었다는 게 전제되어야 한다. 외환은행이 외부 자금 수혈 없이는 버틸 수 없을 만큼 정말 부실했다거나 론스타가 인수한 뒤 외환은행이 살아났다거나 하는 분석은 인과관계를 부정하는 자가당착적 논리다. 결과적으로 다 잘되었으니 된 거 아니냐는 주장을 어떻게 할 수 있는지 의문이다.

유효상은 2012년 3월 법원 결정을 근거로 내세우는데, 법원은 "과거에는 론스타가 비금융 주력자였지만 지금은 아니니 의결권을 제한하기 어렵다"는 논리를 내세운다. 참담하게도 한국 정부는 론스타의 실체를 몰랐거나 알면서도 은폐했을 가능성이 크다. 금융위원회는 론스타의 산업자본(비금융 주력자) 여부가 논란이 되자 질질 끌면서 숨기다가 2012년 1월, 론스타가 일부 지분을 정리한 뒤에서야 "지금은 문제가 없다"고 밝혔다.

이것은 공연한 딴죽걸기도 아니고 적당히 대충 뭉개고 넘어갈 수 있는 문제도 아니다. 여러 정황을 종합하면 경제 부처 모피아들은 론스타가 산업자본이라는 사실을 모르고 승인한 게 아니라 알면서도 승인해주었을 가능성이 크다. 이건 명백한 범죄 행위다. 10년도 더 지난 일을 이제 와서 어떻게 하냐고? 론스타가 나쁜 놈들이니까 우리 정부의 잘못은 덮고 넘어가자고? 선의로 해석하거나 좋은 게 좋다고 이해할 수 있는 문제가 아니다. 유효상은 론스타의 6대 의혹을 이렇게 정리한다.

첫째, 론스타는 산업자본인가? 론스타가 일본에 골프장을 소유하고 있던 기간에는 산업자본으로 볼 여지가 있다. 그러나 2003년 9월에 론스타가 산업자본이었다는 근거는 없다. 2005년 씨티그룹이 한미은행을 인수할 때도 국내 계열사만 보았다. 론스타만 해외 계열사까지 들춰보는 건 형평성에 어긋난다. 법 조항을 바꿔 규제를 완화해야 한다는 이야기도 나온다.

둘째, 외환은행은 헐값에 팔렸는가? 아니다. 오히려 많이 쳐주었다고 할 수 있다.

셋째, 먹튀였는가? 아니다. 수익률은 18% 정도인데 이 정도면 딱히 재미 보는 장사였다고 보기 어렵다.

넷째, 세금을 떼먹었는가? 아니다. 벨기에와 조세협약이 맺어져 있어 원래 안 내도 된다.

다섯째, 해외 매각은 국부 유출인가? 아니다. 오히려 국내(하나금융지주) 매각이 국부 유출이다.

여섯째, 외환카드 주가조작 논란을 어떻게 볼까? 감자설이 아니라도 주가는 떨어졌을 가능성이 크다.

유효상의 주장은 대부분 궤변이다. 궤변일 뿐만 아니라 최소한의 사실 관계조차도 틀렸다. 미국산 쇠고기의 광우병 논란에 비교하면서 "객관적 자료에 근거하지 않은 해석과 위험한 일반화에 경각심을 가질 필요가 있다"고 지적하고 있지만, 정작 2003년 9월 론스타의 외환은행 인수가 무효라면 헐값 매각인지 아닌지 먹튀인지 아닌지 애초에 논의가 필요 없다는 사실을 간과하고 있다. 이미 팔린 걸 어쩔 수 없다고 인정하는 순간 논리가 꼬이게 된다.

이 책의 제목은 우리가 론스타를 감정적으로 비난하는 것과 달리 론스타의 외환은행 인수와 매각 과정이 철저하게 합법적이었다는 사실을 강조하기 위한 것으로 보인다. 흔히 오해하지만 론스타가 비판받는 것은 해외 자본이어서가 아니라 단기 시세 차익을 노리는 사모펀드라서다. 오히려 유효상이 받아들여야 할 '불편한 진실'은 은행법의 소유 제한 규정이 어떻게 그렇게 고무줄처럼 느슨하게 적용될 수 있었느냐다.

핵심 쟁점은 론스타가 2003년 9월 산업자본이었느냐인데 유효상은 이 지점에서 논리를 뭉뚱그린다. 적어도 2006년부터 산업자본이었다는 사실은 분명한데 그 이전에는 어땠는지 그리고 모피아들이 어느 수준까지 알고 있었는지를 가려낼 필요가 있다. 그런데 유효상은 "정부가 성급하게 결정을 내렸기 때문으로 보인다"면서도 "김석동 위원장은 운영 과정에 문제점이 발견돼 은행법 소유 규제 조항들이 개정될 것이라고 밝혔다"고 눙치고 있다.

산업자본 여부를 가릴 때 국내 계열사만 본다는 주장도 사실과 다르다. 2004년 테마섹홀딩스Temasek Holdings가 하나은행 인수를 추진할 때 테마섹홀딩스가 산업자본이라는 이유로 의결권을 제한 당한 사례가 있다. 최근 공개된 재정경제부 내부 문건에 따르면 재정경제부와 금융위원회 등도 론스타가 산업자본이라면 예외 승인도 적용할 수 없다는 결론을 내렸다. 금융위원회는 2008년에 이미 론스타가 산업자본이라는 자료를 받아놓고도 2011년까지 발표하지 않았다.

론스타의 숨겨진 계열사도 속속 드러났다. 골프장뿐만 아니라 론스타 소유로 확인된 일본의 아수엔터프라이즈와 솔라레호텔 등만 더해도 2조 원이 훌쩍 넘어 산업자본으로 분류된다. 외환은행을 인수하던 때부터 팔고 나갔던 때까지 산업자본이었을 가능성이 크다. 금융위원회가 자료 요청을 제대로 하지 않았거나 론스타가 제대로 자료를 제출하지 않았을 가능성도 있지만, 적어도 2008년부터는 금융위원회가 알고도 뭉갰다는 정황이 드러났다.

인과관계를 뒤집지 않고 쟁점을 다시 정리하면 이렇게 된다. 론스타는 성공적인 투자를 했다. 불법행위는 한국 정부의 관료들이 저질렀고 론스타는 재미를 보았다. 그 책임을 론스타에 물을 수 있을까? 모피아와 론스타의 유착 의혹을 밝혀내야겠지만, 설령 론스타에 잘못이 없다고 해도 론스타의 부당이득을 묵과할 수는 없는 일이다. 헐값 매각이니 먹튀니 국부 유출이니 하는 감정적 반발과 저항은 오히려 지엽적인 문제다.

오히려 론스타는 한국 정부를 상대로 ISD 소송을 제기했다. 한국 정부가 고의로 매각을 지연시켜 손실을 보았다는 게 론스타의 주장인데 론스타가 승소할 가능성도 배제할 수 없다. 국부 유출 논란을 빌미로 여론을 의식해 싱가포르개발은행DBS이나 HSBC 등 매각을 승인하지 않고 시간을 끌었던 게 사실이기 때문이다. 그래서 이 재판에서 이기기 위해서라도 2003년 론스타의 외환은행 인수가 원인 무효였다는 사실을 밝혀내는 게 중요하다는 주장이 설득력을 얻고 있다.

한국 정부가 "우리가 론스타에 속았다"고 주장해야 하는 상황인데, 모피아들이 론스타에 속았는지 아니면 론스타와 짜고 정부와 국민들을 속였는지는 밝혀져야 할 부분이다. 그런데 유효상은 교묘하게 논점을 비틀어 론스타가 외환은행의 기업 가치를 끌어올렸고 그래서 그 정도(3조 9,847억 원) 먹고 튈 자격이 있다는 결론을 끌어낸다. 누가 누구를 속였든 그것은 관심 없고 결과적으로 잘된 선택이 아니냐는 괴상한 논리다.

극단적인 가정을 하면 론스타가 인수하지 않으면 외환은행이 망했을 수도 있다. 그러나 그런 가능성이 론스타의 불법적인 외환은행 인수를 정당화할 수는 없다. 설령 망하더라도 론스타는 국내에서 은행의 대주주가 될 자격이 안 된다는 게 은행법에 명시되어 있다. 우리는 10년 전으로 거슬러 올라가 어떻게 이렇게 잘못된 결정이 내려졌는지를 검증해야 하고 론스타의 책임 범위를 가려내야 한다. 모피아들이 어떤 역할을 했는지도 그 과정에서 밝혀내야 한다.

아직 맞추지 못한 마지막 몇 가지 퍼즐이 남아 있지만 론스타도 책임에서 자유로울 수 없다. 론스타는 외환은행의 대주주 자격이 없다는 사실을 알고 있었으면서도 모피아들과 공모해 은행법 조항을 우회하고 은폐했을 가능성이 크다. 문 닫기 직전의 부실한 은행이라도 실체를 모르는 사모펀드에 팔아넘겨서는 안 된다는 게 은행법에 규정되어 있고 그것이 은행의 공공성을 지키기 위한 최소한의 안전장치라는 게 론스타 사태가 남긴 교훈이다.

★
모든 네트워크의 중심에 모피아가 있었다

모든 의혹의 중심에 이헌재가 있었다. 외환은행이 론스타에 넘어가던 무렵 이헌재는 김앤장의 고문으로 있었다. 변양호는 김앤장이 금융감독위원회에 주식 초과 보유 승인 신청서를 넣은 바로 다음 날 금융감독위원회에 공문을 보내 론스타의 외환은행 인수를 적극 검토하라고 지시하기도 했다. 론스타가 일본에서 4,000억 원의 세금을 탈루했다는 사실이 밝혀진 뒤에도 "외국에서 있었던 일이므로 국내 사정과는 무관한 것으로 보인다"고 말하기도 했다. 금융기관의 대주주 적격성 문제에 아무런 관심이 없었던 것이다.

외환은행의 대주주였던 수출입은행 행장 이영회도 역시 이헌재와 가까운 사이이다. 이영회는 재정경제부 기획관리실장 출신으로 재정경제부 시절 이헌재의 오른팔 역할을 했다. 수출입은행은 주당 6,479원에 사들였던 주식을 5,400원씩에 넘겼다. 콜 옵션을 감안하면 수출입은행의 손실은 2,483억 원에 이른다. 이영회는 그 뒤 아시아개발은행 사무총장으로 옮겨갔다.

김앤장과 금융감독위원회의 관계를 추측하게 하는 자료도 발견되었다. 2000년 6월 금융감독위원회 내부 보고서를 보면 금융감독위원회가 김앤장의 법률 자문을 인용한 부분이 있다. 당시 쟁점은 크게 2가지였다. 첫째는 JP모건이 직접 주식을 취득하지 않고 다른 투자회사를 내세워 주식을 취득하는 것이 옳은가 하는 것이었다. 둘째는 금융기관이 아닌 칼라일이 JP모건과 공동 출자해 은행을 인수해도 좋은가 하는 것이었다.

김앤장 변호사 정계성 등은 첫 번째에 대해서는 외국계 금융기관의 관행을 감안해 인정 가능하다고, 두 번째에 대해서도 금융기관이 아닌 자의 은행 지배를 방지할 수 있는 장치가 마련되어 있기 때문에 역시 인정 가능하다고 견해를 밝혔다. 금융감독위원회는 이를 근거로 칼라일의 한미은행 인수를 승인해준다. 실제로 한미은행의 인수 주체는 칼라일이었다.

론스타와 진념의 관계도 의혹을 불러일으킨다. 진념은 2002년 10월 론스타의 회계법인인 삼정KPMG의 고문으로 임명되었다. 론스타는 외환은행을 인수한 직후인 2003년 11월, 기존 회계법인과 계약을 해지하고 삼정KPMG와 계약을 체결해 눈길을 끌었다. 계약 기간 만료 이전에 회계법인을 바꾸는 경우가 흔치 않았기 때문이다. 업계 4~5위 수준이던 삼정KPMG는 외환은행을 고객으로 맞으면서 단숨에 업계

2위 수준으로 급부상했다.

주목할 부분은 진념의 인맥이다. 이영회는 진념이 경제부총리로 재직하던 무렵 수출입은행 행장으로 있었다. 진념과 외환은행 행장 이강원의 인연도 눈길을 끈다. 진념이 IMF 외환위기 직후 기아자동차 회장으로 일하던 그 무렵 이강원은 계열사인 기아포드할부금융의 사장으로 있었다. 금융권 경력이 없었던 그가 외환은행장으로 발탁되는 과정에서 진념의 영향력이 작용했을 가능성이 크다는 관측이 나돌았다. 이강원은 전윤철 당시 대통령 비서실장과는 서울고등학교 동문이고 행장 추천위원회 위원장을 맡았던 정문수 당시 외환은행 이사회 의장과는 아시아개발은행에서 함께 일하기도 했다.

제일은행을 사들였다가 스탠다드차타드은행에 팔아넘겨 1조 1,510억 원을 벌어들인 뉴브리지캐피탈과 한미은행을 사들였다가 씨티은행에 팔아넘겨 7,017억 원을 벌어들인 칼라일과 외환은행을 사들였다가 하나금융지주에 팔아넘겨 4조 5,008억 원을 벌어들인 론스타의 관계도 주목된다.

먼저 뉴브리지캐피탈과 론스타는 뿌리가 같다. 뉴브리지캐피탈의 지분 70%를 보유한 최대 주주 텍사스퍼시픽그룹의 회장 데이비드 본더먼은 론스타의 공동 창업자이기도 하다. 뉴브리지캐피탈코리아 대표 박병무는 "두 사람이 업무적으로 서로 조언을 주고받는 것은 물론이고 사적으로도 막역한 친분관계를 유지하고 있다"고 말한 바 있다. 둘 다 미국 텍사스주에 본사가 있고 석유 재벌과 연기금 등에 주요 주주로 참여하고 있다.

박병무는 서울대학교 법학과를 거쳐 미국 하버드대학 법학대학원을 졸업하고 미국 뉴욕 변호사에 합격했다. 김앤장에서 인수합병 사건을 맡다가 뉴브리지캐피탈에 영입되어 뉴브리지캐피탈이 하나로텔레콤을 인수한 뒤 하나로텔레콤 대표를 맡기도 했다.

칼라일과 론스타는 아예 혈연관계로 연결된다. 론스타코리아의 대표였던 스티븐 리Steven Lee와 칼라일의 이사로 있는 제이슨 리Jason Lee는 친형제다. 제이슨 리는 칼라일이 아시아 부동산 시장에 투자하기 위해 설립한 칼라일아시아리얼이스테이트의 대표이기도 하다. 스티븐 리는 캘리포니아주립대학을 졸업하고 하버드대학에서 경영학 석사를 마친 뒤 30대 초반에 론스타 본사 서열 3위까지 올랐다.

공교롭게도 이 펀드들은 모두 매각 주간사로 모건스탠리를 선정했다. 법률 대리인도 모두 김앤장이다. 이들 모두 금융기관의 대주주가 될 자격이 안 되었지만, 금융감독위원회는 굳이 예외 조항을 적용해가면서 이들에게 은행을 넘겨주었다. 제일은행과 외환은행을 50% 이상 사들일 때 드래그 얼롱 조항을 집어넣은 것도 똑같다. 이 조항 때문에 제일은행은 100% 외국인 소유 은행이 되었고, 외환은행의 대주주였던 론스타는 14.1%의 지분을 더 사들여 시세 차익을 2,483억 원이나 늘릴 수 있었다.

뉴브리지캐피탈, 칼라일, 론스타가 모두 같은 경로로 들어왔을 거라는 의혹이 제기되는 것도 이런 이유에서다. 자금 출처가 철저하게 베일에 가려져 있지만, 이들의 국내 진출은 모두 동일한 네트워크를 활용했을 것이라는 이야기다. 특히 그 과정에서 스티븐 리 등의 '검은 머리 외국인'들이 주도적으로 개입했을 가능성이 크다.

정부 관료들, 특히 재정경제부 관료들의 회전문 현상도 주목할 만

하다. 재정경제부, 금융감독원, 금융감독위원회의 회전문은 이미 자연스러울 정도다. 국정감사 때면 서로 '우리'라고 부르는 것이 어색하지 않을 정도다. 재정경제부 인맥은 금융감독원, 금융감독위원회는 물론이고 산업은행, 수출입은행, 신용보증기금, 심지어 감사원까지 포진해 있다. 공기업뿐만 아니라 증권회사, 보험회사, 신용정보회사에서도 주요 요직은 모두 재정경제부 인맥이 독식하고 있다.

KDB론스타의 대표 우병익은 강경식 전 경제부총리의 비서관을 지냈고, 재정경제부 은행제도과 과장을 지냈던 사람이다. KDB론스타는 론스타와 산업은행이 합작해 만든 구조조정 전문 회사인데, 2004년에 정리되었다. 이 회사는 KDB파트너스로 이름이 바뀌었고 한동안 우병익이 대표로 있었다.

론스타는 한국자산관리공사에도 손을 뻗쳤다. IMF 외환위기 직후 부실채권을 헐값에 사들였던 론스타는 아예 한국자산관리공사 부사장 심광수를 론스타코리아의 회장으로 영입하기에 이른다. 심광수는 론스타가 외환은행을 인수하는 과정에서 외환은행 행장 후보로 거론되기도 했을 만큼 론스타의 한국 진출에 주도적인 역할을 했다.

한국자산관리공사 사장을 회장으로 영입한 뒤 론스타는 10조 원대의 부실채권을 사들이면서 엄청난 이익을 냈다. 심광수는 경기고등학교와 서울대학교 법학과를 졸업하고 한국산업은행에서 국제금융부 부장과 자금부 부장, 부총재보 등을 지냈다.

유회원Paul Yoo은 경기고등학교와 서울대학교 토목공학과를 졸업하고 미국 텍사스대학 건축학 석사를 마쳤다. 대우 미국 지사장과 신한 이사·상무를 거쳐 론스타코리아 사장으로 영입되었다. 론스타의 한국 투자에서 투자 대상을 물색하고 실무 작업을 도맡은 것으로 알려졌다. 유회원과 강정원 전 국민은행 행장이 경기고등학교 동기라는 사실도 눈길을 끈다.

뉴브리지캐피탈의 제일은행 인수 때부터 살펴보면 이헌재는 끼지 않은 곳이 없다. 여기에는 스티븐 리와 제이슨 리 형제를 비롯해 정치권, 재정경제부, 금융감독원, 금융감독위원회 등에 걸친 광범위한 인맥, 김앤장과 삼정KPMG라는 국내 유수의 법무법인과 회계법인이 연루되어 있다. 그리고 이 모든 네트워크와 회전문 현상의 중심에 이헌재가 있는 것이다. 외환은행 불법 매각 사건을 론스타 게이트가 아니라 굳이 모피아 게이트라고 부르는 것도 그런 이유에서다.

새삼스럽게 이헌재 사단이 다시 주목받는 것도 그런 이유에서다. 외환은행을 사들인 국민은행 강정원 행장 역시 이른바 이헌재 사단의 핵심 멤버로 분류되는 사람이다. 오호수 전 증권업협회 회장 역시 이헌재와 막역한 사이다. 이 밖에도 하나은행 부행장을 지낸 서근우, LG카드 사장을 지낸 박해춘, 서울보증보험 사장을 지낸 정근우, 국민은행 부행장을 지낸 이성규, 우리금융지주 회장을 지낸 황영기, 한국씨티은행 행장을 지낸 하영구 등이 이헌재 사단의 멤버로 거론되었다.

당신이 외국계 사모펀드를 운영하는 사람이고 한국에 들어와 은행을 인수하려고 한다면 누구를 먼저 접촉해야 할까? 그 답은 너무나도 분명하다. 정부 관료, 금융권, 투기자본, 법무법인과 회계법인을 가장한 로비스트들의 이 끈적끈적한 네트워크를 차단하고 도려내지 못하면 앞으로도 수많은 은행과 기업이 팔려나갈 것이다. 여전히 이들이 한국 경제를 주무르고 있다.

외자 유치, 명분과 허울에 홀렸다

이헌재는 『위기를 쏘다』에서 "외환은행의 첫 단추는 잘못 끼웠다"고 털어놓은 바 있다. "약으로 생각했던 외국자본 유치가 사실은 독이 됐다"면서 "그게 없었다면 1998년 6월 말 경영 평가 직후 외환은행에 뭔가 대책을 세웠을 것이고 원칙대로 다른 은행과 합병시키든지 공적 자금을 투입했을 것"이라는 이야기다. "외국자본 유치라는 명분과 허울에 홀려서 독자 생존의 기회를 놓치고 말았고 첫 단추를 잘못 꿰게 됐다"는 게 이헌재의 분석이다.

　지금은 이른바 모피아의 대부 정도로 평가받지만, 이헌재는 자기 자신을 낭인이라고 불렀고, 1997년 IMF 외환위기 직전까지 20년 가까이 외국을 떠돌기도 했다. 게다가 1997년 대통령 선거에서 신한국당

이회창 후보를 도왔던 사람이다. 김대중과 노무현 정부의 실세와는 거리가 있는 사람이라는 이야기다. 그런데 1997년 12월 25일 당시 비상경제대책위원회 위원장을 맡고 있던 김용환이 이헌재에게 기획단 단장 자리를 제안했다. 이른바 3당 합당으로 출범한 국민의 정부는 자유민주연합과 연합 정권 성격으로 출발했다. 김용환이 1974년 재무부 장관을 지내던 시절 이헌재는 금융정책과 과장을 지낸 인연이 있었다. 김용환은 자유민주연합 부총재를 지냈고 김대중 정부 초기 비상경제대책위원회를 총괄하기도 했으나 내각제로 갈등을 빚다가 1999년 국민신당을 창당하고 2000년에는 한나라당으로 옮겨간다.

김대중은 이헌재에게 금융 구조조정의 전권을 위임했다. 이헌재는 은행을 통한 구조조정이라는 원칙을 세웠고, 살생부를 만들면서 구조조정을 밀어붙였다. 30대 그룹 기획조정실 실장들을 불러 모아놓고 부채 비율 200%를 맞추라고 통보하기도 했다. 은행 퇴출 명단이 나온 건 1998년 7월 2일이었다. 경영평가위원회의 평가를 거쳐 경기은행, 동화은행, 동남은행, 충청은행 등이 명단에 올랐다. 경기은행은 한미은행에 넘어갔고 충청은행은 하나은행에 넘어갔다.

이헌재는 1+1=2가 아니라 1.2가 되어야 한다고 강조했다. 합치되 인력을 감축해야 하고 충분한 구조조정이 되어야 공적자금을 투입할 수 있다고 했다. 살아남은 상업은행과 한일은행은 합병하기로 했고, 강원은행과 충북은행이 조흥은행과 합병하고 서울은행과 제일은행은 해외 매각을 추진하고 있었다. 남은 건 국민은행과 주택은행, 외환은행 정도였다.

이헌재는 당시 외환은행 행장 홍세표를 높게 평가했다. 퇴출 명단이 발표되기 직전인 1998년 4월, 홍세표가 독일의 코메르츠방크 Commerzbank를 찾아가 3억 5,000만 달러의 투자 유치 약속을 받아왔다. 7,000만 주를 액면가 5,000원에 인수하는 조건이었다. 당시 주가가 2,500원 수준이던 주식을 액면가 5,000원에 사들인 건 코메르츠방크로서도 상당한 모험 투자를 했다고 할 수 있다. 홍세표는 이헌재를 찾아가 코메르츠방크를 주주로 끌어들이는 대신 감자를 하지 않겠다는 약속을 해달라고 제안했고, 외국자본 유치에 혈안이 되어 있던 시절이라 이헌재는 흔쾌히 약속을 했다.

이헌재는 『위기를 쏘다』에서 당시 상황을 "실수였고 판단 착오였다"면서 "외환은행의 부실이 그렇게 심각할 줄도 몰랐고 결국 감자까지 해야 할 상황이 오리라곤 짐작도 못했다"고 털어놓았다. 코메르츠방크의 외환은행 투자는 국내 은행 최초의 외국자본 유치였다. 외환보유액이 바닥 나서 곤혹을 치렀던 한국 정부로서는 한국의 대외 신인도를 끌어올릴 기회였다. 단순 차입이 아니라 글로벌 금융기관의 자본투자라는 것도 매력적이었다.

외환은행은 1998년 5월 28일, 코메르츠방크와 2억 5,000만 달러의 자본 참여 계약을 체결하기로 했다고 공식 발표했다. 한국은행이 47.9%를 보유한 최대 주주이고 코메르츠방크가 29.79%의 지분을 확보해 한국은행을 제외한 민간 최대 주주로 부상했다. 코메르츠방크는 2명의 상임 이사와 2명의 비상임 이사를 요구했고 한국 정부도 이에 동의했다. 코메르츠방크는 한국 정부가 한국은행의 보유 지분을 최소 2~3년 동안 보유하되 지분을 매각할 경우 코메르츠방크에 우선 매수권을 달라고 요구했고 역시 한국 정부로서는 굳이 거절할 이유가 없었다.

그때만 해도 외환은행은 큰 불을 껐다는 평가가 지배적이었다. 그러나 외환은행의 부실이 당초 알려졌던 것보다 많은 것으로 드러났고, 현대그룹 부실에 이어 대우그룹이 워크아웃을 신청하면서 걷잡을 수 없는 상황이 되었다. 1998년 6월 말 경영 평가에서는 외환은행의 부실 여신이 10조 7,923억 원에 이른다는 놀라운 결과가 나왔다. 전체 여신의 28.6%가 부실 여신이었다. 결국 1999년 2월 홍세표가 경영 실패의 책임을 지고 물러났다. 어렵게 외국자본을 끌어오는 데 성공했지만, 정작 행장은 7개월을 채 못 버틴 셈이었다. 홍세표는 이사회 의장이라도 남겨달라고 제안했지만 받아들여지지 않았다. 이헌재는 "단비처럼 반가웠던 그 돈이 되레 구조조정을 가로막는 걸림돌이 됐다"고 평가했다. 코메르츠방크와 약속이 아니었다면 합병을 하든 감자를 하든 했을 것이고 공적자금을 투입해서 회생시킬 수 있었을 것이기 때문이다.

외환은행의 경영 상황은 계속 안 좋아졌고 결국 1999년 4월 코메르츠방크가 외환은행의 요청을 받아들여 추가 투자를 하겠다고 나섰다. 코메르츠방크는 그 조건으로 외환은행의 대주주인 한국은행이 함께 출자를 해달라고 요청했다. 그러나 한국은행은 시중은행 하나 돕자고 중앙은행의 발권력을 동원할 수는 없었고 재정경제부도 같은 의견이었다. 결국 한국은행이 국책은행인 수출입은행에 출자하고 수출입은행이 외환은행에 다시 출자하는 우회 출자 방식으로 추가 수혈을 하기로 했다.

외환은행이 1조 220억 원의 유상증자를 마무리한 건 1999년 4월

18일이다. 코메르츠방크가 2,600억 원을 추가로 더 넣었고 한국은행이 수출입은행을 통해 3,360억 원을 넣었다. 외환은행 임직원이 1,000억 원, 기타 일반 주주들이 3,260억 원의 증자에 참여했다. 외환은행의 자본금은 1조 4,597억 원에서 2조 4,817억 원으로 늘어났고 BIS도 1998년 말 8.06%에서 10% 수준으로 뛰어올랐다.

1999년 4월 기준으로 코메르츠방크가 27.7%로 최대 주주, 한국은행과 수출입은행이 각각 15.9%와 13.5%, 나머지 42.9%가 일반 주주였다. 표면적으로는 코메르츠방크가 최대 주주였지만 한국은행과 수출입은행 지분을 더하면 29.4%로 여전히 한국 정부가 경영권을 쥐고 있는 상황이었다.

외환은행과 코메르츠방크는 감자를 피하려고 했으나 자본 잠식을 피하기 위해서는 다른 수가 없었다. 2000년 11월 2대 1로 감자를 실시하는 안건이 이사회를 통과했고 수출입은행이 4,000억 원, 코메르츠방크가 2,100억 원을 추가로 더 집어넣기로 했다. 납입 자본금은 2조 4,817억 원에서 1조 8,508억 원으로 줄어들었다.

결국 코메르츠방크는 1998년 7월과 1999년 4월, 2002년 12월 세 차례에 걸쳐 9,948억 원을 출자했으나 별다른 재미를 보지 못했다. 이사를 몇 명 파견하는 데 그쳤을 뿐 경영에 주도적으로 참여하지도 못했고 끌려가다시피 추가 출자를 했지만 결국 론스타의 들러리를 섰다. 코메르츠방크의 인수 가격은 평균 8,248원이었는데 2003년 10월, 5,400원씩 2,622만 주를 론스타에 넘겼다. 이것만 계산해도 손실 규모가 747억 원에 이른다.

수출입은행도 큰 손해를 감수했다. 1999년 4월과 2000년 12월 두 차례 유상증자에 참여해 7,360억 원을 출자했는데 이 돈은 모두 한국은행이 댔다. 인수 가격은 평균 6,479원이었는데 2003년 10월, 이 가운데 3,086만 주를 론스타에 5,400원에 넘겼다. 1주에 1,079원씩 모두 333억 원의 손실을 본 셈이다. 여기에 콜 옵션을 감안하면 손실은 더욱 늘어난다. 론스타가 콜 옵션을 행사할 수 있는 지분은 남아 있는 코메르츠방크 지분 14.61% 가운데 6.48%, 4,176만 주와 수출입은행 지분 13.87% 가운데 7.62%, 4,913만 주였다. 재정경제부 은행제도과 과장 김용범은 2006년 6월 20일 기자간담회에서 다음과 같이 설명했다.

"콜 옵션 등 매각 조건에 대한 협상은 기본적으로 론스타와 수출입은행, 코메르츠방크 등 협상 당사자들이 자문사의 조언을 받아 진행했습니다. 재정경제부는 수출입은행의 감독기관으로서 협상 과정을 모니터링하는 한편, 당사자들 사이에 입장 차이가 큰 부분에 국한해 자문사(모건스탠리) 조언 등을 토대로 조정 의견을 제시했습니다. 콜 옵션 등에 대해서도 자문사의 조정안에 대해 수출입은행 행장과 협의하는 역할을 했을 뿐, 최종적으로는 수출입은행이 내부 이사회 의결 등을 거쳐 자율적으로 판단하여 결정한 것입니다. 정부가 협상 조건을 강제할 수 없는 코메르츠방크도 수출입은행과 동일한 조건으로 계약을 체결하는 상황이었으므로 수출입은행에 대해서만 압력을 행사할 이유도 없었습니다."

론스타의 제안을 일방적으로 수용한 것이 아니라, 당사자들끼리 치열한 협상 과정을 거쳐 상호간 만족할 만한 수준에서 타결된 것이라는 설명이었다. 콜 옵션 조건은 ① 구주 가격 5,400원+년 4% 이자 또는 ② 신주와 구주의 가중 평균 가격(4,250원)과 시가의 평균 가격 중 높은 가격(① 또는 ② 중 높은 가격)으로 결정되었다. 김용범의 설명에 따르면 론스타는 ②번 조건은 수용할 수 없고, 구주 가격(6월 16일에는 4,500원, 7월 20일에는 5,000원)으로 콜 옵션 행사를 주장해 주가가 오를 경우 추가 이익upside potential 전부를 론스타가 갖겠다는 주장이었으나, 협상 결과 당초 론스타가 제시한 조건보다 개선된 조건으로 타결되었다. 팔 수 있는 가격이 정해져 있기 때문에 외환은행의 경영이 정상화되어 주가가 오르면 오를수록 코메르츠방크와 수출입은행의 손실이 늘어나는 구조였다.

실제로 2006년 5월 30일, 론스타가 콜 옵션을 행사했을 때 행사 가격은 ②번 조건에 따라 8,488원으로 결정되었다. 신주와 구주의 가중 평균 가격 4,250원과 시가 1만 2,730원을 평균한 가격이었다. 코메르츠방크는 외환은행의 경영권이 론스타에 넘어간 뒤에도 3년 가까이 주식을 보유하고 있다가 1만 2,730원짜리 주식을 8,488원에 팔아야 했다. 추가 손실이 1,771억 원에 이른다. 수출입은행도 마찬가지다. 손실이 1주에 4,242원씩, 4,913만 주면 2,084억 원이 된다. 결국 주가 1만 3,000원을 기준으로 정부의 손실, 즉 한국은행과 수출입은행의 손실을 모두 더한 규모는 2,483억 원, 코메르츠방크도 2,574억 원의 손실을 떠안았다.

코메르츠방크는 이에 앞서 2006년 3월, 콜 옵션에 해당하지 않는 나머지 지분 8.1%(5,250만 주)를 처분했다. 7억 5,800만 달러 규모였다. 이로써 코메르츠방크는 외환은행에서 완전히 손을 떼게 되었고 론스타는 수출입은행 보유 지분 7.62%와 코메르츠방크 보유 지분

6.48%를 매입해 지분이 50.53%에서 64.62%까지 늘어났다. 외환은행의 보유 지분은 4억 1,675만 주로 늘어났다. 수출입은행의 보유 지분은 13.87%에서 6.25%로 줄어들었다. 한국은행이 6.12%를 보유해 3대 주주로 남게 되었다.

론스타가 전략을 바꾼 이유

'조상제한서.' 한때 5대 시중은행을 부르던 말이었지만 이 가운데 살아남은 은행은 하나도 없다. 조흥은행, 상업은행, 제일은행, 한일은행, 서울은행. IMF 외환위기를 겪으면서 은행 산업의 판도가 뒤바뀌었다. 제일은행이 한때 스탠다드차타드은행으로 이름이 바뀌었다가 다시 SC제일은행으로 이름이 바뀌었으니 그나마 실체는 남아 있는 셈이지만, 100% 외국계 은행이 된 데다 과거 전성기 시절과는 위상이 크게 다르다.

'조상제한서' 가운데 가장 먼저 상업은행과 한일은행이 1999년 1월 합병해서 한빛은행으로 바뀌었다. 한빛은행은 2001년에 평화은행, 광주은행, 경남은행 등과 합병해 우리은행으로 이름을 바꾸었다.

조흥은행은 1999년 충북은행과 강원은행 등과 합병한 뒤 2003년 신한은행과 합병해 신한금융지주회사로 편입되었다. 한때 국내 은행 가운데 수신고 1위였던 제일은행은 1999년 뉴브리지캐피탈에 매각되었다가 2005년 스탠다드차타드은행에 다시 매각되어 SC제일은행으로 바뀌었다. 서울은행은 2002년 하나은행에 흡수 합병되어 아예 사라졌다.

'조상제한서'는 사라지고 국민은행, 신한은행, 우리은행, 하나은행 순으로 '국신우하'라고 불렀다가 하나은행의 외환은행 인수 이후 순서를 바꿔 '국하우신', 여기에 농협은행을 더해 '국하우신농'이라고 부르기도 한다. 그야말로 상전벽해, 뽕나무 밭이 바다가 되었다.

한국 정부가 IMF에 구제금융을 신청한 게 1997년 11월 21일이다. 미셸 캉드쉬Michel Camdessus IMF 총재와 임창열 경제부총리가 구제금융 합의서에 서명한 게 12월 3일이다. 그리고 12월 15일 정부는 제일은행과 서울은행 가운데 1개를 외국 금융기관에 매각하는 방안을 적극 추진하겠다고 발표했다. 당초 IMF는 제일은행과 서울은행은 주식을 전량 소각한 뒤 국유화하고 매각 또는 청산해야 한다고 압박했으나 정부는 연쇄 도산 등의 우려로 공적자금 투입 후 해외 매각을 추진하기로 합의를 끌어냈다.

흥미로운 대목은 론스타가 일찌감치 외환은행에 앞서 서울은행을 노렸다는 사실이다. 론스타는 이미 국내에서 부실채권 매입 등으로 재미를 본 데다 부동산에도 깊숙이 발을 담갔고 본격적으로 금융기관 인수를 노리던 참이었다. 언감생심 한국에서는 금융기관에 해외 자본의 참여가 엄격히 제한되어 있었는데, 그나마 IMF 직후 매물로 나온

은행이 제일은행과 서울은행뿐이었다. 일찌감치 뉴브리지캐피탈이 제일은행을 집어삼키면서 서울은행이 마지막 남은 대안이었다. 론스타로서는 헐값에 팔려나간 제일은행이 아쉬웠을 수도 있다.

서울은행은 외환위기 1년 전인 1996년 1,600억 원의 당기순손실을 기록했다. 율산그룹과 건영그룹 등이 잇따라 무너지면서 금융권 전반으로 부실이 확산되었다. 결정타는 1997년 자산규모 14위 한보그룹의 부도였다. 한보철강이 당진에 짓고 있던 공장 건설비가 당초 2조 7,000억 원에서 5조 7,000억 원으로 2배 이상 늘어나면서 부채를 감당하지 못하고 무너진 것이다. 금융기관들에 물린 부채가 자그마치 4조 9,509억 원이었다.

정부는 1998년 1월 서울은행에 1조 5,000억 원의 공적자금을 투입했다. 7,500억 원은 현물 출자, 7,500억 원은 예금보험공사가 현금으로 막았다. 정부는 서울은행을 HSBC에 매각할 계획으로 협상을 벌였으나 결렬되었다. 망하게 만들 수도 없고 공적자금을 투입할 수도 없는 답답한 상황이었다. 서울은행은 1999년 9월 예금보험공사가 3조 3,201억 원을 추가 출자한 데 이어 2000년 12월 6,108억 원을 추가 출자해 100% 정부 소유 은행이 되었다. 2001년 11월에는 독일 도이체방크와의 매각 협상도 최종 결렬되었다. 서울은행에 들어간 공적자금만 5조 4,309억 원에 이르렀다.

정부는 2002년 5월 공적자금 회수라는 명분으로 삼성증권을 서울은행의 매각 자문사로 선정하고 국내외 잠재 투자자들에게 매각 공고문Teaser Letter을 발송했다. 8개사가 예비 인수 제안서를 냈고 하나은행, JP모건, 론스타가 인수 후보자 군에 선정되었다. 그러나 JP모건이 빠지고 최종 인수 제안서를 낸 건 하나은행과 론스타였다. 2002년 8월 공적자금관리위원회 매각소위원회는 하나은행을 최종 인수 후보로 선정한다. 뚜껑을 열고 보니 하나은행이 1조 원을 부른 반면, 론스타는 8,500억 원을 불렀던 것으로 드러났다. 론스타의 첫 번째 실패였다.

당초 IMF와의 약속은 제일은행과 서울은행을 해외에 매각한다는 것이었다. 제일은행은 이미 1999년에 매각했고, 서울은행은 몇 차례 매각에 실패한 데다 2001년 8월 23일 한국 정부가 IMF 부채를 조기 상환하면서 그 약속이 구속력을 잃게 되었다. 론스타가 서울은행 인수에 실패했던 건 입찰 가격을 낮게 불렀기 때문이기도 하지만 론스타의 경영 능력이 검증되지 않았다는 평가가 크게 작용하기도 했다. 또 한국 정부로서는 이미 IMF를 졸업한 마당에 굳이 추가로 은행을 해외에 매각할 이유가 없었기 때문이다.

하나은행과 론스타뿐만 아니라 국내 금융기관으로는 조흥은행과 외환은행이 서울은행 인수에 관심을 보였다. 국내 자본으로는 동원그룹과 동부그룹, 해외 자본으로는 유럽계 투자 펀드인 HPI도 인수 의향을 밝혔다. 공적자금관리위원회는 서울은행 매각의 우선순위를 첫째, 우량 은행과 합병, 둘째, 국내외 투자자에게 매각, 셋째, 공적자금 투입 은행과 합병 순으로 하겠다고 밝힌 바 있다. 애초에 론스타는 우선순위에서 배제되었다는 이야기다.

2002년 8월 공적자금관리위원회 매각소위원회 보고서에 따르면 론스타에 대해 "경영 능력이 검증되지 않아 중장기적인 공적자금 회수 극대화 가능성이 높다고 보기는 어렵다"고 평가한 것으로 드러났다. "(론스타의) 자회사인 일본의 도쿄스타뱅크가 투자 펀드에 출자하더라도 본래적 의미의 전략적 투자자로 보기는 곤란한 점이 있다"고 지적한 대목도 눈길을 끈다.

이와 관련 2001년 6월 19일 이근영 금융감독위원회 위원장의『연합뉴스』인터뷰도 의미심장하다. 기자가 서울은행 매각에 대해 묻자 이근영은 "협상에는 상대가 있는 만큼 확정적으로 밝힐 수는 없지만 이달 내에 기본 약정 체결을 기대하고 있다"면서 "은행에 투자 펀드 자금이 들어와 경영 지배까지 노리는 것은 바람직하지 않다. 서울은행 인수는 은행 등이 나서는 게 바람직하다"고 답변했다.

당연히 서울은행 때는 안 되던 게 왜 외환은행 때는 론스타에 자격이 생겼는지 의문을 갖지 않을 수 없다. 2006년 4월에서야 심상정 민주노동당 의원의 폭로로 공적자금관리위원회 매각소위원회 보고서가 공개되었고『한겨레』등이 '말 바꾸기', '이중 잣대' 등으로 기사를 내보내자 금융감독위원회가 공식 해명을 하기에 이른다. 금융감독위원회의 해명은 다음과 같았다.

"2002년 당시 서울은행 매각과 2003년 외환은행 매각은 해당 은행의 경영 현황과 적용 법규, 매각 절차 및 주체 등이 모두 상이하므로, 이를 동일한 기준으로 평가하는 것은 적절하지 않다. 서울은행 매각 당시 공적자금관리위는 공적자금 회수 극대화와 서울은행 기업가치 제고 측면을 중점적으로 고려하면서 두 개의 잠재적 투자자 중 매각 대상을 선택할 수 있는 상황이었으나, 외환은행 매각 당시는 은행의 경영 부실 가능성이 매우 높고 잠재적 투자자도 론스타밖에 없는 상황에서 은행법 시행령의 예외 승인 조항이 적용된 것이었다. 이처럼 해당 은행이 처한 상황과 적용 법리가 상이한 점을 고려하지 않고 정부가 론스타에 대한 평가를 뒤집어 론스타에 특혜를 준 것이라는 보도 내용은 사실과 전혀 다르다."

눈여겨볼 것은 2002년 5월, 서울은행이 매물로 나왔을 때는 론스타와 외환은행이 경쟁을 벌였는데 1년이 조금 지난 2003년 9월에는 론스타가 외환은행을 집어삼켰다는 사실이다. 다른 은행 인수를 검토할 만큼 멀쩡했던 외환은행이 왜 갑자기 팔려나갔을까? 이 부분은 여러 해석이 엇갈린다.

외환은행 행장 이강원은 서울은행 인수를 추진한 것과 관련, "실질적 인수 의사는 없었고 이미지 메이킹 및 직원 자신감 고취 목적으로 추진했다"고 밝힌 바 있다. 외환은행의 자문을 맡았던 인베스투스글로벌 사장 박기영은 "외환은행이 다른 은행에 인수·합병될 거라는 신문 기사가 자주 보도됐고 이강원 행장이 직원들의 동요를 막고 외환은행의 입지를 강화하기 위해 서울은행 인수를 추진하겠다고 했다"고 말했다. 이근영이 "외환은행의 서울은행 인수 추진은 일종의 페인트 모션이었다"고 말한 것도 이런 배경으로 이해할 수 있다.

그러나 이강원과 이근영 등이 외환은행의 경영 상황이 좋지 않았다는 사실을 강조하기 위해 서울은행 인수 추진의 의미를 평가 절하하고 있을 가능성도 무시할 수 없다. 물론 서울은행과 외환은행의 상황이 다른 건 맞다. 그러나 외환은행이 과연 경영 부실 가능성이 매우 높은 상태였다고 볼 수 있을까? 과연 잠재적 투자자가 론스타밖에 없었을까?

론스타가 외환은행을 처음 접촉한 건 서울은행 매각 입찰이 진행 중이던 2002년 7월이었다. 론스타 단독으로 서울은행 인수가 어렵다는 판단 때문이었는지 네덜란드 투자은행 ABN암로를 통해 외환은행에 론스타와 공동으로 서울은행을 인수하자는 제안을 한 것이다. ABN암로 서울사무소 본부장 김광율이 내놓은 제안은 2가지였다. 첫째는 외환은행과 론스타가 공동으로 서울은행 인수를 추진하되 론스타가 인수 자금을 모두 대겠다는 것이었고, 둘째는 론스타가 서울은행을 인수한 뒤 서울은행과 외환은행이 합병하는 방안이었다. 이 경우 론스타가 외환은행의 최대 주주가 된다.

당시 외환은행의 내부 검토 문건을 보면 론스타의 제안은 자본력을 강화하고 정부 영향력을 축소할 수 있는 기회지만 경영권을 해외에 매각하기 위해서는 정부와 협의가 필요하다는 원론적인 수준의 검토에 그쳤다. 외환은행은 재정경제부 은행제도과에 이 내용을 보고했고 금융정책국장 변양호에게도 보고되었다. 재정경제부 사무관 류상민이 2002년 7월에 작성한 보고서에는 다음과 같은 대목이 있다. 검찰이 압수수색으로 확보한 증거 자료 가운데 일부다.

(1) 외환은행이 완전 외국인 주도 은행이 되는 문제 ⇒ 코메르츠와 론스타가 비슷한 지분을 갖고 상호 견제할 경우 크게 우려할 문제는 아니라고 봄.
(2) 외환은행이 서울은행을 인수(합병)할 경우 민영화 여부에 대한 논란 소지 ⇒ 실질적으로 론스타 측이 인수하는 것이므로 국유 은행 간 합병이라는 우려를 완화할 수 있는 측면이 있음.
(3) 서울은행과 합병할 경우 시너지 효과 여부 ⇒ 강점 있는 업무의 보완이 가능하고 점포 중복이 크지 않아 부정적이지는 않음.

⑷ 코메르츠의 동의 문제 ⇒ 코메르츠는 외환은행 지분을 줄이고자 희망하고 있어 반대하지 않을 것으로 예상.

⑸ 외국 펀드에 대한 은행 소유 한도(10%) 초과 허용 문제 ⇒ 현행법상 외국 펀드는 한도 초과할 수 없으므로 외국 금융회사가 50% 이상 지분을 갖는 컨소시움 등 필요. * 한미은행의 경우 칼라일과 JP모건이 50:50 합작.

이 보고서를 보면 외환은행의 소극적인 내부 검토와 달리 재정경제부는 굉장히 적극적으로 론스타의 제안을 검토했던 것으로 보인다. 그러나 변양호는 검찰 조사에서 이런 보고를 받은 바 없다고 진술했다. 검찰은 이 보고서가 변양호나 은행제도과 과장 주형환이 이강원에게 들은 내용을 전달받아 류상민이 작성했으며 지시를 받은 지 2~3시간 안에 작성된 것으로 보인다고 판단했다. 그러나 재정경제부나 외환은행은 그 뒤로 특별한 액션을 취하지 않았고 결국 8월 19일 하나은행이 서울은행의 우선 협상 대상자로 선정된다. 외환은행이 김광율 등과 면담을 가진 건 다음 날인 8월 20일이었다. 김광율뿐만 아니라 ABN 암로 본사 임원들까지 참석한 자리였다.

외환은행　서울은행 딜에 관한 견해를 말해달라.

ABN암로　시간상의 제약이 너무 많았으며 좋은 교훈이 됐다. 좀더 일찍 시작했으면 좋은 결과가 있었을지도 모른다.

외환은행　론스타가 한국 투자에 관심이 있다면 외환은행에 우선 투자하고 추후 M&A를 시도하는 것도 방법 아닌가?

ABN암로　가능한 일이다.

외환은행   ABN암로의 당행에 대한 궁극적인 제안 내용은 뭔가.

ABN암로   향후 외환은행의 통합 과정에서의 파트너로서 론스타와 JP모
          건, 뱅크원 등과 지속적인 대화 채널을 유지하는 것이 필요하며
          ABN암로가 역할을 계속 수행하겠다. 지속적인 IR을 통해 투자
          자들에게 외환은행 주식에 대한 인식을 제고시킬 필요가 있으
          며 이 부분은 ABN암로가 충분히 도와줄 능력이 있다.

론스타의 사전 협상에는 ABN암로뿐만 아니라 미국의 투자은행 살
로먼스미스바니Salomon Smith Barney도 깊이 관여했다. 검찰 조사에 따르
면 김은상 살로먼스미스바니 아시아사무소 대표가 2002년 9월, 이
강원 외환은행 행장을 찾아가 론스타가 10억 달러에 외환은행 지분
51%를 매입하고 싶어 한다고 제안했다.

외환은행 경영진은 론스타에 "자본 참여를 희망한다면 3,000억 원
정도 규모로 투자하되 당시 주가 6,000원 정도에 20~30%의 프리미
엄을 더한 가격으로 증자에 참여하라"고 제안한 것으로 확인되었다.
최소 7,200~7,800원 정도는 받아야겠다는 가이드라인을 준 것이다.
검찰은 "특히, 그 무렵 HSBC가 지분 50% 이상 확보가 가능하면 투
자 의향이 있다는 사실을 알았을 때 외환은행에서 이를 거절하였던
사실도 확인됐다"고 밝힌 바 있다. 2002년까지만 해도 외환은행이 전
혀 아쉬울 게 없는 상황이었다는 이야기다.

9월 2일과 6일, 27일, 살로먼스미스바니 직원들 사이에 오간 이메
일을 보면 스티븐 리가 변양호를 만났고 변양호가 론스타의 투자를
지지한다고 말했으며 론스타가 외환은행과 조흥은행의 합병까지 검

토하고 있다는 사실 등이 담겨 있다. 이와 관련, 변양호는 법정에서 "스티븐 리를 만난 건 서울은행 매각 건과 관련해 언론을 이용해 한국 정부를 비난해 이를 경고하기 위해 만난 것이고 스티븐 리가 한국의 금융기관에 투자하고 싶다고 말해 도와줄 수 있다는 취지로 이야기한 것"이라고 해명했다.

이후 재판 과정을 보면 변양호가 가장 중요한 열쇠를 쥐고 거래를 주도한 정황이 계속 발견되는데도 변양호는 자신이 주도한 게 아니라 감독 업무를 했을 뿐이라며 발을 빼고 있었다. 9월 26일에는 외환은행과 ABN암로 사이에 좀더 진전된 면담이 이루어졌다. 김광율이 "론스타가 경우에 따라서는 1.5조 원까지 투자할 의향이 있다고 한다"면서 "ABN도 상징적으로 자본 참여 의사가 있다"고 밝혔다.

‘프로젝트 아틀라스’와 ‘프로젝트 제우스’

한 달 뒤인 2002년 10월 22일에는 론스타어드바이저코리아 대표를 맡고 있었던 스티븐 리와 론스타코리아 대표로 있던 유회원 등이 처음으로 외환은행을 방문해 외환은행 행장 이강원을 면담한다. 이 자리에서 스티븐 리 등은 신주 발행으로 5,000~6,000억 원을 투자할 의향이 있다고 공식 제안한다. 이날 ABN암로 서울사무소 본부장 김광율이 「Further structural considerations for the creation of a ‘Super Bank’(‘슈퍼 뱅크’ 탄생을 위한 지분 구조 개편)」라는 보고서를 들고 온다. ABN암로는 이 보고서에서 외환은행 지분 참여를 ‘프로젝트 아틀라스Project Atlas’라고 부르고 외환은행을 ‘제우스Zeus’라고 지칭한다. ABN암로가 굳이 론스타를 특정하지 않고 3개 투자자의 코드

네임을 안드로메다Andromeda, 오리온Orion, 페가수스Pegasus라고 지칭한
것도 흥미롭다.

ABN암로는 사모펀드가 최대 1억 달러를 투자할 의향이 있으며, 단
독 또는 공동으로 14억 달러를 추가 투자할 계획이라고 밝힌다. 구체
적으로 ABN암로가 내놓은 2가지 제안은 신주 인수 6억 3,500만 달
러와 구주 인수 3억 6,500만 달러, 합계 10억 달러를 투자하는 방안
과 여기에 추가로 4억 5,300만 달러를 추가 투자하는 방안이었다.

사흘 뒤인 10월 25일, 론스타의 부회장 엘리스 쇼트Ellis Short가 이강
원 앞으로 이메일을 보낸다. 론스타펀드4호가 최근 42억 달러의 자
금을 조성했으며, 외환은행에 투자 의향이 있고 스티븐 리가 론스타
를 대표할 것이라는 내용이었다. 10월 28일 재정경제부가 작성한「론
스타펀드 관련」이라는 보고서도 이 사건의 설계자가 누구인지에 대한
중요한 실마리를 제공한다.

- 론스타는 우선 조흥은행 인수에 관심이 있으나, 여의치 않을 경우 외환은행
  인수도 대안으로 고려하겠다는 의향.
  외환 인수 방안 : 신주 3,000억 원 및 코메르츠 보유 지분 론스타 인수할
  경우 41.91%.
- 외환은행은 부실 처리 과정에서 자본 구조가 취약해져 자본 확충이 시급한
  실정이므로 론스타의 외환은행 인수는 적극 검토할 수 있는 방안이라고 판
  단됨.
  * 외환은행의 기본X자본tier1 비율 : 2001년 말(5.48%) → 2002년 6월 말
  (4.65%)

현재 3,000억 원의 공모 증자를 추진 중이나 증시 침체 등으로 어려운 상황이고 코메르츠가 지분 감축 의사를 갖고 있어 대주주에 의한 증자도 기대 곤란.

- 다만, 다음과 같은 제약 요인이 있음.

은행법상 외국계 펀드가 단독으로는 은행 소유 한도를 초과할 수 없어 외국 금융기관(도쿄스타은행 등)과 합작이 필요.

* 사례 : 2000년 11월 칼라일이 JP모건과 50대 50 합작하여 한미은행 지분 17.9% 인수.

코메르츠의 주당 취득 단가(8,260원) 등을 감안할 때 현 주가 수준에서는 인수 가격 협상에 상당한 어려움이 예상.

2002년 7월 재정경제부 사무관 류상민이 작성한 보고서와 마찬가지로 외국계 펀드의 은행 소유 한도가 가장 큰 걸림돌이라는 사실을 인식하고 있었다는 이야기다. 론스타는 이때만 해도 칼라일처럼 외국 금융기관을 끼고 외환은행을 인수할 계획이었던 것으로 보인다. 10월 보고서를 누가 작성했으며 지시했는지를 밝히는 것은 큰 그림을 파악하는 데 매우 중요하다.

변양호는 "살로먼스미스바니 서울사무소 소장으로 있던 김은상이 스티븐 리의 부탁으로 과천 청사에 방문해 론스타의 투자 의사를 전달했다"면서 자신이 류상민에게 보고서 작성을 지시했다고 진술했다. 김은상은 법정에서 "2000년 9월 또는 10월 무렵 변양호와 김석동에게 론스타가 외환은행의 경영권을 10억 달러에 인수하려는 의향이 있다는 취지의 이야기를 했고 둘 다 반대 의사를 표시했으나 10월 들어 변양호가 '이야기를 한 번 들어보자'고 해 론스타에 알렸다"고 말했다.

김은상은 이강원에게 "론스타의 예비 제안서를 변양호에게 보고했더니 그대로 추진하라고 했다"는 말을 들었다고 주장했다. "10억 달러에 50% 이상 매각하는 데 원칙적으로 찬성한다고 말했다"는 것이다. "12월 또는 2003년 1월 무렵 변양호가 직접 지분 구조를 그림까지 그려가며 51% 계산을 해줬다"고도 진술했다. 다음은 김은상에 대한 검찰의 법정 신문 가운데 일부다.

검사 　　증인이 2002년 9월경, 변양호의 사무실에서 론스타가 외환은행을 인수할 풍부한 자금과 여력이 있는데 어떻게 생각하느냐고 묻자 변양호는 "너 사모펀드는 안 되는 거 뻔히 알면서 또 이런 거 들고 왔니"라는 반응을 보였고, 그 후 지속적으로 도와달라고 하자 "그럼 여의도에나 가봐, 여의도에서 가서 거기서 된다고 하면 나도 도와준다"라는 식으로 김석동의 승낙을 받아 오기를 요청하였던 것이죠.

김은상 　　네.

검사 　　증인은 2002년 9월경, 스티븐 리로부터 외환은행 인수 의사를 듣고 "외환은행 딜은 매우 어려운 딜이다. 꼭 해야겠느냐?"라고 이야기했죠?

김은상 　　네. 한 적 있습니다.

검사 　　위 이야기를 한 시점은 서울은행 매각 실패, 서울은행 인수가 실패되고 그것이 확정되고 얼마 지나지 않아서죠?

김은상 　　한 달도 안 되고 길어야 보름 안입니다.

검사 　　하나은행이 우선협상 대상자로 선정됐다고 신문에 보도된 것이

2002년 8월 중순 내지 하순이므로 위 이야기를 한 시점은 8월 말 내지 9월 초라는 취지인 것이죠?

김은상   네.

검사   그러면서도 증인은 마음속으로는 "녀석들 물건은 제대로 찍었네"라고 생각했고, "한국에 쓸 만한 은행이 외환은행 빼면 어디 있느냐"라는 스티븐 리의 대답을 듣고 "잘만 하면 정부나 코메르츠은행도 철수할 수 있으니 한번 해보자"라고 답을 했죠?

김은상   네.

검사   그런데 당시 은행이 조흥은행과 우리은행이 있었는데 괜찮은 은행은 외환은행 하나밖에 없었다는 것이 증인뿐만 아니라 모든 사람들의 공통 의견이었을 것입니다.

변양호가 애초에 10억 달러에 51%라는 조건을 짜놓고 외환은행 매각을 강행했다는 게 김은상의 주장이지만, 법원은 김은상의 진술이 신빙성이 떨어진다고 판단했다. 론스타의 신주 투자 규모가 당초 5억 달러에서 2003년 5월 7억 달러로 2003년 6월 10억 달러로 불어난 것을 감안하면 2002년 12월에 이미 10억 달러에 51%로 계산을 끝냈다는 주장을 믿기 어렵다는 이유에서다. 다음 대목이 이 재판 결과에서 가장 이상한 부분이다.

"비록 변양호가 김은상의 고등학교 동기동창이고 김석동 또한 고등학교 1년 선배의 관계에 있다 하더라도, 국가 경제의 주축을 담당하고 있는 정부의 고위 관리로서 변양호나 김석동이 친구 또는 후배의 관계에 있음에 불과한 김은상의 제안에 의하여 론스타의 외환은행 인수를 승낙하였다고 보기 위해서는 김은상의 진술 내용을 뒷받침할 만한 구체적이고 명백한 객관적 증거가 있어야 할 것인데, 이 사건 기록을 살펴보아도 정황적 사실에 관한 일부 간접 증거들 외에는 그와 같은 자료를 찾기 어렵다."

법원의 판단과 달리 10억 달러에 51% 지분 인수라는 조건은 이미 11월 5일 이강원이 변양호에게 보고한 「뉴 프로젝트 검토」라는 제목의 보고서에 등장한다. 외환은행 경영전략부 부장 전용준은 이 보고서가 10월 22일 ABN암로 보고서를 기초로 작성했다고 밝힌 바 있다. 이강원이 변양호와 주형환 등과 조찬 모임을 하면서 이 같은 내용을 보고했다.

딜 개요 '오리온'이 외환은행의 최대 주주가 되는 방안Alternative 1, 2를 스텝 1, 2로 나누어 기재함. 총 투자 규모가 10억 달러(신주 6억 3,500만 달러, 구주 3억 6,500만 달러), 1대 주주 48.5% 수준.

론스타의 제안은 론스타가 신주 6억 3,500만 달러 규모를 인수해 정부와 동일한 지분 비율을 맞춘 다음 정부 지분 3억 6,500만 달러 어치를 사들여 지분을 48.5%까지 늘린다는 것이었다. 론스타는 이와 별개로 외환은행이 다른 은행과 합병한 뒤 론스타가 합병 은행의 정부 지분을 매입해 합병 은행의 1대 주주가 되는 방안도 제안했다.

론스타가 경쟁입찰 없이 수의계약이 가능한지 묻자 외환은행은 "서울은행과 제일은행, 조흥은행 등의 지분 매각은 공적자금이 투입된 은행의 지분 매각이며 소유자도 예금보험공사 단일 기관이지만 외환은행은 공적자금 출자기관이 아니며 주주도 한국은행과 수출입은행 등으로 분리돼 있어 적정 가격이 제시되는 경우 반드시 공개 입찰을 통한 매각이 필요하지는 않을 것으로 판단한다"고 밝히고 있다.

변양호는 보고를 받고 "협상을 진행하되 구주는 코메르츠방크 지분만 건드렸으면 좋겠다"면서 "공공 지분을 건드리면 여러 가지로 복잡해진다"고 말했다. 11월 11일 외환은행이 작성한 내부 보고서에는 "증자 - OK, 지분 매각-?"라고만 되어 있다. 변양호는 이 같은 내용을 전윤철 경제부총리에게 보고했다고 주장하나 전윤철은 보고 받은 바 없다고 발뺌했다.

변양호의 윗선은 드러나지 않았지만 이 정도면 실질적인 지휘 책임을 변양호가 맡고 있었다고 보는 게 맞다. 변양호는 김은상과 고등학교 동기동창이고 김석동은 1년 선배다. 김석동은 론스타의 자격 요건과 관련, "창구를 과천으로 통일했으니 여의도는 올 필요 없다"고 말하는 등 소극적인 태도로 일관했다. 변양호는 "여의도에서 된다고 하면 도와주겠다"고 말했는데, 김석동은 "여의도는 올 필요 없다"면서 튕겨낸 것이다. 일단 변양호의 OK 사인을 확인하자 이강원은 본격적으로 매각 절차를 밟기 시작한다. 다만 이때까지만 해도 변양호도 정부 지분까지 매각하는 건 검토하지 않았던 것으로 보인다.

11월 20일 외환은행은 엘리어트홀딩스Eliot Holdings와 모건스탠리, 두 군데와 예비 자문 계약을 체결하고 삼일회계법인과 실사·회계 자문 용역 계약을, 법무법인 세종과는 법률 자문을 체결한다. 엘리어트홀딩스 대표 박순풍은 외환은행 출신으로 전용준과 서울고등학교 동기동창이다. 이강원 역시 서울고등학교 출신이다.

이후 외환은행과 론스타의 공식 면담에는 외환은행을 대표해 부행장 이달용과 함께 전용준·박순풍 등이 참석하고 론스타 쪽에서는 스티븐 리와 함께 살로먼스미스바니의 샤리아 치스티Shaheryar Chishty와 스캇 오Scott O 상무 등이 참석한다. 12월 26일 회의록에서 눈길을 끄는 부분은 "일단 협의 대상을 정부(재정경제부)로 한정시키는 게 바람직하다"는 의견이 나오는 대목이다. "한국은행과 수출입은행까지 공개할 경우 사후 관리에 많은 시간과 인력이 필요하고 특히 수출입은행의 경우 여러 가지 이유를 들어 거래를 지연시키는 요인으로 작용할 수 있다"는 의견이었다.

재정경제부만 잡으면 어차피 정부 산하의 한국은행과 수출입은행을 설득하는 것은 어렵지 않을 거라는 판단을 한 것으로 보인다. 정부를 설득하는 포인트로 당행의 위기(하이닉스 문제, 충당금 적립시 적자 규모 확대, 경영 개선 권고 조치 재발 우려, 감자 가능성 등)를 강조한다는 등의 대책이 언급된 것도 주목된다. 그러나 당시 외환은행의 경영 실적은 당장 자금 수혈이 없으면 쓰러질 정도로 급박한 상황이었다고 보기 어렵다.

2003년 1월 9일 외환은행이 재정경제부에 보고한 경영 현황 자료에 따르면 2002년 9월 말 기준으로 BIS가 9.4%, 고정 이하 여신 비율이 2.5%로 오히려 꽤 건전한 편이다. 다만 하이닉스 등 현대 계열 여신 비율이 높아 충당금 부담이 큰 상황이었다. 외환은행은 "증자가 없는 최악의 경우(하이닉스 여신 100% 충당, 출자 전환 주식의 전액 손실 등)에도 영업이익 등을 통해 2003년 말 BIS 비율은 8.5~9.0%로 유지될 것"이라고 전망했다.

- 2003년도 5,000억 원 증자에 성공, 위험 자산은 3.3조 원으로 증가할 거라고 전제하면 BIS 비율 10.3% 계획.
- 5,000억 원 증자가 없을 경우 9.2%로서 8% 이상 유지는 가능하나, 예기치 않은 추가 손실 발생에 대비한 자본 여유는 부족한 불안정성 내재.
- 증자 없고, 위험 자산 증가도 없을 경우 BIS 비율 10.3%로서, BIS 비율 문제는 해결되나 성장의 한계에 봉착.

당시 외환은행의 최대 변수는 하이닉스반도체였다. 외환은행 내부 보고서에 따르면 외환은행은 공장 담보 여신 1,638억 원의 손실율을 50%로 잡는 '시나리오 1'과 75%로 잡는 '시나리오 2'에 대한 각각의 전망을 세우고 있었다. 시나리오 1은 추가 손실이 1,771억 원, 시나리오 2는 3,461억 원까지 늘어날 것이라는 전망이었다. 외환은행은 상황이 악화되어도 10%에 근접하는 수준을 유지할 수 있고 당초 계획은 BIS가 10.3%였으나 최악의 경우에도 9.53%을 지킬 수 있다는 분석을 내놓았다. 자본 확충이 절실한 상황이지만 경영권을 포함해서 과반수 지분을 팔아넘길 정도는 아니었다는 이야기다.

그런데 BIS가 이틀 뒤인 1월 11일 재정경제부가 작성한 「국책은행 개편ㆍ발전 방안」이라는 보고서에서는 "증자가 없는 최악의 경우에도 영업이익 등을 통해 '03년 말 BIS 비율 8.5%~9.0% 유지 가능하나 여전히 다른 시중은행에 비해 낮은 수준"이라고 좀더 낮아진다. 이 보고서는 1월 14일 노무현 대통령 인수위원회에도 보고된다. 론스타가 1월 10일 외환은행에 보낸 예비 제안서의 내용은 다음과 같다.

외환은행에 대한 충분한 실사와 귀사 경영진과의 미래 경영전략에 대한 상의 없이 론스타가 외환은행에 얼마를 투입할지는 단정하기 어렵습니다. 현재까지 입수한 정보 및 우리 자체의 분석 자료에 근거하여 론스타는 6,000억 원 정도의 새로운 자본을 투입할 예정입니다. 이 같은 투자로 론스타는 외환은행에서 비중 있는 소수 주주가 될 것입니다. 그러나 우리의 목적은 외환은행에 상당한 규모의 투자를 하여 과반수 주주가 되는 것이고, 이것이 우리의 전략적 목표이며 이를 통해 우리의 투자금이 어떻게 기능하는지에 대하여 영향을 미치길 원합니다. 우리가 제안하는 내용은 다음과 같습니다.

- **신규 자본 투입** 6,000억 원.
- **주당 가격** 완전히 희석된 주식(기존의 우선주들이 보통주로 모두 전환된다는 것을 전제하였을 때) 4,500원 내지 5,000원.
- **구주 매입** 신규 자본 투입은 기존 외환은행 대주주인, 코메르츠방크와 수출입은행이 둘 다 또는 각자 론스타에 상당한 주식을 판매하여 론스타가 완전히 희석된 방식으로 과반수 주주가 되는 조건하에서 이루어질 것입니다.

론스타는 최대 주주나 대주주가 아니라 명시적으로 과반수 주주 majority shareholder라는 표현을 쓰고 있다. 신규 자본은 6,000억 원이지만 구주 매입에 강한 의욕을 보였는데, 이는 당초 예고했던 것처럼 합계 10억 달러를 쏟아부어 과반 지분을 확보하겠다는 계획에 따른 것으로 보인다. 결국 코메르츠방크와 수출입은행의 지분을 어떻게 팔게 하느냐가 관건이었다. 당연히 경영권 프리미엄도 중요한 변수였다.

론스타가 더블 플레이를 하고 있다

외환은행에서 론스타 태스크포스팀 팀장을 맡고 있었던 이재원의 업무 일지에 따르면, 코메르츠방크는 론스타가 더블 플레이를 하고 있다며 분통을 터뜨렸다. 코메르츠방크에서 파견된 부행장 만프레드 드로스트 Manfred Drost는 "론스타의 외환은행 인수는 재앙total disaster"이라면서 반발했다. 일이 잘 풀리지 않자 박순풍이 해결사로 나선다. 검찰 수사 기록에 따르면 2월 22일 스티븐 리와 박순풍의 면담에서는 다음과 같은 이야기가 오고 갔다.

박순풍　　론스타의 1차적인 카운터파티가 누구인지를 이해하는 것이 무 엇보다 먼저 선행되어야 한다. 정부는 외환은행 경영에 거의 관여하지 않고 있다. 따라서 사실상 외환은행의 경영은 현 경영진의 재량에 의해 이뤄지고 있다.

스티븐 리   독일에 가서 코메르츠방크를 만나보니 독일 경제가 상당히 나쁜 상태에 빠지면서 코메르츠방크도 비즈니스를 축소하는 양상인 것 같다. 외환은행 지분을 팔고 떠날exit 의향이 있는 것으로 알고 있다.

박순풍   외환은행 딜을 칼라일의 한미은행 딜이나 서울은행의 입찰 건과 그 성격이 같거나 유사하다고 생각하는 것은 재고해야 한다. 론스타의 자격 요건qualification이 론스타가 생각하는 것처럼 쉽게 해결될 수 있는 사안이 아닐 수도 있다는 것이다. 예를 들어 칼라일의 한미은행 딜이 론스타에게 있어서는 매우 좋은 선례가 될 수 있고 이를 벤치마킹해서 유사한 형태, 즉 칼라일과 JP모건이 50:50의 지분을 갖는 컨소시엄을 만들어서 자격 요건은 JP모건을 프론트로 해서 통과하고 실제적인 콘트롤은 칼라일이 하는 구도를 채택할 수도 있을 것이다. 그러나 그러한 시나리오가 외환은행 딜에 있어서도 통할지 여부에 대해서는 면밀한 실행 가능성feasibility 체크가 필요하다고 본다.

스티븐 리   론스타가 자격 요건 문제를 쉽게 생각하고 있지 않으며 나름대로 주요한 사안으로 인식하고 접근하고 있다는 것을 이해해주기 바란다. 오히려 우리는 매우 신중한 자세를 취하고 있다. 어느 것도 명확해 정해진 것이 없는 상태에서 어떻게 섣불리 시나리오를 만들어서 정부에게 제시할 수 있겠는가? 론스타의 본래 방침policy에 있어서도 용납될 수 없는 일이며 지금까지 론스타가 정부 관계에서 쌓아올린 나름대로의 위상을 생각하더라도 그러한 경솔한 접근은 피해야 할 것이다. 요점은 외환은행과 같이 이야기하는 것을 피하려는 것이 아니라 아직까지 이 문제에 있어서 구체적인 시나리오를 앞에 놓고 이야기할 단계에 미치지 못했다는 것이다.

박순풍   이건 오프더레코드다. 론스타로부터 예비 제안서를 받은 직후 어느 국내 은행으로부터 강력한 M&A 제안을 받았다. 외환은행 경영진 입장에서는 이 제안과 론스타와의 딜을 서로 면밀히 비교, 검토하는 작업이 필요했고 이에 따라 론스타와의 딜을 우선적인 추진 프로젝트로 결정하는 데 시간이 소요되었다. 이러한 그간의 사정이 있어서 론스타와 긴밀한 대화를 할 수 없었다는 점에 대해서 이해해주기 바란다.

스티븐 리   그러한 사실을 알려줘서 고맙게 생각한다. 또한 론스타와의 협상을 최우선적인 사안으로 선택해준 것에도 감사한다. 그런데 국내 어느 은행인가?

박순풍   은행 이름은 지금 밝힐 수 없다. 내 나름대로 투자 논리를 말해본다면 무엇보다도 외환은행이 상당히 저평가되어 있다는 사실에서 찾을 수 있다고 본다. 론스타의 목표 투자 수익률을 25%로 잡는다 하더라도 외환은행의 가치는 50억 달러가 되고 목표 수익률을 15%로 잡는다면 100억 달러가 된다.

스티븐 리   외환은행이 저평가되어 있다는 것에는 동의한다. 그러나 외환은행에 투자하려는 데에는 보다 명확한 목적이 있다. 아는 바와 같이 론스타는 일본에서 은행을 하나 인수했는데 그 이후 이 은행을 경영하는데 있어서 론스타는 상당히 놀라운 성공을 거두었고 새로운 사업 모델을 발견하게 된 것이다. 외환은행 투자는 일본에서 성공한 모델을 다시 한번 한국에서 시도하려는 것이며 론스타의 투자 기간은 5~7년에 달할 것이다. 스타타워 빌딩도 많은 사람들이 매입한 후 얼마 가지 않아서 매각하려는 것으로 오해하고 있는데 이 투자 역시 장기 보유 목적에서 이루어진 것이다. 외환은행 투자가 장기 투자라는 것은 확실하다.

박순풍   그러한 이미지와 관련된 것이 바로 자격 요건 문제와 직결되며 외환은행 경영진의 관심이 거기에 있는 것이다. 론스타는 외환은행의 과반수 주주가 되기를 원하지만 이는 곧바로 다른 은행에게 외환은행을 M&A시켜서 털고 나가리라는 추측을 하게 만드는 원인이 된다.

스티븐 리   한국 내에서 특히 정부 관료들 사이에서 론스타의 이미지는 상당한 변화를 겪어왔다. 서울은행 입찰에 있어서 많은 후일담이 있었지만 사실 론스타가 완전한 은행 경영계획 패키지를 제출했던 반면 하나은행은 매우 단순한 제안, 세금 감면 효과에 초점이 맞춰진 제안을 제출했을 뿐이었다. 서울은행 입찰 건 이후 정부의 론스타에 대한 시각은 크게 변했다. 이것도 오프더레코드로 해달라. 한국 정부가 론스타에게 A 은행을 인수하여 경영을 맡아보지 않겠느냐는 제안을 해온 적이 있다. 우리는 A 은행의 본질적 가치나 프랜차이즈 가치가 외환은행보다 크지 않다고 봤기 때문에 그 제안을 거절했다.

박순풍   A 은행은 9조 원에 달하는 공적자금을 받았다. 매년 그 이자 수익만도 엄청나다고 할 수 있다.

박순풍이 말한 M&A 대상은 제일은행이었다. 제일은행의 대주주인 뉴브리지캐피탈이 외환은행에 제일은행과 외환은행을 합병하는 게 어떻겠느냐는 제안을 던졌고 2003년 1월 7일 이강원과 뉴브리지캐피탈 아시아 대표인 산웨이젠이 만났다. 그러나 외환은행은 뉴브리지캐피탈의 제안에 큰 관심이 없었다. 외환은행 내부 보고서에 따르면 론스타의 예비 제안서를 우선적으로 검토하되 최악의 경우는 두 개의 딜이 모두 무산되는 것이고 어느 한쪽이라도 독점을 요구할 경우 곤란하다는 게 이강원 등의 입장이었다.

론스타와 뉴브리지캐피탈의 제안을 비교한 보고서도 있었다. 1월 13일자 외환은행 내부 보고서를 보면 론스타와 협상이 좀더 성사 가능성이 높고 코메르츠방크도 뉴브리지캐피탈보다는 론스타를 선호할 거라는 게 외환은행 경영진의 판단이었다. 특히 론스타가 경영권을 확보하고 정부 지분이 일부 남아 있을 경우 외환은행 경영진도 일부 존속은 가능하나 보증은 어렵다는 언급도 있었다. 론스타에 넘어가야 자리를 지킬 수 있다는 판단이 작용했을 가능성이 크다는 이야기다.

현대건설과 하이닉스반도체 관련 리스크를 해소하고 성장 기반을 마련할 수 있지만, 헐값에 경영권을 매각한다는 부정적인 외부 시각이 있을 수 있다고 경고한 부분도 눈길을 끈다. 헐값 매각이라는 사실을 알고 있었으면서도 이미 론스타 쪽으로 마음이 기울었다는 이야기다.

"Pricing(가격)은 빅 이슈가 아님(→5,000원 선 거의 확정)."

아직 가격 실사도 시작되기 전에 이미 가격을 못 박아 놓고 끌려가 듯이 매각을 강행했던 이유가 무엇일까? 이강원으로서는 매각이 성사되면 자리 보전도 불확실한 상황이었다. 이런 상황을 감안한 듯 뉴브리지캐피탈은 제일은행과 외환은행이 합병할 경우 이강원이 행장이 되어야 한다며 밑밥을 던졌고, 이강원도 뉴브리지캐피탈 쪽에 미련을 버리지 못했던 것으로 보인다. 이강원은 나중에 법정에서 "자본 확충과 합병을 통한 대형화를 동시에 꾀할 수 있고, 론스타보다 한 단계 위의 펀드라는 점에서 뉴브리지캐피탈을 더 선호했다"고 말했으나 전용준은 "이강원이 경영진 유임이라는 조건 때문에 뉴브리지캐피탈을 선호한 것"이라고 반박했다. 전용준은 "뉴브리지캐피탈의 경우 합병과 함께 대량 감원이 불가피한 구조라 노조 반대가 극심할 것으로 예상돼 외환은행 태스크포스팀은 론스타를 선호했다"고 말했다.

2월 13일 재정경제부에 보고된 「신규 자본 유치에 관한 건」이라는 제목의 보고서에서는 "증자가 무산되고 최악의 경우에 BIS 비율이 8.32%로 하락할 것"이라면서 "론스타가 주당 5,000원으로 참여한다는 가정하에 신규 투자 6,000억 원, 코메르츠방크 지분의 2분의 1 및 정부 지분 3,488억 원을 매입할 경우 1조 2,500억 원으로 51%의 지분을 취득하게 된다"고 좀더 진전된 내용을 담고 있다. 이날 전용준과 재정경제부 은행제도과 사무관 신진창 등의 면담에서 몇 가지 중요한 단서가 발견된다. 다음은 이 자리에 배석했던 이재원이 작성한 메모를 정리한 것이다.

신진창이 "정부가 그동안 외환은행의 경영에 개입한 적도 개입할 계획도 없는데도 론스타가 51% 지분 매입을 원하는 이유가 뭐냐"고 묻자 전용준 등이 "론스타는 엑싯exit을 생각할 수밖에 없으며 결정적인 순간에 정부가 개입할 가능성에 대해 우려하는 것으로 보인다"고 답변한다. 신진창은 "금융회사와 펀드의 차이에 대한 부담이 있다"면서 "정부 내에서 그리고 사회적으로 중요한 판단 기준이 될 것이고 특히 신 정부의 성향이 중요하다"고 강조했다. 전용준은 "현재 기초적인 내용에 대해서만 협의를 하고 있으나 가격 조건과 경영권 등 본격적인 딜 협상이 시작될 것이고 외환은행을 배제한 상태로 정부가 먼저 언질을 주는 경우 외환은행의 협상력이 현저히 약화될 수 있다"고 당부한다.

론스타가 서둘렀던 것과 달리 협상이 지지부진했던 것은 결국 자격 요건의 문제였다. 2월 21일에는 경제부총리에게 보고서가 올라간다. 다만 이 보고서에 "국내 자본이나 해외 금융자본의 유치가 어려운 현재 여건을 감안해 외국계 펀드의 은행 경영 참여도 전향적으로 검토할 필요가 있다"고 명시된 대목을 주목할 필요가 있다.

> "인수계약서상 3~5년 내에는 지분을 포기할 수 없는 규정을 두어 단기 차익 실현 후 갑작스런 이탈을 방지."
> "코메르츠의 지분 매각을 우선 추진토록 하고, 공공기관 지분 매각은 전반적인 은행 민영화 계획과 연계해 검토."

이 보고서의 작성자는 주형환과 신진창, 보고자는 변양호로 되어 있다. 법정에서는 퇴임을 며칠 앞둔 당시 전윤철에게 이 보고서가 실제로 올라갔는지를 두고 진술이 엇갈렸다. 일주일 뒤 김진표 경제부총리가 취임한 뒤 올라간 보고서에는 "전향적으로 검토" 등의 문구가 빠지고 "긍정적으로 검토할 필요"라고 다소 표현이 순화되어 있었다.

김진표는 검찰 조사에서 "론스타와의 협상이 종전 부총리 때부터 검토, 진행되어오던 것으로 이해했고, 다만 전 부총리로부터 이미 승인을 받았으니 그대로 진행하면 된다는 취지로 보고한 것은 아니며 추가적 대안이 없으면 론스타와 협상하는 방법밖에 없지 않느냐, 증자가 성공했으면 좋겠다고 입장을 밝혔다"고 진술했다. 3월 들어서면서 외환은행 내부에서는 뉴브리지캐피탈을 배제하는 방향으로 의견을 모았고 박순풍도 "3월 이후 뉴브리지캐피탈은 경쟁 상대competition가 아니라 대비책contingency plan으로 기울었다"고 진술한 바 있다.

2003년 들어 경제 상황이 급격히 악화된 것은 사실이다. 1월 10일 북한이 핵확산금지조약NPT 탈퇴를 선언했고, 2월 11일 신용평가기관 무디스가 한국의 국가신용등급 전망을 긍정적positive에서 부정적negative로 하향 조정했다. 3월 11일 SK글로벌 분식회계 사건이 터졌고 3월 20일 이라크 전쟁이 발발하는 등 악재가 쏟아졌다. 신용카드 사태도 갈수록 악화되어 부도 위기가 확산되었다. 2003년 3월 말 기준으로 외환은행의 BIS는 8.48%, 기본자본 비율은 4.24%, 단순 자기자본비율은 3.01%까지 하락했다.

외환은행이 좀더 다급해진 모양새가 되었다. 특히 외환카드가 발목을 잡았다. 3월 17일 재정경제부 보고서에는 "외환카드의 경우 청산에 대한 고려가 불가피한 상황"이라는 문구까지 등장한다. 다음은 3월 19일 재정경제부와 금융감독위원회 등에 보고된 보고서의 한 대목이다.

"외환카드의 경우 990~2,835억 원, 하이닉스의 경우 1,771~3,461억 원, SK글로벌의 경우 770~1,930억 원의 추가 손실이 예상되고, 최악의 경우 2003년 말 BIS 비율이 7.22%로 떨어질 수 있으며, 여기에 2003년 경영 계획의 목표인 증자 5,000억 원이 무산될 경우 2003년 말 BIS 비율이 5.09%까지 떨어질 가능성이 있다."

김석동은 이날 보고를 받고 "솔직하게 이야기하니 좋다"는 취지로 말한 것으로 기록되어 있다. 김석동은 법정에서 "보통 은행에서는 현황을 부풀려서 보고하는 경우가 많기 때문"이라고 당시 발언에 대해 설명했다. 3월 22일에는 "최악의 시나리오에 대비해야 한다"는 외환은행의 내부 보고서가 나온다. "5,000~6,000억 원 투입으로 경영이 정상화되기는 어렵고 감자 후 증자 또는 액면가 이하 증자를 통해 투자자가 합리적인 가격으로 무리하지 않고 진입할 수 있는 근거를 마련해야 한다"는 내용이다.

금융감독위원회에서는 석연치 않은 이유로 보고서가 수정된 정황도 발견되었다. 은행감독과 사무관 송현도가 작성한 초안이 과장과 국장을 거쳐 올라가면서 론스타에 부정적인 내용이 상당 부분 완화된 것이다. "대주주 자격 예외 인정이 필요하며 헐값 매각 시비 가능성"이라는 문장이 "신주 및 구주 가격 산정 시 가격 문제 제기 가능성"으로 바뀌고 "론스타 소유 일본 도쿄스타뱅크 등이 출자해 대주주 요건 충족 예상"이라는 문장이 추가되는 등 누군가의 손을 탄 정황이 발견되었다. 론스타의 입장을 반영해 보고서를 수정한 것이다.

송현도는 "나중에 완성된 보고서가 초안보다 더 론스타에 대해 우호적으로 표현돼 있었다"고 진술했고, 유재훈은 "당초 송현도가 작성한 보고서는 론스타 매각 협상의 문제점을 지적하고 다른 대안을 제시하고 있어 보고 받는 입장에서는 고민이 됐다"고 해명했다. 2003년 4월 2일에는 『조선일보』에 처음으로 기사가 뜬다.

"외환은행의 해외 매각 작업이 진행 중인 것으로 확인됐다. 정부 고위 관계자는 1일 '외환은행의 제2대 주주인 코메르츠방크가 보유 중인 지분(23.62%)을 미국의 론스타에 매각하는 협상이 진행 중'이라고 말했다. 외환은행의 해외 매각 작업은 현재 미국의 투자회사인 모건스탠리가 담당하고 있다. 론스타 외에도 제일은행의 대주주인 뉴브리지도 외환은행 인수에 관심을 갖고 있는 것으로 확인됐다. 뉴브리지는 외환은행을 인수한 후 제일은행과 합병, 거대 우량 은행을 만들 복안을 갖고 있는 것으로 전해졌다."

이강원은 이날 오후 즉각 기자회견을 열고 "그동안 BIS 자기자본비율 등을 높이기 위해 외자 유치를 추진해왔으나 론스타에 지분을 매각하기로 했다는 보도는 사실 무근"이라고 밝혔다. 언론에 딱 잡아뗀 것과 달리 다음 날 외환은행은 금융감독원과 수출입은행 등에 론스타와 협상을 벌이고 있는 것은 사실이라며 협조를 당부한다. 일부 언론에는 모건스탠리 역시 주관사가 아니라 외자 유치를 위해 접촉했던 투자기관 가운데 하나라는 이강원의 해명이 기사로 실리기도 했다. 외자 유치와 코메르츠방크 지분 매각이라는 퍼즐을 두고 대부분 언론이 혼란에 빠졌다.

★
BIS가 저래도 되는가?

외자 유치가 공론화되면서 외환은행과 론스타 모두 매각 작업을 서두르기 시작한다. 먼저 4월 22일, 샤리아 치스티가 살로먼스미스바니 동료들에게 보낸 이메일을 보면 스티븐 리가 이강원을 만나 코메르츠방크를 설득해달라고 요청하면서 "론스타는 코메르츠방크와 대응 방법에 대해 입장을 바꿨으며 이제는 외환은행 경영진과 모건스탠리가 앞장서서 코메르츠방크에게 외환은행의 절망적인 모습을 보여주는 것이 최선이라고 생각한다"고 말했다.

실제로 이틀 뒤인 4월 24일 외환은행이 코메르츠방크에 보내기 위해 작성한 보고서에는 다시 "BIS 비율이 2.88%까지 떨어질 수 있다"는 협박 아닌 협박이 들어간다. "뉴브리지캐피탈은 론스타와의 협상에 대한 대안이라기보다는 경쟁 유도와 동시에 협상이 깨질 경우를 대비한 계획 중 하나라고 봐야 한다"는 대목도 눈길을 끈다. 다음은 박순풍의 증인 신문 가운데 한 부분이다.

검사	증인은 BIS 비율 전문가는 아니지만 너무나 숫자와 내용이 다른 BIS 비율이 같은 시점에 돌아다니는 것을 보고 BIS 비율이 저래도 되나라고 좀 걱정하기도 하였지요.
박순풍	네.
검사	증인은 평소 숫자보다 낮은 BIS 비율은 외환은행 매각 필요성을 강조하기 위해 비관적 상황을 부각시켜 작성된 것으로 이해하였지요.
박순풍	네.
검사	특히 코메르츠방크와 관련해서는 코메르츠방크가 론스타 건에 부정적 입장을 보여 재무 자료에 기초하여 론스타 건이 필요하다는 것을 보여줘야 하는 상황이었던 것으로 이해하지요.
박순풍	네.
검사	BIS 비율 전망치가 낮게 산출된 주된 요인 중 하나가 코메르츠방크를 설득하기 위한 의도에서 비롯되었다고 기억합니까.
박순풍	네.

코메르츠방크를 만나기 전에 이달용과 전용준이 "코메르츠방크에 겁을 줘야 한다"고 말한 사실도 확인되었다. 전용준은 법정에서 검사가 "4월 24일자 문서는 전체적인 취지가 코메르츠방크에 과장되게

이야기를 하려고 하는 면이 있는 것인가" 하고 묻자 "그런 톤이 많이 있다"고 답변했다. 검사가 "코메르츠방크가 완벽하게 속아넘어갈 것이라고 생각하였으나, 아니면 일단 무조건 해보고 속여보자고 생각했나"라고 다시 묻자 "이런 것을 판단할 수 있는 위치는 드로스트(만프레드 드로스트) 한 명밖에 없는데 드로스트의 이해관계나 판단력, 여러 가지를 볼 때 크게 문제 삼지 않았을 가능성이 크다고 생각했던 것 같다"고 답변했다.

검사	코메르츠방크의 동의는 론스타에 대한 매각에 있어서 반드시 극복해야 하는 불가결한 요소였으므로 "론스타 딜이 무산될 경우 정부가 취할 수 있는 조치는 합병 또는 공적자금 투입임, 이 경우 가능한 한 모든 손실 요인을 반영한 후 공적자금 투입이 이루어질 것이며 공적자금을 투입할 경우 기존 지분의 완전 감자 예상"이라는 당시 있지도 않은 사실을 마치 사실인 것처럼 적어서 코메르츠방크를 압박하려고 했던 것이죠?
전용준	네.
검사	딜이 무산될 경우 정부 방침이 어떠한지에 대해 사실과 다르게 적을 수 있었던 것은 드로스트 등 코메르츠방크 사람들이 정부에 정통하지 못해 정부 방침을 정확히 알 수 없었기 때문에 가능했던 것이죠?
전용준	꼭 그런 것 때문에 적은 것은 아니나, 정부에 물어보더라도 정부에서도 이런 가능성을 굳이 부인하지는 않았을 것 같다는 면도 있는 것 같습니다.

다음 날인 4월 25일 코메르츠방크의 재무부 부장 토마스 나우만 Thomas Naumann이 방문한 자리에서 전용준은 "론스타의 51% 지분 확보는 전제 조건이고, 뉴브리지캐피탈은 경쟁 구도에 필요하지만 론스타 이외의 다른 대안은 국내에서는 없다"고 잘라 말한다. 토마스 나우만은 이 자리에서 "물론 외환은행이 잘되기를 바라고 있다"면서 "지난 수년간 투자 수익을 제대로 낼 것을 기대해왔지만 결과는 바보 같은 투자를 했던 것으로 돼버렸고 이제는 인내심을 잃어가고 있고 더구나 한국 환경이 악화되고 있다"고 말했다. 이 자리에 동석한 신재하가 "딜이 무산되면 상반기 중에 정부가 조치를 취할 가능성이 많다"고 하자 전용준이 "정부의 인내심이 한계에 달한 것 같다"면서 거든 정황도 확인되었다.

5월 9일 이강원이 청와대를 방문해 권오규 청와대 정책수석 비서관 등에게 보고할 때도 "최악의 경우 BIS 비율이 2.88%까지 떨어질 수 있다"는 내용을 강조한다. 일련의 보고서와 면담은 론스타가 자격 요건은 안 되지만 론스타 이외의 대안은 없다는 사실을 사전 단속하려는 차원으로 보인다. 변양호가 뉴브리지캐피탈의 산웨이젠을 만난 4월 25일, 재정경제부 은행제도과 과장 추경호는 코메르츠방크에서 파견된 외환은행 부행장 만프레드 드로스트와 함께 토마스 나우만을 만났다.

토마스 나우만	론스타의 자격 요건에 대한 한국 정부의 입장을 듣고 싶다.
추경호	현재의 기존 대주주들이 자본 투입을 하기는 힘든 상황이므로 론스타로부터 외자 유치 등 여타 방안을 모색해야 할

것이다. 한국 정부는 이러한 증자 노력을 긍정적으로 평가하고 있다.

만프레드 드로스트 지난해 10월부터 론스타는 외환은행을 접촉해왔다. 서울은행 인수에 대한 일반 국민의 관심 등으로 인해 외환은행과의 접촉은 알려지지 않았다. 외환은행과 코메르츠방크는 과연 재무적 투자자Financial Investor가 외환은행의 대주주로 적절한가에 대해 생각해본 적이 있지만, 궁극적으로는 자본증자를 위한 하나의 방안이라고 생각한다.

추경호 한국 국민의 정서상 전략적 투자자Strategic Investor를 원한다. 따라서 외환은행이 다양한 증자 방안을 모색하는 것이 중요하다. 현재 진행되고 있는 론스타 협상에 대해 한국 정부는 긍정적으로 바라보고 있지만 최종적인 제안 조건에 따라 결과가 나타나리라고 생각한다. 특히 론스타는 현안으로 지적되고 있는 자격 요건 문제를 해결해야 할 것이다. 정부가 세부적인 내용까지 관여할 수 없다. 외환은행의 경영진이 주도권을 갖고 추진해야 한다. 이미 한국 정부는 외환은행에 전권을 위임한 상태.

만프레드 드로스트 론스타는 외환은행 지분의 51% 획득을 원하고 있다. 이는 기존 주주의 협력을 필요로 한다. 코메르츠방크 입장에서는 외환은행 지분이 20% 미만으로 하락하면 회계 처리에 장점이 있다. 물론 이 경우 기존의 외환은행 자본 참여 계약과 기업 지배구조 등과 관련된 사항을 수정해야 할 것이다. 기존의 주주들이 자신들의 입장만을 내세울 것이 아니라 외환은행을 위해 타협 방안을 모색해야 한다고 생각한다.

토마스 나우만　　한국 정부가 이번 투자 협상 건을 반대하고 있지 않다고 생각하도록 하겠다. 우리도 재무적 영향을 면밀히 분석하겠다. 대주주들은 이외에도 론스타 투자가 외환은행의 미래에 미치는 영향 역시 고려해야 할 것이다. 현재는 론스타가 유일한 대안이라고 생각한다.

추경호　　외환은행이 모색할 수 있는 다른 기회도 있다고 생각한다. 사모펀드 역시 환영한다.

전용준이 만든 「Talking point with MOFE / Talking point with Dr. Naumann(재정경제부와 대화 포인트 / 닥터 나우만과의 대화 포인트)」이라는 제목의 보고서는 토마스 나우만이 재정경제부를 방문할 경우 이렇게 이야기해달라는 외환은행의 요청을 담은 것이다.

- 현재 주가 및 외환은행 상황을 고려하면 좋은 가격을 받을 수 있으리라고는 생각지 않음.
- 조흥은행 딜의 경우에서 보듯이 상대가 있을 때 빨리 파는 것도 방법임.
- 정부로서도 현 상태에서 매각을 한다면 원가(투자액) 측면에서 접근하기는 어려울 것임.
- 증자가 이루어지지 않을 경우 공적자금 투입 가능성도 배제할 수 없음. 이 경우 기존 주주의 감자도 고려해야 함.(과거 공적자금 투입 사례)
- 정부는 비공식적이긴 하나 5,000원이면 수용 가능하다는 입장을 시사한 바 있음.

- 정부의 입장을 고려할 때 신주 참여 가격과 코메르츠방크 지분 매입가에 너무 차이가 나는 것은 바람직하지 않음.
- 이번 딜이 성사되는 경우 정부로서는 경영권 프리미엄을 포기하는 결과가 됨. 즉 정부의 양보라고 봐야 함. 아울러 공적자금 투입보다는 경영권 프리미엄 포기가 낫다고 생각할 수도 있음.

놀라운 것은 정부도 경영권 프리미엄을 얹지 않고 매각할 것이니 코메르츠방크도 경영권 프리미엄을 포기하라고 압박해달라고 요청하는 대목이다. 매각을 검토하는 단계에서 심지어 실사도 하기 전에 론스타가 던진 마지노선에 맞춰 가격을 정해놓고 있었다는 이야기다. 실제로 추경호와 토마스 나우만의 만남에서 한국 정부가 경영권 프리미엄을 포기할 수도 있다는 말이 나오지는 않았지만, 증자가 이루어지지 않을 경우 공적자금이 투입될 것이고 기존 주주들 감자도 고려할 것이라는 것은 엄포 또는 협박에 가깝다. 론스타를 받아들이지 않을 경우 코메르츠방크의 보유 지분이 휴지조각이 될 수 있다는 이야기다.

실제로 정부의 압박은 효과가 있었던 것으로 보인다. 샤리아 치스티는 이날 저녁 살로먼스미스바니 동료들에게 보낸 이메일에서 코메르츠방크가 보유 지분 일부를 매각해 론스타를 과반수 주주로 만드는 데 동의했다고 전달한다. 샤리아 치스티는 다만 전량 매각이 아니라 향후 주가 상승을 고려해 일부를 보유할 것으로 보인다는 의견을 덧붙였다.

"자격 요건은 신경 쓰지 않아도 된다"

검사   2002년 9월까지도 외환은행은 3,000억 원의 증자를 추진하

                    고 있었을 뿐 정부 방침 상으로도 매각 대상은 아니었다는 말이

                    죠?

전용준   네, 그것은 분명합니다.

외환은행은 1998년 2월 26일, 경영개선 권고 조치를 받은 뒤 4년이
지난 2002년 4월 9일 해제 조치를 받았다. 그리고 1년 반 뒤에 매각
되었다. 전용준은 당시 경영 상황에 대해 다음과 같이 진술한 바 있다.

"비록 하이닉스 문제는 남아 있지만 대부분은 터널은 벗어나왔다고 생각하고

직원들도 많이 기대에 부풀어 있었고 그 당시에 이강원 행장 오기 전이나 후든 간에 아무튼 이제는 어떻게든 우량은행 대열에 들어가야 한다는 각오라고 할까 그런 것으로 충만해 있었다고 말씀을 드려야 할 것 같습니다. 물론 전망에 관해서 말씀드리면 하이닉스라는 꼬리표가 완전히 떨어지지는 않았다고 말씀드리고 싶습니다. 그것은 부담으로 있었습니다."

다음은 검사와 전용준 사이에 오고간 문답이다.

검사   외환은행이 경영개선 권고가 해제된 것이 낙관적 전망을 바탕으로 수치가 과장되게 산출하여 겉으로만 멀쩡한 것으로 보였을 뿐이고 경영개선 권고 해제 당시에 재무 상황은 상당히 악화되어 있는 상황이었다는 주장에 대해서 어떻게 생각하십니까?

전용준   제가 판단을 할 수가 없는 표현인 것 같습니다. 경영개선 권고 해제라는 것은 실제 수치를 가지고 하는 것이지 전망치를 가지고 하는 것이 아닌데 낙관적 전망을 바탕으로 한 수치라는 것은 그 표현 자체가 제가 해석하기가 어렵습니다. 실제치를 가지고 했던 것이고, 또 겉만 멀쩡한 것으로 보였을 뿐이라는 말에는 저는 동의하기 어렵습니다.

검사   재무 상황이 경영개선 권고 조치가 해제가 됐음에도 불구하고 상당히 악화되어 있는 상황이라는 부분은 어떤가요?

전용준   그 의미는 정확히 모르겠습니다만 동의하기는 어렵습니다. 왜냐하면 좀전에도 말씀드렸듯이 경영개선 권고 직후의 상황이 이제 어떻게 하면 우량은행 대열에 합류할까 그 궁리, 이제부터 제대로 한번, 그대로 손발 묶어 놓고 경쟁하라고 했는데 이제 족쇄가 풀렸으니 제대로 한번 경쟁해 보겠다는 그런 상황인데 극도로 악화되어 있다는 표현이 저는 맞지 않다고 생각합니다.

검사 　 방금 증언한 바와 같이 앞으로의 우량은행을 위한 노력이나 전망, 의욕이 실제로 만약에 부실한 상황이라면 그런 의욕이나 기대를 가질 수 없었겠죠.

전용준 　 예를 하나만 들어보겠습니다. 환자가 올해 병원에서 퇴원했는데 그 사람이 건강한 사람인가, 아니냐를 판단할 때 매일 몇 개월 동안 헬스클럽을 다닌 사람과는 비교할 수는 없습니다. 하지만 퇴원을 했다는 것은 건강에 대해서 어느 정도 의사의 OK가 떨어졌기 때문에 퇴원한 것인데 그 사람을 여전히 환자라고 본다면 그것은 극도로 악화됐다는 것이 환자 정도의 수준까지 간다면 저는 동의는 할 수 없습니다. 저는 절대로 그렇지는 않다고 생각합니다. 그렇지만 아주 우량한 은행과 똑같은 것이냐는 것은 여러 가지 차원에서 체력을 소진한 것만은 사실입니다. 점포도 많이 축소를 했으니까 다른 은행 대비, 점포 경쟁력이란 은행 경쟁에 있어서 굉장히 중요한 것인데 그런 것도 떨어져 있었고, 그렇지만 수치에 관해서는 현재치이지 그것을 낙관적, 비관적 전망, 그런 것은 아닙니다.

검사 　 의사를 속이고 퇴원한 것은 아니죠.

전용준 　 그렇습니다. 그런 정도의 비유가 옳은지는 모르겠는데 저는 그렇게 답변을 하고 싶습니다.

검사 　 어쨌든 퇴원 상태에서 과거의 환자는 아니네요?

전용준   네. 저는 환자라고는 생각하지 않았습니다.

2003년 4월 28일에는 이달용이 변양호를 방문해 구체적인 절차를 논의한다. 다음은 이 자리에 동석한 외환은행 태스크포스팀 이재원이 변양호의 발언을 정리한 메모의 일부분이다.

- 론스타의 자격 요건 문제는 외환은행에서 신경을 쓰지 않아도 될 것임. 론스타에게 맡기기 바람.
- 론스타가 51% 지배주주가 되는 것을 전제로 하는 만큼 구주 매각이 필수적임. 이번 딜을 프라이빗 딜로 해도 되나? 한국은행과 수출입은행의 사전 양해를 구하는 것이 좋음.
- 외환은행이 51%를 만들 수 있는 방법을 제시할 수 있어야 함. 코메르츠방크와의 협상이 여의치 않을 때를 대비하여 수출입은행도 접촉을 해야 함.
- 수출입은행의 보유 지분 매각에 대해서는 적극 협조하겠음. 딜을 빨리 진행시키기 바람(필요하면 변양호가 이달용과 함께 수출입은행 이영회 행장 면담 용의).

변양호의 태도가 두어 달 전과 비교하면 확연하게 달라진 것을 알 수 있다. 그만큼 외환은행의 상황이 급박했기 때문이라고 볼 수도 있지만, 변양호가 적극적으로 론스타의 입장을 대변하거나 두둔한 정황이 곳곳에서 발견된다. 실제로 수출입은행 지분 매각과 관련, 재정경제부 경제협력국 국장 김성진이 거세게 반발하자 변양호가 직접 중재에 나선 일도 있었다. 김성진은 코메르츠방크가 지분 매각을 거부할 경우 수출입은행의 지분 매각을 검토한다는 내용의 보고서에 서명을

거부했다. 변양호는 신진창에게 지시해 다음과 같은 내용의 보고서를
만들도록 지시한다. 5월 7일자 보고서다.

① 론스타의 코메르츠방크 지분 인수가 곤란할 경우에 대한 대비책 필요.
　　· 론스타의 투자 목적(외환은행 지분의 51% 이상 보유)을 감안할 때, 구주 매
　　　입에 실패할 경우 론스타의 투자 자체가 성사되지 않을 우려.
② 외자 유치에 실패할 경우 부실 금융기관 지정, 감자 등 외환은행의 경영
　　정상화를 위한 긴급 조치를 강구해야 하는 상황.
　　· SK글로벌, 하이닉스, 외환카드사 등 외환은행의 잠재 부실 요인을 감안
　　　할 경우 올해 2사분기 BIS 비율이 8% 이하로 하락할 가능성.
　　· 이에 따라, 감독 당국에 의해 적기 시정 조치가 부과될 경우 감자 등으
　　　로 인해 수출입은행 등 대주주에게도 손실이 전가되는 것이 불가피.
③ 외환은행의 부실화에 따른 금융시장 불안을 예방하기 위하여 국책은행으
　　로서 경영상 손실을 어느 정도 감수하는 것은 불가피.
　　· 다만, 지분 매각에 따른 손실을 최소화할 수 있는 방안을 강구.
　　· 우선주(주당 취득 원가 5,000원)를 5,000원 이상으로 매각하는 것을 우선
　　　추진.
　　· 보통주(주당 취득 가격 1만 373원)의 경우 전부 매각할 경우 수출입은행의
　　　경영 실적이 악화(주당 5,000원에 매각할 경우 2,166억 원 손실)되는 점을
　　　감안, 지분 매각 대신 론스타에 의결권만을 위임하는 방식도 검토.

　수출입은행으로서는 굴욕적인 조건이다. 론스타를 설득하기 위해
국책은행에 필요하다면 손실을 감수해야 한다고 압력을 넣고 있는 상

황이다. 당연히 반발이 컸고 이를 찍어 누른 사람이 변양호다. 경제협력국은 "수출입은행의 취득 가격(평균 6,800원)과 매각 가격 차이로 인한 손실이 발생할 경우 이에 대한 대책을 강구할 필요"라는 문구를 넣는 조건으로 보고서에 협조 서명을 했고 이 보고서가 그대로 경제부총리에게 올라간다. 수출입은행은 울며 겨자 먹기로 내부 논의 끝에 손실을 최소화하는 방안으로 우선주를 5,000원 이상에 매각하거나 보통주의 의결권만 위임하는 방식을 제안했다. 수출입은행 내부 검토에 따르면 보통주를 5,000원에 전량 매각할 경우 손실이 2,166억 원에 이르는 것으로 집계되었다. 그만큼 수출입은행으로서는 받아들이기 어려운 조건이었다는 이야기다.

변양호와 이강원 등은 이미 론스타 외에 다른 대안을 생각하지 않고 있었던 것 같지만, 뉴브리지캐피탈은 적어도 5월까지는 외환은행에 미련을 두었던 것으로 보인다. 4월 24일 샤리아 치스티가 스캇 오 등에게 보낸 이메일에는 다음과 같은 대목이 있다.

"조흥은행 딜이 신한은행으로 갈 것으로 보이는 상황에서, 뉴브리지캐피탈은 외환은행에 대한 압박을 가속화하고 있음. 그들의 제안은 제일은행과 외환은행의 합병인데, 일정 지분의 취득을 위해 한정된 현금으로 기존 외환은행 주주들의 주식을 사는 것임. 정부는 론스타 딜보다는 합병을 선호할 것으로 보이는데(가격이 같다는 가정하에), 그 이유는 정부의 목적인 산업의 정리 및 통합이 달성되기 때문임. 서울은행 영화의 재상영처럼 들리나?"

'서울은행 영화'라는 것은 론스타가 서울은행 인수를 노리다가 하나은행에 물을 먹은 경험을 말한다. 샤리아 치스티가 5월 10일에 보낸 이메일은 다음과 같다.

"외환은행의 BIS 비율은 6월 말까지 8% 이하로 떨어질 것이고 만일 6월 말까지 뉴브리지캐피탈과 딜이 성사되지 못하면, 정부는 공개경쟁을 추진할 수 있다. 그러나 어떠한 의심스러운 새로운 투자자가 나타날 가능성이 거의 없고, 여전히 론스타와 뉴브리지캐피탈이 될 것이다. 스티븐 리와 우리는 외환은행 관계자를 만났을 때 외환은행 경영진이 뉴브리지캐피탈보다 론스타를 선호한다는 강한 암시를 받았다."

5월 23일, 스티븐 리가 살로먼스미스바니에 발송한 이메일에도 변양호가 론스타를 지지한다는 비슷한 내용이 있다.

"다음 주 월요일 저녁 저의 변호사 친구와 함께 변양호 국장을 만나 외환은행의 현황에 대하여 상의할 것입니다. 제 친구는 변양호가 제일은행–뉴브리지캐피탈과 정치적으로 일을 처리하기보다는 론스타의 거래를 선호한다는 사실을 분명히 밝힌 적이 있다고 했습니다(그는 합병은 어려운 작업이라고 하였음). 그를 믿어야 할지 어떨지 모르지만, 변양호를 만나기로 했으니 일단 그의 말을 들어보는 것은 의미가 있을 것 같습니다."

여기서 말한 변호사 친구는 하종선이다. 하종선은 변양호와 경기고등학교 동기동창에 서울대학교 동문이면서 스티븐 리와도 절친한 사이다. 하종선은 "과거 현대자동차 근무 시절 모시던 사장이 아내와 사별한 후 재혼한 부인의 아들이 스티븐 리"라고 밝힌 바 있다. 검찰 조사 결과 변양호와 하종선은 1년 동안 최소 20여 차례 만난 것으로 확인되었다. 론스타가 외환은행을 인수한 직후 하종선이 론스타에 105만 달러를 송금 받았다는 사실도 뒤늦게 드러났다. 하종선은 애초에 론스타에 고용된 로비스트였을 가능성이 크다. 변양호가 이 사실을 과연 몰랐을까?

결국 뉴브리지캐피탈은 5월 29일 외환은행에 이메일을 보내 인수 포기 의사를 밝힌다. 뉴브리지캐피탈의 탈락 배경을 좀더 자세히 들여다볼 필요가 있다. 변양호 등은 론스타 이외의 대안이 없었다는 근거로 뉴브리지캐피탈 등 여러 인수 후보를 물색했다고 주장한다. 그러나 변양호 등이 일찌감치 론스타로 낙점해놓고 조건을 꿰어 맞추었다는 의혹이 사실이라면 뉴브리지캐피탈을 비롯해 다른 인수 후보들은 애초에 공정한 경쟁이 아니라고 판단해 포기했을 가능성도 있다.

7월 1일 모건스탠리가 작성해 재정경제부에 제출한 보고서에 따르면 외환은행이 자체적으로 접촉한 투자자는 론스타뿐만 아니라 뱅크원, BNP파리바, 씨티그룹, 크레딧스위스퍼스트보스톤CSFB, JP모건체이스, 라보뱅크, 스탠다드차타드 등이다. 그러나 씨티그룹은 외환은행이 아니라 외환카드에 관심을 보인 정도였고 CSFB와 BNP파리바는 경영권 매각이 아니라 증자 참여 의사를 물었다가 거절당한 경우라 론스타와는 경우가 다르다. 이달용은 검찰 조사에서 "잠재적 투자자를 접촉한 사실이 없고 이강원으로부터 지시를 받은 적도 없다"고 진술했다. 모건스탠리가 직접 접촉한 투자자도 HSBC와 스탠다드차타드 등이 있었으나 실제로는 투자 의향을 묻는 정도에 그친 것으로 확인되었다.

모건스탠리 보고서는 추경호가 왜 외환은행 매각을 공개 절차로 진행하지 않는지, 지금부터라도 공개 절차로 진행하면 안 되는지 모건스탠리에 질의하면서 나온 것이다. 모건스탠리는 "지금이라도 잠재적 투자자들과 접촉해 예비 제안서 등을 제출하게 하는 방식으로 진행하거나 들러리 역할을 수행할 1~2개 투자자를 찾는 방안 등을 고려해볼 수 있으나 현실성은 매우 낮다"면서 "정식 절차를 진행할 경우 딜 브레이크Deal Break 가능성이 있다"고 설명했다. 결국 형식적으로 잠재적 투자자의 명단을 만들기는 했으나 먼저 투자 의향을 밝힌 론스타와 뉴브리지캐피탈 외에 구체적으로 제안한 곳은 없었다는 이야기다.

추경호는 6월 23일 외환은행 매각을 공개적으로 진행하지 않을 경우 문제는 없는지 모건스탠리에 물어보라고 지시하고 7월 1일 답변을 받는다. 모건스탠리의 답변은 다음과 같았다.

1. 외환은행 매각 협상은 론스타와의 수의계약이 아니며, 비밀 유지 필요성, 거래 구조의 복잡성과 가변성을 고려해 제한적 경쟁입찰 절차를 수행했고, 외환은행 및 모건스탠리가 가능성 있는 다수의 잠재적 투자자들을 접촉했으나 론스타와 뉴브리지캐피탈을 제외한 나머지 투자자들이 부정적인 반응을 보여, 론스타와 뉴브리지캐피탈의 제한적 경쟁입찰이 됐고, 현재는 론스타와의 협상만 진행되고 있으나 론스타와의 협상이 무산될 경우 뉴브리지와의 협상을 진행할 예정이다.

2. 지금 시점에서 투자 안내서 등을 다시 작성해 잠재 투자자를 다시 접촉하고 공개경쟁입찰 절차를 진행하는 방안을 고려할 수는 있으나 현실성은

매우 낮으며, 그러한 경우 론스타가 딜을 깰 가능성이 있다.

3. 이번 론스타의 제안서는 신주 자본 규모가 크다는 점이 장점이고, 인수 자격 문제가 언급돼 있지 않으며, 콜 옵션 조항 등 일부 무리한 조항이 포함되어 있다는 것이 단점이 될 수 있다.

4. 신규 자금 1조 원이 넘고, 현재 외환은행의 주가가 액면가를 하회하고 있으며, 일반 공모 방식으로 증자할 경우 30%까지 할인이 가능하므로 액면가 이하 신주 발행이 정당화될 수 있다.

5 협상을 통해 신주 가격을 액면가로 합의하기는 어려울 것으로 전망되고, 감자 후 증자 등 방안이 있으나 외환은행에 대한 외부의 평판이 나빠진다는 점에서 무리가 있을 수 있다.

6. 삼일의 실사 결과와 모건스탠리의 가치 평가 보고서, 협상에 실패할 경우 최악의 시나리오에 수반되는 위험을 고려할 경우 액면가 이하도 수용 가능하다.

신재하는 법정에서 "이강원이 잠재적 투자자를 물색하라고 요청하면서도 정보만 알려주는 건 아닌지 부담스러워했다"고 진술하기도 했다. 여러 진술과 정황을 종합하면 변양호 등은 이미 외환은행을 론스타에 넘기기로 못 박아놓고 형식적으로 경쟁을 붙이는 시늉을 했을 가능성이 크다. 뉴브리지캐피탈이 들러리를 섰다는 평가가 나오는 것도 이런 배경에서다.

전용준은 검찰 조사에서 "(뉴브리지캐피탈의 자문을 맡았던) 모건스탠리가 뉴브리지캐피탈은 들러리에 지나지 않는다는 것을 인식하고 있었고, 자신들이 데려온 고객이므로 이러한 사정을 뉴브리지캐피탈에 이야기해서 인수를 포기한 것으로 생각한다"고 진술했다. 그러나 변양호는 "뉴브리지캐피탈이 자금이 그렇게 많지 않다는 이야기를 들은 바 있고, 뉴브리지캐피탈이 론스타보다 한 단계 더 인정받는 펀드이므로 들러리라는 비난은 있을 수 없다"고 해명했다.

신재하는 "뉴브리지캐피탈이 포기한 건 기업 여신 심사 결과 중복되는 기업 여신이 너무 많아서 금융 감독 당국이 정해놓은 동일 기업에 대한 여신 한도를 지키려면 그 여신을 소멸시켜야 하므로 시너지 효과가 없다고 판단했다"고 설명했다. 박순풍도 "뉴브리지캐피탈이 포기한 이유는 외환은행 대출 포트폴리오, 제일은행 대출 포트폴리오가 많이 겹치기 때문에 시너지가 없기 때문이었다"고 진술했다.

외환은행은 7월 1일 모건스탠리 보고서와 함께 재정경제부에 보낸 보고서에서 "이번 딜은 론스타와의 수의계약이 아니며 분명히 론스타와 뉴브리지캐피탈의 제한적 경쟁입찰"이라면서 "현재는 론스타와의 협상만 진행되고 있으나 론스타와의 협상이 무산될 경우 뉴브리지캐피탈과 협상을 진행할 계획"이라고 해명했다. 그러나 이미 5월 29일 뉴브리지캐피탈이 인수 포기 의사를 밝혔다는 사실을 변양호 등도 알고 있는 상태였다. 외환은행의 해명은 그야말로 눈 가리고 아웅 하는 격이었고 경쟁입찰을 흉내낸 특혜 성격의 수의계약이었고 변양호가 이 모든 과정을 주도했다는 이야기다.

★
추경호 보고서에서 드러난 놀라운 사실

5월 29일 뉴브리지캐피탈이 중도 하차한 이후 외환은행 매각은 론스 타의 독무대가 된다. 2003년 6월 16일은 외환은행에 론스타의 첫 번 째 제안서가 공식 접수된 날이었다.

1. 신주 인수.

· 주당 가격 : 3,700원(지난 30일간 평균 종가의 5% 할증).

· 총 신규 투자 규모 : 1조 750억 원(약 3억 3,700만 주).

2. 구주 인수.

· 코메르츠방크와 수출입은행의 우선주 총 1만 4,800만 주 중 4,642만 주
  인수.

· 코메르츠방크로부터 2,133만 주, 수출입은행으로부터 2,509만 주.

· 가격 : 주당 4,500원.

· 향후 2년 동안 코메르츠방크와 수출입은행 보유 잔여 우선주에 대한 콜
옵션(4,500원).

3. **회사 지배구조.**

· 현 주요 주주의 주식은 2년 동안 매각이 제한되며 지분 참여 후 론스타
및 기존 주주 등이 갖게 되는 권리는 다음과 같음.

   − 우선 매수권First Right of Refusal : 현 주요 주주가 보유 주식을 매각할 경
우 론스타가 먼저 살 수 있는 권리.

   − 드래그 얼롱Drag-along : LS의 지분 참여 후 지분 매각 시 현 주요 주주
의 지분을 함께 팔도록 강제하는 권리.

   − 태그 얼롱Tag-along : Private transaction의 경우 기존 주요 주주는 론
스타가 지분을 매각할 때 같이 팔 수 있는 권한을 가짐.

외환은행은 다음 날 변양호 등에게 보낸 보고서에서 "협상 과정에
서 어떤 형태로든 증자 사실이 유포되거나 다른 이유로 주가가 오르
기 시작해 최저 발행가격이 론스타가 제시한 신주 발행가격을 상회하
는 경우 딜이 무산될 수 있다"면서 "대주주의 입장을 조속히 정리해
협상을 가능한 한 빠른 시일 안에 종결시켜야 한다"고 강조한다. 외환
은행은 또 "코메르츠방크의 결정이 지연되거나 높은 가격 또는 경영
권을 고수하는 경우 정부에서 설득 내지 중재에 나서 협상을 조속히
완료하는 것이 바람직할 것으로 판단된다"고 덧붙이고 있다.

외환은행은 6월 19일 다시 "신주 인수 가격은 현재 주가 대비 적정

한 것으로 판단되나 구주는 경영권 프리미엄을 반영하기에 불충분하다"는 내용의 보고서를 재정경제부에 올려 보낸다. 외환은행에서 법률 자문을 의뢰 받은 법무법인 세종 역시 6월 19일 보고서에서 "론스타에 대량의 콜 옵션을 부여하는 것은 수출입은행과 코메르츠방크에 손해를 초래할 수 있는 행위로 경영진에 배임 책임이 문제될 가능성이 상당하다"고 지적하고 있다.

추경호는 6월 23일 전용준 등을 만난 자리에서 "딜 성사는 중요하지만 정부는 좋은 기관과 좋은 가격을 원하고 이런 면에서 자금 수혈new money을 중시하는 외환은행과 입장이 다를 수 있다"고 말한다. 가격 문제와 관련 추경호가 "자문사가 역할을 해줘야 한다"면서 "연말 지표가 어떻게 될지 어차피 모르므로 모든 지표를 동원해 돈을 많이 받도록 해야 한다"고 지적하자, 전용준은 "물론 높은 가격을 제시하고 협상에 임할 수는 있겠으나 과도할 경우 론스타가 딜 중단 등 더욱 세게 나올 수 있다"면서 "대안이 없으면 오히려 외환은행의 입지가 약화될 리스크가 있다"고 지적하기도 했다.

외환은행은 6월 30일 이달용을 재정경제부로 보내 구주 우선주를 5,500원으로, 신주는 구주와 병합blended 가격을 4,500~4,750원 수준으로 맞춰 대응 제안서counter proposal를 보내기로 합의한다. 외환은행이 7월 1일 재정경제부에 보낸 보고서를 보면 얼마나 몸이 달았는지 짐작할 수 있다.

- 제안서의 가장 큰 매력은 신주 매입 규모임.
- 현재 외환은행에는 10% 이상의 건전한 BIS 자기자본비율을 충족시킬 수

있고 클린 뱅크화할 수 있는 규모의 신규 자본이 필요한 바 이 정도 규모의 증자에 참여할 수 있는 것은 론스타뿐일 것으로 평가.

- 감독 당국 및 외환은행 입장에서는 구주보다는 신규 자본 투입 규모가 보다 큰 관심사임.

구주 조건이 불리하긴 하나 정부가 수출입은행과 코메르츠방크 등을 설득해서 딜이 깨지지 않게 해달라는 부탁이다. 한편, 론스타의 제안서에는 가격 조건만 있을 뿐 가장 중요한 자격 요건에 대한 언급이 없었다. 6월 30일 외환은행 경영전략부 회의에서는 론스타의 자격 요건이 본격적으로 논의된다. 다음은 재정경제부에 보고된 회의록의 일부다.

〈방법론에 대한 논의〉

1. 부실 금융기관으로 지정받는 방안(론스타 선호).
2. 은행업, 증권업, 보험업 또는 이에 준하는 업으로 금융감독위원회가 정하는 금융업을 영위하는 회사로 인정받는 안.
   - 론스타를 어떻게 포장하여 금융감독위원회를 어떻게 설득하는 것인가가 관건.
3. LLP(유한동업회사)를 설립하여 들어오는 안.
   - LLP는 의결권을 행사하는 제너럴 파트너General Partner와 자금을 대는 제한적 파트너Limited Partner로 구성.
   - 제너럴 파트너를 ABN암로와 론스타가 50:50(칼라일 케이스) 또는 51:49로 구성.

– ABN이 론스타의 의결을 따르지 않을 경우 리스크를 어떻게 해결하는가
가 관건.

외환은행을 부실 금융기관으로 지정하는 방안을 론스타가 선호한
다고 언급한 대목이 눈길을 끈다. 외환은행이 부실 금융기관이 아닌
데도 부실 금융기관으로 지정 받을 수 있도록 실적을 조작하는 방안
이 공식 회의 자리에서 논의되고 재정경제부에 보고까지 되었다는 이
야기다. 7월 1일에는 더욱 놀라운 일이 벌어진다.

이재원 등이 추경호 등을 방문해 부실 금융기관 등에 관한 조항으
로 푸는 게 가능한지 묻자 추경호가 "절대 불가능한 이야기"라면서
"자격이 갖춰지지 않을 경우 해석 등의 문제로 해결할 생각은 하지 않
아야 한다"고 못 박는다. 추경호는 "이 부분이 클리어하지 않으면 딜
은 조금도 진행될 수 없다"고 거듭 강조한다. 신진창 역시 "부실 금융
기관으로 처리한다면 론스타 딜을 진행할 의미가 없다"면서 "공적자
금으로 해결해야 한다"고 단호하게 자른다.

이날 면담이 중요한 것은 재정경제부 내부에서도 부실 금융기관 지
정이 불가능하다는 사실이 충분히 공유되어 있었다는 정황 근거가 되
기 때문이다. 변양호 또는 변양호 윗선에서 추경호 등을 찍어 눌렀다
는 사실이 다시 확인된 것이다.

추경호는 모건스탠리 보고서를 근거로 외환은행 매각을 공개 입
찰 방식으로 전환해야 한다는 보고서를 만들어 변양호에게 보고했다.
2003년 3월 은행제도과 과장으로 부임한 추경호는 2003년 1월 조흥
은행을 신한은행에 매각하는 과정에서 공정성 논란으로 곤혹을 치른

뒤라 좀더 신중하게 가자는 입장이었다. 추경호 보고서에서 몇 군데 중요한 대목을 살펴보자. 7월 1일에 작성된 보고서다.

- 그동안 론스타와의 협상은 자본 확충을 위한 딜의 특성상 비공개로 진행하여왔으나, 수출입은행과 한국은행 등 공공기관이 대주주인 은행의 경영권 매각 협상을 비공개적으로 추진하는 데 대한 비판 우려.
- 법적으로는 공적자금 투입 은행이 아닌 외환은행의 공공기관 보유 주식 매각 방법은 은행의 자율적 결정 사항.
- 특히, 매각 절차의 투명성 결여를 액면가 이하 증자, 외국계 펀드의 은행 인수에 대한 비판과 함께 제기할 우려.
- 따라서, 론스타와의 증자 협상이 깨지지 않도록 하면서 매각 절차의 공정성 투명성을 확보해나갈 필요.
  ① 론스타는 공개 입찰 방식에 부정적 입장일 것이나, 외환은행에 대한 투자 의향 및 그동안의 협상 태도를 감안할 때, 공개 입찰의 불가피성을 적극 설득할 경우 공개 입찰을 수용할 가능성.
  ② 코메르츠방크와 수출입은행 등 대주주는 공개 입찰 방식을 수용할 가능성. 가격 조건 향상 기대.
  ③ 잠재적 투자가 유무에 대한 전망은 엇갈리나, 론스타 외의 잠재적 투자가가 없더라도 절차적 투명성 확보는 가능.
  ④ 공개 입찰로 인해 딜이 지연되더라도 3사분기까지는 외환은행 BIS 비율이 8% 이상 유지할 전망.

그러나 변양호는 신진창에게 지시해 수의계약이 불가피한 이유를 보고서로 정리하게 한다. ① 수출입은행 보유 주식의 매각은 수출입은행의 자율적 결정 사항으로, 수의계약 방식으로 매각하더라도 문제가 되지 않으며 ② 이번 매각은 자본 확충이 시급한 외환은행이 신규 증자를 추진하는 과정에서 투자자의 의사에 따라 수출입은행 보유 주식 일부를 매각하는 것으로, 신규 증자와 구주 매각을 분리할 수 없는 거래 구조를 고려할 때, 경쟁입찰 방식에 의해 구주 매각을 추진할 경우 외환은행의 증자가 달성될 것이라고 보장할 수 없으므로 경쟁입찰 방식으로 매각하는 것은 사실상 불가능하다는 내용이었다. 이것이 7월 14일자 보고서다.

신진창은 이 보고서와 관련, "공개 매각할 경우 뱅크 런 등의 가능성이 없다고 생각한 것은 아니었고, 공개 매각하지 않은 것에 대한 비판을 불식시키기 위한 목적이 있었다"고 진술했다. 결국 추경호의 문제제기를 상급자인 변양호가 찍어누른 것이다. 추경호는 검찰 조사에서 다음과 같이 밝힌 바 있다.

"제가 은행제도과장으로 부임하고 나서 변양호 국장에게 '외환은행 매각 건에 대해서는 장관 보고 문건을 중심으로 보고를 받았는데, 그 보고 문건들에 기재된 대로 론스타에 매각하는 절차를 추진하면 되는 것이냐'고 물었더니 변양호 국장이 '그렇다, 그 보고 문건에 기재된 대로 집행하면 된다'고 했습니다. 이미 부총리에게까지 보고돼 결정된 사안에 대해 은행에 대해 제대로 알지도 못하는 신임 과장이 기존의 진행 방침을 뒤엎고 새로운 절차로 진행하자고 할 수 없었습니다."

7월 3일 살로먼스미스바니 직원이 스캇 오에게 보낸 이메일에는 스티븐 리와 변양호가 만나서 나눈 대화 내용이 담겨 있다.

"5,000원 정도라면 우리 제안보다 25% 높은 수준임 – 나쁘지 않음. 변 박사가 떠남 – 그가 떠나기 전에 그의 지지를 받는 것이 필요한가요? 스티븐 리가 어제 변 박사를 만나서 그의 강력한 지지를 재확인하였습니다. 우리가 지금 앞으로 전개될 일을 알 수는 없지만, 변 박사가 사람들이 생각하는 것보다는 좀더 오래 지금의 자기 자리에 재직할 것이라는 소문이 있습니다(7월 셋째 주 정도까지는 그럴 것 같습니다)."

수출입은행도 불만이 많았다. 당초 구주 인수 가격으로 론스타가 4,500원을 제시했고 외환은행이 다시 5,500원으로 제안하기로 했으나 수출입은행은 신주 가격을 낮추더라도 구주 가격을 좀더 높여야 한다는 입장이었다. 수출입은행의 매입 가격이 6,801원이라 엄청난 손실을 입게 될 상황이었다. 이달용은 7월 2일 수출입은행을 방문해 "코메르츠방크는 5,000원 이상이면 수용하겠다는 입장이라 경우에 따라서는 수출입은행 지분 없이 코메르츠방크 지분만으로 딜이 가능하다"고 압박한다.

수출입은행으로서는 아쉬울 게 없는 상황이지만 수출입은행의 반대로 협상이 깨지는 것은 부담스럽다는 판단을 한 것으로 보인다. 외환은행 보고서에는 당시 수출입은행 이사로 있던 김진호가 "외환은행의 경영 정상화를 위해 딜을 추진하는 중요성은 이해하며, 구주 가격 때문에 원만한 협상 진행에 어려움(을) 주고자 하는 의도는 없다"고 말한 것으로 기록되어 있다.

수출입은행이 미적지근한 반응을 보이자 재정경제부가 직접 나서 중재를 한 정황도 발견된다. 7월 3일 수출입은행이 작성한 「외환은행 주식 매각 관련 진척 사항 보고(긴급)」이라는 제목의 보고서에는 재정 경제부 은행제도과의 의견이 첨부되어 있다.

재정경제부 은행제도과 의견.

• 현재 신주의 액면가 이하 발행이 확실한 상태에서 구주 가격을 지나치게 높은 수준에서 책정하여 신주와 구주 가격 차가 지나치게 벌어지는 경우.

– 현재 주가(3,700원 수준) 대비 소액주주의 반발.

– 신주의 액면가 이하 발행 상황하에서 구주의 매각가를 올리기 위해 신주 가격을 지나치게 하향 조정했다는 오해.

– 액면가 이하 발행+시가 대비 높은 구주 매각 가격+경영권의 론스타 앞 매각 재료가 겹쳐짐에 따라 Public Perception(공공의 지각) 문제 증폭.

결국 수출입은행은 "취득 가격 6,801원에 근접하는 수준의 가격은 딜 자체를 무산시킬 우려가 있어, 외환은행이 제시하는 5,500원 수준 의 수용이 불가피한 실정"이라고 한 발 물러선다. 수출입은행 역시 당시 상황을 매우 곤혼스러워했던 것으로 보인다. 그렇게 어렵게 코 메르츠방크와 수출입은행까지 설득했으나 론스타는 7월 8일 보내온 2차 제안서에서 구주 인수 가격을 5,000원으로 제안한다. 1차보다는 500원 높아졌지만 외환은행의 대응 제안서보다는 500원 낮은 가격 이다.

7월 9일 외환은행과 재정경제부의 통화 메모에 따르면 변양호는 "가격이 너무 낮다"면서 "외부에 알려졌을 때 설명 가능한 수준이어야 한다"고 다소 부정적인 입장이었다. 이재원의 업무 일지에 따르면 이달용이 평균 가격을 3,900~4,000원으로 해달라고 요청하자 변양호가 4,250~4,300원으로 하자고 말한 것으로 기록되어 있다. 이달용이 7월 14일 변양호를 찾아와 "구주 가격 조건을 5,400원으로 하면서 콜 옵션의 최소 보장 가격은 5,400원에 연복리 4.5% 이자와 다른 조건들도 검토하여 제시해보면 어떻겠느냐"고 제안했고 변양호는 수출입은행과 상의해 보겠다고 답변했다.

외환은행은 7월 18일 신주 가격 4,100원에 구주 가격 5,400원 등 평균 가격 4,300원, 콜 옵션 행사 가격은 시가가 구주 가격보다 높은 경우 구주 가격과 시가의 중간, 시가가 구주 가격보다 낮은 경우는 구주 가격으로 하는 내용을 포함한 2차 대응 제안서를 살로먼스미스바니를 통해 론스타에 보낸다. 그렇게 몇 차례 줄다리기 끝에 신주는 4,000원에 1조 750억 원, 구주는 5,400원에 3,084억 원, 합계 1조 3,833억 원을 투자하기로 조정되었다. 투자 금액은 비교적 원만하게 합의가 되었으나 가장 큰 걸림돌은 역시 론스타의 자격 요건이었다.

2013년 7월, 정의당 의원 박원석이 공개한 2003년 7월 23일의 추경호가 금융감독위원회 간담회를 앞두고 작성한 문건에는 론스타의 자격 요건 때문에 외환은행 인수가 불가능하다는 사실이 언급되어 있었다. 이른바 추경호 문건은 변양호에게도 보고가 되었으나 묵살되었다. 이 문건에 따르면 재정경제부는 이미 1998년 7월에 금융감독위원회의 요청으로 산업자본의 금융기관 인수와 관련한 유권해석을 내린 바 있다.

"부실 금융기관의 정리 등 특별한 사유를 적용하려면 첫째, 금융시장 안정 및 금융시장 안정을 위해 바람직해야 하고, 둘째, 산업자본의 과도한 지배 방지라는 은행법의 취지에 비춰 문제가 없어야 한다."

'추경호 문건'에는 이런 대목도 있다.

"부실 우려가 있는 금융기관에 대한 감독 당국의 시정 노력 없이 경영 여건이 악화될 것으로 예상된다는 이유로 예외 승인하는 것은 부실 금융기관 정리 등에 한해 예외적으로 초과 보유를 허용한 은행법 관련 규정의 취지에 부합하지 않을 우려가 있다."

'추경호 문건'이 중요한 것은 론스타가 산업자본이라면 무슨 조건을 갖다 대든 외환은행을 인수할 수 없다는 사실이 이미 검토되었다는 사실을 입증할 근거 자료가 되기 때문이다. 모르고 넘긴 게 아니라 알면서도 넘겼다는 이야기다. 추경호는 이런 우려도 있다는 정도를 지적했을 뿐 실제로 외환은행 매각의 실무를 총괄했던 사람이다. 추경호는 나중에 론스타가 하나금융지주에 외환은행을 팔고 나갈 때는 금융위원회 부위원장으로 매각 승인 결정을 내렸고 박근혜 정부 들어서는 국무조정실장으로 론스타 소송 태스크포스팀 위원장을 맡았다. 론스타와 싸우고 있는 (것처럼 보이는) 사람들이 론스타와 한편이었다는 의혹을 받고 있는 사람들이라는 이야기다. 추경호는 2018년 11월 현재 자유한국당 국회의원이다.

추경호와 함께 2003년 7월 15일 10인 비밀회동 멤버였던 청와대 행정관 주형환도 기획재정부 차관으로 기획재정부를 대표해 론스타 태스크포스팀에 참석, ISD 대응 실무를 주도했다. 박근혜 정부에서는 산업통상자원부 장관을 지냈다. 역시 태스크포스 팀원이었던 금융위원회 부위원장 출신 정찬우는 2011년 금융위원회 수석연구원으로 재임하던 시절 론스타의 주가조작 사건 관련 국제중재재판에서 론스타가 내세운 증인으로 출석해 론스타를 적극 변호했던 전력이 있다. 이 정도면 누가 아군이고 누가 적인지조차도 구분하기가 쉽지 않다. 론스타를 도왔던 사람들이 론스타와 싸운다고 나서는 황당무계한 일이 벌어지고 있다.

금융감독원 내부에서도 문제 제기가 있었다. 검찰 조사에 따르면 외환은행 매각을 한 달 앞둔 2003년 8월, 금융감독원 은행감독국 은행총괄팀 진홍수 검사역이 "산업자본은 예외 조항을 적용할 수 없다"는 의견을 개진했다. 진홍수는 외환은행의 BIS가 6.2%까지 떨어질 거라는 보고서를 만드는 데도 참여했다. 이 숫자가 조작되었다면 그 내막을 알 수 있는 많지 않은 사람 가운데 한 명이지만, 2007년 갑작스럽게 뇌출혈로 사망해 확인할 방법이 없다.

공교롭게도 외환은행 문건과 관련된 두 사람이 모두 세상을 떠났다. 한 사람은 외환은행 차장 허창욱이고 한 사람은 진홍수다. 이들이 실제로 이 문건의 실무 책임자였는지 아니면 죽고 난 뒤에 누명을 뒤집어쓴 것인지조차도 분명하지 않다. 여러 정황을 종합하면 변양호 등은 이미 산업자본 조항이 문제가 될 거라는 걸 알고 있었을 가능성이 크다. 변양호는 이미 하종선이나 스티븐 리 등과 매각 조건에 대한 이야기를 끝낸 상태였고 주변의 경고와 우려를 묵살했다. 당시 재정경제부와 금융감독원과 금융감독위원회 등의 자료를 아무리 뒤져봐도 론스타의 주주 구성이나 투자 포트폴리오에 대한 내역은 발견되지 않는다. 검토한 자료를 숨겼거나 구두 보고만 받고 문서로 남기지 않았을 가능성도 배제할 수 없다.

★
케이스 1은 왜 삭제되었을까?

외환은행의 실사를 맡은 삼일회계법인은 하이닉스반도체와 SK글로벌 등의 채권과 두산중공업과 외환카드 등의 보유 지분과 카드채권 손실 금액 등을 감안해 케이스 1~3의 시나리오를 준비했다. 케이스 1은 가장 낙관적인 시나리오였고, 케이스 2는 최초 협의한 보수적 실사 기준을 적용한 것이고, 케이스 3은 론스타가 공세적으로 제시할 가능성이 높은 시나리오를 감안한 것이었다.

검찰이 파악한 바에 따르면 케이스 2는 하이닉스반도체가 5년 안에 청산된다는 비관적인 가정을 전제로 한 것이고, 케이스 3은 극단적으로 SK글로벌 등 주요 기업이 연말에 청산된다는 비현실적인 가정을 전제로 한 것이었다. 5월 2일 삼일회계법인이 보내온 중간 실사 결과 순자산 가치가 케이스 1은 1조 5,288억 원, 케이스 2는 1조 584억 원, 케이스 3은 5,887억 원으로 결정되었다.

검찰 수사 결과, 외환은행 차장 허창욱이 삼일회계법인 자료를 기초로 시나리오를 만들었으나 전용준이 낙관적인 시나리오를 삭제하라는 지시를 한 사실이 드러났다. 이재원 등이 부실 규모를 늘려달라고 요청했고, 삼일회계법인이 수정된 시나리오를 외환은행에 다시 보내온 게 5월 13일이었다.

검찰 조사에서 이강원과 이달용은 케이스 1이 존재한다는 사실을 알지 못했고, 당연히 케이스 1의 삭제를 지시한 사실이 없다고 주장했다. 그러나 전용준은 시나리오 3개를 보고 받은 이강원이 "지금 분위기로 봐서는 론스타와 실사 결과를 가지고 가격 협상을 할 것 같지는 않고 론스타의 제안서 가격을 기초로 재정경제부의 검토를 받아서 결정될 것 같은데, 오히려 케이스 1이 있으면 혼란만 초래하게 되는 것 아니냐"고 말해 허창욱에게 지시해 케이스 1을 삭제했다고 진술했다.

검찰 조사에서 삼일회계법인 상무 박대준은 "케이스 1은 통상적인 기업회계 기준에 맞춘 것으로서, 당시 어느 투자자가 실사를 하더라도 1조 원 정도의 잠재 부실은 찾을 것으로 생각했기 때문에 적합하지 않은 수치라고 생각했다"는 취지로 진술한 바 있다. 삼일회계법인 회계사 임경한은 "SK글로벌에 대한 적절한 평가 기준은 케이스 2라고 판단했다"면서 "다만, 외환은행의 경우는 외자 유치를 위해서 거래 상대방과 협상을 위한 실사였기 때문에 가장 낙관적인 것과 가장 비관적인 것을 추가적으로 평가해본 것뿐"이라고 진술했다. 케이스 1이 지나치게 낙관적인 전망이라고 하더라도 당장 가격 협상을 앞두고 있는 상황에서 낙관적인 전망을 일부러 배제한다는 것은 있을 수 없는 일이다.

외환은행이 5월 27일 재정경제부에 제출한 업무보고에 따르면 케이스 1의 부실 금액 1조 407억 원을 기준으로, 하이닉스반도체 출자전환 주식에 대해 314억 원(주당 시가 1,000원 가정), 외환카드사 주식에 대해 2,346억 원(최대 5,800억 원까지 손실 발생 가능성, 지분율 45%에 따라 3,000억 원 손실 가정), 일반 여신에 대해 3,309억 원(과거 4년 1999~2002년의 평균 손실율 1.09% 반영, 실제로 2003년 말에도 비슷한 규모로 이 금액 정도를 손실 처리함), 기타 476억 원 등 추가 부실 금액을 더해 전체 잠재 부실 금액을 1조 7,736억 원으로 산출했다. 이 보고서에서는 이 가운데 1조 2,919억 원(실사 결과 1조 407억 원+자체 산정 추가 부실 금액 가운데 2,512억 원)을 2003년 대손충당금으로, 나머지를 2004년 대손충당금으로 설정했다.

부실 규모와 가격 산정 등과 관련해서도 몇 가지 중요한 진술이 있다. 이달용은 론스타의 신주 인수자금이 7억 달러 이상이라는 스티븐 리의 이야기를 전해 듣고 이를 토대로 BIS 목표를 10.5%로 잡고 외환은행에서 처리할 수 있는 잠재 부실을 산정하니 1조 2,919억 원이 나왔다고 진술한 바 있다. 전용준은 이강원의 지시에 따라 전체 부실 금액 가운데 7억 달러(8,400억 원)를 필요자본 규모로 산출하기 위해 목표 기본자본Tier 1 비율 5.5%를 정하고 역산해서 1조 2,921억 원을 2003년 대손충당금으로 설정했다고 진술했다. 이재원 역시 대손충당금을 설정하는 방식은 전용준이 지시한 것이라고 진술했다.

삼일회계법인은 2003년 대손충당금 추가 적립 부분을 더한 잠재 부실 금액을 1조 2,919억 원으로 잡고 2003년 말 BIS 전망치를 7.48%로 잡았다. 2,500억 원 규모의 하이브리드 채권 발행 계획이 세워져 있었으나 여기에는 반영되지 않았다. 하이브리드 채권은 2003년 5월 28일에 발행되었는데 당장 현금이 들어와 재무구조가 개선될 텐데도 이미 잡혀 있던 계획을 포함시키지 않은 것도 의문이다. 물론 이유는 충분히 짐작할 수 있다.

외환은행이 재정경제부에 보낸 보고서도 마찬가지다. BIS가 2003년 말 기준으로 7.48%까지 낮아질 거라고 보고하면서 2,500억 원 규모의 채권 발행 계획을 누락한 것이다. 이 보고는 5월 27일이었고 채권 발행은 다음 날인 5월 28일이었다. 2003년 말 전망을 하면서 정작 다음 날 예정된 채권 발행을 포함하지 않는다는 것은 상식적으로 이해하기 어렵다.

이강원이 6월 2일 코메르츠방크에 설명한 자료에도 케이스 1이 빠져 있었다. 이강원은 부실 금액 1조 407억 원을 기준으로, 하이닉스반도체 출자 전환 주식 314억 원, 외환카드 2,346억 원, 일반 여신 잠재 부실 금액 3,309억 원을 추가로 반영하고, 5월 27일 보고서에 없었던 카드채권 잠재 부실 금액 1,681억 원과 2003년 5월 28일 발행된 하이브리드 채권 2,500억 원을 추가로 반영했다.

이 자료에는 재정경제부에 제출한 보고서와 달리 2003년과 2004년 대손충당금을 나누지 않고 모두 2003년 대손충당금으로 설정해 2003년 말 BIS가 5.72%까지, 하이브리드 채권 발행을 고려하지 않을 경우 4.64%까지 떨어질 수 있다는 전망을 내놓았다. 전용준은 검찰 조사에서 "대손충당금을 2003년과 2004년으로 구분해 설정하면 하이브리드 채권 발행을 반영할 경우 2003년 말 BIS 비율이 8%를 넘기 때문에 구분하지 않았다"고 진술한 바 있다. 의도적으로 BIS를 낮추기 위해 실사 결과를 조작했다는 사실을 인정한 것이다.

검찰 조사에 따르면 이강원이 직접 케이스 1의 삭제를 지시한 것으로 확인되었다. 이강원은 중간 실사 결과를 보고 받은 바 없다고 주장했으나 전용준은 이강원이 "실사나 가치 평가valuation는 모양 갖추기"라면서 기존에 대외적으로 보고한 부실 규모와 실사 결과가 왜 차이가 나는지 이해는 하겠지만, 그 차이가 너무 크므로 부실 규모를 늘려야 하지 않겠느냐는 취지의 말을 했다고 진술했다.

구체적인 금액을 말하지는 않았지만 허창욱에게 부실 금액을 늘리면 어느 정도까지 가능하냐고 물어서 허창욱이 케이스 2는 대략 1조 원까지는 늘릴 수 있다고 답변했다는 게 전용준의 진술이다. 박순풍도 이강원에게 케이스 1~3을 모두 보고했다고 진술한 바 있다. 박순풍도 "이강원이 회의에서 실사와 가치 평가는 모양 갖추기에 불과하다고 말한 사실을 기억한다"고 진술했다.

★
론스타의 짜고 치는 고스톱에 놀아났다

검찰 조사에 따르면 외환은행 부행장 이달용은 실사 결과를 보고 받고 "삼일회계법인에서 산출한 부실 규모가 기존 재정경제부와 코메르츠방크 등에 보고한 부실 규모에 비해 너무 작아서 큰일"이라면서 "행장에게 보고하고 행장의 지시를 받아 처리하라"고 지시했다. 전용준은 이강원이 부실 규모를 늘리라고 지시했다고 밝혔다. 다음은 검찰 수사 기록 가운데 일부다.

검사   이강원 행장이 기존에 대외적으로 보고한 부실 규모와 실사 결과가 왜 차이가 나는지 이해는 하겠으나 그 차이가 너무 크므로 부실 규모를 늘려야 하지 않겠느냐고 했다고 답변한 바 있죠.

전용준	정확한 표현은 기억나지 않지만, 그런 취지로 이야기했습니다.
검사	구체적인 금액을 이야기하지는 않았고, 허창욱에게 부실 금액을 늘리면 어느 정도까지 늘릴 수 있겠느냐고 물어봐서 허창욱이 케이스 2의 경우 대략 1조 원 정도까지는 늘릴 수 있을 것이라고 대답한 적이 있지요.
전용준	네.
검사	증인은 그러한 행장의 지시에 따라 증인은 구체적인 내역을 얼마로 조정하라고 지시한 것은 아니고, 다만 전체 총액을 늘리라고 지시하였지요.
전용준	네.

이강원은 "실사와 가치평가는 모양 갖추기에 불과하다"면서 부실 규모를 부풀려 외환은행의 순자산 가치를 낮게 평가하도록 지시한 것으로 드러났다. 이강원은 순자산 가치 증액 요인을 최종 실사 결과에 반영하지 않고 오히려 중간 실사 결과에 반영되지 않았던 현대상사와 현대상선에 대한 대출 채권, 한국자산관리공사 환매 예정 채권 등에 대한 추가 잠재 부실 요인을 반영해 1안은 −178억 원, 2안은 −741억 원, 3안은 907억 원을 반영하도록 지시했다.

결국 1안은 순자산 가치 장부가액을 1조 6,193억 원으로, 주당 순자산 가치는 4,375원으로 조정되었다. 2안은 순자산 가치 장부가액이 8,051억 원, 주당 순자산 가치는 2,175원으로, 3안은 순자산 가치 장부가액이 4,796억 원, 주당 순자산 가치를 1,296원으로 각각 조정했다. 이것이 5월 13일자 수정안이다. 그러나 5월 22일자로 작성된 최종 보고서에는 1안이 송두리째 빠진다. 전용준 등은 이강원이 이런 말을 했다고 진술했다.

"손실 규모는 이 정도면 된 것 같은데, 1안이 꼭 있을 필요가 있나? 1안이 가격 협상용이라고 하지만, 지금 분위기로 보아서는 론스타와 실사 결과를 가지고 가격 협상을 할 것 같지는 않고 론스타가 제안한 가격을 기준으로 재정경제부가 제시한 가격 사이에서 결정될 것이라, 1안과 같은 방어용 수치는 불필요하다. 오히려 주변 사람들에게 혼란만 초래한다."

결국 최종 실사 결과는 다음과 같이 정리되었다. 당초 초안에서 1안이 사라지고 2안이 1안으로, 3안이 2안으로 바뀌었다.

Case 1 합계 : 1조 407억 원, 주당 가격 2,175원.
Case 2 합계 : 1조 3,661억 원, 주당 가격 1,296원.

이강원 등이 부실 규모를 부풀려 잡은 정황은 곳곳에서 발견된다. 외환은행은 5월 27일 재정경제부에 올려 보낸 업무보고에서 부실 금액 1조 407억 원을 기준으로 하이닉스반도체 출자 전환 주식에 대해 314억 원, 외환카드 보유 지분에 대해 2,346억 원, 일반 여신에 대해 3,309억 원, 기타 476억 원 등 추가 부실 금액을 더해 전체 잠재 부실 금액을 1조 7,736억 원으로 늘려잡았다. 특히 눈길을 끄는 부분은 전체 잠재 부실 금액 1조 7,736억 원 중 1조 2,919억 원을 2003년 대손충당금으로 잡고 나머지를 2004년으로 넘긴 이유다.

이달용은 "2003년 5월 하순 무렵, 이강원이 스티븐 리를 면담하고 와서 신주 인수자금이 7억 달러 이상이라는 스티븐 리의 이야기를 전해줘 이를 토대로 BIS 비율 10.5%를 목표로 삼아 외환은행에서 처리할 수 있는 잠재 부실을 산정하니 1조 2,919억 원이 나왔다며 이를 근거로 보고서를 작성했다"고 진술했다. 전용준은 "대손충당금 구분 설정은 이강원과 이달용에게 보고하고 이재원, 허창욱 등과 함께 논의했다"고 진술했다. 이재원도 "대손충당금 구분 설정은 전용준이 지시한 것"이라고 진술했다.

전용준이 말을 돌리고 있지만 여러 증언을 종합하면, 이강원의 지시로 전용준이 다시 지시한 게 사실일 가능성이 크다. 이날 이달용은 재정경제부를 방문해 "론스타가 정부 지분을 전액 매입하기를 희망한다"고 전달했고, 추경호는 "한국은행과 수출입은행이 모두 손실 실현을 원하지 않고 있기 때문에 확실하게 매입 가능한 것은 수출입은행 보유 우선주 8,000만 주뿐"이라면서 "뉴브리지캐피탈과의 협상은 현실성이 부족하고 론스타와의 협상을 우선할 계획"이라고 의견을 모았다.

그러나 코메르츠방크와 수출입은행의 의견은 크게 달랐다. 코메르츠방크는 이번 기회에 일부 지분을 정리하고 론스타가 들어와 외환은행이 회생하면 나머지 지분으로 손실을 만회한다는 계획이었는데, 수출입은행은 손실을 보고 팔 수는 없다는 입장이었다. 이강원은 6월 2일 독일에 건너가 코메르츠방크의 행장 클라우스-페터 뮐러Klaus-Peter Müller를 만난다. 같은 날 전용준은 수출입은행 기획부를 찾아가 지분 매각을 압박한다.

일단 코메르츠방크는 이강원의 제안을 받아들였다. 어차피 코메르츠방크는 독일 회계 규정에 따라 연결 제무 재표 기준으로 외환은행 지분 비율을 20% 미만으로 떨어뜨려야 할 필요가 있었다. 이강원은 "신주 2억 주 상당을 주당 4,000원에 발행하고 수출입은행 보유 우선주 8,000만 주를 주당 5,000원에 매도하는 매각 구조에 코메르츠방크가 취득원가 5,000원인 우선주를 600만 주 팔아주면 론스타는 과반 지분을 확보하고 코메르츠방크도 20% 미만으로 지분을 줄 일 수 있다"고 제안했고 클라우스-페터 뮐러는 흔쾌히 동의했다.

문제는 수출입은행이었다. 6월 4일 수출입은행이 작성한 「외환은행 경영 현안 진행 상황」이라는 제목의 보고서를 보면 수출입은행의 외환은행 보유 지분은 보통주가 매입 원가 1만 373원, 우선주는 매입 원가가 5,000원이었다. 다음은 보고서의 한 부분이다.

- 지분 매각과 관련.
  - 절대로 손실 인식이 있어서는 안 됨.
  - 보통주의 원가는 1만 373원이며, 우선주와 합해서는 6,800원 선. 우선주를 매각하는 경우 주가가 회복할 경우 보통주 손실을 만회할 수 있는 기회를 상실하게 되며 매각에 이를 고려하지 않을 수 없음.
- 코메르츠방크와 수출입은행이 반드시 동일한 가격을 받아야 하는지 여부 질의 / 정부의 방침은 이해하나 매각 가격에 경영권 프리미엄 포함을 희망함.
  - 현재는 동일한 가격으로 생각하고 있으며 론스타도 같은 의견으로 보나 법률적 검토를 해볼 것으로 답변.
  - 경영권 프리미엄을 고려하여 구주 매입은 5,000원 이하는 절대 불가함

을 누차 강조했음을 설명.

이 보고서를 보면 수출입은행은 자의적인 판단이 아니라 재정경제부의 암묵적인 압박으로 이미 매각을 전제로 가격을 놓고 신경전을 벌이는 상황이었다. 심지어 주주로 있는 외환은행 임원들에게 압박을 당하는 모습도 보인다. 론스타는 1차 제안서에서 구주 인수 가격을 4,500원으로 제안했고 외환은행이 5,500원을 제안하자 2차 제안서에서 5,000원으로 높인 상태였다. 수출입은행은 6,800원 이상을 받아야 한다는 입장이었으니 5,000원이라는 황당무계한 제안 또는 통보를 받고 난감했을 것이다. 수출입은행이 이렇게 질질 끌려갈 수밖에 없는 이유가 있었을까?

금융감독원 은행검사1국은 6월 2일부터 6월 11일까지 외환은행 경영 현황을 점검하고 6월 16일, "외자 유치에 실패할 경우 단순 자기자본비율이 2.8%까지 떨어질 수 있다"는 최악의 전망을 담은 보고서를 내놓는다.

시나리오 1.
BIS 자기자본비율 2003년 6월 말 10.4%, 2003년 12월 말 11.1%
시나리오 2.
BIS 자기자본비율 2003년 6월 말 9.4%, 2003년 12월 말 10.2%
외자 유치가 안 되는 경우 시나리오 2.
2003년 12월 말 단순 자기자본비율 2.8%

론스타에 매각하기로 방향이 정해지고 구주 매각까지 합의되자 본격적으로 신주 가격에 대한 논의가 시작된다. 다음은 6월 12일자 재정경제부 보고서의 한 부분이다.

- 론스타 측 실사 결과, 외환은행 주가 등을 감안하면 액면가 이하 발행의 불가피성은 어느 정도 수긍.
  · 론스타는 주당 4,000원대 증자 방안을 제시할 전망.
- 그러나, 은행 경영 부담의 최소화 필요성, 기존 주주와의 형평성 등을 고려, 액면가 이상 발행 원칙을 론스타 측에 제시할 필요.
  · 주당 4,000원으로 6억 달러 신규 증자 시 1,800억 원 상각 필요.
  · 기존 주주인 코메르츠방크와 수출입은행은 액면가로 신규 증자에 참여.
  * 코메르츠는 투자 의향서 체결 당시(1998년 5월) 외환은행 주가가 2,600원대였음에도 불구하고 액면가 5,000원으로 신규 투자.

론스타는 6월 16일, 외환은행에 공식 제안서를 접수한다. 신주를 3,700원, 구주를 4,500원에 인수, 1조 750억 원을 투자하고 코메르츠방크와 수출입은행의 우선주에 콜 옵션을 받는 등의 조건이었다. 드래그 얼롱과 태그 얼롱 등의 조건도 추가되었다. 제안서를 받자 외환은행 경영진은 몸이 달았던 모양이다. 다음 날인 6월 17일 외환은행이 재정경제부에 보낸 보고서를 보면 다음과 같은 대목이 있다.

"접수 후 협상 과정에서 어떤 형태로든지 증자 사실이 유포되거나 다른 이유로 인해 주가가 오름에 따라 최저 발행가격이 투자가가 제시한 신주 발행가격을 상회하는 경우 딜이 무산됨. 따라서 가능한 한 협상을 단시간 내 마무리 짓고 주주총회 소집을 위한 이사회 결의를 조속히 개최해 최저 발행가격을 최대한 낮은 상태에서 정하는 것이 필수적임."

검찰 수사 결과에 따르면 변양호는 제안서 내용이 기대에 못 미친다는 이유로 접수 사실을 일체 외부로 밝히지 말라고 지시한 것으로 확인되었다. 이달용은 검찰 조사에서 "변양호가 '그 가격으로는 부총리에게 보고 못한다, 멀티플(배수)이 중요한데 최소한 조흥은행 수준 이상은 되어야 한다'고 말했으며 6월 24일 변양호와 다시 가격 문제를 협의했는데, 변양호가 '구주 가격이 5,000원 이상은 되어야 한다'고 말했다"고 진술했다.

6월 23일 전용준과 추경호 등의 면담에서 추경호는 "정부는 좋은 기관과 좋은 가격을 원한다"면서 "자금 확보를 중요하게 생각하는 외환은행과는 입장이 다를 수 있다"고 지적했고, 전용준 등은 "코메르츠방크와 수출입은행의 의사 결정이 늦어질 것을 감안해서 가격에 대해서는 재정경제부가 결정해줘야 한다"는 사실을 거듭 강조했다.

외환은행의 미국 지점을 폐쇄하는 과정도 문제가 많았다. 2003년 6월 16일 론스타가 보낸 첫 번째 제안서에는 "필요시 미국 당국의 조건을 맞추기 위한 외환은행의 미국 내 영업 조정"이라는 조건이 포함되어 있었다. 외환은행은 미국에 PUBPacific Union Bank라는 법인을 두고 있었다. 5개의 지점을 소유한 PUB는 미국법에 따라 은행지주회사Bank Holding Company로 분류되었다. 론스타가 외환은행의 최대 주주가 되면 론스타는 연방준비제도이사회Federal Reserve Board에 은행지주회사로 등록해야 하는데, 승인을 받으려면 지분 구성과 투자 내역, 자금 사용처 등을 공개해야 한다. 론스타는 은행지주회사 등록을 피하려고 PUB 축소를 지분 투자의 조건으로 요구했다.

외환은행은 7월 28일 론스타와 거래 조건 합의를 체결한 뒤 연방준비제도이사회가 이 같은 사실을 경고했다는 사실을 알게 되었다. 이후 외환은행과 론스타는 각각 법무법인 아킨 검프Akin Gump와 스캐든 압스Skadden Arps를 통해 미국 내 영업을 유지하기 위해 협의를 추진했다. 금융감독위원회도 8월 1일에서야 이 같은 사실을 뒤늦게 보고 받고 외환은행의 미국 영업이 불가능하게 될 경우 론스타의 인수 자격 승인에 부정적인 영향을 미칠 수 있다고 통보했다.

외환은행 매각을 일주일 앞둔 9월 23일 연방준비제도이사회는 PUB의 매각 유예 기간은 6개월이고, 지점 설립은 불가능하다는 입장을 론스타와 외환은행에 통보했다. 외환은행은 결국 PUB를 매각하고 지점은 연방준비제도이사회의 승인 없이 설립이 가능한 별도의 금융 자회사를 설립해 영업하기로 했다. 아이러니하게도 미국에서는 론스타가 대주주가 되면 은행 지점까지 폐쇄해야 하는 상황인데, 한국에서는 정부 소유의 은행을 넘겨주면서 사사건건 눈치를 보았다는 이야기다.

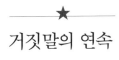

거짓말의 연속

7월 4일은 변양호가 신진창에게 론스타의 인수 자격 문제를 해결하기 위한 모든 방안을 검토해보라고 지시한 날이다. 변양호와 신진창의 대화 내용을 이재원이 전해 듣고 기록한 메모에 따르면, 변양호는 "지금은 가격보다 자격 요건이 더 중요한 문제로 대두되는 분위기"라며 "부실 금융 문제를 포함하여 가능한 모든 방안을 검토해볼 것"을 지시했다. 이재원의 메모는 다음과 같다.

변 국장 지시   어떤 식으로든지 Qualification(자격 요건) 문제를 해결해야 함. 부실 금융 문제를 포함하여 가능한 모든 방안을 검토해볼 것.

신 사무관	일단 당행 앞으로 도쿄스타를 염두에 두고 있는지 질문.
변 국장 앞 답변	부실 금융기관은 요건에 맞지 않음. 적기 시정 조치를 거는 방법도 생각할 수 있으나 이는 BIS 8% 이하여야 함.
변 국장	낮출 수도 있지 않은가.
신 사무관	하이브리드 발행이 있어 8% 이하가 되지는 않을 것이며 적기 시정 조치에 대한 조치 사항을 따로 정해놓고 있어 곤란하다는 의견 개진함.

그러나 신진창은 법원 진술에서는 말을 바꾼다.

검사	피고인(변양호)이 증인에게 부실 금융기관으로 해결하는 방안을 포함해서 검토를 하라고 하니까, 증인은 BIS 비율이 8% 이하이어야 하므로 외환은행은 부실 금융기관의 요건에 맞지 않는다고 답변했죠.
신진창	보고서를 통해 그렇게 말씀드린 것으로 알고 있습니다.
검사	변양호 피고인은 '낮출 수도 있지 않은가'라고 질문을 했고 증인은 하이브리드 발행 계획이 있고 적기 시정 조치의 요건이 있어서 곤란하다는 답변을 한 것으로 기재되어 있는데, 증인은 이 문서의 형태가 다른 문서와는 다르고 그런 대화를 한 기억이 없다는 것이죠.
신진창	'낮출 수도 있지 않은가'에 대해 들은 기억은 전혀 없고 증인이 이해했을 때는 이재원이 증인에게 들었다는 내용을 적은 형식 같지가 않다는 것입니다.

검사	이 메모 보고의 내용이 맞다고 하더라도 증인은 BIS 비율을 낮
	추기 위해 어떤 일도 하지 않았다는 것이죠?
신진창	네.

변양호는 7월 7일 이달용과 통화에서 "자격 요건 문제는 신경 쓰지 않아도 된다"면서 "정부가 알아서 할 것"이라고 말한다. "부실 금융기관 지정까지도 가능하다"면서 "어떻게든 딜이 돼야 한다"고 말했다. 이날 변양호의 발언은 여러 정황으로 확인할 수 있다. 다음은 이재원이 정리한 변양호와 이달용의 통화 메모다.

"Qualification(자격)에 대해서는 신경 쓰지 않아도 됨. 정부가 알아서 할 것임. 극단적으로는 부실 금융기관 지정까지도 가능. 어떻게든 딜이 돼야 할 것. 곧 옮길 것 같으나 시기는 확정되지 않음. 본인이 있는 동안 외환은행 딜이 해결되기를 바람. 론스타도 본인 거취에 대해서 알고 있음. (이달용) 국장이 직접 론스타 앞에서 이러한 분위기 전달 또는 언질을 주지 말 것을 요청(론스타의 협상력 약화 결과). 그렇게 하겠음."

이강원은 "당시 외환은행은 실제로 부실이 심각한 상황이었고 정상적으로 포장된 부분이 많았다"고 거듭 항변했다. 행장으로 취임한 이후 실무진에게 가장 어려운 경우를 대입해서 어디까지 버틸 수 있는지 또는 어느 정도까지 상황이 나빠질 수 있는지를 고려하는 스트레스 테스트Stress Test(금융시스템 스트레스 테스트. 실현 가능성이 있는 사건에 대해 금융시스템의 잠재적 취약성을 측정해 안정성을 평가하는 것)

를 하라고 지시했고, 그 결과 4월 24일자 보고서의 BIS 전망치 2.88%는 극단적으로 낮은 수치로 가능성이 높지 않다고 생각했으나 검토 차원에서 작성한 것이라고 해명했다. 전용준은 검찰 진술에서 다음과 같이 밝힌 바 있다.

"2003년 3월 말 BIS 비율 전망치 2.88%를 산출할 당시 이강원으로부터 최악의 경우를 가정해서 산출하라고 지시를 받은 바는 없습니다. 위 경우를 포함하여 일반적으로 BIS 비율 전망치를 산정함에 있어 카드채 등 새로운 상황이 발생하면 항상 시뮬레이션을 해왔습니다. 다만 이강원이 어느 정도까지 갈 수 있는지 해보라고 지시했는데 이는 외자 유치를 위해 부실 규모를 파악하기 위한 것이었고 당시 외환은행에는 외자 유치로 기존 부실을 일거에 해소하자는 분위기가 있었습니다. 당시 BIS 비율 전망치를 산정함에 있어 비관적인 경우를 강조한 것은 위기상황 분석이라는 측면도 있으나, 재정경제부와 코메르츠방크를 설득하기 위한 측면이 있었습니다. 이에 대하여 이강원과 이달용이 수치를 낮추라는 직접적인 지시는 없었으나, 최악을 가정하여 산출해 보라는 광범위한 의미, 포괄적인 의미에서의 지시가 있어, 이에 따라 추가 부실 요인을 최대한으로 반영하여 BIS 비율 전망치를 낮게 산정하였으며, 다만 위와 같은 BIS 비율 전망치로 인하여 또는 이를 근거로 예외 승인이 될 수 있다고는 생각하지 않았습니다."

이재원 역시 BIS 전망치를 낮게 산출한 것은 위기 상황을 강조해서 론스타가 들어오는 정당성을 강조해 외자를 유치하기 위함이었지 예외 승인이나 가격을 염두에 둔 것은 아니었다는 취지로 진술한 바 있다. 박순풍도 "이처럼 최악의 경우를 상정하여 BIS 비율을 산정한 배경에는 절박한 상황이라는 사실을 재정경제부, 금융감독위원회, 금감원 등에 설득할 필요가 있었기 때문이고 코메르츠방크에 대해서도 구주 매각을 설득할 필요가 있었기 때문"이라고 진술했다. 감사원 사무처장 하복동은 "BIS 비율 전망치가 예외 승인을 위해 산정된 것은 아니고, 다만 그 자료가 예외 승인에 사용됐을 뿐"이라면서 "그 산정 과정에서 고의성과 의도를 확인하기 힘들어 조작이라는 표현을 사용하지 않았다"는 취지로 진술했다.

법원은 "비관적인 경우를 가정한 BIS 비율 전망치를 산정한 주된 목적은 자본 확충 필요성에 관하여 재정경제부와 코메르츠방크를 설득하기 위한 위기상황 분석일 뿐이고, 가격 협상이나 예외 승인을 고려하여 이에 대비하는 것을 목적으로 작성된 것은 아니라고 할 수 있다"고 결론을 내렸다. 실제로 금융감독위원회 실무자들도 BIS 비율 조작 가능성에 대해서는 입을 맞춘 듯 일축했다.

송현도는 "은행이 실제 보고하는 BIS 비율은 8~9%인데도 경영 정상화를 위해 자금 수혈을 해줄 테니 상태를 보고해 달라고 하면 경제 사정이 악화될 것을 가정하여 비관적인 수치를 가지고 오는 경우가 많다"면서 "외환은행의 경우에도 제안서 제출 이후의 자료이기는 하나 이재원으로부터 받은 2003년 7월 4일자 재무 현황 자료에 기재된 BIS 비율 전망치 5.42%가 조작된 수치가 아니라 현실적인 수치라고 인식했다"고 진술했다.

유재훈도 "은행이 통상 적기 시정 조치 등 감독 조치를 피하기 위해 BIS 비율을 부풀리는 경향이 있고, 금감원에서도 어떤 감독 조치를 예정하지 않은 채 대책 없이 은행의 BIS 비율을 8% 밑으로 추정하기는 어렵기 때문에, 6월 16일자 보고서의 9.14%는 어느 정도 부풀려진 수치라고 생각했다"고 진술했다.

김석동의 진술도 당시 금융감독위원회의 분위기를 설명해준다. 김석동은 BIS가 5.09%라는 3월 19일자 보고서를 받고 나서 이강원에게 '솔직하게 이야기하니 좋다'는 취지로 말했고 보통 은행에서 현황을 부풀려서 보고하는 경우가 많기 때문이라는 취지로 진술했다. 금융감독위원회 부위원장 이동걸은 "금융기관에서 감독기관에 제시한 BIS 비율이 거의 대부분 부풀려져 있는 것은 상식적인 일이었고, 당시 외환은행이 부실하다는 것은 금융업계에 종사하는 사람은 누구나 알고 있는 사실이었다"고 진술했다.

1심 재판에서 법원은 "외환은행으로부터 비관적인 BIS 비율 전망치를 보고 받은 감독 당국에서는 그 수치가 조작되었거나 허위라고 의심한 바 없고, 오히려 공식적으로 보고된 BIS 비율(실적치)보다 현실적이라고 생각했다는 사실을 확인할 수 있다"는 결론을 내렸다. 또 "외환은행의 BIS 비율 전망치 산정에 있어 경영 상태의 파악 및 잠재 부실 규모의 예상에 있어서 적절치 못한 측면이 있다고 볼 수 있고, 이에 따라 그 수치가 론스타 측에 유리하게 할 의도로 조작되었다고 의심할 수도 있다"면서 다음과 같은 결론을 내렸다.

"외환은행에 신규 자본 투입이 절실한 상황에서 론스타와의 협상의 결렬 가능성을 줄이고 딜의 성사를 위한 목적으로, 대주주 또는 감독 당국 등에 대해 대규모 신주 발행의 필요성을 설득하고 나아가 수출입은행 및 코메르츠방크 등이 보유한 구주 매각을 설득하기 위해 이루어진 것으로 볼 수 있으며, 이와 달리 론스타와의 가격 협상 과정에서 가격을 고의로 낮추거나 경영 상황 악화를 이유로 한 예외 승인을 통해 론스타에게 인수 자격을 부여해주기 위한 배임의 의사로써 그 산출이 이루어졌다고 볼 수는 없다."

법원이 BIS 전망치가 조작이 아니라고 판단한 8가지 근거는 다음과 같다.

첫째, 대손충당금을 최소 기준 이상 적립하는 것에 제한이 없기 때문에 비관적인 경우를 가정한 BIS 전망치를 산정하는 것이 잘못되었다고 볼 수 없으며, 이에 따라 BIS에 관한 수치는 다양하게 산출될 수 있다.

둘째, 대손충당금 적립 예상액이 증가된 경위와 이에 대한 산정 근거 자료가 마련되어 있는 이상, 이에 따른 BIS 전망치 산정이 잘못되었다고 할 수 없다.

셋째, 비관적인 경우를 가정한 BIS 전망치를 산정한 주된 목적은 자본 확충 필요성에 관해 재정경제부와 코메르츠방크를 설득하기 위한 위기상황 분석이고, 가격 협상이나 예외 승인을 염두에 두고 작성한 것은 아니다.

넷째, 감독 당국에서는 이 수치가 조작되었거나 허위라고 의심한 바 없다.

다섯째, 이와 같이 다양한 BIS 산정의 근거는 외환은행은 물론 재정경제부나 금융감독위원회에 보고된 보고서 등으로 문서의 형태로 남아 있으며 이들은 압수까지 되었는바, 피고인들을 포함해 관련자들이 악의적으로 BIS를 조작했다면 이와 같은 사정이 쉽게 이해되지 않는다.

여섯째, 외환은행이 산정한 BIS 비율 전망치의 변동 폭이 큰 이유는 2003년 1월 혹은 3월경의 경제 상황의 악화와 기본자본과 보완자본 Tier 2의 비율이 1:1로 자본 구조가 취약한 것이 그 원인이다.

일곱째, 하복동의 진술에서 본 바와 같이, 이 각 BIS 비율 전망치는 결과적으로 예외 승인에 사용되었을 뿐으로, 론스타와의 가격 협상 과정에서 가격을 고의로 낮추거나 경영 상황 악화를 이유로 한 예외 승인을 통해 론스타에 인수 자격을 부여해주기 위한 의도나 고의하에 산정된 것임을 확인할 자료가 없다.

여덟째, BIS 전망치의 산정에서 어느 정도 비관적인 경우를 가정할 것인지는 외환은행 경영진의 경영 판단의 영역에 속한다고 할 수 있다.

이강원은 8월 27일, 기자 간담회를 자청해 론스타의 외환은행 인수 가능성을 공식화한다.

— 협상의 걸림돌은 없었습니까.

"코메르츠방크와 수출입은행, 한국은행 등 대주주가 많아 어려움이 있었습니다. 특히 지역적으로 떨어져 있다는 점과 언어 문제도 어려움이 있었습니다."

— 코메르츠의 지분이 줄어들었는데, 앞으로 어떤 역할을 하게 됩니까.

"코메르츠방크는 대주주로서의 자리를 지키게 됩니다."

— 론스타는 투기자본이라 우려가 많습니다.

"론스타는 한국에서 지속적인 투자에 관심이 많습니다. 가치 창출과 수익력 제고에 도움이 될 겁니다. 또 론스타는 일본 도쿄스타뱅크를 인수해 경영 노하우와 금융 노하우를 가지고 있고, 특히 구조조정 등 기업 금융에 장점이 있어 많은 부가가치를 낼 거라고 봅니다."

— 구조조정 계획은 있습니까.

"구조조정에 대한 논의와 의제는 한 번도 없었습니다. 다만 외환은행은 외자 유치와 상관없이 구조조정을 해왔고 앞으로도 필요한 부분에 대해서는 효율화 차원에서 계속 추진할 수 있다고 봅니다."

— 론스타가 2년 동안 주식을 매각하지 못한다는 조항이 들어갔나.

"그런 것으로 알고 있습니다."

— 풋백 옵션은 없었습니까?

"전혀 없었습니다."

— 현 경영진의 거취는 어떻게 되나요?

"9월 16일 주총에서 승인을 받아 이번 협상이 최종 타결되면 론스타가 대주주로서 주어진 절차와 과정에 따라 필요한 조치를 취할 것이라고 생각합니다."

— 이번 외자 유치의 의미는.

"금융계 최대 규모의 외자 유치입니다. 외환은행이 기업금융 은행으로서 공적자금 투입 없이 시장에서 자본 확충을 통한 정상화를 이룬 것이 큰 의미입니다. 은행 최고의 BIS를 갖게 됐습니다. 대금 지급 방법이 후불이나 현금으로 일시에 이뤄진다는 데 의미가 있습니다. 풋백 옵션이 없는 것도 중요하고요. 자본의 적정성 확보는 민영화 및 대형화의 기틀을 닦았다는 의미가 있습니다."

— 론스타의 경영 참여는 어떻게 되나요?

"클로징이 된 다음에 필요한 조치가 있을 것입니다. 이사회는 10명으로 구성되는데, 7명은 론스타에서 3명은 주주 쪽에서 참여합니다. 코메르츠방크에서 1명이 참여할 것이고요. 론스타의 실무 경영 참여 여부는 아직 말할 단계가 아닙니다."

– 수출입은행이 지분의 38.5%만 매각했고 정부 지분이 상당 부분 남아 있는데요. 나머지는 어떻게 됩니까.

"주주 당사자 간 합의이기 때문에 구체적으로 말할 수 없습니다. 신주 매각을 통한 자본 확충에 주안점을 뒀습니다. 우선 신주를 42%로 배정하고 나중에 구주에 대한 조정이 이뤄졌습니다."

– 론스타의 자질 논란에 대해 어떻게 생각하십니까.

"옳지 않다고 생각합니다. 이번 외자 유치 협상은 전문적이면서 원활하고 합리적으로 이뤄진 딜이라고 생각합니다."

– 외환은행의 외국 지점은 어떻게 됩니까.

"대형 지점들은 정상적인 활동을 계속할 것입니다. 미국 오퍼레이션(활동)은 핵심 역량을 유지할 수 있도록 하기 위해 미국 감독 당국과 협의하고 있습니다."

– 신주 발행가를 4,000원으로 정한 이유는 뭡니까.

"가치 평가 방법이 여러 가지 있겠지만 순자산 가치와 현재의 주가, 다른 은행 거래 사례 등을 통해 적정성 여부를 말하는데 자체 실사한 결과 적정 매각 범위에서 최고 수준에 있었다고 평가했습니다. 다른 은행에 비해 비교적 나은 결과를 얻었습니다."

– 채권 발행이나 다른 자금 조달 계획은 있습니까.

"BIS 비율이 12%가 되기 때문에 하이브리드를 발행할 이유가 없었습니다."

– 론스타의 추가 투자 의향은 있습니까.

"들은 바 없습니다."

– 이번 협상에서 소액 투자자들이 제외되고 주식 가치가 희석됐는데요.

"공적자금을 투입했다면 감자로 불이익을 봤을 것입니다. 소액주주 입장에서 보면 주가 상승이 더 중요하다고 봅니다. 은행 가치가 주가에 반영되기 위해서는 자본의 적정성, 영업의 수익력 확보가 중요한데 이를 위해서는 판돈이 있어야 합니다. 자본 확충을 통한 은행 전체 내재 가치 회복이 주가 회복에 더 중요하다고 봅니다. 오늘 주가가 7%가량 상승했죠."

— 외환카드 처리는 어떻게 됩니까.

"뚜렷하게 얘기 나온 것은 없었습니다."

— 대금 납입과 최종 타결은 언제로 보고 있습니까.

"오는 9월 31일을 최종 타결일로 잡고 있으며 이날 일시에 현금으로 지급될 것으로 알고 있습니다."

이날 이강원의 기자 간담회는 온갖 거짓말의 연속이었다. 『경향신문』이 2006년 6월 입수해 보도한 유회원와 이강원 등이 주고받은 일련의 이메일에는 다음과 같은 내용이 있었다. 다음은 2003년 1월 10일 유회원이 이강원이 보낸 이메일의 일부다.

"예상되는 투자 금액과 우리의 전반적인 전략 목표에 비추어볼 때 우리의 목표는 외환은행의 대주주majority shareholder가 되는 것입니다. 외환은행이 우리에게 기밀 정보에 접근할 수 있도록 도와준 것에 감사를 표하고 싶습니다."

외자 유치는 명분일 뿐 처음부터 최대 주주가 되는 것이 론스타의 목표였다는 이야기다. 이강원이 전폭적으로 외환은행의 기밀 정보를 내주면서 협상을 추진했을 가능성이 크다. 1월 20일 이달용이 론스타에 보낸 공문에는 다음과 같은 내용이 있다. 검찰이 압수수색으로 확보한 문건 가운데 일부다.

"론스타가 제시한 새로운 협상 구조(대주주 지위 의미)에 따른 잠재적 결과들을 심층적으로 재검토할 필요가 있습니다. 우리는 긴밀하게 대화하며 가능한 한 빨리 작업을 마무리하기 위해 노력할 것입니다."

이미 2002년 말부터 아마도 론스타의 서울은행 인수가 실패한 2002년 7월 무렵부터 론스타가 외환은행의 경영권을 인수하는 방향으로 물밑 접촉이 시작되었고, 이강원과 이달용이 앞장서서 경영권 매각을 밀어붙이고 있었다는 이야기다. 론스타가 경영권 인수를 전제로 투자 의향서를 제출한 것은 2002년 10월이었다.

제2장

투기자본과의
전쟁

노무현 정부 최대의 비리 사건

국회 재정경제위원회는 2005년 10월 24일부터 일주일 동안 금융감독원과 금융감독위원회, 외환은행 등을 대상으로 광범위한 문서 검증을 벌인 바 있다. 나는 그 보고서를 단독으로 입수해 최초로 보도했다. 여기에는 몇 가지 중요한 포인트가 있다. 먼저 금융감독원과 금융감독위원회는 그해 9월 국정감사에서 거짓말을 했다. 외환은행에서 받았다고 주장한 자료가 외환은행에서 나온 게 아니라는 사실이 밝혀졌다. 배임 혐의도 곳곳에서 드러났다. 당시 한나라당은 외환은행 불법 매각 사건이 노무현 정부 최대의 비리 사건이라고 보고 공격을 집중했다.

문서 검증의 핵심은 외환은행 매각 무렵 금융감독원이 내놓은 비관적 시나리오의 실체가 무엇이냐는 것이었다. 금융감독위원회는 이 시나리오를 토대로 외환은행을 "부실 금융기관 정리 등 특별한 사유가 있다고 인정되는 경우"라고 보고, 자격이 없는 외국계 사모펀드, 즉 론스타에 매각을 승인했기 때문이다.

금융감독원은 2003년 5월 27일까지만 해도 외환은행의 BIS를 8.44%로 전망한다. 이 전망은 6월 16일이면 9.14%로 올라간다. 그런데 7월 25일에는 6.16%로 확 줄어든다. 금융감독원은 그 근거로 외환은행에서 받았다는 팩스 5장을 제시했다. 문제는 이 팩스가 외환은행에서 나온 것이 아니라는 것이다.

외환은행은 BIS를 작성했던 실무 책임자가 2005년 8월 사망해 관련 내용을 확인할 수 없으며, 이강원은 아무런 보고도 받지 못했다고 답변했다. 외환은행 과장 허태학이 사망한 것은 사실이었다. 그러나 그가 실무 책임자였는지는 정확히 확인되지 않았고 관련 문서도 전혀 남아 있지 않았다. 2003년 7월 21일 오전 9시 55분에 금융감독원으로 송신된 이 팩스는 표지도 없고 송수신인 이름도 없다. 이 팩스가 온 다음 날 김진표가 "외환은행을 론스타에 매각하는 방안을 고려하고 있다"고 밝힌 것도 의미심장하다.

이 팩스는 삼일회계법인에서 나온 자료도 아니고 외환은행에서 나온 자료도 아니다. 그렇다면 답은 명확하다. 실사를 한 곳이 삼일회계법인과 삼정회계법인, 두 군데밖에 없는데 삼일회계법인이 아니라면? 삼정회계법인과 론스타는 아무런 자료도 공개하지 않고 있지만 이 팩스는 결국 삼정회계법인, 즉 론스타에서 나온 자료라고 볼 수밖에 없다. 이것이 이 보고서가 내린 결론이다. 이 결론이 맞다면 결국 금융감독원과 금융감독위원회는 론스타의 전망만 믿고 외환은행을 부실 금융기관으로 판단해 매각을 승인했다는 이야기가 된다. 관리감독의 역할을 완벽하게 방기한 것이다. 그것도 팩스 5장에 이 엄청난 사건을 밀어붙였다는 이야기다.

문서 검증반은 정황을 상당 부분 밝혀내기는 했지만, 이 팩스가 삼정회계법인과 론스타에서 나온 것이라는 완벽한 물증을 잡아내지는 못했다. 2005년 12월 9일 금융감독위원회 감독정책1국장 박대동이 국정브리핑에 쓴 글도 주목할 만하다. 박대동의 글 전문을 인용한다.

"최근 일부 언론에서 2003년 미국계 펀드인 론스타의 외환은행 인수와 관련하여 정부가 외환은행의 부실을 자의적으로 부풀려서 론스타의 외환은행 인수를 허용했다고 보도했다.

이러한 외환은행 매각에 대한 의혹을 해소하고 국민의 균형 잡힌 이해를 위해 외환은행 매각 당시인 2003년의 금융시장 상황 및 외환은행 경영 현황, 그리고 론스타의 외환은행 주식 취득 승인 과정 등에 대해 구체적으로 살펴볼 필요가 있다.

먼저 2003년 당시의 금융시장은 연초부터 SK글로벌(현 SK네트웍스) 분식회계와 카드채 문제로 회사채 금리가 급등하는 등 불안한 모습을 보였으며, 가계 대출의 부실화 및 이에 따른 신용불량자 급증 등 각종 문제가 가시화되었다. 이로 인하여 금융시장은 대내외의 작은 충격에도 민감하게 반응하는 매우 취약한 상황이었다.

특히 외환은행은 주채권은행으로서 많은 채권을 보유하고 있던 하이닉스 등 현대 계열사 부실화, 자회사인 외환카드의 적자 확대 등으로 재무 건전성의 급속한 악화가 우려되는 상황이었다. 이에 따라 외환은행에 대한 시장 신인도가 떨어지고 시장 점유율도 하락했다.

이렇듯 경영이 악화되고 있는 상황하에서 외환은행은 재무 건전성 확보를 위해 외자 유치를 통한 자본 확충 등 다각적인 방안을 모색하였다. 일반인을 대상으로 한 공모 방식의 증자 및 해외 증권 발행을 시도하였으나, 당시 증시 상황의 악화와 외환은행의 신인도 하락으로 무산되었다. 또한 대주주인 독일의 코메르츠은행은 본사의 경영 상태가 어려워 외환은행에 대한 추가적인 출자 의사가 없음을 밝혔다.

이에 따라 외환은행은 국내 및 해외 은행 등을 상대로 지분 인수를 제안하였으나, 외환은행의 자산 건전성에 대한 부정적인 시각이 팽배해 있어 인수에 관심을 표명한 국내외 금융기관은 없었다. 국내외 은행 등 금융기관들이 모두 외환은행 인수에 거부 의사를 밝히자, 외환은행은 유일하게 관심을 표명한 미국계 펀드인 론스타와 외자 유치 협상을 진행하게 되었다.

이러한 과정을 보면 외환은행 매각이 정부가 주도하는 방식으로 이루어졌다는 일부의 주장은 사실과 다름을 알 수 있다. 외환은행의 매각은 경영 상황이 악화되는 상황에서 외환은행이 생존을 위해 다양한 방안들을 고민한 끝에 스스로 선택한 대안이었다. 또한 외환은행의 외자 유치 협상은 론스타, 외환은행 경영진, 코메르츠은행 등 기존 대주주 사이에 자율적으로 진행됐다.

외환은행과 론스타 간의 외자 유치 협상이 진전되어 론스타는 외환은행 주식 취득 승인을 금융감독위원회에 신청하였고, 금융감독위원회는 론스타의 주식 취득 신청에 대해 간담회 및 정례회의 등을 통해 심도 있는 논의를 거쳐 승인을 했던 것이다.

금융감독위원회의 승인 과정에 대한 의혹도 풀고자 한다. 먼저 금융감독위원회의 의사결정 구조를 보면, 민간 비상임위원 3명을 비롯해 금융산업과 시장에 전문적 식견을 갖춘 9명의 위원이 토론과 합의를 통해 의사결정을 하는 합의제 행정기구이다. 합의제 기구 성격상 어느 한 위원의 의사에 따라 결정될 수 있는 것은 아니다. 론스타의 주식 취득 승인 시 참석한 위원들 모두 외환은행의 경영 정상화를 위한 외환은행 및 대주주의 불가피한 선택임을 이해하고 별다른 이견 없이 승인한 것으로 알고 있다.

다음으로 금융감독위원회가 론스타의 주식 취득을 승인한 이유를 설명하고자 한다. 외환은행은 잠재 부실 규모 등으로 경영 상황이 악화되고 있어 조속한 경영 정상화를 위해서는 대규모 자본 확충이 시급했다. 그러나 코메르츠은행 등 기존 주주의 증자 참여가 불가능하여 외부로부터의 자본 조달이 불가피하였으나, 당시 외환은행에 관심을 표명한 국내외 금융기관은 없었다. 론스타의 주식 취득 이외에는 다른 대안은 더이상 고려하기 힘든 상황이었다.

이러한 상황을 종합적으로 판단하여 금융기관은 아니지만 경영 상황이 악화되고 있는 외환은행에 유일하게 신규 자금을 출자하기로 의사를 표명한 론스타펀드의 주식 취득을 승인하게 된 것이다.

이와 관련하여 금융감독위원회가 고의적으로 외환은행의 잠재 부실을 지나치게 과장하여 외환은행을 부실 금융기관으로 간주하였다는 주장이 있으나, 이는 사실과 다르다. 당시의 외환은행에 대한 비관적 시나리오에 의하면, 외자 유치에 실패하는 경우 은행의 자산 건전성을 나타내는 BIS 비율이 2003년 말 6.2%까지 하락될 것이며, 1조 원의 외자 유치에 성공하면 2003년 말 BIS 비율은 10.2%가 될 것으로 추정했다. 그러나 론스타가 1조 1,000억 원을 신규 투입한 후에도 2003년 말의 실제 BIS 비율은 전망치보다 낮은 9.3%에 불과하였다. 이러한 점에서 볼 때 외환은행에 대한 BIS 비율 추정이 당시 경영 상황을 부풀려 왜곡한 전망이라고 보기는 어렵다.

국내 자본도 아니고 외국의 유수 은행도 아닌 미국계 펀드인 론스타의 외환은행 주식 취득을 승인함에 있어 금융감독위원회는 많은 고민을 했다. 외환은행의 잠재 부실이 실현될 때까지 기다려 적기 시정 조치를 부과하느냐, 아니면 이상적이지는 않지만 당시의 유일한 대안인 론스타의 주식 취득을 승인하여 자본의 확충을 도모케 하느냐라는 두 가지 선택만이 주어져 있었다. 금융감독위원회로서는 어느 하나 달갑지 않은 두 방안을 놓고 어렵고도 힘든 선택을 해야 할 입장이었다.

적기 시정 조치를 부과하는 방안은 선택하기 힘든 대안이었다. IMF 위기 때 5개 은행 퇴출 등 은행 구조조정 과정에서 경험하였듯이 적기 시정 조치는 해당 은행에 대한 신뢰를 급속히 하락시켜 은행의 생존 자체가 불가능해지며, 또한 국내 금융시장 불안과 거래기업의 자금조달 애로 등 국민경제 전체에 미치는 부정적인 파급 효과가 심대하기 때문이다. 결국 우리 경제 여건상 최선의 선택은 불가능한 상황이었기 때문에 최선이 아닌 대안 중 차선second best을 선택했던 것이다.

현 시점에서 볼 때, 론스타가 외환은행 인수로 많은 이익을 거둘 수 있을 것으로 예상되고 있다. 이에 따라 많은 사람들이 당시 외환은행을 국내 자본이 인수하였으면 하고 아쉬워한다. 그러나 당시의 어려운 상황을 고려하지 않고 현재의 잣대로 평가하기에는 무리가 있다고 본다. 국내 자본이 충분히 형성되어 있지 않았고, 인수 능력을 가졌거나 인수 의사를 표명한 국내 금융기관도 없었던 당시의 상황을 감안해야 할 것이다.

앞으로 이러한 아쉬움이 다시는 생기지 않도록 하기 위해서는 국내 은행들이 시장에서 경쟁력을 확보하여 수익성 및 건전성을 유지하고 충분히 자본을 확충하여 은행 부실화의 문제가 생기지 않도록 하는 것이 무엇보다 중요하다. 또한 건전한 국내 금융자본이 충분한 규모로 육성돼 은행에 대한 지분 참여 등 금융산업 발전에 큰 역할을 담당해야 할 것이다.

이러한 시장 참여자들의 노력을 적극 뒷받침하는 것이 금융감독 당국의 역할이자 책임이라고 생각한다. 이 글이 론스타의 외환은행 인수 과정에 대한 충분한 설명이 되었으면 하는 바람이다.”

문서 검증 보고서 공개를 앞둔 시점에서 박대동의 글은 미묘한 파장을 남겼다. 안타깝게도 박대동의 변명은 논점을 크게 벗어났다. 불가피한 선택이었다고 주장하고 있지만, 그것이 불법 매각을 합리화할 수 있는 것은 아니다. 외환은행의 경영 상황이 안 좋았다고는 하나 론스타가 유일한 대안이었다고 볼 근거가 없다. 금융감독위원회는 은행법 시행령의 예외 조항을 끌어내 외환은행 매각을 승인했는데, 적어도 실무 책임자들은 론스타가 비금융 주력자라면 애초에 예외 조항도 해당 사항이 없다는 사실을 알고 있었을 가능성이 크다. 쟁점은 외환은행이 얼마나 심각한 상황이었느냐가 아니라 심각한 상황이라는 핑계로 외국계 사모펀드에 헐값에 팔아넘긴 과정에 어떤 문제가 있었느냐다. 이례적으로 그 글에는 당시 대통령 노무현이 직접 댓글을 달아 눈길을 끌었다. 상당수 언론이 이 댓글을 비중 있게 보도했다.

“잘 보았습니다. 의혹이 해소되기를 바랍니다. 기사에 대한 대응은 어떻게 했는지가 기사에 나와 있지 않아서 궁금합니다.”

박대동도 다시 댓글을 남겼다.

"금융감독위원회는 올해 국감에서 외환은행 매각의 불가피성을 충분히 설명했으며 이는 언론에 소상히 보도됐습니다. 그런데 최근 일부 방송이 론스타 말만 믿고 외환은행 매각이라고 보도한 데 이어 국회의원들이 외환은행 매각 의혹 감사를 청구했습니다. 이에 제가 오늘 출입기자단에게 이 사안을 재차 상세히 설명하였으며 해당 방송사에 정정보도를 신청하였습니다."

노무현은 과연 이 사건을 어디까지 알고 있는 것일까? 정말 의혹이 해소되었다고 생각했던 것일까? 박대동과 노무현의 댓글이 무색하게 문서 검증에서는 몇 가지 새로운 사실이 추가로 확인되었다. 의혹도 추가되었다. 먼저 외환은행 인수 대금은 미국의 씨티뱅크가 HSBC와 도이체방크 등 4개 외국계 은행을 통해 분산 입금한 것으로 확인되었다. 왜 외환은행을 통해 환전하지 않았는지, 이 과정에서 씨티뱅크가 어떤 역할을 했는지 등은 아직까지 밝혀지지 않았다.

설령 외국에서 들어온 게 맞다고 하더라도 외환은행에서 환전을 하지 않았다는 사실이 석연치 않다. 그 무렵 한국은행의 외화 유출입 동향을 살펴봐도 그렇게 큰 규모의 외화가 들어온 기록은 없다. 투기자본감시센터 등이 금융감독원을 통해 외환은행에 관련 자료를 요청했으나 공개할 수 없다는 답변만 들었다. 금융감독원은 국회 요청도 묵살했다. 주간사로 참여했던 씨티은행을 통해 조달했을 거라는 추측이 있었지만 역시 확인된 바는 없다.

유력한 가능성으로는 론스타가 국내에서 이른바 신디케이트 론

syndicated loan을 조성해 일정 기간이 지나 수익을 보장하고 국내 금융기관이나 기업들에서 돈을 끌어 모았을 수도 있다. 문제는 이 돈의 출처와 외환은행 매각을 추진한 재정경제부 관료들과의 유착 가능성이다. 검은 머리 외국인들이 얼마나 되는지 아직까지 밝혀진 바가 없다.

2011년 4월에는 ABN암로가 실질적인 투자자가 아니냐는 의혹이 거론되기도 했다. KBS가 ABN암로의 2006년 투자 실적 보고서를 근거로 론스타의 투자자금 상당 부분을 ABN암로에서 나왔다는 의혹을 제기했다. 론스타를 우회한 차명 투자 아니냐는 의혹이었다. 2007년 1분기 투자 실적 보고서에는 외환은행 주식의 시장 가치 변동으로 5,000만 유로 이상 이익이 난 것으로 기록되어 있다. 론스타는 당초 자기자금은 1,700억 원 정도고 나머지 1조 원은 연리 6%의 채권을 발행해 조달했다고 밝혔으나 ABN암로가 단순히 채권을 매입한 것뿐이라면 주가 변동에 따라 이익이 났다고 보고할 이유가 없다. KBS 보도 이후 론스타는 이례적으로 김앤장을 통해 보도자료를 내고 반박했다. 2011년 4월 20일 론스타의 보도자료 전문이다.

"론스타는 투자 시점부터 현재까지 여러 투자자들을 대표해 외환은행 투자 결정과 경영을 책임지고 있습니다. ABN암로(현 RBS)가 외환은행의 실질 대주주라는 주장은 전혀 근거가 없습니다. 론스타펀드는 세계 각국의 기관 투자자들로 구성된 사모펀드PEF로 특정 펀드나 투자에 대해 과반수 지분을 보유한 단일 투자자는 존재하지 않습니다. ABN암로는 론스타가 2003년 외환은행에 투자할 당시 소극적 자본 투자자로 참여했습니다. ABN암로의 투자 규모는 1억 달러로 론스타의 전체 투자 자금(약 12억 달러)의 8.2%를 차지했습니다. 이후 론스타가 보유한 외환은행 지분 51.02% 기준으로 볼 때 암로를 인수한 RBS는 현재 4.18%의 간접 지분을 보유하고 있습니다. 한국법상 사모펀드 간접 투자자는 주식을 직접 보유한 주주와 구별되며 대주주는 은행법상 의결권 주식을 기준으로 판단합니다. ABN암로는 직접적이든, 론스타와의 약정을 통해서든 론스타 소유의 외환은행 주식에 대한 의결권을 전혀 보유하고 있지 않습니다. 외환은행 주주인 LSF-KEB홀딩스SCA는 벨기에 국적의 합자회사 SCA로 업무 집행 사원인 론스타의 투자 목적 법인이 운영을 책임지고 있습니다. 외환은행 투자 금액은 일부는 무의결권 주식으로, 일부는 연리 6%의 회사채로 조달했다는 공시 내용도 맞습니다."

KBS의 보도는 해프닝으로 정리되는 분위기였다. ABN암로가 KEB홀딩스LP의 유한책임사원으로 1억 달러를 투자한 것은 사실이다. 론스타도 여기에 11억 달러를 투자했고 KEB홀딩스LP가 실질적인 외환은행의 주주인 LSF-KEB홀딩스SCA에 주식 1,704억 원과 채권 1조 1,679억 원으로 12억 달러(1조 3,383억 원)를 투자했다는 게 론스타의 해명이었다. 당시 『머니투데이』 보도에 따르면 투자 금액을 기준으로 ABN암로의 투자 비중은 8.2%, 론스타의 지분 51.02% 대비로는 4.18%를 차지하는 수준이었다. ABN암로는 단순 투자자로 참여했고 론스타가 무한책임사원이라면 ABN암로를 지배적인 주주라고 보기는 어렵다는 이야기다.

한편 문서 검증 소위원회에서는 이강원 등 경영진의 뇌물 수수 의혹도 제기되었다. 이강원은 퇴임 이후 경영 고문으로 남았는데 계약서를 보면 3년 만기 이전에 계약이 해지되더라도 잔여 연봉을 모두 지급한다는 규정이 들어 있다. 실제로 이강원은 2004년 5월 굿모닝신한증권 사장으로 옮겨가면서 29개월 분의 잔여 연봉 7억 1,050만 원을 세 차례에 걸쳐 받아간 것으로 확인되었다.

이 밖에도 행장에서 물러나기 전에 외자 유치에 대한 성과급으로 7억 200만 원을 받은 사실도 추가로 확인되었다. 이강원이 외환은행에서 받은 돈은 모두 14억 원 이상이다. 부행장 이달용 역시 잔여 연봉이라는 명목으로 8억 7,500만 원을 받아간 것으로 확인되었다. 이달용은 퇴임 이후에도 36만 주의 스톡옵션을 받았는데, 현재 평가 차익이 무려 21억 원에 이른다.

한편 금융감독위원회가 고의로 외환은행 매각 관련 문서를 파기했다는 의혹도 제기되었다. 당시 한나라당 의원 최경환이 금융감독위원회에서 제출받은 그 무렵 문서 접수 대장에 따르면 9월 26일 "불필요 비밀 문건 일제 정리 협조"라는 항목이 있다. 공교롭게도 이날은 금융감독위원회가 외환은행 매각을 최종 승인하던 날이다. 비밀 문건이면서 불필요한 문건은 도대체 무엇이었을까?

죽은 사람이 팩스를 보냈다?

다음은 2006년 2월 14일 국회 재정경제위원회 회의록 가운데 일부를 정리한 것이다. 이날은 외환은행 문서 검증 소위원회의 보고서 채택 안건이 올라왔던 날이다. 외환은행 행장에서 물러나 한국투자공사 사장으로 옮겨간 이강원이 참고인으로 출석했다. 다음은 이강원의 모두 진술 성격의 답변이다.

"제가 정상적으로 임기를 마치고 퇴직할 경우 받을 수 있는 취득 가능 소득은 기본급, 성과급, 법정퇴직금, 그리고 스톡옵션 등을 감안 시 약 30억 원에서 40억 원으로 추산되었습니다.

만일 제가 위원님들께서 지적하신 대로 대가성, 즉 금전적인 이유 때문이었다면 론스타에서 증자 대금 입금 3일 전 지배구조 강화를 위해서는 행장 교체가 불가피하다는 설명과 함께 다만 새 행장 선임 시까지 몇 개월 더 맡아달라고 했을 때 저는 이를 거절하지 않았을 것입니다.

다시 말씀드리면 그해 수령 가능하였던 약 20억 원에 상당하는 스톡옵션 20만 주와 당해연도 성과급을 포기하면서까지 거절할 필요는 없었습니다.

저에게 요청하였던 한시적 행장 유임 요청을 거부함에 따라 대주주인 론스타로부터 해임이 결정되었고, 론스타의 요청대로 잔여 임기 보상금의 한 방편으로 경영 고문 계약을 체결하는 과정에서 당해연도 성과급은 지급되며 약 8억 8,000만 원 정도의 고문료를 받는다는 사실을 인지하였고, 고문료의 경우 2004년 4월 고문 계약 종료와 함께 전액 수령하였으며, 성과급은 제가 퇴임한 지 약 2주 후 역시 강제 퇴임 통보를 받은 당시 부행장 등 5명의 임원에 대한 당해연도(2003년도) 성과급 지급 시 외환은행 이사회 결의에 의거 당시 은행 규정에서 정한 임원의 직급별 성과급 최고한도의 약 180% 수준으로 동일하게 지급되었습니다. 이상 제가 받은 돈의 전부입니다.

아울러 이 자리를 빌려 말씀드리고 싶은 점은 제가 은행장으로 취임 이후 맥킨지사와 경영 컨설팅을 통하여 수립한 중장기 경영 전략의 지속적인 시행과 자본 확충으로 경영을 정상화시킨 경영자에게 예고 없는 억울한 해임이 통보되었는바, 이를 바로잡기 위한 법률 소송을 심각하게 고려한 적도 있었습니다.

다만, 이렇게 될 경우 금전 문제로 인한 소송이라는 오해가 생길 수도 있고 이 또한 저와 외환은행의 평판에 악영향을 미칠 것 같아 전임 은행장으로서 대의적인 차원에서 소송 의뢰를 접은 사실도 있었음을 말씀드립니다.

두 번째는 론스타의 적법성에 관한 얘기입니다.

BIS 문제 해결은 당시 은행 경영의 최우선 과제였습니다. 은행장으로서 경영 상황이 악화되는 상황에서 이를 타개할 수 있는 자본금 확충 방안으로는 시장에서의 증자, 대주주 자본 투입, 공적자금 투여, 외부 전략적 투자자 유치, 그리고 사모펀드 등을 고려할 수 있었습니다.

시장에서의 증자인 경우 당시 외환은행 주가가 3,000원대로 불가한 상태였으며, 대주주와 재정경제부 또한 자본 투입과 공적자금 투여에 대해 어렵다는 입장을 표명하였습니다. 또한 외부 전략적 파트너 유치를 위해 HSBC, 씨티, CSFB, BNP파리바, 뱅크원, 스탠다드차타드 등을 접촉하였으나 난색을 표명함에 따라 사모펀드를 제외한 모든 방안은 이미 불가한 상태였습니다.

따라서 유일한 대안으로 관심을 표명한 사모펀드인 뉴브리지와 론스타를 대상으로 상호경쟁을 유도하였으나 SK 사태 이후 뉴브리지가 참여를 포기함에 따라 론스타를 선택하게 되었습니다.

아울러 이 자리를 빌려 말씀드릴 수 있는 것은 이와 같은 외환은행의 매각이 정부가 주도하였다는 일부 의견도 있으나 앞선 말씀드린 바와 같이 이는 사실과 다르며 경영이 급속히 악화되는 상황에서 외환은행의 생존을 위하여 다양한 방안들을 고민한 끝에 스스로 선택한 대안이었으며 협상 과정은 저를 포함한 외환은행 경영인, 코메르츠은행 등 대주주, 그리고 론스타 사이에 자율적으로 진행되었음을 말씀드립니다.

코메르츠에서 보낸 편지의 설명도 곧 드리도록 하겠습니다.

정책 당국도 승인 과정에서 적기 시정 조치를 부과하느냐, 아니면 이상적이지는 않지만 당시 유일한 대안인 론스타의 자본 취득을 승인하여 자본 확충을 도모하느냐 하는 두 가지 방안을 놓고 힘든 선택을 한 것으로 알고 있습니다.

적기 시정 조치의 경우 외환은행에 대한 신뢰를 급속히 하락시켜 은행의 생존 자체가 난망시되었으며 이는 또한 국내 금융시장 불안을 초래함은 물론

거래기업의 자금 조달 애로 등 부정적 파급 효과가 심대할 것으로 예상되었기 때문에 최선은 아니었으나 차선의 대안으로서 대주주와 마찬가지로 불가피한 선택을 할 수밖에 없었던 것으로 알고 있습니다.

세 번째 이슈는 헐값 매각에 대한 의견입니다.

당시 론스타의 주식 취득 가격은 구주인 경우 5,400원, 신주인 경우 4,000원으로 평균 4,250원이었습니다. 그 해 2003년 4월 외환은행 주가는 3,000원 미만이었으며 론스타의 자본 투입이 예상된 7월의 경우 3,700~3,800원 수준을 유지했습니다.

즉, 4월 기준시 시장가 대비 주식 취득 가격이 이미 40%를 상회하였으며, 론스타 앞 매각 사실이 주식가격에 이미 반영된 7월 기준일 경우에도 10~20%를 상회하고 있었으므로 이는 낮은 가격으로 생각되지 않습니다.

그 당시 국제 금융시장 일부에서는 론스타가 은행 주식 취득 시 제일은행 매각 시 적용했던 통상적인 풋백 옵션 등 유리한 매입 조건을 제시하지 않았음을 감안할 때 외환은행 주식 매입 가격은 통상적인 매매가격보다 훨씬 높게 매입하는 것이 아니냐는 견해도 있었던 것으로 알고 있습니다.

네 번째 이슈는 외환은행 추정 BIS 비율 자료에 관한 내용입니다.

먼저 본인은 동 문서가 금감원 앞 송부된 사실에 대해 문서 검증과 언론 보도를 통해 알게 되었습니다. 따라서 기타 보고 라인에 있는 임원 등에게 동 문서가 보고되었는지에 대한 사실은 알고 있지 않습니다.

다만, 금감원 앞 보고는 은행장 결재를 통한 정기 보고 이외에도 은행 업무 수행 관련 특이사항이 발생할 경우 또는 정부 차원의 수시 보고가 있었는바, 동 문서는 수시 보고서의 형태로 보고된 것으로 이해됩니다.

지금까지 네 가지 이슈에 대해서 말씀드렸고, 몇 가지 참고자료에 대해서 설명 말씀 올리겠습니다.

코메르츠방크로부터 지난해 말 저희가 국정감사가 끝난 다음에 코메르츠방크가 저를 찾아와서 '고생이 많다'는 얘기를 하며 그래서 '왜 코메르츠에서는 아무런 견해가 없느냐' 하는 의견을 피력하고, 그다음에 코메르츠방크의 이사회 이사이면서 코메르츠방크 외환은행의 대표 사외이사인 (클라우스) 파티그 이사가 저한테 편지를 보내온 내용입니다.

간단히 말씀드리면,

'2003년 당시 외환은행의 자본 상태는 악화되어가고 있었고 최소한의 감독 당국 기준 아래로 떨어질 위기에 봉착해 있었습니다. 그 당시 코메르츠방크는 더이상 외환은행에 추가적인 자본 투자를 할 계획이 없었습니다. 이에 최종적으로 우리는 외부 자본을 들여와 외환은행의 자본을 충실화하자는 제안을 승인하였습니다. 론스타는 그 당시 외환은행이 필요로 하는 1조 750억 원의 자본 투입을 제공할 수 있는 현실적으로 유일한 매수 후보자였습니다. 이 제안의 조건을 철저히 검토한 후 론스타에게 외환은행을 매각하는 것이 자기자본을 확충할 수 있는 현명한 계획이라는 데 대해 코메르츠방크는 전폭적으로 동의하였습니다. 이 서한이 2003년 상황을 명확하게 하는 데 도움이 되었으면 합니다. 이외 다른 질문이 있으시면 언제든지 연락 주시기 바랍니다.'

존경하는 위원님, 참고로 코메르츠방크는 론스타 자본 유치 참여 전 32.6%의 지분을 가져서 제1대 주주였으며 론스타 지분 참여 이후 현재로도 14.8%를 갖는 대주주의 일원입니다.

첨부자료 두 번째는 지금 현재 시중은행장들의 행장 보수 내용입니다. 기본급과 성과급을 보면 국내 시중은행 은행장들의 기본 연봉은 4~8억 수준이며 성과급은 별도로 100~150%에 이르고 있습니다.

스톡옵션의 경우 이미 공시사항이기 때문에 알려진 내용입니다마는 C은행의 행장은 169만 주, K은행 행장은 70만 주, K은행 전 행장은 50만 주, H은행 행장은 40만 주로서 상기 행장들의 경우 대부분이 2005년 9월 말 기준 평가익이 대부분 상당 수십억 혹은 100억대를 상회하고 있습니다."

당시 한나라당 의원 최경환은 5장짜리 팩스에 대해 집요하게 추궁했다. 외환은행 매각이 노무현 정부의 작품이라 한나라당으로서는 호재를 만난 듯 끈질기게 이 사건을 파고들었다. 민주노동당 의원 심상정도 이강원이 받은 퇴직금이 사실상 사후적인 뇌물 아니냐는 의혹을 제기했다. 그러나 이강원은 끝까지 외자 유치가 아니었다면, 외환은행이 심각한 위기에 직면했을 거라는 주장을 반복했다. 이때 문서 검증 소위원회 위원장 엄호성과 이강원이 질의응답을 하는 와중에 최경환과 심상정이 끼어들어 난상 토론이 되기도 했다.

다시 거슬러 올라가 보면, 론스타가 본격적으로 외환은행 인수에 관심을 드러낸 건 서울은행 인수 실패 직후인 2002년 7월부터였다. 공개적인 경쟁입찰 방식으로는 어렵다고 판단한 것일까? 론스타는 물밑 접촉을 통해 밑밥을 뿌리면서 야금야금 걸림돌을 해결해나갔다. 재정경제부와 금융감독위원회가 가장 먼저 론스타의 자격 요건을 문제 삼고 나섰고, 수출입은행과 코메르츠방크 등 주주들도 이게 과연 가능하냐는 질문을 쏟아냈다. 이강원과 이달용 등은 자격 요건 문제를 해결할 방법이 있다는 취지로 가격 협상을 서둘렀다.

처음에 론스타는 칼라일이 한미은행을 인수한 사례를 벤치마킹해 외국 금융기관과 합작해 외환은행을 인수하는 방안을 검토했다.

2003년 4월 24일 재정경제부 보고서에도 "론스타가 외환은행 지분의 10% 이상을 보유하려면 외국 금융기관과의 합작 형태로 인수를 추진하는 방안이 현실적"이라면서 "외환은행이 부실 금융기관으로 지정되는 경우에는 10% 이상 지분 보유 가능하나 현재 외환은행은 부실 금융기관 지정 요건에 해당하지 않는다"고 결론을 내리고 있다.

외환은행을 부실 금융기관으로 지정하려면 부채가 자산을 초과하여 정상적인 경영이 어렵거나 예금 등 채권의 지급 · 차입금 상환이 정지 상태이거나 곤란한 상태여야 한다. 금융감독위원회는 BIS가 4% 미만이거나 경영 실태 평가 결과 5등급(위험) 등을 부실 금융기관 결정을 위한 자산 · 부채 평가 대상기관으로 선정하게 된다. 그러나 외환은행은 해당 사항이 없었다. 론스타가 외환은행의 대주주가 되려면 다음 몇 가지 조건을 충족해야 한다.

은행법 제15조 제1항에 따르면 동일인은 금융기관의 의결권 있는 지분을 10%까지 감독 당국의 승인 없이 취득할 수 있다. 그에 따르면 10% 이상을 보유하려면 금융감독위원회의 승인을 얻어야 한다.

은행법 시행령 제5조는 외국인은 별도로 초과 보유 요건을 규정하고 있다. ① 금융업을 영위하는 회사 또는 금융지주회사일 것, ② 자산 총액과 영업 규모 등에 비춰 국제적 영업 활동에 적합하고 국제적 신인도가 높을 것, ③ 외국의 금융감독기관으로부터 최근 3년 동안 영업 정지 조치를 받은 사실이 없다는 확인이 있을 것, ④ 최근 3년 동안 계속하여 국제결제은행의 기준에 따른 위험 가중 자산에 대한 BIS가 8% 이상이거나 이에 준하는 것으로 금융감독위원회가 정하는 기준에 적합할 것 등이다.

물론 론스타는 금융기관도 금융지주회사도 아니었고 영업 내용이나 자산 규모 등도 전혀 알려진 바 없다. 외환은행 불법 매각 사건의 키워드가 되는 은행법 시행령 제8조 제2항에는 "부실 금융기관의 정리 등 특별한 사유가 있다고 인정되는 경우에는 5조의 요건을 갖추지 아니한 경우에도 승인을 할 수 있다"는 모호한 조항이 있다.

여기서 말하는 부실 금융기관이란 ① 부채가 자산을 초과하는 금융기관 또는 거액의 금융 사고나 부실채권의 발생으로 부채가 자산을 초과해 정상적인 경영이 어려울 것이 명백한 금융기관, ② 예금 등 채권의 지급 또는 다른 금융기관으로부터의 차입금의 상환이 정지 상태에 있는 금융기관, ③ 외부로부터의 자금 지원 또는 별도의 차입이 없이는 예금 등 채권의 지급이나 차입금의 상환이 어렵다고 금융감독위원회 또는 예금보험위원회가 인정한 금융기관 등을 말한다. 2003년 외환은행은 이 3가지 모두 해당이 되지 않는 상태였다.

또 하나 중요한 조항이 비금융 주력자의 보유 한도를 규정한 은행법 제16조다. 비금융 주력자는 4% 이상 보유할 수 없다고 못 박고 있다. 초과 보유한 지분은 즉시 처분해야 하고 보유하더라도 의결권이 제한된다. 금융감독위원회 승인이 있는 경우 10%까지 보유할 수는 있지만, 역시 4% 이상 보유 지분에 대해서는 의결권이 제한된다.

흔히 산업자본이라고 부르는 비금융 주력자는 비금융회사의 자본 총액이 4분의 1 이상인 경우 또는 비금융회사의 자산 총액이 2조 원 이상인 경우 또는 투자회사가 발행 주식 총수의 4% 이상 의결권을 갖는 경우, 이와 별개로 사모투자 전문회사도 비금융 주력자로 분류한다. 조금 복잡해 보이지만 판단 기준은 명확하다.

비금융 주력자라면 4% 이하로 은행 주식을 보유할 수 있다. 의결권을 포기한다면 6%를 추가로 보유할 수 있다. 이것으로 끝이다. 비금융 주력자가 10% 이상 지분을 보유할 수 있는 방법은 하늘이 두 쪽 나도 없다. 그나마 4% 이상 보유분은 의결권도 없다. 비금융 주력자가 아니라면 일단 10%까지는 보유할 수 있다. 10% 이상 초과 보유를 하고 싶다면 금융감독위원회의 승인을 받아 보유하면 된다. 초과 보유 조건을 충족하지 못한다면, "부실 금융기관 정리 등 특별한 사유"에 해당하는지 검토하고 해당된다면 10%를 초과해 100%까지 보유를 허용할 수도 있다. 물론 비금융 주력자가 아닐 때만 가능하고 비금융 주력자라면 당연히 10% 이상은 불가능하다. 본격적으로 론스타의 자격 문제가 논의된 건 6월 11일 금융감독위원회 보고서에서부터다.

사실 외환은행 불법 매각을 둘러싼 모든 논란은 이 보고서에 이미 명쾌하게 정리되어 있다. 한마디로 론스타는 무슨 수를 써도 외환은행의 대주주가 될 자격이 없으며 예외 조항을 적용하는 것도 불가능하다는 것이다. 당초 이 보고서 초안에는 론스타와 ABN암로가 합작 투자하는 방안도 포함되어 있었으나 최종안에서는 삭제되었다. 김석동은 검찰 조사에서 "재정경제부에 확인해보니 협상이 진행 중인 사실은 맞지만 ABN암로가 1억 달러 정도만 투자할 수 있다고 하는 상황에서 50대 50 구조를 만들지 못하고 있다고 이야기를 들었기 때문에 이를 기재하는 것이 문제가 있을 수 있다고 생각했다"고 진술했다.

론스타의 제안서에는 자격 요건에 대한 언급이 없었다. 여러 정황을 종합하면 론스타는 이미 ABN암로 등의 도움 없이 단독으로 외환은행을 인수하기로 하고 변양호 등을 설득하고 있었는데, 공식적으로는 컨소시엄을 검토하고 있는 것처럼 바람을 잡으면서 가격 조건에 협상을 집중했다.

검찰은 김진표가 김앤장의 시니어 파트너에게 "1조 원만 투자한다면 외환은행의 인수 자격을 무조건 해결해주겠다"고 말했다고 스티븐 리가 박순풍에게 이야기했다는 진술을 확보했다. 이재원의 메모에도 이 같은 내용이 기록되어 있다. 이재원은 신진창에게 들었다고 진술했다. 다음은 박순풍의 법정 신문 가운데 일부다. 누군가가 이미 시나리오를 짜놓고 그에 따라 자격 요건 문제를 밀어붙인 정황이 확인된다.

검사   증인은 2003년 6월 26일 스티븐 리를 만나 자격 요건에 대해 논의한 사실이 있죠.

박순풍   그 무렵으로 기억합니다.

검사   그때 스티븐 리는 증인에게 론스타가 투자위원회의 결의를 통해 ABN암로와 합작 방식의 시나리오를 포기하고, 특별한 사유 compelling reason 시나리오로 입장을 확정했다고 이야기했다고 했습니다. 맞습니까.

박순풍   네.

검사   그러한 미팅을 갖게 된 이유는 2003년 6월 16일 론스타의 제안 내용에서 인수 자격 문제가 포함됐을 것으로 예상했는데 그 내용이 빠져서 그 부분에 대한 진행 상황을 체크하기 위해서 행장이 확인해보라고 지시했기 때문이라고 진술했죠?

박순풍   네.

검사   그 자리에서 스티븐 리가 증인에게 경영진이 특별한 사유 시나리오로 자격 문제를 해결할 수 있도록 한국의 재정경제부와 금융감독위원회 등을 함께 설득해달라고 요청해왔다는 게 사실입니까?

박순풍   네.

검사   2003년 6월 26일 미팅에서 스티븐 리가 1조 원만 투자하면 다 해결해주겠다는 말을 김앤장 인사가 정부 측 고위 인사를 만난 자리에서 정부 측 고위 인사가 해줬다고 증인에게 이야기를 한 사실이 있습니까.

박순풍   네.

검사   보고를 받은 이강원 행장 등 임원진은 어떤 반응을 보였습니까.

박순풍   매우 놀랐습니다.

검사   어떤 의미에서 놀랐다는 것인가요.

박순풍   'compelling reason'이 가능하리라고 생각하지 않았기 때문에 가능할 것인지에 대해서 상당히 의아스럽게 생각했고 'compelling reason' 자체가 가능할까 하는 생각을 갖고 있었습니다.

검사   론스타 측에 그러한 약속을 해준 정부 측 인사가 누군지에 대하여 외환은행 내부에서 확인을 해봤습니까.

박순풍   증인이 아는 한 확인해본 바는 없습니다.

검사   당시 증인으로서는 인수 자격 문제에 관하여 은행법 예외 규정을 적용하게 되면 당연히 금감원 주도 실사→실사 결과 부실 자산의 규모가 커서 BIS 비율 8%를 하회할 경우→대차대조표 반영 및 적기 시정 조치 부과의 절차가 있어야 한다고 생각했다고 했습니다. 맞습니까?

박순풍   네.

검사   만약 그러한 상황이 되면 외환은행을 적정 가격에 매도한다는
        것은 불가능하기 때문에 전혀 고려 대상으로 삼고 있지 않았죠?

박순풍   네.

검사   스티븐 리로부터 들은 이야기, 즉 부실 금융기관으로 간주해서
        통과한다는 방안 역시 마찬가지로 외환은행의 매각 조건에는
        부정적 영향을 끼치는 방안이라고 생각했죠?

박순풍   네.

검사   그 이유는 부실 금융기관으로 간주하면 그만큼 외환은행에 문
        제가 있다는 것을 대외적으로 시인하는 상황이 되고 그렇다면
        론스타 측에 적극적으로 가격을 높여달라는 요구를 하기가 사
        실상 불가능하기 때문이죠?

박순풍   네.

1조 원만 투자하면 모든 걸 다 해결할 수 있다고 말한 인사는 여러
정황을 미루어보면 아마도 변양호일 가능성이 크다. 2003년 7월 1일
이재원의 업무일지에도 당시 상황을 뒷받침하는 대목이 있다.

– 김앤장 – 김 부총리 – 1조면 뭘 못해주겠느냐?

– 김 부총리(저녁) → 관심(2주 전 정도, 6월 15일)

– 조흥은행 얘기는 안 하고 외환은행 얘기만 함 – 이헌재 장관.

– 20분 정도 관심

– 법적인 문제도 제기 ← 우리금융 투자자(예전 사례[한미은행]: 변 국장)

6월 26일 박순풍이 작성한 보고서에는 론스타의 전달 또는 지시 사항이 구체적으로 담겨 있다. 실제로 누가 상황을 주도하고 있는지 짐작할 수 있는 대목이다.

제안서에서 감지한 바와 같이 론스타 내부적으로 상당한 입장 변화가 있었다는 가정하에 인수 자격에 대해서도 상당한 입장 변화가 있었는지 여부 확인.

– 상당한 입장 변화가 있었음.

– 한미은행 사례를 모델로 하여 유사한 인수 자격 구조로 접근하겠다는 종전의 입장에서 공격적인 접근으로 다시 선회.

– 외환은행을 부실 금융기관으로 간주한다는 전제하에서의 인수 자격 시나리오를 정부에 제안하려는 전략 고려.

– 상기 공격적인 전략을 고려하게 된 배경.

(1) 김앤장의 법률 의견 : 한미은행 사례는 법적으로 문제가 있는 선례를 만든 것이며 외환은행 사례가 또 다른 선례가 되지 말라는 법은 없다는 논리 – 정부의 의지에 달린 문제라는 입장.

(2) 고위 관료High level Officer와 김앤장의 시니어 파트너의 미팅(지난 일요일)에서 10억 달러 투자 의향이 사실이라면 어떠한 형태의 자격 요건도 허용 가능하다는 관료의 의견 청취.

– 론스타의 입장 선회에 문제가 있다는 점을 지적하면서 아래 단계를 거쳐 의견 조율.

단계 1 : 부실 금융기관 안의 문제점 지적을 통해 동 안을 포기하도록 설득.

단계 2 : 전략적 투자자와 컨소시엄을 만드는 구조에 대해 집중적으로 논의.

– 전략적 투자자와의 컨소시엄에 내재한 법률적 위험을 설명하면서 50대 50 지배구조에 대해서 수용이 어렵다는 의견을 피력해옴.

– 한미은행 사례와 외환은행의 사례에도 큰 차이가 있어서 50대 50 안조차도 통과가 쉽지 않다는 점을 강조.

단계 3 : 종전 인수 자격 안(50대 50)에 대해서 가능한 방법 집중 논의.

– 상기 3단계를 거친 회의의 결론.

– 인수 자격과 가격 협상을 연결시키는 논리에 대해서는 인수 자격에 대한 입장 정리가 선행돼야 하며 이러한 입장 정리 없이는 딜 진행이 불가함을 강조.

인수 자격 문제를 해결하지 않으면 투자를 하지 않겠다며 론스타가 배짱을 부리고 있고 오히려 이강원과 박순풍 등이 쩔쩔매면서 론스타에 끌려가고 있는 상황이다. 6월 27일 스티븐 리가 스캇 오 등에게 보낸 이메일에도 당시 상황이 구체적으로 기록되어 있다.

"오늘 아침 엘리어트 박(박순풍)의 요청으로 2시간 반 동안 그를 만남. 회의 요지는 다음과 같음.

인수 자격에 대하여 우려. 대부분의 시간을 이에 관하여 논쟁함. 정부가 거래를 좋아하는지 여부에 따라 승인을 한다는 것이라는 이 문제는 우스꽝스럽다고 (스무 번 이상) 단호히 말함.

그는 한국 정부가 그다지 유연성이 있지 않을 것이며 승인에 근거가 필요하다고 설명. 또한 이 문제를 극복하기 위하여 칼라일-JP모건 형태를 따라야 한다고 계속 말함. 이에 대해 ABN암로를 비롯한 어떠한 전략적 투자가도 전체 자본의 10% 미만을 투자하는 경우 우리가 의결권을 포기하지 않을 것이라고 말했음.

은행을 부실 금융기관으로 만드는 것에 관하여도 문의함. 은행이 부실 금융기관으로 되기 위해서는 경영진을 모두 해임해야 한다며 그런 생각 접으라고 함. 이에 나는 칼라일 거래는 거래를 성사시키기 위한 편의적 형식에 불과하고 이러한 편의는 약간 다른 의미에서 론스타에게도 부여될 수 있는 것이라고 했음. 그는 이 개념을 부정하며 칼라일–JP모건과 같은 형태로 적격성 문제가 해결되지 않는 한 한국 정부는 외환은행에게 양해각서를 체결하고 BIS 비율을 개선시킬 수 있도록 1년 동안 연장할 것을 고려할 수밖에 없다고 함. 나는 그렇다면 투자 목적 회사에서 다른 투자자에게 불균등하게 많은 지분을 부여함으로써 우리가 부담하게 되는 추가적인 위험을 거래 가격에 반영할 수밖에 없다고 했음.

이유는 변 박사 때문임. 그가 자리를 떠나는 경우 추진력을 상실하여 거래 자체가 성사 안 될 것이라고 그는 생각함. 그는 우리가 가격에 관하여 다시 생각하거나 재협상할 것에 관하여 우려를 계속 표명함. 이에 우리는 그렇게 하려고 의도하는 것은 아니지만, 제한된 범위의 확정적 실사의 결과로 그럴 수밖에 없다면 그렇게 할 것이라고 간단히 설명함."

론스타가 불가능한 요구를 계속하자 다급해진 외환은행은 백방으로 뛰어다니며 자격 조건 문제를 검토하기 시작한다.

첫째, 외환은행을 부실 금융기관으로 지정하는 방안은 이미 2003년 1분기 BIS가 8%가 넘기 때문에 애초에 불가능했다. 적기 시정 조치 발동도 마찬가지였다.

둘째, 론스타를 금융기관으로 인정 받는 방안 역시 현실성이 없었다. 은행업도 아니고 증권업이나 보험업도 아니고 이에 준하는 업도 아니었기 때문이다.

셋째, LLP(유한동업회사)를 설립하는 방안 역시 쉽지 않았다. ABN암로가 대안으로 거론되었지만 50대 50으로 들어오기에는 투자 여력이 없었고 론스타 역시 ABN암로에 의미 있는 지분을 줄 생각이 없었다. 론스타가 판은 혼자 짰는데 이 판에서 얻게 될 이익을 누군가와 나누고 싶지 않았을 것이다. ABN암로는 10억 달러 정도를 생각하는 것으로 알려졌다. 칼라일의 한미은행 인수 이후 재정경제부는 금융기관을 끼고 들어오는 경우라도 금융기관 지분이 최소 50% 이상이 되어야 한다는 입장이었다.

넷째, 아예 론스타 소유의 일본 도쿄스타뱅크를 내세워 인수하는 방안도 쉽지 않았다. 금융기관인 건 맞지만 해외 금융기관에 매각하려면 "자산 총액과 영업 규모 등에 비춰 국제적 영업 활동에 적합하고 국제적 신인도가 높은지 여부"를 충족해야 한다. 그러나 도쿄스타뱅크는 자산 규모가 12조 원 수준인데다 국제적 신인도가 높다고 보기도 어려웠다. 2001년 6월부터 영업을 시작해 최소 영업 기간 3년을 채우지 못한 상태였다.

7월 4일에는 모건스탠리와 살로먼스미스바니가 첫 미팅을 하고 본격적으로 자격 요건 문제를 논의한다. 변양호도 7월 4일 론스타의 자격 조건 문제를 검토하라고 지시한다. 외국계 펀드가 국내 은행 지분을 소유한 사례가 없었던 건 아니다. 1999년 6월 골드만삭스가 국민은행 지분 16.6%를 취득했고, 1999년 12월 뉴브리지캐피탈이 제일은행 지분 100%를 취득했다. 2000년 9월에는 칼라일과 JP모건이 공동으로 한미은행 지분 36.6%를 취득했다. 골드만삭스는 의결권이 없는 지분이었고, 제일은행은 부실 금융기관으로 지정된 상태였다. 한미은행은 형식적이나마 JP모건이 과반 지분을 보유, 금융기관이라는 조건을 충족했다. 그러나 론스타는 골드만삭스나 뉴브리지캐피탈이나 칼라일 등과 달랐다.

10인 비밀회동과 의문의 '도장값'

론스타의 인수 자격 문제를 해결하겠다고 나선 사람은 변양호였다. 2003년 7월 7일 이달용이 이강원에게 보고한 내용을 보면 변양호가 이달용과 통화에서 "자격 조건 문제는 외환은행은 신경 쓰지 않아도 된다"면서 "정부가 알아서 할 것"이라고 말했다. "부실 금융기관 지정까지도 가능"하다면서 "어떻게든 딜이 돼야 할 것"이라고 말했다. 다음 날인 7월 8일에는 신진창과 통화 내용이 이강원에게 보고된다.

변양호는 처음에는 도쿄스타뱅크를 내세워 론스타의 인수 자격 논란을 피해가려고 했다. 칼라일이 JP모건을 내세워 한미은행을 인수했던 것과 같은 수법이다. 이미 2002년 10월 29일 재정경제부 내부 보고서에도 칼라일의 사례를 대안으로 제시하고 있다.

중간에 ABN암로와 합작 투자도 모색했으나 ABN암로는 들러리를 설 생각이 없었던 것 같다. 변양호가 5월 7일 장관에게 보고한 보고서에는 "ABN암로와 합작 형태의 참여 방안을 모색 중"이라는 설명이 있는데, 6월 11일 김석동이 작성한 금융감독위원회 보고서에서는 ABN암로 부분이 통째로 빠져 있다. 투자 금액이 1억 달러밖에 안 되는 데다 칼라일과 달리 금융기관으로 포장하는 데 한계가 있다는 판단 때문이었다.

그래서 도쿄스타뱅크를 차선으로 검토하던 중에 론스타의 탈세 사건이 터진 것도 드라마틱하다. 7월 17일 일본 『아사히신문』에 론스타가 일본에서 400억 원가량 세무신고를 누락해 가산세를 포함해 140억 원의 추징세를 물게 되었다는 보도가 나왔다. 도쿄스타뱅크는 1999년 파산한 뒤 7,600억 엔가량의 공적자금이 투입된 도쿄쇼와은행을 론스타가 인수해 이름을 바꾼 것이다. 론스타는 도쿄스타뱅크의 경영 정상화 과정에서 부실채권을 대거 매입해 거액의 차익을 남기고 아일랜드의 페이퍼컴퍼니를 거쳐 버뮤다로 송금한 사실이 확인되었다. 일본에서도 거의 비슷한 일이 벌어지고 있었던 것이다.

『아사히신문』 보도에 따르면 론스타는 "론스타 일본 법인은 일본 금융기관이 떠안고 부실채권 등 투자 대상을 찾기만 할 뿐 그 외 실질적인 투자 업무에는 관여하고 있지 않다"며 "일본에 활동 거점을 갖고 있지 않은 외국법인인 만큼 일본 당국에 세무신고를 할 필요가 없다"고 주장했으나 도쿄 국세국의 조사 결과 론스타가 직접 투자 업무를 실시해온 것으로 드러났다.

한국도 마찬가지지만 미국과 일본의 과세 조약에 따르면 일본에 지점 또는 사업소 등의 항구적 시설이 없는 경우에는 과세되지 않는다. 론스타는 부실채권 투자 업무를 미국 소재 회사가 일본 소재 변호사를 통해 수행하고 있으므로 일본에 항구적 시설은 없는 것으로 신고 했으나 부실채권을 구입하고 매도인과 협상하고 자산을 평가하는 과정에서 론스타 일본 법인과 일본 소재 채권추심 회사를 이용했다고 보고 일본에 항구적 시설이 있는 것으로 간주했다.

『매일경제』는 7월 17일 『아사히신문』을 인용하면서 "론스타의 기업 윤리에 대한 논란이 일 것으로 예상돼 향후 외환은행 매각에 어떠한 영향을 미칠지 주목된다"면서 변양호의 코멘트를 땄다. 변양호는 "외국에서 있었던 일이므로 국내 사정과는 무관한 것으로 보인다"면서 "론스타의 기업 윤리는 외환은행 인수가 확정된 다음에나 거론할 문제가 아니냐"고 말했다.

스티븐 리는 7월 22일 이강원에게 이메일을 보내 "일본 조세 당국에서 문제 삼고 있는 론스타의 탈세와 부정행위에 대한 조사는 외국 금융기관에 대해 자주하는 감사로서 외환은행은 너무 염려할 것 없다"는 취지로 설명한다. 여러 정황을 종합하면 변양호 등은 언론 보도가 나기 전부터 도쿄스타뱅크의 탈세 사실을 알고 있었고 그래서 6월부터 도쿄스타뱅크 합작 투자 시나리오를 배제했을 가능성이 크다.

변양호가 도쿄스타뱅크를 최종 배제한 건 늦어도 7월 8일 이전일 것이다. 이재원의 메모에 따르면 이날 변양호는 신진창에게 도쿄스타뱅크를 이용하는 방안은 채택하기 곤란하게 되었다고 말했다. 일본 금융 당국의 자회사 출자 한도에 대한 승인을 받기 어렵다는 게 이유였는데, 전후 사정을 종합하면 론스타 관계자에게 직접 탈세 혐의 수사 사실을 전해 들었을 가능성을 배제할 수 없다. 다음은 7월 8일, 이재원과 신진창의 통화 내용을 이재원이 이강원에게 보고한 메모 전문이다.

"변 국장이 '도쿄스타뱅크를 이용하는 방안은 채택 곤란하고, 그 이유는 일본 금융 당국의 자회사 출자 한도에 대한 승인을 받기 어렵기 때문'이라고 말한 것으로 돼 있고, 이재원 팀장이 '변 국장은 이러한 정보를 어디서 얻는지' 신 사무관에게 질문하자 신 사무관은 '본인도 상당히 궁금하게 생각한다'고 답변."

적어도 일본 언론에서 론스타의 탈세를 대대적으로 보도하고 한국 언론도 인용 보도했던 7월 17일 이후에는 몰랐다고 발뺌하기 어렵다. 심지어 변양호는 언론 인터뷰까지 했는데 단순히 도쿄스타뱅크의 문제가 아니라 론스타의 대주주 적격성에 심각한 결격 사유가 된다는 사실을 몰랐을 리 없다. 탈세는 결코 가벼운 문제가 아니다. 스위스의 금융그룹 UBS가 대한투자신탁운용 지분 51%를 인수하려 했을 때 금융감독위원회는 UBS가 미국 연방준비제도이사회에서 1억 달러의 벌금을 받았다는 이유로 대주주 자격 요건을 갖추지 못했다는 결론을 내린 적이 있다.

간접투자 자산운용사도 이렇게 엄격하게 자격 요건을 묻는데, 시중은행의 대주주 자격 요건은 훨씬 까다로워야 한다. UBS는 미국의 경제 제재를 받고 있던 쿠바와 리비아 등에 달러를 교부했다는 이유로 경고 조치를 받았는데, 하물며 론스타의 탈세 혐의는 훨씬 더 무거운 범죄다. 변양호와 김석동, 재정경제부와 금융감독위원회 공무원들은 이 사실을 은폐하고 침묵했다.

외환은행이 7월 3일 금융감독위원회에 제출한 경영 현황 자료에는 2003년 말 기준으로 BIS가 5.42%까지 떨어질 거라는 전망이 담겨 있었다. 송현도는 검찰 조사에서 "금융감독원 보고서의 9.14%와 외환은행 보고서 5.42%의 차이가 커서 외환은행에 문의한 결과 이 수치는 완전 클린화를 전제로 잠재 부실 요소를 모두 끌어들이고 총액 1.7조 원이 연말까지 모두 부실화한다는 가정하에 이를 일시에 손실로 반영한 것이라는 답변을 들었다"고 진술했다. 잠재 부실을 산정하고 그 부실을 모두 손실 처리한다는 건 그야말로 가장 최악의 상황을 가정한 것이다. 애초에 지나친 가정이라는 걸 금융감독위원회 직원들도 알고 있었다는 이야기다. 실제로 금융감독위원회 보고서에는 5.42% 대신 3분기 전망인 8.5%로 수정되어 있다.

김앤장의 변호사들이 재정경제부를 방문해 추경호 등을 만난 건 7월 9일 또는 7월 10일이었다. 7월 10일 외환은행 내부 보고서에 따르면 김앤장의 변호사들이 론스타를 금융기관으로 인정해주거나 '부실 금융기관 정리 등'의 사유로 예외 승인을 해달라고 요청했으나 추경호가 둘 다 어렵다고 답변했다. 재정경제부 사무관에게 전달 받아 이강원에게 보고한 내용이다.

이 자리에서 추경호 등이 "지난 연말 협상이 시작될 때부터 자격 조건 문제를 강조했는데 이제 와서 이런 방안만 제시하는 것은 외환은행 재무 상황 악화를 이용하고 아울러 정부를 무시하는 태도가 아니냐"고 질책했고, 김앤장이 "금융감독위원회가 결정 권한이 있는 만큼 관련 규정 개정을 통해 론스타가 인정받을 수 있는 안을 만들어오겠다"고 답변했다는 게 보고 내용이었다. 그렇게 해서 만든 방안이 4가지였다. 1안, 론스타가 은행, 증권, 보험 등에 준하는 금융기관으로 인정받는 방안. 2안, 부실 금융기관의 정리 등 이에 준하는 사유가 있는 것으로 인정받는 방안. 3안, 도쿄스타뱅크를 이용하는 방안. 4안, ABN암로를 이용하는 방안. 당초 논의되었던 데서 순서만 바뀌었을 뿐 다른 대안을 찾지 못했던 것이다.

7월 15일은 이른바 '10인 비밀회동'이 열린 날이다. 비밀회동이라고 불린 건 이 회동의 실체가 모호했던 데다 공식 기록조차 남아 있지 않아서 언론이 붙인 이름이고 실제로는 업무 협의 차원의 모임이었다고 보는 게 맞다. 변양호는 법정에서 "이강원이 전화를 걸어와 ABN암로 방식이 안 되면 인수 자격 문제가 법적으로 복잡해지므로 구두 확약을 주지 않으면 더이상 협상을 진행하기 어렵다는 취지로 말해 금융감독위원회가 인수 자격 문제를 검토할 수 있도록 관계기관 회의를 개최한 것"이라고 진술한 바 있다.

이날 재정경제부에서 변양호, 추경호, 신진창, 금융감독위원회에서 김석동, 유재훈, 송현도, 청와대에서 주형환, 외환은행에서 이강원, 이달용, 전용준, 이재원, 모건스탠리에서 신재하, 세종에서 송웅순 등이 참석했다. 변양호는 론스타의 대변인 행세를 했다. 죽어가는 외환은행을 살리기 위한 고육지책이었다고 이해하려고 해도 변양호의 발언은 이해하기 쉽지 않다. 김석동의 '도장값' 발언도 두고두고 논란이 되었다.

김석동이 말한 '도장값'은 무엇일까? 언뜻 촌지를 요구하는 것처럼 들리지만 전후 맥락을 살펴보면 론스타의 요구가 굉장한 부담이 되는 만큼 인수 자격 조건 문제가 해결된다면 가격을 충분히 높여 받아야 한다는 의미로 해석할 수 있다. 실제로 김석동이 론스타와 직접적인 거래를 한 정황은 발견되지 않았다.

김석동은 2006년 4월 감사원 감사가 시작되고 이 발언이 뒤늦게 논란이 되자 "애초 인수 가격보다 좀더 높은 가격을 받아야 한다는 뜻이었다"면서 "도장값을 요구한 덕분에 최종 인수 가격을 주당 50원 올려받을 수 있었다"고 해명했다. 신진창은 검찰 조사에서 "회의 말미에 김석동이 변양호에게 '금융감독위원회에서 승인하게 되면 재정경제부에서는 협상을 잘해서 가격을 후하게 받아라'라는 취지의 이야기를 했다"고 진술한 바 있다. 도장값이라는 말이 나오기 전인지 후인지는 분명하지 않으나 김석동의 주장을 뒷받침하는 진술이라고 할 수 있다.

당시 민주노동당 의원 심상정은 성명을 내고 "김석동 차관보의 말처럼 '도장값'은 자격 요건이 떨어지는 론스타가 지불해야 하는 승인 대가가 맞다"면서 "다만 의문은 그 불리한 조건에 대한 승인 대가를 누가 가져갔느냐는 것"이라고 지적했다. 심상정은 "대안이 전혀 없는 상태에서 협상용 카드의 의미로 도장값을 운운했다는 것은 전혀 논리적이지 않다"고 비판했다.

한편, 김석동이 도장값을 거론하면서 변양호에게 협조 공문을 요청한 대목도 눈길을 끈다. 금융감독위원회의 판단이 아니라 재정경제부의 요청으로 진행하는 것처럼 해달라는 의미로 해석할 수 있다. 그만큼 김석동도 상당한 부담을 느끼고 있었다는 이야기다.

다음 날인 7월 16일에는 외환은행과 론스타의 자문사들이 모여 본격적으로 실무 회의를 한다. 론스타를 대리하는 김앤장과 모건스탠리, 외환은행을 대리하는 씨티그룹과 세종 등이 참석했다. 론스타를 대리하는 김앤장은 예외 승인을 밀어붙였고, 외환은행과 외환은행을 대리하는 세종은 사실상 불가능하다는 입장이었다. 회의는 평행선을 달렸다.

한편 금융감독위원회도 전향적으로 입장이 바뀐다. 송현도가 작성한 보고서를 김석동이 다시 쓰라고 지시한 것이 대표적이다. 이달용과 추경호가 각각 찾아와 "론스타가 구두 확약Verbal Assurance을 요청하고 있다"고 압박했고, 김석동은 7월 25일 비공식 간담회를 열어 이 문제를 논의하자고 제안한다. 김석동은 송현도의 보고서를 받아 보고 보고서 제목을 '주식 매각 추진 현황'에서 '외자 유치'로 수정하고 "론스타와 도쿄스타뱅크는 동일인이므로 인수 자격 문제 해결에 도움이 되지 않는다"는 부분과 "외환은행이 현재 부실 금융기관에 해당되지 않으므로 예외를 인정할 경우 특혜 시비 등 논란이 있을 수 있다"는 부분을 삭제하라고 지시했다.

7월 16일 금융감독위원회 위원장 이정재에게 올라간 이 보고서는 경영 상황 악화를 이유로 예외 승인 가능성을 열어둔 최초의 근거 자료가 된다. 보고서 초안과 수정안에서 달라진 부분만 살펴보자.

초안.

제목 : 외환은행 주식 매각 관련.

· 은행법 시행령에 의한 예외 승인 ⇒ 외환은행이 현재 부실 금융기관에 해당되지 않으므로 예외 인정할 경우 론스타에 대한 특혜 시비 등 논란 가능성.

수정안.

제목 : 외환은행 외자 유치 관련.

· 은행 주식 초과 보유 자격 요건은 i) 부실 금융기관 정리, ii) 이에 준하는 특별한 사유가 있는 경우 예외 인정 가능.

· 외환은행은 부실 금융기관에 해당하지 않으나 잠재 부실 규모 등을 고려할 때 경영 여건이 지속적으로 악화될 가능성.

7월 21일과 22일에는 각각 이정재와 김진표의 인터뷰가 언론을 탄다. 7월 21일 금융감독위원회는 보도자료를 내고 "이정재 위원장이 '금융 부문의 외국인 투자 자격 요건이나 출자 승인 등 규제의 존속 필요성 여부 등 외국인 투자 규제를 종합적으로 점검해 개선 방안을 마련하라'고 지시했다"고 밝혔다. 사전에 치밀하게 계획된 각본이었을까? 이정재의 의사였는지 김석동 등이 추동한 것인지는 확인된 바 없으나 론스타의 자격 조건을 검토하는 민감한 시점에 영향을 미칠 수밖에 없는 발언이었다.

김진표의 인터뷰도 논란이 되었다. 김진표는 7월 22일 미국의 『블룸버그통신』과 인터뷰에서 "수출입은행 소유의 외환은행 지분 32.5%의 전부 또는 일부를 론스타에 매각하는 내용을 고려하고 있다"고 밝혔다. 미리 계획된 인터뷰였겠지만 아직 수출입은행이 공식 입장을 밝히지 않은 상태에서 경제부총리가 나서서 쐐기를 박은 것이다. 이 인터뷰가 7월 25일로 예정된 금융감독위원회 간담회에 영향을 미쳤을 가능성이 크다.

★
"한 손에는 마이크, 한 손에는 여자"

7월 21일 의문의 팩스 5장은 여러 가지로 미스터리다. 김석동은 금융 감독위원회 감독정책1국 국장이었다. 당시 금융감독원 은행검사1국 국장을 맡고 있던 백재흠에게서 "외환은행이 2003년 말 최악의 상황을 전제로 BIS 비율이 9.14%까지 떨어질 수 있다"고 보고 받았으나 "외환은행으로부터 다시 자료를 받아 중립적인 시나리오와 비관적인 시나리오로 나눠 보고하라"고 지시한다. 백재흠은 이곤학 사무관에게 "시간이 촉박하고 BIS 비율 전망치는 검증이 불가능하니 외환은행에서 전망치를 받으라"고 지시했다. 실제로 주무부서는 금융감독원 은행감독국인데 은행감독국을 건너뛰고 은행검사1국을 시켜 감독을 받아야 할 외환은행에 자체 전망을 받으라고 지시한 것이다.

외환은행이 보낸 시나리오는 7월 18일 5.25%에서 7월 19일 6.04%로, 7월 21일에는 6.16%로 계속 바뀐다. 이곤학 사무관이 받은 의문의 팩스 5장에는 BIS가 6.16%로 찍혀 있었다. 검찰 조사에서 이곤학은 "BIS 비율 전망치를 삭제하자고 건의했으나 백재흠이 묵살했다"고 진술했다. "백재흠이 외환은행이 자체 추정한 것이라고 명시하면 괜찮다는 취지로 말해 그대로 가게 됐다"는 게 이곤학의 진술이었다.

그러나 백재흠은 검찰 조사에서 "그런 말을 한 적 없다"고 부인했다. 백재흠은 7월 25일 금융감독위원회 간담회에서는 "6.16%가 은행검사1국에서 검증한 수치냐"는 비상임위원 하성근의 질문에 "금융감독원 은행검사1국에서 검증한 수치가 맞다"면서 허위 보고를 했다. 7월 24일 김진표에게 보고된 재정경제부 보고서에는 다음과 같이 기재되어 있었다.

"금융감독위원회는 론스타의 여러 대안 중에서 은행법 유권해석을 통한 론스타의 한도 초과 보유 승인만이 가능하다는 판단. 외환은행의 경영 여건이 지속적으로 악화될 가능성이 있으므로 은행법 시행령의 예외 규정 적용이 가능하다는 입장. 여타 대안은 도쿄스타뱅크의 자산 규모 등에 비추어 승인 곤란하다는 입장. 이와 관련 우리 부에 금융감독위원회의 계획대로 론스타에 대한 초과 보유가 승인될 수 있도록 협조 공문 발송 및 지원 요청."

금융감독위원회는 재정경제부에 협조를 요청하는 공문을 보내달라고 하고 재정경제부는 금융감독위원회의 판단을 지지하는 모양새로 공문을 보내겠다고 경제부총리에게 보고한 것이다. 교묘하게 서로 책임을 떠넘기는 양상이다. 변양호는 철저하게 뒤로 숨었다. 7월 28일 재정경제부 보고서에 첨부된 '외환은행 외자 유치 관련 언론 대응 방향'이라는 문건의 내용은 다음과 같다.

"정부는 이번 협상의 당사자가 아님. 투자자와 외환은행의 경영진 및 대주주가 결정한 사항. 수출입은행 보유 주식의 매각도 수출입은행 경영진의 판단 사항."

지금까지 협상을 주도했으면서 당사자가 아니라고 한 발 물러선 것이다. 결국 7월 25일 간담회 직후 김석동은 이달용에게 "금융감독위원회에서 론스타의 외환은행 대주주 자격을 인정해주기로 했다"는 내용으로 구두 확약을 전달하라고 지시한다. 당초 론스타의 외환은행 인수에 회의적이었던 김석동이 7월 15일 비밀회동 이후 입장이 바뀌어 적극적으로 예외 승인을 밀어붙이기 시작한 것이다. 금융감독위원회가 왜 굳이 구두 확약까지 하면서 론스타를 붙잡으려 했는지는 여전히 의문이다. 7월 31일 재정경제부가 청와대에 올려 보낸 보고서도 재정경제부는 뒤로 빠지고 금융감독위원회가 전면에 나서는 모양새다.

제목 : 론스타의 외환은행 인수 자격 승인 방안.
금융감독위원회는 론스타의 여러 대안 중에서 은행법 유권해석을 통한 론스타의 한도 초과 보유 승인만이 가능하다는 판단. 외환은행의 경영 여건이 지속적으로 악화될 가능성이 있으므로 은행법 시행령 예외 규정 적용이 가능하다는 입장. 여타 대안(도쿄스타뱅크와의 합작이나 론스타를 금융기관으로 인정 등)

은 도쿄스타뱅크의 자산 규모 등에 비춰 승인 곤란하다는 입장. ABN암로와의 공동 인수 방안의 경우 론스타가 향후 경영권 분쟁 소지 등을 이유로 추진하지 않기로 결정.

변양호가 김석동을 윽박질러서 예외 승인을 밀어붙였으면서 금융감독위원회의 판단인 것처럼 청와대를 속이고 정작 예외 승인을 위해 편법을 동원해야 한다는 사실도 숨기고 있다. 10인 비밀회동에 청와대 비서관 주형환도 있었기 때문에 청와대가 이런 분위기를 전혀 모르고 있었다고 보기는 어렵다. 드러나지 않은 암묵적인 공감대가 형성되어 있었을 수도 있다.

9월 5일 간담회에서도 금융감독원 은행감독국장 정성순이 회의 자료에 6.16%라는 BIS 전망치가 '외환은행 자체 추정'이라고 되어 있는 걸 보고 '은행검사1국 추정'으로 바꾸라고 지시했다는 진술이 확보되었다. 김석동, 백재흠, 정성순 등 국장급에서 BIS 조작이 조직적으로 이루어졌다는 이야기다.

검사	증인은 2003년 7월 21일 외환은행으로부터 2003년 말 외환은행에 대한 BIS 비율 추정치가 6.16%로 계산된 자료를 송부받아 금융감독위원회 보고서에 인용한 그 수치가 금융감독위원회의 론스타 인수 자격 승인 여부에 결정적인 역할을 한 사실을 알고 있습니까?
이곤학	나중에 알았습니다.
검사	앞서 검토한 바와 같은 금융감독원의 상시 감시 시스템에 의

하여 2003년 3월 31일자로 8.55%, 2003년 6월 30일자로 9.56%였던 은행의 BIS 비율이 연말에 갑자기 6.16%까지 떨어진다는 것이 가능한가요?

이곤학   그것은 하나의 시나리오입니다.

검사   외환은행 검사에 참여한 수석 검사역 부남호는 같은 질문에 '아주 비정상적이거나 특이한 상황이 발생하지 않는 한 일반적이지 않다고 생각한다'고 답변한 바 있는데, 그에 대한 증인의 견해는 어떻습니까.

이곤학   외환위기 당시에도 비슷한 상황이었는데 실제로 문제되고 부실화가 표면화되었을 때는 일시에 무너지는 상황이 발생했었고 그 이외에도 외환은행 같은 경우는 포트폴리오 구성상 대기업 여신이 많았던 것으로 알고 있습니다. 기업에 대한 여신이 클린화 차원에서 청산이 되어 있지 않은 경우가 있었기 때문에 그런 가능성에 대해서도 항상 불안 요소로 있었습니다.

7월 21일은 외환은행 이사회가 있던 날이다. 이날 이사회는 상반기 이익 현황과 중기 경영 계획을 보고하는 자리였다. 외환은행은 2003년 상반기 1,592억 원의 당기순손실을 기록했다. SK글로벌의 부실에 따른 충당금 1,063억 원과 하이닉스반도체 주식 평가손실 2,363억 원 등이 반영되었기 때문이다. 외환은행은 업무 이익 목표를 당초 계획 1조 1,800억 원에서 9,776억 원으로, 당기순이익 목표는 3,000억 원에서 859억 원으로 낮춰 잡았다. 주목할 부분은 이강원의 태도다. 이강원은 이날 이사회에서 실적 호전에 대해 강한 자신감을 내비쳤다.

"최근 영업이 부진하다는 의견에는 동의할 수 없습니다. 순이자 이익은 10.2%가 늘었고 수수료 이익도 지난해까지만 해도 1~2% 정도 늘어나는 데 그쳤는데 올해는 25%나 늘었습니다. 올해 860억 원의 이익을 계획하고 있는 데 세금을 포함하면 2,000억 원 수준입니다. 지난해 110억 원, 세금 감안해 1,000억 원 수준의 이익에 비교하면 올해 들어 실적이 크게 개선됐다고 볼 수 있습니다."

이날 이강원의 발언은 좀처럼 이해하기 어렵다. 당장 은행이 문을 닫을 것처럼 엄살을 피우면서 이사회에 와서는 큰소리를 치고 있다. 이강원으로서는 론스타에 매각하는 게 장기 집권을 위한 포석이었을 수도 있다. 어차피 주인이 바뀔 거라면 아예 적극적으로 새로운 주인 을 맞아들여야 자리를 보전 받을 수 있다는 발상이었을까?

이날 이사회에서는 상반기 대손충당금을 2,960억 원으로 잠정 집계하고 연말 전망을 8,467억 원으로 잡았다. 최악의 경우 9,875억 원 까지 늘어날 수도 있다는 단서가 붙었지만, 이는 감독 당국이 충당금 적립 비율을 높여 잡을 경우다. 결국 이날 이사회에서는 수정된 전망에 따라 BIS 목표를 10.3%에서 10.0%로 낮춰 잡았다. 이사들을 상대로 엉뚱한 소리를 한참 늘어놓은 이강원은 회의 끝 무렵에서야 론스타 건을 짧게 언급한다.

"자본의 적정성 확보 차원에서 세 가지 관점에서 추진을 해오고 있고 지금도 진행 중입니다. 첫 번째는 론스타뿐만 아니라 경쟁 관계를 유지하면서 여러 곳과 협상 진행을 해오고 있으나 지금은 론스타 위주로 협의를 진행하고 있

습니다. 두 번째는 기본 방향이 외자 유치로서 증자를 우선적으로 고려하고
있습니다. 세 번째는 가격이나 세부적인 조건은 결정된 것이 없고 협의를 진
행 중에 있습니다. 다만 상대방과 협의를 진행 중이기 때문에 과정에 대해서
말씀드리기 어려운 점이 있으며 지금까지 결정된 것은 없습니다. 중요한 상황
이 발생되면 당연히 이사회에 보고하도록 하겠습니다."

"단순한 외자 유치냐 아니면 경영권을 넘기는 것이냐"는 질문에 그
는 "결정된 것이 없기 때문에 구체적으로 말할 수 없다"면서 "이러한
내용이 시장에 나가게 되면 저희도 감당할 수가 없고 협상 진행 자체
가 깨질 수 있다"고 엄포를 놓기도 했다. 단순히 기밀 유지 차원이 아
니라 이사회를 완전히 배제하고 딴 주머니를 찬 것이다. 바로 그 다음
날 김진표가 『블룸버그통신』과 인터뷰에서 수출입은행 지분 전부 또
는 일부를 론스타에 매각할 수 있다고 밝혔을 때 외환은행 이사들은
어떤 기분이 들었을까?

　7월 25일 금융감독위원회 간담회에는 위원장과 부위원장이 참석하
지 않고 양천식 위원이 회의를 주재했다. 9명 위원 가운데 양천식, 하
성근, 이효익 위원 3명만 참석했다. 금융감독위원회에서 김석동, 유재
훈, 송현도, 금융감독원에서 백재흠, 이곤학, 이병화 등이 참석했다. 공
식 회의록은 남지 않았지만 이날 회의에서는 대략 이런 내용이 오고
간 것으로 기록에 남아 있다.

　양천식은 "외환은행이 어려운데 론스타가 1조 원 이상의 신규 자금
을 투입해서 경영을 정상화할 수 있다면 대주주 자격을 승인하는 것
이 바람직하다"는 취지로 발언했고, 하성근은 "1조 원의 신규 자금과

론스타의 경영 계획 등을 적극적으로 홍보해 외국계 자본에 대한 부정적 여론에 대응해야 한다"고 거들었다. 이날 간담회에서는 론스타가 비금융 주력자에 해당하는지에 관한 보고도 없었고 관련 논의도 없었다.

8월 12일 외환은행과 금융감독원이 '주요 경영지표 개선에 관한 약정서'라는 이름으로 약정을 체결하는 과정도 흥미롭다. 이 약정서는 6월부터 금융감독원 차원에서 외환은행의 경영 개선을 위해 추진해왔던 것인데, 외환은행 매각에 예외 승인 규정을 적용하기로 하면서 이른바 '특별한 사유'의 결정적인 근거가 된다. 외환은행과 금융감독원은 2003년 12월 말 BIS 9.5% 이상, 단순 자기자본비율을 3.2% 이상으로 높인다는 내용으로 약정서를 체결한다. 론스타로 매각하는 걸 전제로 명분 쌓기에 들어간 것이다. 9월 5일 금융감독원 간담회에서는 이 약정서가 론스타 매각을 승인하는 결정적인 근거가 된다.

이날 간담회에서는 첫째, 잠재 부실에 따른 충당금 추가 적립 시 BIS가 6.2%까지 하락될 것으로 전망되고, 둘째, 외환은행이 주요 경영지표 개선에 관한 약정서를 체결했고, 셋째, 외환은행의 대주주가 유상증자에 참여할 수 없는 등 대규모 자본 확충이 곤란한 상황이고, 넷째, 재정경제부에서도 예외 승인을 적극 검토해줄 것을 요청했고, 다섯째, 론스타가 한국 금융 산업 발전에 기여하겠다는 적극적인 의지를 표명하고 있는 점 등이 론스타의 인수 자격을 예외 승인하는 근거가 된다.

이날 간담회 보고자료에는 BIS 6.2%가 외환은행 추정이 아니라 금융감독원 은행검사1국이 추정한 것으로 기록되어 있다. 9월 26일 금융감독위원회 본회의에서도 9월 5일 금융감독원 간담회 자료가 그대로 인용된다. 이강원은 이사회를 속이고 뒤로는 모건스탠리와 씨티그룹, 살로먼스미스바니 등과 매각 협상을 밀어붙였다. 박순풍이 변양호의 카운터파트counterpart로 뛰었고 스캇 오와 신재하 등이 스티븐 리의 카운터파트로 활동했다. 다음은 8월 5일과 6일 이틀 동안 스티븐 리와 스캇 오, 신재하, 샤리아 치스티 사이에 오고 간 이메일 전문이다.

발신 : 스캇 오

수신 : 스티븐 리

"금융감독원은 외환은행 재무 상태의 불안정 때문에 외환은행으로 하여금 양해각서에 서명하라고 6월부터 압력을 넣고 있는데 적격성 문제로 인하여 추가적인 탄력을 받고 있습니다. 이 단계에서 금융감독원이 은행감독 권한을 행사한다기보다는 이 약정서가 '특별한 사유' 기준의 충족 사유가 될 수 있을 것으로 보고 있습니다."

발신 : 신재하

수신 : 샤리아 치스티

"보헤미안 랩소디 같은 노래를 말하는 것 같군요. 모건스탠리 대 씨티그룹의 대결이네요. 한 손에 술을 들고 노래하는 것은 제 장기이기도 합니다. 재미있을 것 같습니다."

발신 : 샤리아 치스티

수신 : 스티븐 리, 신재하

"목청을 높여야 하는 오페라 같은 노래는 돼야 할 것입니다."

발신 : 스티븐 리

수신 : 신재하

참조 : 샤리아 치스티

"술은 제가 사겠습니다. 그런데 샤리아가 굉장한 노래방 마니아라고 합니다. (한 손에 마이크, 다른 한 손에 여자)"

발신 : 신재하

수신 : 스티븐 리

"술자리는 지금 당장이라도 괜찮습니다. 금융감독위원회는 외환은행이 재정적으로 부실한 상태에 있으며, 론스타의 투자가 불가결하다는 사실을 위원들에게 설득시켜야 하므로, 외환은행의 재무 건전성과 관련 양해각서를 제안하게 된 것입니다. 이러한 시도는 론스타가 '특별한 사유'라는 예외에 근거하여 투자 자격을 갖출 수 있는 근거를 만들어줄 것입니다. 외환은행의 경우, 금융감독위원회는 '특별한 사유'라는 예외에 근거하여 론스타의 투자 자격 문제를 허락하기로 하였고, 양해각서는 외환은행이 사실상 부실화 위험이 있다는 사실은 대외적으로 보여주기 위해 필요합니다."

신재하는 외환은행의 매각 자문사를 맡고 있었던 모건스탠리의 전무이고, 스캇 오는 론스타의 재무 자문사를 맡고 있었던 살로먼스미스바니의 상무로 있다가 나중에 씨티그룹과 합병되어 씨티그룹 글로벌마켓코리아의 부사장을 지냈다.

★
BIS 전망과 의문의 팩스 5장

10인 비밀회동 이후 예외 승인을 이끌어내기 위한 물밑 작업이 본격화된다. 7월 22일 유재훈이 이달용에게 전화를 걸어 "외환은행을 잠재 부실 등의 이유로 은행법 시행령 8조 2항의 예외 승인을 적용하기로 했다"고 밝힌다. 외환은행 차장 박상균이 작성한 통화 메모는 다음과 같다.

"7월 22일 금융감독위원회 유재훈 과장 통화 내용. 은행법 시행령 8조 2항에 의거 특별한 사유로 통째로 예외 취급을 함. 내부적으로는 잠재 부실 상태를 언급하지만 외부적으로는 경영과 재력이 있는 투자자를 허용하는 모습으로 추진. 7월 25일 간담회 결과를 긍정적 검토 수준으로 론스타에 통보할 예정임. 이정재 위원장 발언과도 관련이 있음."

이때부터 외환은행의 BIS 전망은 널뛰기를 한다. 먼저 2003년 1월 9일 외환은행 내부 보고서에서는 5,000억 원 증자와 당기순이익 3,000억 원을 전제로 연말에 BIS 목표를 10.3%로 잡고 있다. 하이닉스반도체의 여신 등 비관적인 시나리오의 경우 9.53%까지, 증자가 되지 않을 경우는 9.2%까지 떨어질 수 있다는 전망이 담겨 있다. 한 해 경영 계획이라 전망이라기보다는 목표와 기대 수준에 가깝다고 볼 수 있다.

2월 12일 외환은행이 재정경제부에 보낸 보고서에는 비관적인 시나리오를 가정할 경우 2003년 말 BIS가 8.32%까지 떨어질 수 있다는 전망이 담겨 있다. 그런데 3월 19일 재정경제부와 금융감독위원회 등에 보낸 보고서에서는 하이닉스반도체뿐만 아니라 SK글로벌과 외환카드 부실을 반영하면 5.09%까지 떨어질 수 있다며 전망을 낮춰 잡는다. 심지어 4월 24일 보고서에서는 2.88%까지 떨어질 수 있다는 분석까지 나온다. 5월 9일 청와대에 보낸 보고서에는 두산중공업과 외환카드 부실을 제외하면 4.80%, 포함하면 2.88%가 된다는 설명이 들어 있다. 물론 외환은행의 전망이 불확실했던 것은 사실이다.

재정경제부에 삼일회계법인의 실사 결과를 보고한 5월 22일 보고서에서는 잠재 부실을 1조 7,736억 원으로 잡고 대손충당금을 2003년과 2004년으로 나눠서 설정할 경우 2003년 말 BIS가 7.48%로 전망했다. 6월 2일 이강원이 코메르츠방크에 보낸 보고서에서는 대손충당금을 모두 2003년에 설정하는 경우 5.72%로 전망했다.

7월 16일 허창욱이 이곤학에게 보낸 이메일에는 BIS가 2003년 말 기준으로 5.42%까지 떨어질 거라는 전망이 담겨 있었다. 7월 18일에는 충당금을 1조 7,000억 원으로 잡을 경우 BIS가 5.25%로 떨어질 걸로 예상되나 증자할 경우 10.09%를 회복할 수 있다는 분석이 나왔다. 외환카드 손실을 5,800억 원으로 반영한 전망이다. 이곤학은 검찰 진술에서 "5,800억 원의 근거가 뭐냐고 묻자 허창욱이 외환카드는 자료에 협조하지 않아 애로가 많다며 다시 작성해서 보내겠다고 했다"고 밝혔다.

다음 날인 7월 19일에는 이재원이 외환카드 손실을 4,000억 원과 5,800억 원으로 잡은 2가지 시나리오를 보내왔다. 이재원은 이메일에서 "허창욱이 연락이 안 돼서 나름대로 시산을 해봤다"면서 충당금 1조 원에 외환카드 손실을 4,000억 원으로 잡은 중립적 시나리오는 BIS가 8.86%, 충당금 1조 7,000억 원에 외환카드 손실을 5,800억 원으로 잡은 비관적 시나리오는 BIS가 5.25%까지 떨어질 거라는 분석을 내놓았다. 7월 29일 외환은행 내부 보고 문건에는 다음과 같은 내용이 있다.

"어제(7월 18일)부터 금융감독위원회가 Qualification에 대해 보안을 유지하는 것 같으며 재정경제부 생각과는 달리 생각하는 것 같음. (재정경제부 생각이란 무엇인가에 대해 질문) 부실 금융기관 관련 기타 사유임."

재정경제부는 이미 부실 금융기관 정리 등 기타 사유를 적용하기로 결론이 났는데, 금융감독위원회가 움직이지 않아 곤혹스러워하는 분위기라는 걸 짐작할 수 있다. 외환은행이 BIS를 5.25%까지 낮춰가면서 무리수를 둔 배경도 여기서 짐작할 수 있다. 7월 21일 금융감독원에 접수된 이른바 의문의 팩스 5장에는 최악의 시나리오 6.16%와 중립적 시나리오 9.33% 등 2가지 시나리오가 적혀 있었다. 이 의문의 팩스 5장이 외환은행 매각의 결정적인 근거 자료가 된다. BIS가 2003년 말 6.19%까지 떨어질 거라고 전망한 근거에 대해 이곤학은 허창욱에게 들었다며 다음과 같이 진술한 바 있다.

"SK글로벌 부실액은 SK글로벌 미국 현지 법인에서 승소 가능성이 확실시됐기 때문에 실사 결과보다 감액됐다. 러시아 차관에 대한 부실액은 이자가 장기간 연체됐기 때문에 산정됐다. 하이닉스반도체 주식은 주당 1,000원으로 가정했는데 하이닉스 주식 중 80%가 출자 전환 주식으로 금융기관이 보유하고 있었고 2006~2007년까지 매각 제한이 걸려 있어 실제 유통 주식 수는 5% 정도에 불과하고 투기적 거래가 많기 때문이고, 일부 은행은 이미 손실 처리를 하고 있기 때문이다. 외환카드는 대환대출의 증가 추세 등을 고려해서 손실 예상액을 추정했다. 기타 여신 부실액 3,309억 원은 지난 4년 동안의 손실률 경험치 1.09%를 근거로 산출했다."

검찰 조서에 따르면 전용준은 "증자 후 BIS 비율 전망치가 10%를 상회하게 되면 불필요하게 자본 유치를 많이 한 것으로 간주되고 하회하면 필요 자본이 부족하다고 간주되기 때문에, BIS 비율 전망치가 10%대가 되도록 론스타의 투자 제안 금액에 맞춰 잠재 부실을 추가한 것"이라는 취지로 진술했다. 전용준과 이재원 모두 "이 BIS 비율 전망치가 예외 승인에 사용될 것이라는 사실을 알고 작성한 것은 아니며, 다만 시점상 가장 최근 보고 자료가 그대로 관계기관 회의에 사용된 것으로 생각했다"는 취지로 진술했다.

실제로 이곤학은 외환은행이 보낸 BIS 전망치가 계속해서 변동되었고, 산출 근거에 대한 설명이 명확하지 않았기 때문에 7월 21일과 22일에 받은 BIS 전망치를 보고서에서 삭제하자는 의견을 냈으나 백재흠이 "외환은행에서 자체 추정한 것이라고 명시하면 괜찮다"는 취지로 답변했다고 진술했다. 다만 백재흠은 그런 보고를 받은 사실이 없다고 발을 뺐다.

통상적으로 금융감독위원회 간담회에는 당연직 위원 3명(재정경제부 차관, 한국은행 부총재, 예금보험공사 사장)을 제외한 상임위원 3명(위원장 이정재, 부위원장 이동걸, 상임위원 양천식)과 비상임위원(하성근, 이효익, 이태훈) 3명, 합계 6명이 참석하게 되어 있다. 그런데 이날 간담회는 위원장 이정재가 불참하고, 부위원장 이동걸이 회의를 주재하기로 되어 있었는데 갑작스럽게 이동걸도 빠지게 된다. 양천식이 회의를 주재하고 비상임위원 이태훈까지 불참해 양천식, 하성근, 이효익 3명만 참석한 회의가 되었다. 송현도 등이 검찰에서 진술한 이날 회의 내용은 다음과 같다.

백재흠이 BIS 전망치 6.2%는 금융감독원이 외환은행과 협의해 산출한 수치라고 설명했고, 양천식은 외환은행의 경영이 어려운데 론스타가 1조 원 이상의 신규 자금을 투입해서 외환은행의 경영을 정상화할 수 있다면 대주주 자격을 승인하는 것이 바람직하지 않느냐는 취지로 발언했다. 이효익은 론스타가 외환은행을 어떻게 경영할 것인지는 심사해보자고 제안했고, 하성근은 1조 원의 신규 자금이 들어온다는 사실을 적극적으로 홍보해 부정적인 여론에 대응해야 한다는 취지로 말했다.

　김석동은 "금융감독 위원들은 외환은행이 어렵다는 점에 대해 인식을 같이하고, 예외 승인 추진 방안에 대해서도 동감하는 편이었다"면서 "다만 사모펀드에 대한 예외 승인인 만큼 외환은행 경영계획서의 제출을 요구해야 한다는 의견을 냈다"는 취지로 진술했다. 론스타가 비금융 주력자에 해당하는지에 관한 논의는 없었고, 정례회의가 아니어서 따로 녹음을 하거나 의사록을 작성하지도 않았다는 게 김석동의 설명이었다.

★

"론스타는 투자 구조가 왜 이렇게 복잡한가요?"

송현도가 8월 1일 이재원에게 이메일을 보내 "외환은행의 재무 상황을 고려하면 감독 당국으로서 취할 수 있는 조치라고 보지만 그것보다는 가격 산정 심사를 할 때 근거가 취약한 형편이라 약정서라도 근거로 삼고 싶다"면서 "승인 심사에 임박해 제출하는 것은 모양이 좋지 않으니 협조 바란다"고 털어놓는다. 이에 이재원은 "취지는 알겠으나 새로운 경영진이 구성된다고 볼 때 약정서 자체가 부담이 될 수 있다"면서 "론스타에게는 이러한 약정서의 존재가 외환은행의 재무 상황에 대한 오해를 불러일으킬 소지가 있다"고 지적한다. 8월 6일 박순풍이 스티븐 리에게 보낸 이메일에도 약정서 이야기가 나온다.

"외환은행은 가장 비관적인 시나리오의 경우 2003년 말 현재 BIS 비율이 8% 훨씬 아래가 될 것이라는 보고서를 금융감독위원회에 제출했음. 비록 이 보고서는 금융감독위원회(로) 하여금 특별한 사유 시나리오에 대해 구두 약속을 하게 하는 데 도움이 됐지만 론스타의 인수 자격을 예외적으로 취급하려면 공식적인 사유가 필요함. 금융감독위원회 위원들에게 약정서는 예외 승인안을 공식 승인을 하게 하는 좋은 방편이 될 수 있음."

요식적인 금융감독위원회 간담회 이후 론스타는 9월 2일 금융감독원에 외환은행 주식 취득 승인 신청서를 냈고, 다음 날인 9월 3일 재정경제부는 론스타의 신청서를 적극 검토해주시기를 바란다는 내용의 의견서를 금융감독위원회에 보냈다.

"외환은행은 8월 27일 론스타펀드와 외자 유치 계약을 체결했는바, 이번 외자 유치가 소기의 성과를 얻어 외환은행의 조속한 경영 정상화가 이뤄지고 수출입은행의 외환은행에 대한 출자 자금이 회수될 수 있도록 은행법 제15조 및 동법 시행령 제8조에 따른 동일인의 주식 보유 한도 초과 승인을 적극 검토해주시기를 바랍니다."

이 공문은 금융감독위원회에 재정경제부의 압력으로 받아들여질 소지가 충분하다. 애초에 짜고 치는 고스톱이었으나, 서로 공문을 주고받으면서 명분을 만들고 있는 것이다. 금융감독위원회와 론스타는 '부실 금융기관 정리 등 특별한 사유'에 해당하는 요건을 만들기 위해 8월 12일 '주요 경영지표 개선에 관한 약정서'라는 제목으로 요식적인 약정서를 체결한다.

8월 6일에 박순풍이 스티븐 리에게 이메일을 보냈지만, 신재하도 스티븐 리에게 이메일을 보낸다. 신재하는 "금융감독위원회는 외환은 행이 재정적으로 부실해지고 있으며, 론스타의 투자가 불가결하다는 사실을 위원들에게 설득시켜야 하므로 외환은행의 재무 건전성과 관련 양해각서를 제안하게 된 것"이라며 "이러한 시도는 론스타가 '특별한 사유'라는 예외에 근거하여 투자 자격을 갖출 수 있는 근거를 만들어줄 것"이라고 설득한다.

9월 25일은 론스타의 주식 초과 보유 신청이 금융감독위원회 본회의에서 최종 승인된 날이다. 이날 회의에는 이동걸, 양천식, 이성태, 이효익, 이태훈, 하성근 위원이 참석하고 이정재, 김광림, 이인원 위원이 불참했다. 다음은 금융감독위원회가 정리한 회의록을 중심으로 회의 내용을 다시 구성한 것이다. 실명이 기록되어 있지 않아 누구의 발언인지는 확인할 수 없다.

질문	외환은행이 미국에 영업망을 유지하는 경우 론스타가 미국의 은행지주회사법 적용을 받게 되는 문제가 발생합니다. 론스타가 그러한 규제를 벗어나기 위해 외환은행의 미주 영업을 폐쇄하는 거 아닙니까?
답변	론스타 측은 외환은행에 대한 국민 정서 및 브랜드 파워를 감안해 2년의 유예 기간을 달라고 변호사를 통해 연방준비제도이사회를 설득 중에 있습니다. 외환은행은 해외 영업력을 감안하여 제한된 범위 내에서 지점을 유지할 수 있도록 노력하고 있습니다.

질문	론스타가 2년 동안 연방준비제도이사회의 감독을 받지 않겠다는 말은 2년 후 감독을 받는 상황이 오기 전에 론스타가 지분을 매각하겠다는 계산을 하고 있는 것 아닙니까.
답변	투자계약서상에 2년 동안 지분 매각을 금지하고 있습니다. 그리고 장기적인 투자를 하겠다는 서신을 우리 측에 보내왔습니다.
질문	론스타가 얼마나 건전하고 도덕적인가에 대한 종합적인 검토가 필요할 것 같습니다.
답변	부실채권 매입과 부동산 취득, 기업 인수 등 3개 사업 부문에 투자를 하는 기업입니다. 그런데 구체적인 운영 실적은 알아보기 어렵습니다.
질문	외국계 사모펀드가 제조업과 금융업에 같이 투자하는 부분에 대한 검토가 있어야 하는 것 아닌가요?
답변	은행법상 규제 장치가 있습니다.
질문	론스타는 투자 구조가 왜 이렇게 복잡한가요?
답변	조세 회피 목적이라고 합니다.
질문	론스타의 의사결정 주체가 누구인가 알 수 없습니다.
답변	최종적으로 LSF-KEB홀딩스라는 펀드가 외환은행을 인수하게 됩니다.

이날 금융감독위원회 위원들은 론스타의 주주 구성이나 투자 포트폴리오 등에 대해 아무런 정보가 없는 상태에서 론스타의 외환은행 지분 취득을 승인하는 결정을 내렸다. 2년 안에 주식을 팔지 못하도록 계약을 맺었지만, 그 이후를 장담할 수 없다는 것도 이들은 모두 알고

있었다. 론스타의 투자 목적이 단기 차익 실현에 있다는 건 분명했지만, 별다른 질문도 없이 만장일치로 외환은행 매각을 결정했다. 모든 결정은 재정경제부에서 내려왔고 금융감독위원회는 요식적인 절차만 밟았을 뿐이다.

이날 금융감독위위원회 회의는 몇 가지 심각한 절차적 문제를 남겼다. 론스타는 이미 9월 2일 동일인 현황과 투자 구조도 등을 제출했다. 이날 회의 안건은 론스타의 '동일인 주식 보유 한도 초과 승인'이었다. 동일인이 누구인지 확인하고 이 동일인이 과연 외환은행의 대주주가 될 자격이 있는지 심사하기 위한 회의였다는 이야기다.

외환은행의 실질적인 인수 주체는 벨기에에 있는 LSF-KEB홀딩스SCA라는 회사였다. 그런데 실제로 외환은행 지분을 인수하고 코메르츠방크와 수출입은행의 지분을 사들인 건 론스타펀드4호US였다. LSF-KEB홀딩스와 론스타펀드4호는 9월 5일 론스타펀드4호US가 외환은행과 체결한 계약의 권리와 의무를 LSF-KEB홀딩스에 양도하는 계약을 맺었다. 론스타가 제출한 투자 구조도를 보면 미국에 있는 론스타펀드4호US가 버뮤다와 룩셈부르크를 거쳐 벨기에에 있는 LSF-KEB홀딩스를 지배하고 있다.

결국 론스타파트너스4호(버뮤다)와 론스타펀드4호(미국), 론스타펀드4호글로벌(버뮤다), KEB홀딩스(버뮤다), 론스타KEB캐피탈인베스트먼트(룩셈부르크), LSF-KEB홀딩스(벨기에)는 모두 100%씩 지분을 투자한 동일인이다. 금융감독위원회에 제출한 주식 초과 보유 승인 신청서는 론스타파트너스4호와 론스타펀드4호, LSF-KEB홀딩스가 신청인으로 되어 있다.

문제는 금융감독위원회가 론스타펀드4호가 비금융 주력자인지 아닌지 제대로 심사를 했느냐다. 비금융 주력자라면 무슨 수를 써도 외환은행 지분을 10% 이상 보유할 수 없기 때문이다. 외환은행은 애초에 부실 금융기관이 아니었을 뿐더러 설령 부실 금융기관이라고 하더라도 론스타가 비금융 주력자라면 외환은행 지분을 4%까지 보유할 수 있고 6%를 추가로 더 보유할 수는 있지만 의결권이 제한된다.

이해할 수 없는 일이지만 금융감독위원회 위원들이 론스타가 비금융 주력자인지 아닌지를 판단해야 한다는 사실을 몰랐거나 애초에 비금융 주력자가 아니라는 가정 아래 요식적으로 승인 절차를 밟았다고밖에 달리 생각할 수가 없다. 다만 김석동을 비롯해 금융감독위원회 실무 담당자들은 이 부분을 충분히 검토했으면서도 강행한 정황이 충분하다. 그런데 더 놀라운 일은 한 달 뒤에 벌어진다. 론스타가 자금을 납입한 10월 30일, 금융감독위원회에는 '동일인 주식 보유 한도 초과 보유 승인 관련 변경 보고'라는 보고서가 접수된다. 한 달 사이에 동일인 구성이 바뀌었다는 내용이다.

최초 신청서에 있던 버뮤다 소재의 론스타파트너스4호가 동일인 목록에서 빠지고 LSF4호B코리아1과 LSF4호B코리아2, KEB인베스터스2호, KEB인베스터스3호, KEB인베스터스4호 등이 추가된 것이다. 동일인 자격 심사는 매각 승인의 가장 중요한 부분이다. 동일인 구성이 바뀌었으면 당연히 다시 승인을 받아야 한다. 처음부터 자격 심사를 다시 해야 한다는 이야기다. 그런데 론스타는 이날 바로 주식 매매 대금을 납입하고 다음 날인 10월 31일 외환은행은 신주 발행 등기를 마쳤다. 실체조차 알 수 없는 LSF-KEB홀딩스가 외환은행 지분

51.02%를 확보한 것이다. 론스타의 지분 바꿔치기는 보름이 더 지난 11월 21일에서야 금융감독위원회 회의에 보고되고 별다른 문제 제기도 없이 가라앉아 있다가 8년이 지난 2011년 11월에서야 다시 드러난다.

뒤늦게 다시 살펴보니 수상쩍은 데가 한두 군데가 아니었다. 투자 구조도에는 나와 있지 않지만 신청인 현황에 보면 론스타파트너스4호의 최대 주주는 버뮤다에 있는 론스타매니지먼트4호라고 되어 있다. 그런데 정작 이 회사에 대한 정보는 찾아볼 수 없다. 8월 21일 승인 신청 서류에 들어 있던 허드코파트너스4호코리아라는 회사가 9월 26일 금융감독위원회 회의 자료에는 빠졌다는 사실도 뒤늦게 확인되었다. 금융감독위원회 위원들은 이 수상쩍은 회사들의 실체는커녕 존재조차 몰랐을 가능성이 크다.

승인 신청을 앞두고 투자자 바꿔치기를 한 건 이른바 검은 머리 외국인들의 투자를 돕기 위한 것이라는 의혹도 제기되었다. 결국 론스타는 2003년 10월, 외환은행의 주식 3억 2,585만 주를 사들여 51.02%의 지분을 확보했다. 2억 6,875만 주는 새로 주식을 발행해서 넘겨받았고 나머지 5,710만 주는 각각 최대 주주와 2대 주주였던 정부(수출입은행과 한국은행)와 코메르츠방크에서 넘겨받았다. 신주 인수 가격은 4,000원, 정부와 코메르츠은행의 구주 인수 가격은 5,400원이었다.

게다가 계약 조건에는 추가로 14.23%를 사들일 수 있는 콜 옵션이 포함되어 있었다. 콜 옵션의 행사 가격은 ① 4,245원과 행사 전 10일 동안의 주가 평균값과 ② 5,400원에서 해마다 복리 4.5%씩 인상한

값, 이 둘 가운데 높은 가격으로 정하도록 되어 있다. 행사 시점의 주가가 1만 3,000원이라면 콜 옵션 행사 가격은 8,623원이 된다. 1만 3,000원짜리 주식을 8,623원에 살 수 있게 된다는 이야기다. 수출입은행과 코메르츠방크로서는 주가가 오르면 오를수록 손실이 커지는 구조였다. 코메르츠방크는 자금 사정이 안 좋아서 어쩔 수 없었다고 하지만 수출입은행의 태도는 좀처럼 이해하기 어렵다.

검찰 수사와 재판 결과, 무엇이 어떻게 달랐는가?

론스타에 대한 검찰 수사는 2005년 9월, 투기자본감시센터의 고발로 시작되었다. 투기자본감시센터는 론스타, 외환은행, 재정경제부, 금융감독위원회 관계자 등 20명을 서울중앙지방검찰청에 고발했다. 이어 10월에는 국세청이 론스타어드바이저코리아와 허드슨어드바이저코리아 등 18개 법인과 스티븐 리 등 임직원 7명을 특정경제가중처벌법 위반 등 혐의로 고발했다. 2006년 2월에는 금융감독원이 론스타의 외환거래법 위반 수사 자료를 검찰에 통보했고, 3월에는 국회 재정경제위원회가 이강원 등을 검찰에 고발했다. 대검찰청은 중앙수사부 제2과에 사건을 배당했다. 6월에는 감사원이 감사 자료를 검찰에 통보했고, 9월에는 증권선물위원회가 주가조작 관련 자료를 검찰에 통보했다. 이 사건은 중앙수사부 제1과에 배당되었다.

대검찰청은 2006년 3월, 중앙수사부 제2과장을 팀장으로 회계전문 검사 등 5명, 수사관 25명 등으로 특별수사팀을 편성해 수사에 착수했다가 감사원 감사 결과를 받고 중견 검사 2명과 수사관 10명을 추가 투입했다. 이어 8월 중앙수사부 제1과를 투입하는 등 수사팀을 확대 개편하고 검사 20명과 수사관 80명 등 총 100여 명 규모의 특별팀을 구성했다. 감사원 원장 전윤철을 비롯해 재정경제부 장관을 지낸 김진표, 이헌재, 진념, 금융감독위원회 위원장을 지낸 이근영, 이정재, 부위원장 이동걸, 재정경제부 장관 권오규, 외환은행 이사회 의장 정문수 등 630여 명을 조사했다. 대검찰청은 정확히 9개월의 수사를 거쳐 12월 7일 중간 수사 결과를 발표했다. 다음은 검찰 발표 요약 전문이다.

- 외환은행의 매각 과정에서 당시 재정경제부 금융정책국장 변양호와 외환은행장 이강원 등이 론스타펀드 측과 유착되어 정부의 금융 정책 기조에 반하여, 절차와 규정을 어기면서까지 의도적으로 외환은행 자산을 저평가하고 부실 규모는 부풀려 정상 가격보다 최소 3,443억 원, 최대 8,252억 원의 낮은 가격에 매각하였고, BIS 비율을 부당하게 낮추어 금융감독위원회로 하여금 론스타의 외환은행 인수를 승인하게 한 사실이 확인되었음.
- 론스타펀드가 한국에서 다수의 자산유동화전문회사를 설립한 후 부실채권을 매매하는 과정에서, 자산유동화전문회사 간의 수익률을 불법적으로 조작해서 114억 원의 조세를 포탈하고, 243억 원의 업무상 배임행위를 하였음.
- 또한, 론스타펀드가 외환은행을 인수한 직후, 그 자회사인 외환카드를 인수

· 합병하는 과정에서 인수 가격을 낮추기 위해 허위의 감자설을 언론에 유포하여 주가를 하락시킴으로써 403억 원의 불법 이익을 얻은 사실이 확인되었음.

- 이에 따라, ① 이강원 전 외환은행장을 특경법상 배임죄로, 하종선 변호사를 특가법상 알선수재죄로 구속 기소하는 등 6명을 구속 기소하였고, ② 변양호 전 재정경제부 금융정책국장을 특경법상 배임죄로 불구속 기소하는 등 9명을 불구속 기소하였으며, ③ 증권거래법 위반 혐의 등으로 수사 중인 유회원 론스타코리아 대표이사에 대해서는 대법원의 재항고 결정이 이루어지는 대로 기소할 것임.

- 한편 외국으로 도주하거나, 외국에 거주하면서 출석에 불응하고 있는 론스타펀드의 부회장 엘리스 쇼트, 한국 대표 스티븐 리, 법률 고문 마이클 톰슨 등 3명에 대하여는 증권거래법 위반 혐의 등으로 범죄인 인도 절차를 진행하고 있음.

- 외환은행 매각 관련 로비나 주가조작 관련 미진한 부분에 대해 중앙수사부에 특별전담팀을 별도 편성하여 계속 수사할 것이며,

- 지금까지의 수사 결과, 외환은행의 매각 과정에서 업무상의 비위 혐의가 드러난 재정경제부, 금융감독위원회, 금감원의 관계 공직자들에 대해서는, 그들의 비위 사실과 수사 과정에서 나타난 문제점 등을 관련 자료와 함께 감사원에 통보할 예정임.

몇 가지 눈길을 끄는 부분이 있다. 검찰은 외환은행이 당초 매각이 아니라 증자가 목표였는데 변양호가 하종선의 청탁을 받고 론스타에 외환은행을 넘기기로 하고 이강원 등과 공모해 헐값에 팔아넘겼다는

결론을 내렸다. 공개경쟁도 없이 론스타가 제시한 가격 그대로 외환은행의 자산 평가 결과를 조작하도록 지시하고 BIS를 낮춰 잡아 론스타에 인수 자격을 부여했다는 것이다. 검찰이 추산한 업무상 배임 규모는 3,443~8,253억 원이었다. 검찰은 이 과정에서 변양호가 하종선에게서 네 차례에 걸쳐 4,174만 원 상당의 뇌물을 받았다는 결론을 내렸다. 또한 외환은행이 보고펀드에 400억 원을 출자하겠다는 약속을 받은 것도 수뢰 후 부정 처사에 해당한다는 게 검찰의 판단이었다.

이강원에게는 변양호와 공모해 BIS를 조작하고 외환은행의 주식 가치를 낮게 평가한 혐의로 특정경제가중처벌법 위반뿐만 아니라 인테리어 공사 수주 대가로 4억 7,150만 원을 받는 등의 혐의가 추가되었다. 행장에서 물러난 뒤 경영 고문료 등 명목으로 15억 8,400만 원을 받은 것도 수재에 해당한다는 게 검찰의 판단이었다. 이 밖에도 하종선은 변양호에게 뇌물을 건넨 혐의, 이달용은 이강원과 공모해 BIS를 조작한 혐의 등으로 기소되었다.

변양호가 주범으로 몰린 것과 달리 김석동이 참고인 중지 처분을 받은 것도 눈길을 끌었다. 김석동은 BIS가 당초 보고 받은 것보다 낮게 잡혔다는 사실을 알았으면서도 예외 승인을 주도했고, 백재흠과 양천식 등도 이에 가담한 사실이 확인되었다. 그러나 검찰은 "조작된 사실을 알았다고 인정할 자료가 없고 BIS 비율 조작에 직접 개입한 혐의를 입증할 자료가 부족하다"고 판단했다.

유회원이 김석동 등을 상대로 로비한 정황이 확인되었다면서도 스티븐 리가 해외 도피 중이라 확인이 어렵다는 이유로 참고인 중지 처분을 받은 것도 석연치 않다. 스티븐 리는 회사 자금 254만 달러와

11억 2,000만 원을 용역비 등으로 허위로 처리해 업무상 횡령과 조세 포탈 등의 혐의를 받고 있었지만 기소 중지되었다. 존 그레이켄John Grayken, 엘리스 쇼트, 마이클 톰슨Michael Thompson 등 론스타 관계자들은 추후 처리 예정이라고만 밝혔다. 외환카드 주가조작 사건 역시 의도적인 주가조작 정황이 확인되어 전용준과 정헌주 등이 불구속 기소되었다.

이 밖에도 론스타의 부실채권 등의 업무를 담당했던 허드슨어드바이저코리아 부사장 신동훈과 자산관리팀장 오성일 등이 뇌물 수수 혐의로 불구속 기소되었다. 론스타의 기업 구조조정 전문 자회사 KDB 론스타의 대표 우병익과 상무 이대식은 둘 다 부정한 청탁과 알선으로 뇌물을 받은 혐의로 구속 기소되었다.

흥미로운 대목은 스티븐 리가 살로먼스미스바니 대표 김은상을 통해 재정경제부와 금융감독위원회, 외환은행 관계자들을 상대로 로비를 시도했다는 사실이다. 검찰은 "재정경제부의 동의 없이는 매수 협상 자체가 불가능하고 사모펀드의 은행 인수에는 은행 경영진의 협조와 금융감독위원회의 승인이 필수적이라는 사실을 인식하고 로비 대상을 선정했다"고 설명했다. 그러나 검찰은 "론스타 임원들의 로비 의혹은 전모가 규명되지 않았다"고만 밝혔다.

론스타 사건 재판은 그 뒤 86회의 공판을 거쳐 2008년 11월 24일에서야 1심 판결이 나왔다. 재판에 출석한 증인만 34명, 공판 기록은 54권, 수사 기록과 참고 자료는 60여 권에 이르고 판결문만 1,019페이지나 되었다. 판사가 판결문을 요약해서 낭독하는 데만 1시간 30분이 걸렸을 정도다.

1심 재판부는 변양호, 이강원, 이달용의 배임 혐의에 모두 무죄를 선고했다. 이강원만 납품업자에게 금품을 받은 혐의로 징역 1년 6개월을 선고 받았을 뿐이다. 재판부는 "외환은행 매각 과정에서 피고인들에게 부적절한 행위가 있었음을 부인할 수는 없지만 매각이라는 전체의 틀에서 엄격하게 봤을 때 배임 행위나 의사가 있었다고 보기 어렵다"는 결론을 내렸다.

　법원은 검찰의 주장을 대부분 뒤집었다. BIS를 낮춰 잡은 정황은 있지만 론스타의 인수 가격을 고의로 낮춰주거나 론스타에 인수 자격을 부여하기 위한 것이라고 보기 어렵다고 판단했고, 변양호가 스티븐 리를 만난 사실은 있지만 론스타에 유리한 자격을 주기 위해 외환은행에 손해를 끼쳤다고 보기 어렵다고 판단했다. 론스타 이외의 대안이 없었기 때문에 론스타가 인수했다고 해서 손해가 발생했다고 보기 어렵고 배임 혐의도 성립되지 않는다는 논리였다. 뇌물 혐의에 대해서도 "돈을 건넨 사실이 인정되지 않거나 직무 관련성이 인정되지 않는다"는 등의 이유로 무죄를 선고했다. 변양호의 완벽한 승리였다.

　법원 판결에는 이해할 수 없는 부분이 많았다. 첫째, 법원은 "외환은행에 대규모 자본 확충의 필요성이 있었고 론스타 이외 다른 투자자가 나타나지 않았던 데다 론스타가 51%의 경영권을 요구했기 때문에 자연스럽게 경영권 이전을 수반하는 은행 매각이 불가피했던 것으로 보인다"고 밝혔다. 살리려고 자본 확충을 추진했는데 자본 확충을 하기 위해서는 경영권을 팔아넘기는 게 불가피했다는 앞뒤가 안 맞는 주장을 하고 있는 셈이다. 정부가 외환은행을 살릴 계획이었다면 최악의 경우 경영권 매각보다는 한국은행의 발권력을 동원해 증자를 하는 방법도 얼마든지 있다.

둘째, 법원의 주장 가운데 특히 논란이 되었던 대목은 이강원 등이 외환은행의 부실을 과장한 것이 금융기관의 대주주가 될 자격이 없었던 론스타에 예외 승인을 부여하기 위한 목적이 아니었다고 판단한 부분이다. 그러나 실제로 이강원이 만든 자료가 예외 승인을 허용하는 데 결정적인 근거가 된 것은 의심할 여지가 없다. BIS가 외환은행 매각의 핵심 열쇠인데, 법원은 이에 면죄부를 준 셈이다.

셋째, 론스타는 51%의 지분을 확보하기 위해 한국은행과 수출입은행 등의 지분 5,170만 주를 주당 5,400원에 사들이고 2억 6,875만 주를 새로 발행해 주당 4,000원에 사들였다. 경영권 프리미엄은커녕 금융감독위원회 승인 결정 당시 주가 4,650원에도 못 미치는 터무니없이 낮은 가격이었다. 수출입은행이 처음 외환은행의 유상증자에 참여했을 때 매입 단가가 6,479원이었다는 점을 감안하면 평가 손실은 무려 1,366억 원이나 되었다.

론스타에 외환은행을 넘겨주기 위해 한국은행과 수출입은행은 엄청난 손실을 떠안았고 시세보다 낮은 가격에 주식을 넘겨 다른 주주들에게도 손실을 초래했다. 그런데도 법원은 "수출입은행이 재정경제부 등의 부당한 압력에 의해 불리한 가격 조건을 수용했다고 볼 수 없다"고 판단했다. 또 "실사 결과나 가치 평가에 일부 잘못된 부분이 있다"면서도 "이 결과들이 최종 가격 결정에 적극적으로 반영됐다고 볼 수 없다"는 모호한 논리를 펼쳤다.

넷째, 결국 관건은 변양호 등이 금융감독위원회 등에 론스타의 예외 승인과 관련해 부당한 압력을 넣은 사실이 있느냐다. 법원은 "변양호가 김석동 등과 공모해 고의로 예외 승인을 하도록 했는지 인정할 구체적인 증거가 없다"면서 "배임 행위가 있었다고 단정할 수 없다"고 밝혔다. 법원은 10인 비밀회동의 존재도 인정했지만 "면담이 있었다는 것만으로 공모했다고 인정하기에 부족하다"고 판단했다.

다섯째, 법원은 변양호가 하종선에게서 4,000만 원 상당의 금품을 받은 의혹과 관련해서도 "변양호와 사적인 친분 관계에서 선의로 교부된 것일 뿐 변양호가 외환은행 매각 관련 업무를 담당하지 않았더라도 위와 같은 행위를 했을 것으로 보인다"며 "변양호가 외환은행 인수와 관련해 직무상 부정한 행위를 했다고 인정하기 어렵다"고 판단했다. 법원은 변양호가 보고펀드에 외환은행에서 400억 원의 투자를 받은 것과 관련해서도 외환은행 매각과 무관하다고 판단했고, 이강원이 퇴직 이후 19억 원 이상 고문료와 성과급 등을 지급 받은 것도 대가성이 없다고 판단했다. 특히 "하종선의 진술은 신빙성이 있다"고 판단했으면서도 "스티븐 리가 언급한 신주와 구주 가격, 콜 옵션, 태그 얼롱과 드래그 얼롱 옵션 등에 대해 변양호가 적극적으로 승낙의 의사를 표시했다고 보기는 어렵다"고 판단을 유보한 부분이 눈길을 끌었다.

변양호는 무슨 이유에서인지 하종선의 존재를 숨기려 했다. 하종선의 진술에 따르면 2006년 3월, 감사원 감사가 시작되자 변양호가 하종선을 불러 하종선이 론스타의 외환은행 인수 과정에 관여했다는 사실을 비밀로 하자고 말했다. 하종선은 외환은행 인수 등을 도와준 대가로 105만 달러를 받았는데 이 사실을 숨기고 있다가 구속된 다음에야 털어놓았다.

"제가 짐작건대, 변양호가 2003년의 외환은행 매각에 대하여 '매각의 불가피성'을 대외적으로 천명했고, 자신이 관료로서 소신에 의하여 한 일이라고 주장하는 입장이었는데, 막상 스티븐 리나 론스타가 선임한 저와의 개인적인 만남이 개입되었다는 사실이 확인되면 기존 자신의 스탠스Stance에 모순되는 일이라 판단을 하였던 것 같습니다."

하종선에 따르면 2006년 2월 말 또는 3월 초, 변양호가 "김석동과 상의하여 사건이 감사원까지 가지 않도록 할 테니까 너무 걱정하지 마라"고 말한 적이 있었다. 그러나 감사원 감사가 시작되자 "핸드폰으로 통화하면 향후 감사원 감사나 검찰 수사에서 통화 내역 조회로 추적을 당할 수 있으니 연락하지 말자"고 했다고 한다. 물론 변양호의 주장은 조금 다르다. 변양호는 하종선이 론스타에 선임되었다는 사실을 몰랐고 오히려 론스타에서 돈을 받은 적이 있느냐고 물었는데 오히려 하종선이 변양호의 말을 가로막았다고 주장했다. 하종선은 그런 사실이 없다고 반박했다.

하종선은 오히려 2003년부터 변양호가 하종선에게 "론스타로부터 돈을 많이 받게 되는 것이냐"고 물었다고 주장했다. 하종선의 주장에 따르면 하종선이 김앤장의 의견서를 변양호에게 건네면서 "금융감독위원회위가 결정한 사안이니까 너는 부담 없는 것 아니냐"고 물었고 변양호가 농담조로 "변호사비를 많이 받는 것이냐"고 말했다는 것이다. 다만 100% 정확히 기억나지는 않는다고 덧붙였다. 변양호는 "2002년 하반기에 하종선이 스티븐 리의 양아버지인 전성원을 잘 안다면서 스티븐 리가 괜찮은 친구이니 도와주라고 했을 뿐, 하종선으로부터 어떠한 부탁도 받은 적 없다"고 주장했다.

2009년 12월 29일 항소심과 2010년 10월 14일 상고심 역시 결과는 다르지 않았다. 항소심 재판부는 "신주 발행과 구주 매각 가격은 이사회의 결의를 거쳐 결정됐고 특히 신주 발행은 주주 총회의 특별 결의에 의해 이뤄졌다"면서 "헐값 매각으로 볼 수 없다"며 1심 재판 결과에 힘을 실어주었다. 게다가 "변양호는 외환은행이나 코메르츠방크나 이들의 소액주주를 위해 사무 처리자의 지위에 있다고 볼 수 없다"면서 "배임죄의 주체가 될 수 없다"고 밝혔다. 애초에 변양호의 판단이 적절했느냐와 별개로 배임죄로 처벌할 문제가 아니라는 결론이었다.

상고심에서도 "변양호가 임무를 어기고 제3자가 이익을 취하게 해국가에 손해를 입혔다면 배임죄가 성립하겠지만, 금융기관의 부실을 해결하기 위해 직무에 적합하다는 신념에 따라 내부 결재를 거쳐 시행한 것이라면 특별한 사정이 없는 한 정책 선택과 판단의 문제일 뿐 배임 책임을 물을 수 없다"면서 변양호의 무죄를 확정했다.

누가 론스타의 눈치를 보는가?

론스타 주가조작 사건은 외환카드 합병 이후 3년이 지난 2007년 1월에서야 검찰이 유회원을 불구속 기소하면서 법의 심판을 받게 되었다. 유회원은 네 차례나 구속영장이 기각되었으나 이듬해인 2008년 1월 법원이 징역 5년을 선고해 법정 구속되었다. 그러나 그해 6월 고등법원이 무죄를 선고해 풀려났다. 2심에서 무죄로 뒤집혔던 건 외환은행이 금융감독원에 외환카드의 회생 방안 등을 제출하는 등 여러 가능성을 검토하던 중이었고 감자 역시 대안 가운데 하나였다는 론스타의 주장이 받아들여졌기 때문이다. 감자 계획이 주가 하락을 부추기긴 했지만, 이미 주가가 하락 추세였다는 주장도 무시할 수 없었다.

대법원은 3년을 끌다가 2011년 3월 유죄 취지로 다시 고등법원으로 내려보낸다. 그리고 10월 6일 파기 환송심 재판부는 유회원에게 징역 3년과 벌금 42억 9,500만 원을 선고하고 최종 유죄를 확정했다. 론스타코리아에도 벌금 250억 원이 선고되었다. 대법원은 "유회원 등은 감자 없이 합병을 하기로 결정했으면서도 감자의 가능성이 높을 것으로 인식하고 있는 투자자들의 오인 또는 착각을 이용해 계속 주가 하락을 도모하기 위해 그와 같은 정보가 투자자들은 물론 외환은행 집행부에 알려지는 것을 차단하려 했고 감자 없는 합병 방침이 외부에 누설돼 주가가 반등하자 주식 매수 청구권 가격 등을 고정시키기 위해 지체 없이 합병 결의 이사회가 개최되도록 했다"면서 "일련의 행동은 상당한 시간이 소요되는 감자를 진지하고 성실하게 검토 추진할 의사가 있었더라면 도저히 취하기 어려운 행동들이었다"고 밝혔다.

파기 환송심 재판부는 "2003년 11월 19일 커피숍 모임은 우발적인 것이 아니라 구체적으로 모의된 범행"이라면서 "허위로 감자 계획을 유포하지 않았다면 외환카드 소액주주들에게 추가로 지급했어야 할 주식 매수 비용 226억 원 상당을 지급하지 않아 부당한 이익을 챙긴 것"이라고 판단했다. 11월 19일과 27일의 주가 차이 2,560원이 허위의 감자 계획으로 인한 주가 손실이라고 본 것이다.

재판 과정에서 드러난 몇 가지 놀라운 사실이 있다. 론스타는 외환카드 합병 계획을 프로젝트 스콰이어Project Squire라고 불렀다. 스콰이어는 기사Knight 밑의 시종을 말한다. 외환은행 매수를 앞두고 벌어졌던 10인 비밀회동을 프로젝트 나이트Project Knight라고 불렀던 것을 떠올리면 이 모든 과정이 치밀한 계획 아래 이루어졌다는 사실을 다시 확인할 수 있다. 프로젝트 나이트의 핵심은 10인 비밀회동을 통해 외환은행을 부실 금융기관 등으로 분류해 은행법 예외 규정을 적용하는 데있었다. 불가능한 걸 가능하게 만드는 프로젝트였다. 프로젝트 스콰이어는 프로젝트 나이트의 연장선에 있었으며 애초에 외환은행을 인수할 때부터 외환카드를 헐값에 집어삼키는 게 론스타의 구상이었던 것이다.

이 사건은 몇 가지 반전이 더 있다. 외환은행에 외환카드 주식을 팔고 떠난 올림푸스캐피탈은 2009년 론스타를 상대로 주가조작으로 입은 손해를 배상하라며 싱가포르 중재재판소에 중재 신청을 낸다. 이미 국내에서 주가조작 혐의로 유회원 등이 재판을 받고 있는 상황에서 굳이 싱가포르까지 이 사건을 들고 간 건 국내 여론을 피하기 위한 의도도 있었겠지만, 상대적으로 국내보다 해외가 유리할 거라고 판단했기 때문으로 보인다.

놀라운 사실도 드러났다. 『한겨레』 2011년 12월 29일 보도에 따르면 올림푸스캐피탈은 재판 과정에서 "2003년 11월 19일 금융 당국이 외환은행과 올림푸스캐피탈을 불러 압력을 행사했다"고 주장했다. "외환카드 지분을 매각하지 않을 경우 향후 한국에서 더이상 사업을 영위할 수 없도록 할 것이라고 한국 금융 당국이 위협했다"는 주장과 함께 "론스타는 외환카드를 부도나게 할 것이라고 위협했다"는 주장이 인용되어 있다.

싱가포르 중재재판소는 "관련된 모든 자료와 증거물을 종합해볼 때 대한민국 민법 104조에 의거해 올림푸스캐피탈의 신청을 받아들여 올림푸스캐피탈과 외환은행 사이에 체결된 2003년 외환카드 주식 양도 계약은 무효임을 판결한다"고 밝혔다. 이와 관련 금융감독원 부원장 김중회는 "론스타가 외환카드를 부도내려고 했기 때문에 카드 사업을 포기하지 말라고 요청하기 위해 론스타를 불렀는데, 론스타가 올림푸스캐피탈 관계자를 데리고 와서 함께 본 것 뿐"이라며 "압력을 행사한 적은 없다"고 해명했다. 외환카드 지분을 팔고 싶지 않았는데 론스타와 한국 금융 당국의 압박 때문에 손해를 보고 팔았다는 게 올림푸스캐피탈의 주장이다.

결국 싱가포르 중재재판소는 2011년 12월 13일 외환은행과 론스타가 연대해 올림푸스캐피탈이 입은 손해에 해당하는 3,730만 달러를 지급하고 중재 비용 48만 달러와 소송 비용 1,172만 달러, 지연이자 1,492만 달러 등 모두 6,443만 달러를 지급할 것을 명령했다. 론스타는 2012년 2월 27일 올림푸스캐피탈에 배상금 전액을 지급했으나, 10월 17일 외환은행이 배상금 일부를 분담해야 한다며 싱가포르 중재재판소에 다시 중재 신청을 냈다. 그리고 2년 뒤인 2014년 12월 23일, 외환은행이 배상금의 50%에 해당하는 금액을 론스타에 지급하라는 판결이 나왔다. 2015년 1월 9일 외환은행은 413억 원의 구상금을 론스타에 지급했다.

놀라운 일이다. 론스타가 외환은행을 팔고 떠난 게 2012년이다. 그로부터 3년이 지났는데도 여전히 외환은행은 론스타에 질질 끌려가는 모습이다. 무슨 약점을 잡힌 것일까? 중재재판소의 논리는 외환은행의 이사회가 어떻게 구성이 되었든 이사회 차원에서 만장일치로 주식 매수를 결의하는 등 불법행위에 관여한 것으로 보는 게 맞고 주가 조작에 따른 이익을 챙겼기 때문에 책임을 분담할 필요가 있다는 것이었다. 중재재판소의 결정도 쉽게 이해하기 어렵지만 더 수상쩍은 건 외환은행의 태도였다.

외환카드 주가조작 주체는 외환은행 이사들이었지만, 이들은 모두 론스타에서 파견되었거나 론스타의 지시를 받는 입장이었다. 실제로 국내 법원에서는 론스타에 책임을 물어 유회원 등이 유죄판결을 받았지만 외환은행에는 무죄가 선고되었다. 다음은 2011년 외환카드 주가조작 사건 파기 환송심 선고문의 한 대목이다.

> "유회원 및 엘리스 쇼트, 스티븐 리, 마이클 톰슨을 피고인 외환은행의 대표자라고 볼 수는 없다. 그렇다면, 유회원 및 엘리스 쇼트, 스티븐 리, 마이클 톰슨이 피고인 외환은행의 대표자임을 전제로 한 피고인 외환은행에 대한 이 사건 공소사실은 범죄의 증명이 없는 경우에 해당하므로 형사소송법 제325조 후단에 의하여 무죄를 선고한다."

분명한 건 주가조작 사건과 관련해서 론스타는 유죄판결을 받았고, 외환은행은 책임이 없는 것으로 결론이 났다는 것이다. 그런데 론스타는 싱가포르까지 사건을 끌고 가 배상금의 절반을 외환은행이 내야 한다는 결정을 끌어냈고 결과적으로 책임이 없는 외환은행이 배상금을 토해내게 되었다. 외환은행이 중재 결정에 불복해 취소 소송을 냈을 경우 승소할 가능성이 굉장히 높다는 게 상당수 법률 전문가들의 견해다. 외국에서 중재 결정이 났다고 하더라도 한국의 법원이 승인이나 집행을 거부할 수 있고 설령 외환은행에 책임이 인정된다고 하더라도 외환은행이 당시 론스타가 파견했던 이사들에게 책임을 넘길 수도 있다. 그런데 외환은행은 중재 결정이 난 뒤 며칠 지나지 않아 이사회 결의도 없이 론스타에 413억 원을 송금했다. 별다른 법적 검토도 하지 않았다는 이야기다.

2011년 12월 21일『재경일보』는 2010년 11월 하나금융지주가 론스타의 외환은행 지분을 인수하는 과정에서 론스타가 계약서에 우발채무 면책조항을 넣었다고 보도했다.『재경일보』에 따르면 계약서에는 "하나금융지주는 올림푸스캐피탈과 관련된 중재 소송에서 최종 판결로 인해 외환은행이 회사가 지급해야 하는 보상금 중 500억 원을 초과하는 금액에 대한 51.02%의 요구에 대해 론스타를 면책하고 책임을 면제한다"는 내용이 포함되어 있었다.

참여연대 등은 2015년 6월 론스타와 하나금융지주 등을 은행법 위반 혐의로 검찰에 고발한다. 외환은행이 부담할 필요가 없는 구상금을 지급하도록 면책조항을 넣은 건 당시 대주주였던 론스타에 은행 자산을 무상으로 양도하는 것이나 마찬가지라는 게 이유였다. 참여연대는 "하나금융지주는 이런 조항을 통해 주식 매수 대금을 절감할 수 있고 론스타는 론스타가 부담해야 할 손해배상액의 대부분을 외환은행이 부담하도록 함으로써 절감된 주식 매수 대금에 따른 일부 손해를 보전하려고 했기 때문이라고 볼 수밖에 없다"고 주장했다. 장홍배 참여연대 경제노동팀 팀장은 "실질적으로는 외환은행 지분을 100% 소유하고 있는 하나금융지주가 김한조 외환은행장에 영향력을 행사한 결과라고 본다"고 말했다.

그러나 검찰은 2015년 4월 이 사건을 불기소 처분한다. 불기소 이유는 첫째, 싱가포르 중재재판소의 중재 결정이 외환카드 주가조작과 무관하며 둘째, 외환은행 이사 전원이 론스타가 파견한 이사로 구성된 것은 아니었고 저가 매수로 얻은 이익의 귀속 주체가 외환은행이었고 셋째, 자금 집행은 이사회 의결 없이 행장이 전결할 사항으로 문제가 없다는 것 등이었다. 참여연대는 이에 불복해 항고에 재항고까지 했으나 모두 기각되었고, 이 사건과 관련해 처벌 받은 사람은 단 한 명도 없었다.

결과만 놓고 보면 외환카드 주가조작 사건은 론스타의 유죄가 입증되기는 했지만, 론스타는 주가조작의 과실을 충분히 챙겨서 떠난 뒤였고 엉뚱하게도 외환은행이 그 뒤치다꺼리를 떠맡은 셈이다.

제3장

엑시트 플랜과
우리 안의 적들

비금융 주력자, 론스타 출생의 비밀

론스타는 얼마를 벌었을까? 론스타는 2003년 10월, 외환은행 인수 과정에서 신주 2억 6,875만 주를 인수하는 데 1조 750억 원, 수출입은행과 코메르츠방크 등이 보유하고 있던 구주 6,000만 주를 인수하는 데 3,084억 원을 썼다. 외환은행 매각을 서두르던 2006년 6월, 수출입은행과 코메르츠방크의 남은 지분을 콜 옵션을 행사로 인수한 주식이 모두 7,715억 원에 이른다. 결국 론스타가 외환은행에 투자한 돈이 합계 2조 1,549억 원이다.

　론스타는 8년 4개월 만인 2012년 2월 하나금융지주회사에 외환은행 지분 전량을 4조 4,059억 원에 내다 팔고 떠난다. 그런데 그 이전에 배당으로 받아간 돈이 1조 7,098억 원이다. 그리고 2007년 6월, 콜 옵션으로 인수한 지분을 블록 세일 방식으로 내다팔아 1조 1,918억 원을 챙겼다.

결국 론스타는 외환은행 투자로 2조 1,549억 원을 써서 7조 3,085억 원을 벌어들였다. 순수익은 5조 1,536억 원에 이른다. 단순 총 수익률은 216.4%, 연간 내부 수익률로 환산하면 23% 수준이다. 론스타가 2006년부터 외환은행 매각을 서둘렀으나 6년 가까이 늦추어졌던 것을 생각하면 당초 계획했던 것보다 부족했겠지만 단일 거래 건으로는 기록적인 시세 차익이라고 할 수 있다.

론스타의 외환은행 인수 최종 승인을 앞두고 있던 2003년 9월 25일, 금융감독위원회 회의록에는 몇 가지 중요한 포인트가 있다. 나는 외환은행 매각 직후 당시 한나라당 의원 나경원에게 부탁해 이 회의록을 입수했는데, 여기에는 몇 가지 놀라운 사실이 담겨 있다.

첫째, 2년 동안 팔지 않도록 요구했다는 것은 2년이 되자마자 팔고 나갈 가능성이 있다는 걸 알고 있었다는 이야기다. 어차피 경영은 뒷전이고 적당히 싸게 사서 비싸게 팔고 나가는 게 목적이라는 걸 알고 있었으면서도 매각을 승인했다는 이야기다. 실제로 론스타는 외환은행을 인수하자마자 매각 대상을 물색했고, 국민은행과 하나은행 등을 물밑 접촉하면서 몸값을 키웠다.

둘째, 금융감독위원회는 론스타의 실체에 대해 아무런 정보도 없었다. 누가 론스타를 소유하고 있는지도 모르고 론스타가 어떤 기업들에 투자하고 있는지도 몰랐다. 주주 구성은 물론이고 투자 내역도 전혀 공개되지 않았다. 이미 7월 15일 '10인 비밀회동'에서 윗선의 결정이 난 상황이었다. 앞서 제일은행과 한미은행을 인수한 뉴브리지캐피탈과 칼라일펀드와는 다른 상황이었다. 론스타는 유령과 같은 존재였다.

셋째, 론스타는 지구를 몇 바퀴 돌면서 세금 추적을 피했고 굳이 이 사실을 숨기지 않았다. 금융감독위원회 위원들은 론스타가 세금을 내지 않을 거라는 사실을 알고 있었으면서도 승인을 결정했다. 매각을 승인하는 그 순간, '먹튀'는 이미 예정되어 있었다고 볼 수 있다. '먹튀'를 허용한 것은 한국 정부였다는 게 불편한 진실이다.

이날 회의가 중요한 것은 이 회의에서 나왔던 이야기들이 론스타가 한국 정부를 상대로 낸 ISD의 중요한 단서가 될 것이기 때문이다. 재판의 구체적인 쟁점은 금융감독위원회가 론스타가 비금융 주력자인지 아닌지를 전혀 검토하지 않았다는 사실이다.

앞서 10인 비밀회동에서는 외환은행을 "부실 금융기관의 정리 등 특별한 사유가 있다고 인정되는 경우"라는 명목으로 은행법 시행령의 예외 조항을 적용하기로 했는데, 은행법 제16조에 보면 "비금융 주력자의 경우 발행주식 총수의 4%를 초과해 금융기관의 주식을 보유할 수 없다"는 규정이 있다. 론스타가 비금융 주력자라면 외환은행의 특별한 사유가 뭐가 되었든 예외 조항을 적용할 수 없다는 것이다. 아마이 사실을 나중에 확인하고 가슴 철렁한 사람이 많았을 것이다.

① 동일인은 금융기관의 의결권 있는 발행주식 총수의 10%를 초과해 금융기관의 주식을 보유할 수 없다. (은행법 제15조 제1항)

② 부실 금융기관의 정리 등 특별한 사유가 있다고 인정되는 경우에는 금융기관이 아니어도 금융감독위원회의 승인으로 은행의 지분을 10% 이상 보유할 수 있다. (은행법 시행령 제8조 제2항)

③ 비금융 주력자의 경우 발행주식 총수의 4%를 초과해 금융기관의 주식을 보유할 수 없다. 다만 의결권을 행사하지 않는 조건으로 4%를 초과해 10%까지 보유할 수는 있다. (은행법 제16조 제2항)

①의 예외 조항이 ②인데, ③에 해당된다면 ②를 적용할 수 없다. 그런데 금융감독위원회는 론스타가 ③에 해당되는지 안 되는지를 제대로 살펴보지도 않고 ②를 적용해 인수를 승인했다. 비금융 주력자란 금융이 주력이 아닌 자, 구체적으로는 비금융 회사의 자본 비중이 25% 이상이거나 비금융 부문의 자산 합계가 2조 원 이상인 자 또는 이런 자가 투자한 회사를 말한다. 금융자본에 비교해 흔히 '산업자본'이라고 부른다.

어느 나라나 은행은 허가 산업이고 은행의 대주주 자격을 엄격히 규제하고 있다. 은행법에 금융과 산업 분리 원칙을 두고 있는 것은 예금주와 주주들의 이해 상충 문제, 은행의 사금고화 가능성 때문이기도 하고 은행의 부실이 전체 금융 시스템의 부실로 확산되거나 공적 안전망에 손실을 전가할 가능성이 있기 때문이기도 하다.

론스타가 비금융 주력자일 수도 있다는 의혹에 힘이 실린 건 외환은행 매각 이후 3년 반이 지난 2007년 3월이었다. 홍익대학교 경제학과 교수 전성인의 아이디어였다. 은행법에 따르면 특수 관계인 포함 동일인 가운데 비금융 회사의 자본 총액이 전체 자본 총액의 25% 이상이거나 또는 동일인 중 비금융 회사의 자산 총액이 2조 원을 초과하는 경우 비금융 주력자로 분류한다.

전성인 교수의 주도로 경제개혁연대와 참여연대가 앞장서서 2007년

3월 27일 금융감독위원회에 공개 질의서를 보냈다. "론스타 및 그 특수 관계인들의 투자 내역 가운데 비금융 회사의 자산 총액이 2조 원을 초과할 가능성이 매우 크다"면서 공식적인 답변을 요구한 것이다. 론스타가 비금융 주력자라면 어떤 예외 조항도 적용할 수 없으며 어떤 경우에도 은행의 대주주가 될 수 없다. 그것이 한국의 은행법이다. 론스타가 비금융 주력자라면 2003년 9월 금융감독위원회의 론스타 지분 인수 승인이 위법일 뿐만 아니라 론스타가 외환은행 지분 4% 이상을 보유하고 있는 것도 위법이라는 것이 경제개혁연대 등의 주장이었다.

실제로 '부실 금융기관 정리 등 특별한 사유'를 규정한 은행법 시행령 제8조 제2항은 일반적인 소유 제한 규정인 은행법 제15조에 대한 예외 규정이지 비금융 주력자에 대해 엄격한 소유 제한을 규정한 은행법 제16조의 예외가 될 수 없다. 이 간단하고 명확한 논리가 빛을 보지 못했던 것은 금융감독위원회 등이 철저하게 관련 자료를 감추고 있었기 때문이다. 론스타는 사모펀드라 주주 구성을 공개할 수 없다는 게 금융감독위원회 등의 주장이었고, 그나마 외환은행 문제에 관심이 있는 전문가들도 설마 이런 기본적인 심사도 하지 않고 승인을 했을까 하는 정서가 지배적이었다. 경제개혁연대 등이 보낸 질의서에 대한 금융감독위원회의 답변은 5월 21일에 왔다.

"금융감독위원회는 은행법상 비금융 주력자에 해당하는 자는 은행법 15조 3항의 규정에 의한 소유 한도가 적용되지 않으며 8조 2항 규정 적용이 불가능하다고 해석하고 있습니다. 2003년 9월 26일 금융감독위원회는 론스타의 외환은행 주식 한도 초과 보유 승인을 결정하면서 은행법 16조의 2 및 은행법 2조

1항 9호가 규정한 비금융 주력자 요건에 해당하지 않는다고 판단했습니다. 당시 금융 감독 당국은 LSF-KEB홀딩스의 동일인에 대해 비금융 회사의 자산 총액 및 자본 총액 자료 등을 통해 비금융 주력자 여부를 판단했습니다."

나중에 금융감독위원회의 발목을 잡게 될 결정적인 답변도 있었다.

"은행법 시행령 1조 4항은 내국인과 외국인에게 동일하게 적용되는 것으로 해석하고 있습니다."

론스타가 비금융 주력자라면 '부실 금융기관 정리 등 특별한 사유'를 적용할 수 없다는 사실을 명확하게 한 것이다. 다만 2003년 9월 론스타가 비금융 주력자가 아니라고 판단해 외환은행 주식 인수를 승인했다는 것이 금융감독위원회의 설명이었다. 차분한 답변을 보내왔지만 금융감독위원회 내부는 발칵 뒤집혔다. 2003년에 과연 비금융 주력자 여부를 제대로 심사했는지에 대해 확신할 수 없었기 때문이다.

비금융 주력자 이슈의 쟁점은 크게 2가지다. 첫째, 2003년 9월 외환은행 매각 과정에서 론스타의 지분 구성을 제대로 확인했는가? 둘째, 그때 비금융 주력자가 아니었다면 그 뒤로도 계속 아니었는가? 사모펀드는 계속해서 자산을 사고파는데 금융감독위원회는 론스타의 비금융 주력자 여부를 정기적으로 확인하는가? 여러 정황을 살펴보면 둘 다 아닐 가능성이 크다. 어느 시점에 론스타가 비금융 주력자라는 사실을 확인했으면서도 그냥 넘어갔다면 한국 정부가 론스타의 불법 매각을 묵인했다는 이야기가 된다. 당시 금융감독위원회 내부 분위기를 짐작할 수 있는 몇 가지 흥미로운 포인트가 있다.

첫째, 금융감독위원회는 시중은행의 대주주 적격성 심사 결과를 6개월마다 발표하는데, 경제개혁연대의 공개 질의 이후 발표를 중단했다. 둘째, 경제개혁연대가 외환은행 매각 당시 비금융 주력자 심사 자료를 보여달라고 정보공개 청구를 하자 공개할 수 없다고 맞섰다. 결국 재판까지 가서 일부 자료가 공개되기까지는 4년의 시간이 더 걸렸다.

은행법 제16조와 은행법 시행령 제11조에 따르면 금융감독위원회는 은행의 한도 초과 보유 주주에 대해 6개월마다 대주주 적격성 심사를 해야 한다. 해당 주주에게 필요한 자료를 요구할 수 있으며 심사 결과 해당 주주가 초과 보유 요건을 충족하지 못할 경우 초과 보유 주식의 의결권을 제한하고 6개월 안에 매각하도록 명령할 수 있다. 최근 5년 동안 금융 관련 법령을 위반해 처벌 받은 사실이 없을 것 등의 요건을 충족해야 한다. 설령 2003년 9월 기준으로 비금융 주력자가 아니었다고 하더라도 6개월에 한 번씩 적격성 심사를 하는데 그 사이에 투자 내역이 바뀌어서 비금융 주력자로 분류된다면 지분 매각을 명령해야 한다는 이야기다.

흔히 론스타라고 부르지만 외환은행의 대주주였던 LSF-KEB홀딩스는 론스타펀드4호 소속이다. 금융감독위원회는 론스타펀드4호의 지분 구성만 살펴보았을 뿐 론스타펀드2호와 론스타펀드3호, 론스타펀드5호, 론스타오퍼튜니티펀드, 브라조스펀드 등 론스타로 묶인 나머지 5개 펀드에 대해서는 출자 구조와 지분 구성 등을 제대로 살펴보지 않았을 가능성이 매우 크다.

뒤늦게 확인된 사실이지만 이 6개의 펀드는 모두 동일한 무한책임사원이 운영하고 있다. 당연히 은행법에 따라 동일인으로 분류된다. 대주주 자격 심사를 하려면 이 6개 펀드의 주주 구성과 자산 내역을 모두 살펴보아야 하고 이것을 살펴볼 수 없다면 애초에 자격이 안 된다고 보는 게 맞다. 실제로 경제개혁연대에 따르면 론스타펀드4호를 포함해 6개 펀드의 초기 투자 금액만 단순 합산해도 한국 돈으로 13조 원이 넘는다. 경제개혁연대는 "특히 이들 펀드들은 회사 인수합병과 부동산 관련 투자 등에 집중하고 있어 론스타의 동일인 중 비금융 회사의 자산 총액이 2조 원을 웃돌 가능성이 매우 크다"고 분석했다.

금융감독위원회가 론스타펀드4호만 보고 론스타는 비금융 주력자가 아니라고 판단했다면 심사를 제대로 하지 않은 것이고, 뒤늦게라도 추산해 6개 펀드 전체 기준으로 2003년 9월 LSF-KEB홀딩스가 비금융 주력자가 맞다면 론스타의 외환은행 인수가 원인 무효가 될 수도 있다는 이야기다. 실제로 금융감독위원회는 2004년 싱가포르 테마섹홀딩스가 하나은행 지분 9.99%를 인수하겠다고 승인 신청을 했을 때 테마섹 그룹의 전체 투자 내역을 합산해 테마섹홀딩스를 비금융 주력자로 규정했다. 금융감독위원회는 4% 초과 지분에 대해서는 의결권을 제한하고 하나은행의 경영에 간여하지 않는 것을 조건으로 테마섹홀딩스의 하나은행 지분 인수를 승인했다. 론스타 역시 같은 기준을 적용한다면 51.02% 가운데 4%를 뺀 나머지 47.02% 지분의 의결권을 제한해야 한다는 이야기다.

외환은행되찾기범국민운동본부 사무처장을 지낸 김준환이 쓴 『은행은 군대보다 무서운 무기다』에 이 부분이 자세히 설명되어 있다. 론스타의 외환은행 인수 이후 7개월 뒤인 2004년 5월 28일 금융감독원의 보도자료에 다음과 같은 대목이 있다.

"테마섹홀딩스의 경우 비금융 주력자 제도가 도입된 이래 최초의 승인 사례로 산업자본의 금융 지배 방지라는 당초 제도 취지와 테마섹홀딩스의 투자 목적 등을 감안해 4%를 초과하는 주식에 대한 의결권을 행사할 수 없고 직간접적으로 하나은행의 경영에 간여할 수 없도록 했다."

김준환에 따르면 '최초의 승인 사례'라는 표현은 2가지 경우로 해석할 수 있다. 첫째, 론스타는 비금융 주력자가 아니다. 둘째, 론스타가 비금융 주력자 심사를 받지 않았다. 그러나 드러난 바와 같이 론스타는 2003년 9월부터 비금융 주력자였을 가능성이 크다. 2007년 6월 경제개혁연대가 정보공개를 청구한 자료는 LSF-KEB홀딩스의 비금융 주력자 심사 자료, 특히 지분 관계와 동일인의 자본 총계와 자산 총계 등 현황 자료를 포함해 론스타가 제출한 자료와 금융감독위원회 회의 자료 등이다. 금융감독위원회가 보낸 답변은 다음과 같다.

"관련 정보를 공개할 경우 감독 당국의 공정한 업무 수행에 지장을 초래하고, 대상 정보에 관련자들의 경영·영업상 비밀에 관한 사항이 포함되어 있으며, 특히 론스타 관련 자료의 경우 현재 대법원에 재판 진행 중인 사안이 포함되어 있어 정보공개법 제9조 제1항 4호, 5호, 7호에 따라 비공개 결정하기로 했습니다."

경제개혁연대는 9월 12일 정보공개 거부 처분을 취소하라며 소송을 냈다. 도대체 론스타가 비금융 주력자인지 아닌지 심사를 제대로 했는지, 심사를 했다면 그 자료가 있는지 없는지 정보를 공개하라는 게 어떻게 공정한 업무 수행에 지장을 초래하는지 의문이다. 투자 내역을 모두 공개하라는 게 아니라 동일인 가운데 비금융 회사의 자본 총액이나 자산 총액 비중이 어느 정도인지를 공개하라는 것으로 경영·영업상의 비밀이라고 보기도 어렵다. 재판이 진행 중인 사안이라는 변명도 이미 외환은행 주주 소송이 각하된 뒤라 해당 사항이 없었다. 론스타가 비금융 주력자에 해당하는데 심사가 제대로 이루어지지 않았거나 위법하게 승인을 받았다면, 외환은행 주주들의 재산상 손해로 연결되기 때문에 국민의 재산 보호를 위해서라도 정보공개의 필요가 있다는 게 경제개혁연대의 주장이었다.

서울행정법원이 2009년 1월 19일, 경제개혁연대가 청구한 자료 가운데 일부를 공개하라고 명령했으나 금융위원회(금융감독위원회는 2008년 금융위원회로 명칭이 변경된다)가 불복해 항소에 상고까지 계속 재판을 끌고 갔다. 1심 법원은 "일부 사업 비밀이 포함돼 있지만 론스타의 정당한 이익을 해친다고 보기 어렵다"면서 "해당 정보를 공개하는 것은 금융감독위원회 등의 업무 수행에 대한 국민의 알 권리를 실현하고 공정성과 투명성을 확보하는 데 기여할 것"이라고 밝혔다.

법원은 론스타펀드4호에 대한 비금융 주력자 심사 자료 전부를 공개하라고 명령했는데, 금융위원회는 그마저도 공개할 수 없다며 항소했다. 결국 2011년 11월 24일에서야 대법원이 원심 그대로 일부 정보공개를 명령했고 외환은행 매각 이후 8년이 지나서야 론스타가 금융감독위원회에 제출한 자료 가운데 일부가 빛을 보게 되었다.

★
금융감독위원회가 숨기고 싶었던 것들

론스타 관련 정보공개 청구 자료는 1차와 2차로 나뉘는데, 대법원 판결 이후 2011년 12월 23일에 받은 자료가 1차 자료다. 여기에서 몇 가지 심각한 문제가 발견되었다. 전성인 교수의 설명에 따르면, 공개된 일부도 심각한 내용이지만 나머지 다른 부분을 공개할 수 없는 이유가 더욱 심각했다. 당초 경제개혁연대는 론스타펀드4호 이외의 나머지 5개 펀드의 자료를 모두 공개해달라고 요청했으나 법원은 "금융감독위원회 및 금융감독원이 실제로 이를 보유, 관리하고 있을 상당한 개연성이 있다는 점을 인정할 만한 증거가 없다"는 이유로 공개 대상에서 제외했다.

결국 론스타펀드4호 이외의 자료는 금융감독위원회도 갖고 있지 않은 것으로 확인되었다는 의미다. 실제로 1심 법원은 비공개로 금융감독위원회의 자료를 열람한 뒤 이 같은 결론을 내렸다고 밝힌 바 있다. 이 말은 곧 금융감독위원회가 론스타펀드4호의 동일인인 나머지 5개 펀드에 대한 가장 기본적인 검토조차 하지 않고 외환은행 매각을 승인했으며 여전히 비금융 주력자 여부조차 파악하지 못하고 있다는 의미가 된다. 이런 상황이었으니 경제개혁연대가 비금융 주력자 관련 자료를 요청했을 때 금융감독위원회가 얼마나 당황했을지 충분히 짐작할 수 있다.

2004년 12월 말 기준 심사 보고서를 보면 "론스타펀드4호는 금융회사 또는 그 회사의 지주회사가 아니기 때문에 금융회사를 전제로 한 초과 보유 요건의 충족 여부를 심사하기에 부적합하나, 요건 흠결에도 불구하고 금융감독위원회로부터 승인 받아 주식을 취득하여 현재까지 보유하고 있는 점을 감안할 때 한도 초과 보유 주주로서 자격을 유지한다고 보는 것이 타당하다"는 대목이 있다.

어차피 금융회사가 아닌데도 예외적으로 승인을 받았기 때문에 비금융 주력자 여부를 심사할 필요가 없다는 의미로 해석할 수 있다. 그러나 앞서 살펴보았듯이 론스타가 비금융 주력자라면 어떤 예외 조항도 적용할 수 없으며 문제가 되었던 "부실 금융기관 정리 등 특별한 사유" 역시 해당 사항이 없다.

실제로 금융감독위원회는 이미 1998년 7월 재정경제부에 요청해 유권해석을 받은 바 있다. "금융감독위원회로부터 경영 개선 권고나 경영 개선 조치 요구 또는 명령을 받은 금융기관이 자본 확충을 위한 증자를 할 경우 '부실 금융기관의 정리 등 특별한 사유'에 해당하느냐"는 질문에 재정경제부는 "경영개선 명령 등의 조치가 취해진 금융기관이 추진하는 증자에 기존 주주가 참여하는 것이 금융기관의 재무구조 개선을 통한 금융시장 안정 및 금융산업 발전을 위해 바람직하다"면서 "증자에 따른 주주 구성의 변동이 산업자본의 과도한 은행지배 방지라는 은행법상 소유 구조 관련 제도의 취지에 비추어 문제가 없다고 승인권자가 인정하는 경우 8조 2항에서 규정하는 '부실 금융기관의 정리 등 특별한 사유'에 해당하는 것으로 봐야 한다"고 회신했다. 특별한 사유를 적용하려면 은행법의 소유 구조 관련 조항을 만족시켜야 한다는 게 기본 전제라는 이야기다.

그러나 여러 정황을 종합해보면 금융감독위원회는 이 문제를 대수롭지 않게 생각했거나 의도적으로 은폐했을 가능성도 있다. 은행법에 규정된 한도를 초과해 지분을 보유하는 경우 금융감독위원회가 대주주 적격성 심사를 6개월마다 하게 되어 있는데, 론스타는 2003년 9월에 냈던 자료를 고치지 않고 계속 그대로 다시 낸 것으로 확인되었다.

경제개혁연대는 2011년 12월 논평에서 "애초에 론스타펀드의 비금융 주력자 여부를 판단해야 하는지 인지하지 못했거나, 또는 론스타펀드가 비금융 주력자가 아니라는 가정하에 승인 절차를 진행했다고 밖에 볼 수 없다"고 지적했다. "어떤 사정이 있었든 론스타에 대한 비금융 주력자 여부에 대해 제대로 판단하지 않은 사실상 위법한 행정처분이었다"는 이야기다.

1심이 2009년 1월, 2심이 2009년 9월에 나왔는데 3심이 2011년 11월까지 늦춰진 이유도 석연치 않다. 1심 판결이 워낙 명확했고 실제로 3심까지 결과가 달라지지 않았기 때문이다. 법원이 어떤 이유로 최종 판단을 미룬 것이 아니냐는 의혹이 나오는 것도 이런 이유에서다.

금융위원회는 2011년 3월 16일, "론스타펀드4호가 제출한 자료를 확인한 결과 비금융 주력자에 해당한다고 보기 어렵다는 결론을 내렸다"고 밝힌다. "론스타처럼 사모펀드가 아닌 외국계 은행이 국내 은행을 인수한 경우에도 외국인 주주의 제출 자료를 기초로 비금융 주력자 해당 여부를 판단해왔다"는 것은 결국 론스타의 말만 믿고 결정했다는 이야기다.

금융위원회의 주장은 그 자체로 모순에 빠졌다. 2003년에는 론스타가 금융기관이 아니라서 "부실 금융기관의 정리 등 특별한 사유가 있다고 인정되는 경우"라는 명목으로 예외 조항을 적용해 외환은행을 팔아넘겼는데, 2011년에는 론스타가 사실은 8년 전부터 금융기관이었고 지금도 금융기관이라고 말을 바꾼 것이다. 비금융 주력자일 경우 애초에 인수 자격이 안 되었다는 사실을 뒤늦게 깨닫고 결과를 원인에 꿰어 맞추려다 보니 스스로 말을 뒤집는 상황이 된 것이다. 더욱 한심한 것은 그때까지도 금융위원회는 론스타의 실체를 제대로 알지 못하고 있었다는 사실이다.

여기서 끝이 아니다. 더욱 심각한 건 론스타가 일부 자료를 제출한 뒤에도 금융위원회가 자료를 취사선택하면서 진실을 왜곡했다는 데 있다. 2011년 12월 23일 공개된 비금융 주력자 심사 자료에서는 금융위원회의 거짓말이 적나라하게 드러났다. 금융감독원이 마지못해 공개한 자료는 3가지였다. 첫째, 2003년 9월 26일 론스타가 외환은행 주식 취득 승인 신청을 하면서 낸 자료와 금융감독위원회 등의 심사 자료, 둘째, 2003년 12월 말부터 2006년 6월 말까지 론스타의 대주주 적격성 심사 자료, 셋째, 2004년 5월 28일, 테마섹홀딩스가 하나은행 주식 취득 승인 신청을 하면서 낸 자료와 금융감독위원회 등의 검토 자료 등이었다.

먼저 눈에 띄는 것은 2003년 9월 론스타가 제출한 투자 구조도로, 이 구조도에는 론스타펀드4호의 특수 관계인이 모두 표시되어 있는데, 정작 승인 신청서에는 론스타매니지먼트4호와 허드코파트너스4호 등이 빠져 있는 것으로 확인되었다. 금융감독위원회 심사 자료에도 이 회사들이 빠져 있다. 보유 지분이 각각 0.1%와 2% 미만으로 비중이 적은 것은 사실이지만, 론스타매니지먼트4호는 론스타파트너스4호의 무한책임사원이라 지분 비율과 무관하게 지배구조의 핵심에 있는 회사다. 경제개혁연대는 논평을 내고 "론스타의 비금융 주력자 여부를 판단하겠다는 인식 자체가 결여되어 있었다고 볼 수밖에 없다"고 지적했다.

론스타에서 낸 자료 가운데 대차대조표를 제출한 특수 관계인은 론스타파트너스4호와 론스타펀드4호, LSF-KEB홀딩스 등 3개 회사뿐이었다. 비금융 주력자 여부를 판단하려면 동일인 전체의 비금융회사 비중을 조사해야 하는데 애초에 론스타가 제출한 자료만 보고 임의로 비금융 주력자가 아니라고 판단했을 가능성이 크다. 경제개혁연대는 금융감독위원회가 애초에 비금융 주력자 여부를 심사해야 한다는 사실조차 모르고 있었거나 의도적으로 절차를 무시했을 가능성을 지적했다.

경제개혁연대는 논평에서 "감독 당국이 2003년 9월의 최초 승인 시점에서 론스타의 비금융 주력자 여부에 대한 제대로 된 판단을 하지 못했다 하더라도 이를 바로잡을 기회는 얼마든지 있었다"면서 "경제개혁연대의 문제 제기 이후 4년여를 끌어오는 동안에도 감독 당국은 이를 바로잡으려는 노력은 하지 않고, 자신의 주장을 손바닥 뒤집듯하면서 론스타를 비금융 주력자로 보기는 어렵다는 결론만을 내렸다"고 지적했다. "감독 당국의 명백한 직무유기"라는 비판이다.

★
론스타가 속였는가, 금융 당국이 속였는가?

2013년 12월 30일 또 하나 중요한 판결이 있었다. 외환은행 우리사
주조합이 금융감독원을 상대로 낸 정보공개 거부 처분 취소 소송에
서 법원이 론스타가 2007년 7월 금융감독원에 낸 동일인 현황 자료
를 공개하라고 명령한 것이다. 경제개혁연대는 2014년 2월 20일 이
자료를 넘겨받아 2월 28일 공개 기자회견을 열었다. 이것이 2차 공개
자료다. 이 자료에서 가장 중요한 부분이 바로 이 대목이다.

"The general partner of LSOF, the general partner of Lone Star
Fund II, the general partner of Lone Star Fund III, the general
partner of Lone Star Fund IV and the general partner are under

common control(론스타오퍼튜니티펀드와 론스타펀드2호, 론스타펀드3호, 론스타펀드4호의 무한책임사원들은 모두 동일인의 지배를 받는다)."

이 자료를 보면 이미 론스타가 론스타펀드1호부터 5호까지 모두 동일인이라고 시인했다는 사실을 확인할 수 있다. 2007년에 받은 자료를 2013년에서야 넘겼다는 것은 금융위원회가 적어도 4년 이상 론스타의 비밀을 숨겨왔다는 이야기가 된다. 게다가 일본에 퍼시픽골프매니지먼트홀딩스를 비롯해 아수엔터프라이즈와 솔라레호텔 등의 자회사를 보유하고 있다는 사실도 새롭게 드러났다. 각각 자산 총액이 2,240억 1,700만 엔, 1,212억 7,200만 엔, 171억 2,200만 엔에 이른다. 모두 비금융 계열사들이고 일본의 4개 계열사를 더하면 자산총액이 3,644억 1,700만 엔, 2016년 12월 당시 환율 기준으로 2조 8,495억 원에 이른다.

여기에 극동건설, 극동요업, 과천산업개발 등 당시 론스타의 국내 비금융 계열사 지분이 6억 원이니 이를 더하면 3조 4,317억 원이 된다. 비금융 회사 자산 총액이 2조 원만 넘어도 비금융 주력자가 되기 때문에 론스타는 비금융 주력자로 분류하기에 차고도 넘치는 상황이었다. 퍼시픽골프매니지먼트홀딩스는 2004년에 론스타펀드3호가 만든 퍼시픽골프그룹인터내셔널홀딩스가 이름을 바꾼 것이다. 2001년에 설립된 퍼시픽골프매니지먼트가 자회사로 있다. 이미 2001년부터 론스타가 비금융 주력자였을 가능성이 매우 크다는 이야기다.

중요한 대목은 론스타가 이미 론스타펀드1호부터 5호까지 모두 동일인이라는 사실을 실토했다는 데 있다. 일본에 호텔과 골프장을 자회사로 보유하고 있다는 사실도 금융위원회에 실토했다. 결국 2006년 말 기준으로 비금융 주력자에 해당한다는 사실을 론스타도, 금융위원회도 알고 있었다는 이야기다. 론스타는 지주회사는 기타 투자기관이라는 이유로 퍼시픽골프매니지먼트가 비금융 자산이 아니라고 주장했으나 법원에서 비금융 자산이 맞다는 유권해석이 나온 바 있다.

2011년 3월 28일 론스타 공동대책위원회가 외환은행을 상대로 낸 의결권 행사 금지 가처분 신청 재판에서 법원은 비금융 회사를 지배하는 모회사는 기타 투자기관으로 분류하거나 금융기관으로 간주해서는 안 된다는 결론을 내린 바 있다. 금융위원회는 비금융 주력자 제도의 입법 취지와 그동안의 관행에 따른 신뢰 보호의 문제, 다른 외국 금융회사와의 형평성 문제 등으로 론스타에 대해 행정처분을 내릴 수 없다고 주장했다. 그러나 법원은 은행법과 은행법 시행령에 비금융 주력자의 주식 보유 제한과 관련해 외국자본 등에도 예외를 두고 있다고 못 박았다. 론스타에 대해 은행법 적용을 배제하거나 완화할 이유가 없다는 이야기다. 또 법원은 극동건설의 지주회사인 KC홀딩스 역시 론스타의 특수 관계인으로 봐야 한다고 했다.

'민주사회를 위한 변호사 모임(민변)' 소속 변호사 권영국이 당시 국회에서 열린 토론회에서 "금융 감독 당국이 국민들을 상대로 사기 행각을 벌인 전대미문의 사건"이라고 비분강개한 것도 이런 이유에서다.

금융위원회가 론스타의 대주주 적격성 심사를 중단한 것은 2007년 하반기부터인데, 내부적으로는 계속해서 자료를 받고 있었다는 사실도 충격적이다. 론스타가 2008년에 제출한 자료에는 일본 골프장 이야기가 나오는데, 2010년 12월에 제출한 자료에는 이것이 또 빠져 있다. 금융위원회는 이 자료를 근거로 2011년 3월 론스타는 비금융 주력자가 아니라고 발표했는데, 두 달 뒤인 2011년 5월 25일 KBS가 단독 보도로 론스타가 일본에 골프장을 소유하고 있다는 사실을 폭로했다. 그리고 그해 11월 론스타가 주가조작 혐의로 유죄판결을 받자 금융위원회가 론스타에 주식 매각 명령을 내리고 론스타가 한 달 뒤인 그해 12월 골프장을 매각하자 2012년 1월에서야 다시 론스타는 비금융 주력자가 아니라고 발표한다.

금융위원회는 이 같은 사실을 감춰왔지만 실제로는 아무리 늦어도 이미 2007년 7월, 이 같은 사실을 확인한 것으로 드러났다. 물론 그전부터 알고 있었을 가능성도 있다. 원칙대로라면 론스타가 비금융 주력자라는 사실이 확인된 순간 곧바로 론스타의 지분 4% 이상에 대해 의결권을 제한하고 매각 명령을 내리는 게 맞다. 그런데 론스타가 버젓이 자신들이 비금융 주력자라고 시인했는데도 아무런 조치도 취하지 않은 것이다.

금융위원회의 거짓말은 크게 3가지다. 첫째, 론스타가 골프장을 소유하고 있었다는 사실을 늦어도 2008년에는 알고 있었으면서도 KBS 보도가 나올 때까지 모른 척했다. 둘째, 론스타가 골프장을 팔았으니 비금융 주력자가 아니라고 발표했지만 솔라레호텔 등을 일부러 누락했다. 역시 2008년부터 알고 있었던 사실이다. 셋째, 론스타가 2010년 12월에 낸 자료가 거짓이라는 걸 알고 있었지만 묵인했다. 론스타가 속였다기보다는 짜고 치는 고스톱이었을 가능성이 있다.

론스타는 6개월마다 제출하게 되어 있는 대주주 적격성 자료를

2010년 12월 24일에서야 2005년 하반기부터 2008년 하반기까지의 자료를 한꺼번에 몰아서 제출했다. 2009년 상반기부터 2010년 상반기까지의 자료가 누락되었지만, 금융위원회는 별다른 조치를 취하지 않았다. 결국 론스타가 비금융 주력자가 아니라는 2011년 3월 16일 금융위원회의 발표도 거짓으로 드러났다. 금융위원회는 그 뒤로도 계속 대주주 적격성 심사를 미루다가 론스타가 2011년 12월 퍼시픽골프를 매각하고 난 뒤 2012년 1월에서야 론스타는 비금융 주력자가 아니라고 발표한다.

전성인 교수는 이와 관련, 3가지 중요한 질문을 던진다. 2014년 3월 국회 의원회관에서 열린 긴급 토론회에서 나온 발언을 정리해본다.

첫째, 2003년 9월 금융감독위원회는 론스타가 퍼시픽골프를 소유하고 있다는 사실을 몰랐을까? 아마도 누군가는 알았거나 알고도 숨겼을 가능성이 크다. 둘째, 2007년 7월 론스타가 퍼시픽골프를 소유하고 있다고 보고한 이후 금융감독위원회는 왜 아무런 조치도 취하지 않았을까? 역시 알고도 숨겼을 가능성이 크다. 2003년 매각이 불법이라는 사실을 감추고 론스타가 외환은행을 팔고 떠나도록 해야 한다는 생각이 앞섰을 수도 있다. 셋째, 금융감독위원회 위원들은 왜 아무런 문제제기를 하지 않았을까? 그전까지는 속았을 수도 있다고 치더라도 적어도 2011년 5월 KBS 보도 이후에는 론스타가 비금융 주력자라는 게 명확해졌는데 왜 침묵했을까?

여전히 론스타가 누구인지 정확하게 모른다. 일부 주주와 보유 자산이 공개되긴 했지만 드러난 부분은 일부다. 2011년 11월 29일 민변과 참여연대는 공동으로 기자회견을 열고 론스타의 숨겨진 특수 관계인 회사 196개를 추가 발견했다고 폭로했다. 론스타펀드4호의 특수 관계인이 8개 회사, 외환은행을 실제로 소유하고 있는 론스타글로벌홀딩스의 특수 관계인이 65개 회사, 론스타펀드의 자회사 가운데 123개 회사가 확인되었다. 대부분이 비금융 계열사로 론스타가 비금융 주력자라는 사실은 이른바 '빼박캔트(빼도 박도 못할 확실한 사실)'라고 할 수 있다. 그러나 여전히 정확한 실체가 드러나지 않고 있고 금융위원회도 의지가 없었다.

론스타가 비금융 주력자인지 아닌지가 중요한 것은 2003년의 잘못 꿴 첫 단추가 누구의 잘못이냐에 따라 5조 원 규모의 ISD 승패가 결정될 것이기 때문이다. 론스타는 2003년 9월부터 비금융 주력자였을 가능성이 매우 크다. 적어도 2006년부터는 비금융 주력자였던 게 확실하고 금융위원회는 2008년 무렵에 뒤늦게 알게 된 것으로 보인다. 금융위원회가 언제부터 알고 있었느냐는 것은 굉장히 중요하다. 금융위원회가 뒤늦게 론스타에 자료 제출을 요구한 걸 보면 그전에는 몰랐을 가능성도 있지만, 분명히 알고 있는 사람들도 있었던 것으로 보인다. 뒤늦게 2003년 매각 과정에서 심각한 문제가 있었다는 사실이 드러나자 부랴부랴 실태 파악에 나섰지만 이미 수습이 안 되는 상황이었다.

론스타가 대주주 자격이 안 된다는 사실을 늦게라도 알았다면 그때라도 주식 매각 명령을 내렸어야 했다. 그런데 금융 감독 당국은 주가 조작 등의 재판이 남아 있다는 이유로 매각 명령을 내리기는커녕 떠나겠다는 론스타의 발목을 잡았고 그 덕분에 소송 폭탄까지 맞게 되었다. 어쨌거나 론스타는 한국 정부가 승인을 해서 외환은행을 인수했고 주가가 오르자 팔고 떠났다. 좀더 좋은 조건에 팔 수도 있었으나 한국 정부가 매각 승인을 해주지 않아(정확하게는 사겠다는 쪽에 인수 승인을 해주지 않아) 한참 시간을 끌었던 건 사실이다.

금융위원회는 오히려 론스타가 대주주 자격이 안 된다는 사실이 알려지기를 원하지 않았던 것 같다. 비금융 주력자 문제는 치명적인 아킬레스건이 되었고 금융위원회는 어느 시점부터 론스타의 적극적인 동조자 또는 공모자였을 가능성이 크다. 이쯤 되면 다시 궁금해진다. 론스타가 속였는가? 금융위원회가 속였는가? 한국 정부가 론스타와 짜고 국민을 속였다면 우리는 과연 누구를 상대로 싸우고 있는 것일까?

론스타 구원투수, 김석동의 거짓말

비금융 주력자 여부가 논란이 되자 금융감독위원회는 2007년 6월 12일에서야 론스타의 지분 구조를 다시 살펴보겠다고 밝혔다. 골프장 문제까지 터져나오면서 더 숨기기 어려운 상황에 내몰렸다는 판단을 한 것으로 보인다. 론스타와 시나리오를 협의한 뒤 요식적인 절차를 흉내내는 데 그칠 가능성도 배제할 수 없는 상황이었다.

　금융감독위원회와 금융감독원은 공동으로 보도자료를 내고 "외환은행을 비롯한 시중은행들의 대주주에게 적격성 심사를 위한 관련 자료를 제출하도록 요구했다"고 밝혔다. 당시 금융감독원 은행감독국장 김성화는 기자들을 만난 자리에서 "은행 대주주 적격성을 심사하도록 규정한 은행법에 따른 정기 심사인 데다, 외환은행의 경우 론스타의 대주주 자격을 놓고 외부 논란이 제기된 만큼 기존의 회계 자료 외에 론스타와 특수 관계인 지분 현황과 자산·자본 총액 등 재무제표 전반에 걸쳐 구체적 자료를 모두 제출하라고 통보했다"고 말했다.

당시 금융감독위원회 위원장 김용덕은 2007년 11월 26일 『파이낸셜타임스』와 인터뷰에서 "론스타의 자격 심사 결과가 오는 12월 19일로 예정된 대통령 선거 이전에 도출될 것인가"라고 묻자 "오래 걸리지 않을 것"이라며 "한 달 내에 발표할 수 있을 것"이라고 말했다. 그러나 금융감독위원회는 대통령 선거 이후에도 심사 결과를 발표하지 않았고 금융감독위원회가 금융위원회로 확대 개편된 이후에도 4년이 넘도록 시간을 끌었다.

론스타는 이미 2010년 11월 25일 하나금융지주와 외환은행 지분 매매계약을 체결하고 금융위원회의 승인을 기다리고 있는 상황이었다. 외환은행 지분 51.02%의 매각 금액은 4조 6,888억 원이었다. 그런데 외환카드 주가조작이 유죄로 판명나고 비금융 주력자 이슈까지 터지면서 금융위원회는 궁지에 몰렸고 론스타는 몸이 달았을 것이다.

론스타와 하나금융지주가 매매계약을 체결한 다음 날인 11월 26일, 금융위원회 위원장 진동수는 "론스타의 비금융 주력자 심사가 왜 이렇게 지연되느냐"는 기자들의 질문에 "현재 논의 중인 사안으로 시간이 많으니까 좀 지켜보겠다"면서 "하나금융지주의 외환은행 인수 심사 과정에서 살펴볼 수 있을 것"이라고 둘러댔다. 그러나 진동수는 끝내 심사 결과를 발표하지 않고 물러났고 이듬해인 2011년 1월 김석동이 후임 위원장으로 취임한다. 앞서 살펴보았듯이 김석동은 2003년 9월 외환은행 매각 당시 금융감독위원회 감독정책1국 국장을 지냈던 사람이다. 2006년 금융감독위원회 부위원장을 지낸 뒤 2007년 재정경제부 차관까지 지내고 물러났다가 금융위원회 위원장으로 화려하게 부활했다.

그런데 김석동의 취임 석 달째인 3월 10일, 대법원이 외환카드 주가조작 사건을 유죄 취지로 파기 환송했다. 항소심에서 무죄판결을 받았던 론스타로서는 청천벽력 같은 결과였겠지만, 한편으로는 길고 긴 재판이 끝나고 마침내 외환은행을 팔고 떠날 수 있게 된 상황을 맞이하게 된 것이다. 공교롭게도 대법원 선고 이후 일주일도 채 지나지 않은 3월 16일, 금융위원회가 그동안 4년이 넘도록 미루어왔던 비금융 주력자 심사 결과를 발표한다. 국면 전환을 노린 것일까? 금융위원회의 이날 발표를 요약하면 론스타는 비금융 주력자가 아니다, 다만 대주주 적격성 여부는 아직 결론을 못 내렸다는 것이다. 하나금융지주의 외환은행 인수에 대해서도 답을 미루었다.

3월 16일, 금융위원회가 공개한 론스타펀드4호의 비금융 주력자 심사 결과를 자세히 보면, 금융위원회는 론스타가 비금융 주력자라는 사실을 인정할 경우 문제가 복잡해질 거라고 생각했던 것 같다. 책임 소재로 시끄러워질 뿐만 아니라 론스타의 매각 역시 발목이 잡힐 게 뻔한 상황이었다. 론스타에 직접 자료를 받아서 면밀하게 확인했다고 밝혔지만 모두 사실이 아닌 것으로 드러났다. 뻔히 들통날 거짓말을 할 만큼 다급했다는 이야기다. 론스타가 자료를 제대로 제출하지 않았다고 발뺌을 할 수도 있었겠지만, 나중에 드러난 사실을 종합하면 이미 확인한 사실까지도 은폐했을 가능성이 크다.

론스타와 금융위원회 사이에 모종의 밀약이 있었을까? 그것은 알 수 없다. 다만 분명한 것은 금융위원회 발표 이후 론스타의 엑시트 플랜exit Plan(철수 계획)에 가속도가 붙었다는 것이다.

금융위원회가 론스타는 비금융 주력자가 아니라고 공식 선언했지만 논란은 가라앉지 않았다. 이때는 아직 정보공개 청구 결과가 나오기 전이었지만, 론스타펀드4호 이외의 나머지 5개 펀드에 대해 동일인 현황을 제대로 검사하지 않은 것이 분명했고 이 5개 펀드의 초기 투자액만 13조 원이 넘는다는 사실이 확인된 뒤였다. 이 가운데 비금융 회사 자산이 2조 원이 넘으면 론스타를 비금융 주력자로 분류해야 하는데, 금융위원회는 정작 론스타가 제출한 자료 외에 자료를 전혀 확보하지 않은 상황이었다.

금융위원회가 거짓말을 하고 있는 게 아니라면 론스타는 마땅히 제출해야 할 자료를 제출하지 않은 것이고 금융위원회 역시 제출하라고 요구해야 할 자료를 요구하지 않았던 것이다. 물론 금융위원회가 거짓말을 하고 있을 가능성도 배제할 수 없는 상황이었다. 론스타가 자료 제출을 거부한다면 얼마든지 제재를 할 수 있는 권한이 있었고 설령 자료를 받지 못하더라도 이미 공개된 자료만 살펴봐도 론스타가 비금융 주력자일 가능성이 매우 높다는 게 상식이었기 때문이다. 금융위원회가 론스타의 공범이라는 의혹을 받고 있는 것도 이런 이유에서다. 당시 금융위원회 상임위원 최종구(현재 금융위원회 위원장)는 과연 몰랐을까?

경제개혁연대는 2011년 3월 21일 금융위원회에 보낸 공개 질의에서 "대주주 적격성 심사의 판단 권한은 금융위원회에 있으므로, 비금융 주력자 해당 여부에 대해서도 금융위원회가 주도적으로 조사하고 심사하여 결정해야 하는 것은 너무나도 당연한 일"이라면서 "하지만 금융위는 갖은 이유를 들어 론스타펀드4호가 비금융 주력자는 아니라고 볼 수밖에 없다는 이상한 결론을 내리고 있다"고 지적했다. 경제개혁연대는 "론스타의 비금융 주력자 여부를 판단함에 있어 주된 판단의 근거가 론스타 측에서 제출한 자료라고 한다면, 과연 심사 대상인 론스타가 자신들에게 불리한 자료까지도 제출했을지 극히 의문이 든다"면서 강한 의혹을 제기했다.

"결국 금융위원회가 론스타펀드4호만을 대상으로 비금융 주력자 여부를 판단한 이유가 론스타의 자료 제출 비협조에 있다고 한다면, 금융위원회가 론스타에 대해 어떤 조치, 특히 어떤 제재 조치를 취했는지가 문제로 남는다. 이 세상의 어느 감독 당국이 피감 기업의 자료 제출 비협조에 대해 그냥 묵인하는가. 이는 감독 당국 스스로의 권위를 무너뜨리는 것이다. 또한 론스타의 자료 이외에, 감독 당국 스스로 론스타의 나머지 펀드들의 실상을 파악하기 위해 어떤 노력을 기울였고, 그 결과 어떤 내용의 자료를 취득하였는가도 확인돼야 한다."

금융위원회는 일단 파기 환송심 재판 결과를 보자는 입장이었다. 어차피 유죄가 확정되면 대주주 자격을 박탈하면 되니 비금융 주력자 문제는 핵심 쟁점이 아니라는 판단도 있었을 것이다. 당시 금융감독원 원장 권혁세도 4월 26일 기자들을 만난 자리에서 "론스타의 대주주 적격성 심사를 금융위원회 정례회의에 올릴 것이냐"고 묻는 질문에 "아직 금융위원회와 협의하지 못했다"면서 답을 피했다.

홍익대학교 경제학과 교수 전성인은 KBS 보도 이틀 뒤인 5월 27일 『한겨레』 기고에서 "이제 외환은행의 대주주는 론스타가 아니라 6.25%를 보유한 한국수출입은행과 6.12%를 보유한 한국은행"이라면서 "이 두 은행은 지체 없이 임시 주주총회를 소집하고, 새로운 이사를 선임해 외환은행의 경영권을 확보해야 한다"고 주장했다.

은행법 제16조 제1항에는 "동일인이 15조와 16조 규정의 한도를 초과해 주식을 보유하는 경우 의결권 행사 범위를 제한하고 지체 없이 그 한도에 적합하도록 해야 한다"는 규정이 있다. 제16조 제2항에 따르면 비금융 주력자는 은행의 의결권 있는 주식을 9%까지 보유할 수 있다. 은행법 제15조 제2항에는 비금융 주력자가 4%를 초과해 주식을 보유하려면 금융위원회의 승인을 얻어야 한다는 규정도 있다.

결국 론스타가 비금융 주력자라는 사실이 확인된 순간 4% 이상 보유 지분을 지체 없이 매각해야 하는 것은 물론이고 론스타가 비금융 주력자라는 사실을 숨기고 외환은행을 인수한 것으로 확인된다면 4% 뿐만 아니라 주식 전량을 지체 없이 반환해야 한다는 게 전성인의 주장이었다.

여론을 의식한 듯 금융위원회는 2011년 5월 31일에서야 "론스타에 자료를 요청해 일부는 받는 등 정기 적격성 심사 작업에 다시 착수했다"면서 "그동안 제기된 다양한 의혹이나 논란뿐만 아니라 최근 불거진 골프장 소유 논란 등도 론스타 측에 자료를 요구해 판단할 계획"이라고 밝혔다. 하지만 그 뒤로도 한동안 불편한 침묵이 계속되었다.

★
론스타에 날개를 달아준 주식 처분 명령

2011년 11월 18일 금융위원회는 임시회의를 열고 론스타에 주식 처분 명령을 내리기로 의결한다. 원래 예정된 회의였다고는 하나 시점이 공교로웠다. 꼬리 자르기라도 하듯 표면적으로는 징계 성격의 주식 처분 명령이었지만, 실질적으로는 떠나려는 론스타에 날개를 달아준 꼴이었다. 다음은 금융위원회 보도자료 가운데 일부다.

- 2012년 5월 18일(6개월 기간)까지 의결권 있는 발행주식 총수의 100분의 10을 초과하여 보유하는 외환은행 주식의 처분을 명하는 조치 안을 의결했음.
- 처분 명령을 의결하게 된 이유는 론스타가 금융위원회의 충족 명령(2011년 10월 25일)을 이행 기간(2011년 10월 28일 기한) 내는 물론 현재까지 이행하지

않고 있기 때문임.

- 또한, 처분 명령을 계속 미룰 경우 충족 명령을 이행하지 않고 있는 상태를 금융 감독 당국이 방치하는 문제가 있음.

이날 금융위원회의 발표는 울고 싶은데 뺨 때려준 격이란 비난을 피할 수 없었다. 게다가 처분 기간을 6개월이나 주었고 처분 방식도 특정하지 않았다. 대주주 자격이 없어서 매각 명령을 내리는 것인데도 징벌적 매각 명령은커녕 충분히 제값을 받고 떠날 수 있도록 기회를 준 것이다. 금융위원회는 "처분해야 할 주식 수가 41.02%, 2억 6,500만 주로 역대 최대 규모인데다 과거에도 유사 사례에 6개월 안에 처분하도록 명령한 바 있어 형평성을 고려했다"고 밝혔다. 금융위원회의 해명은 다음과 같다.

"대주주 적격성 심사 및 주식 처분 명령 제도의 목적은 '부적격자 배제'이므로, 처분 방식을 특정하지 않더라도 부적격자가 은행의 대주주가 될 수 없도록 하면 제도의 목적을 달성할 수 있고 과거에도 금융 감독 당국의 승인을 받지 아니하고 보험회사의 대주주가 된 자에 대해 해당 주식을 조건 없이 처분토록 명령한 적이 있으며 미국과 영국 등은 한국과 법률 체계가 다르기는 하지만, 법령을 위반한 은행 주주에 대하여 시장 내에서 주식을 처분하도록 강제 명령한 사례가 확인되지 않고 있고, 시장 내 처분과 같은 조건을 부과할 경우, 방대한 주식 처분 물량을 감안할 때 주가 하락으로 외환은행 소액주주의 재산 피해가 클 가능성이 매우 높은 점을 고려하였음."

실제로 론스타가 주식 전량을 시장에서 매각할 경우 주가가 하락할 가능성이 있는 것은 사실이다. 게다가 비금융 주력자라서가 아니라 주가조작 관련 유죄가 확정되었기 때문이라 이 경우 2003년 9월의 인수 자격 논란과는 무관하다고 볼 수 있다. 그러나 금융위원회가 일부러 비금융 주력자 여부를 판단하지 않고 시간을 끌어왔던 것도 부정할 수 없는 사실이다. 론스타로서는 오히려 매각 승인을 받아야 할 판인데 금융위원회가 주가조작 유죄판결을 계기로 매각 명령을 내려준 상황이다. 주식 처분 명령은 단순히 부적격자 배제를 위한 것일 뿐 강제 명령을 할 수 없다는 금융위원회의 주장은 이런 맥락을 생략한 것이다.

투기자본감시센터가 주축이 된 외환은행 소액주주들은 11월 23일 금융위원회의 처분 명령의 효력 정지를 요구하는 가처분 신청을 했다. 이들은 신청서에서 "헌법 소원이 진행 중인 상황에서 금융 당국이 답변서조차 제출하지 않고 처분 명령을 내린 것은 사법부의 존재를 부정하는 행위"라며 "헌법 소원 심판 사건이 끝날 때까지 처분 명령의 효력을 정지하고 론스타와 통정의 협의 절차를 거쳐 주식을 인수하는 자에 대해서는 승인을 금지할 필요성이 있다"고 주장했다. 다음은 당시 가처분 신청서 가운데 한 부분이다.

"금융 당국은 론스타의 일본 내 골프장 등 몇 시간이면 확인할 수 있는 사안을 6개월째 아무 조치도 취하지 않다가 주가조작 사건에 기해서만 단순 처분 명령을 내렸습니다. 결국 금융 당국은 이미 론스타가 비금융 주력자임을 알고 이를 해소할 시간을 부여한 것이며, 2003년 당시의 원죄 때문에 범죄자 론스타의 '먹튀'를 도와주려고 한 것밖에는 달리 해석할 길이 없습니다."

외환은행 노동조합은 곧바로 정보공개 청구 소송을 냈고, 참여연대가 김석동 금융위원장 등을 형사 고발하는 등 금융위원회 처분 명령의 후폭풍이 거셌다. 11월 19일은 참여연대가 기자회견을 열고 론스타펀드4호의 자회사 명단을 공개한 날이다. 12월 1일에는 민주당이 외환은행 매각 중단과 금융위원회 국정조사를 요구하고 나섰다. 당시 민주당 원내대표 김진표는 "막대한 국부 유출을 초래하는 론스타 문제가 이명박 정부에 있어서 또 하나의 마지막 시한폭탄으로 작용할 것"이라고 경고하기도 했다. 아이러니한 것은 김진표가 2003년 론스타가 외환은행을 인수할 때 경제부총리를 지냈다는 사실이다.

권혁세와 김석동 등은 뒷북을 치기 시작했다. 김석동은 12월 5일 기자들을 만난 자리에서 "론스타의 비금융 주력자 여부에 대한 금융감독원의 검토가 끝난 뒤에 편입 승인 문제를 심사할 계획"이라고 밝혔다. "금융감독원이 공정하고 합리적으로 판단하도록 전적으로 일임했고, 금융위원회는 사전적으로 의견 제시나 협의는 하지 않을 것"이라고도 덧붙였다.

김석동의 발언은 여러 가지로 수상쩍었다. 그동안 온갖 핑계를 대면서 심사를 미루어왔으면서 이제서야 갑자기 금융감독원이 비금융 주력자 여부를 검토하고 있다면서 공을 떠넘긴 데다, 정작 금융감독원에 일임했을 뿐 금융위원회는 관련이 없다는 식으로 빠져나가려는 모양새였기 때문이다.

권혁세는 입이라도 맞춘 듯 12월 7일 "론스타는 비금융 주력자 요건에 해당됐으나 일본의 골프장을 매각했기 때문에 더이상 문제되지 않는다"고 궤변을 늘어놓았다. 보도전문 채널『뉴스Y』에 출연해서 "이 문제를 오래 끌 이유가 없다"면서 "검토 작업을 연내에 마무리하겠다"고 말하기도 했다. 비금융 주력자 여부를 심사조차 하지 않았던 데다 애초에 불법 매각이었을 가능성에 대해서는 아무런 언급도 없었다.

실제로 금융위원회와 금융감독원은 이미 빠져나갈 구멍을 만들어 놓았다. 12월 15일『서울신문』에 실린 익명의 금융감독원 관계자는 "론스타가 산업자본인지 가릴 때 비금융 주력자 제도의 도입 취지까지 종합적으로 고려할 것"이라고 밝혔고,『서울신문』은 이를 "산업자본 여부를 판정할 때 2002년 국회 재정경제위원회의 심사 보고서를 하나의 잣대로 삼겠다는 뜻"이라고 해석했다. 문제의 심사 보고서에는 은행법에서 은행 대주주의 비금융자산 한도를 2조 원으로 규정한 것은 30대 국내 재벌의 자산 기준이라는 대목이 있는데, 이 제도를 론스타 같은 외국 펀드에 적용하는 것은 바람직하지 않다는 뜻으로 해석할 수 있다는 것이었다.

12월 26일 국회 정무위원회 회의는 론스타의 먹튀를 막을 마지막 기회였다. 그러나 금융위원회와 금융감독원은 관행에 따른 것이며 문제가 없다는 입장을 고수했다. 마침 이날 오후에 민주당 의원총회가 예정되어 있어서 질문이 핵심을 찌르지 못했다. 권혁세의 설명을 간단히 요약하면 다음과 같다.

첫째, 비금융 주력자 제도는 국내 산업자본이 은행을 지배해 사금고화하는 것을 방지하기 위해 마련된 것으로 해외 투자자의 비금융 회사 자산 규모 등은 고려하지 않은 것이다.

둘째, 해외 계열사 범위를 제한 없이 해석할 경우 자칫 국제적인 글로벌 은행조차 비금융 주력자로 지정될 수 있다. 2004년 3월 한미은행을 인수한 씨티그룹도 해외 계열 비금융 회사를 모두 합칠 경우 비금융 주력자가 될 수 있다.

셋째, 2009년 10월 은행법을 개정해 외국 은행과 외국 은행지주회사에 대해서는 해외 계열사 중 비금융 회사가 있더라도 특수 관계인 범위에서 제외할 수 있도록 했다. 론스타펀드4호가 2003년 9월에 은행이 아니었는데도 예외 승인을 받았다면, 비금융 주력자 여부를 판단할 때도 예외를 인정해야 한다는 주장이 가능하다.

넷째, 2003년 외환은행을 인수할 때부터 2006년 상반기까지 금융감독 당국이 비금융 주력자 심사 대상을 론스타펀드4호와 외환은행 주식 취득에 직간접적으로 관련된 계열사와 국내 소재 계열사로 한정해왔으므로 론스타펀드4호는 이를 비금융 주력자 여부 판단의 일관된 기준이라고 해석했을 소지가 있다. 외국인의 특수 관계인 범위에 대한 신뢰가 형성되었다는 주장이 가능하다.

금융감독원의 주장은 군색하기 짝이 없었다. 법을 법대로 해석하는 건 곤란하다는 의미인 데다, 법에 어긋나더라도 신뢰가 형성되어 있었기 때문에 지금에 와서 문제 삼기 어렵다는 황당무계한 주장을 하고 있었기 때문이다.

12월 26일, 국회 정무위원회 회의에서 박선숙 의원은 비금융 주력자 규정이 국내 법인에만 해당한다는 금융감독원의 해석이 터무니없다고 지적했다. 권혁세는 뒤늦게 말을 바꿔 심사는 제대로 했지만, 론스타가 자료 제출을 제대로 하지 않아서 확인할 방법이 없었다고 해명했다. 일부 의원들은 노무현 정부로 책임을 떠넘기기도 했다. 권혁세와 김석동을 상대로 온갖 질문이 쏟아져나왔지만, 그들은 꿋꿋이 버텼다. 외환은행 매각은 정당했으며 지금 론스타의 먹튀를 방치하는 것은 달리 막을 방법이 없기 때문이라는 논리였다.

민주당 의원 조영택도 중요한 지적을 했다. 은행법은 2009년에 개정되었는데 그 이전에 론스타가 비금융 주력자였거나 비금융 주력자가 되었다면 이제 와서 그것을 없었던 일로 할 수는 없다는 것이다.

김석동은 오히려 배 째라는 태도로 일관했다. 다 죽어가는 은행을 살려냈더니 이제 와서 왜 이러느냐는 둥 문제가 있으면 감사원 감사를 받고 책임을 지겠다는 둥 논점 일탈을 거듭했다. 문제의 본질은 론스타가 자격 미달이라는 사실을 알고 있었으면서도 매각을 강행했고 문제가 드러나자 적당히 시간을 끌면서 덮고 넘어가려고 했다는 것이다. 그리고 외환은행의 새 주인이 나타나자 매각 명령이라는 시늉으로 달리 방법이 없었다는 코스프레를 하고 있는 것이다.

론스타의 숨은 투자자를 밝혀라

검은 머리 외국인 논란이 불거진 건 국내 자본 가운데 일부가 론스타를 우회해서 외환은행 인수에 뒷돈을 댔을 가능성 때문이다. 다음은 2008년 6월 외환은행되찾기범국민운동본부 사무처장 김준환의 『미디어오늘』과 인터뷰 가운데 일부다.

"론스타가 외환은행을 인수하는 데 들인 자기자본은 1,700억 원밖에 안 됩니다. 나머지 1조 2,130억 원은 모두 차입으로 조달했고요. 입금 내역을 보면 100억 원 단위로 원화로 입금된 부분이 보이죠. 투자자는 모두 23명인데 이 가운데 원화 입금은 100억 원이 1명, 300억 원이 1명, 400억 원이 2명, 500억 원이 6명, 1,000억 원이 1명입니다. 이 자금은 역외펀드나 조세 회피 지역을 우회해서 들어온 국내 자금일 가능성이 큽니다. 론스타가 파격적인 특혜를 받으면서 국내에서 천문학적인 이익을 내고 있는 것도 이들 투자자들의 역할과 무관하지 않을 거라고 봅니다."

론스타에 검은 머리 외국인들이 돈을 댔을 거란 의혹은 2005년 정무위원회 국정감사에서 제기된 적이 있었다. 2005년 9월 26일 금융감독위원회 국정감사에서 당시 열린우리당 의원 이상경의 질의 응답 가운데 일부다. 이상경이 묻고 당시 금융감독원 은행감독국 국장 양성용이 대신 대답을 한다.

이상경	시중에서는 외환은행을 인수한 론스타펀드가 소위 '검은 머리 자본'이라는 주장을 합니다. 그러니까 한국인인데 외국자본인 것처럼 흉내내는 검은 머리 자본이라는 시중의 루머가 있습니다. 외환은행에서 제출한 이 서류를 보면 외환은행에 납입된 론스타의 주식 납입 대금이 약 1조 750억 원인데 한화로 입금이 됐습니다. 외화로 된 것이 아니고 외환은행에 한화로 입금이 됐습니다. 이 내용 아십니까?
양성용	저희도 외환은행에 확인을 해봤습니다. 그랬더니 외화가 원화로 환전된 것은 자기네가 확인할 수는 없고 상당액이 자기네 은행에 입금된 것만 확인할 수 있었다고 저희한테 확인해주었습니다. 외환은행에서 저희한테는 환전 여부를 확인할 수 없다고 저희한테 얘기를 했습니다.
이상경	결국 론스타가 외환은행에 외화로 입금한 것이 아니고 한화로

입금했는데 이것은 두 가지 가능성이 있습니다. 하나는 다른 은행을 통해서 환전을 해서 입금을 시켰거나, 아니면 처음부터 아예 외화가 아니고 한화를 가지고 있어서 그것을 입금했다는 두 가지 가능성이 있습니다. 그런데 상식적으로 국내 대기업이 외자 유치를 했다, 그래서 이것을 가지고 환전한 흔적이 없이 1조 원이 넘는 거액을 은행 계좌에 넣었다면 우리 금융 당국이나 세무 당국에서 아무런 조치를 취하지 않았을까요? 왜 론스타가 1조 원이 넘는 외화자금을 유치했다고 했음에도 불구하고 환전의 흔적이 없이, 한화로 1조 원을 납입했음에도 불구하고 환전한 흔적이 없습니다. 많은 문제 제기에 대해서 아무런 조치를 취하지 않은 이유는 무엇입니까?

질의 시간 문제로 금융감독위원회는 별다른 답변을 하지 않았고, 더는 논의가 진전되지 않았다. 그러다가 2008년 7월 『경향신문』이 론스타펀드4호 투자자 23명 가운데 15명이 원화로 자금을 입금한 것으로 드러났다고 보도하면서 다시 논란이 되었다. 2005년 국정감사 때 론스타가 제출한 자료에 따르면 2003년 10월 10일 한 투자자가 원화 1,000억 원을 LSF-KEB홀딩스에 입금한 것으로 기록되어 있다.

당시 『경향신문』과 인터뷰한 최경환 의원실 관계자는 "국세청이 미국 정부에 론스타펀드의 투자자 내역을 밝혀달라고 공문을 보내면 투자자의 실체를 밝혀낼 수 있는데도 정부는 아무런 움직임을 보이지 않고 있다"고 말했다. 당시 투기자본감시센터 집행위원장 장화식은 "정부 당국자들이 신속하게 외환은행을 론스타에 매각한 이유는 '보이지 않는 손'이 작용했기 때문"이라며 "검찰과 금융위원회, 국세청은 론스타펀드 투자자의 실체를 공개해야 한다"고 주장했다.

론스타의 외환은행 인수 대금 1조 3,833억 원 가운데 자기자본은 1,700억 원뿐이고 나머지 1조 2,130억 원은 투자자들의 자금인 것으로 나타났다. 투자자는 23명 가운데 15명이 달러가 아닌 원화로 입금한 사실이 드러났다. 매수명세서를 보면 2003년 10월 30일 한 투자자가 투자한 자금 1,000억 원은 환율 1150.7원으로 환산해 8,690만 3,623달러였다. 이 밖에도 1,400억 원 1명, 1,000억 원 1명, 520억 원 1명, 500억 원 6명, 450억 원 1명, 400억 원 2명, 390억 원 1명, 300억 원 1명, 100억 원 1명 등으로 모두 7,960억 원이 10억 원 단위로 원화로 입금되었다. 전체 투자 금액은 달러로 결정했는데, 원화로 입금을 할 수 있을까? 애초에 외화가 들어오지 않았을 가능성도 배제할 수 없다는 의혹이 제기된 것도 이 때문이다.

추가로 확인된 사실을 종합하면 론스타는 LSF-KEB홀딩스 명의로 신주와 구주 인수 대금 1조 3,833억 원을 선물환 계약 방식으로 조달했고, 선물환 결제 대금 12억 200만 달러는 도이체방크 등 4개 은행에서 송금 받아 결제했다. 그러나 이 돈이 해외에서 송금되었는지 당초 론스타의 돈이 송금된 것인지 다른 투자자들의 돈이 섞인 것인지는 확인할 방법이 없다. 투기자본감시센터는 "증권예탁원에서 외환은행의 실질 주주 명부를 제출 받거나, 압수수색해서 진실을 가려야 한다"고 주장했으나 추가 수사는 이루어지지 않았다.

2015년 5월 7일 『뉴스타파』 보도에 따르면 김석동의 처조카 이씨가 론스타에 근무하고 있었을 뿐만 아니라 개인 자격으로 1,800만 달러를 투자한 사실이 드러났다. 김석동은 "자주 만날 일이 없어 당시 론스타에 근무를 했다는 사실도 투자를 했다는 사실도 몰랐다"고 해명했지만, 상식적으로 이해하기 어려운 일이다. 『뉴스타파』 보도에 따르면 드러난 검은 머리 외국인은 더 있다. 론스타 계열사 부사장을 지냈던 정씨도 60억 원을 투자해 164억 원 가까이 챙긴 것으로 드러났다. 더욱 놀라운 사실은 정씨의 투자금은 3억 9,000만 원 정도였고 나머지 56억 원은 론스타가 빌려준 돈이라는 사실이다. 정씨의 투자 수익률은 2,800%에 육박한다. 전성인은 『뉴스타파』와 인터뷰에서 다음과 같이 말했다.

"무엇인가 비밀스러운 업무를 해야 되기 때문에 비밀 엄수를 위한 대가로 지급한 것이 아닌가, 이런 추측을 해볼 수가 있습니다.……그동안 우리나라의 금융 감독 관료나 광의의 경제 관료들이 론스타 얘기만 나오면 기를 펴지 못하는, 그런 일들을 우리가 많이 보지 않았습니까? 많은 사람들이 그걸 보고 굉장히 의아해했어요. 그런데 『뉴스타파』가 발견한 이런 사실들이 그 의문에 대한 하나의 실마리를 주는 것이라고 저는 생각합니다. 왜 그들이 순한 양일 수밖에 없었나. 혹시라도 이런 인간관계나 다른 방식의 유착 관계가 그런 당국자들의 반응을 이끌어낸 것이 아닌가, 이런 추측을 우리가 해볼 수 있는 것이죠."

이른바 투자자 바꿔치기도 검은 머리 외국인들을 위한 배려일 가능성이 있다. 당초 2003년 9월 신청서에 들어 있던 버뮤다 소재의 론스타펀드4호가 동일인 목록에서 빠지고 10월 최종 주식 대금 납입 시점에는 LSF4호B코리아1과 LSF4호B코리아2, KEB인베스터스2호, KEB 인베스터스3호, KEB인베스터스4호, 허드코파트너스4호코리아 등이 추가되어 뒤늦게 논란이 된 바 있다. 여기에서 LSF4호B코리아라는 게 한국인 투자자들이 투자한 펀드라는 게 장화식 등의 주장이었다. 적어도 3개 이상의 한국인 투자 펀드가 존재한다는 이야기다. 장화식은 당시 열린우리당 의원 임종인과 함께 쓴 『법률사무소 김앤장』에서 다음과 같이 주장했다.

"이것이 론스타의 경영 기법이다. 같이 투자에 동참시켜야 거래 성공을 위해 열심히 일하는 운명 공동체가 된다. 투자 당시 있었던 비밀에 대한 유지도 가능하고, 별도의 강제가 필요하지 않게 된다."

장화식은 론스타펀드4호의 한국인 투자자들이 누구인지 밝히는 게 중요하다고 거듭 강조했다.

"각종 불법과 로비를 하는 것은 동기가 있게 마련이다. 아무 이유 없이 은행 매각이라는 거대한 불법을 감행하겠는가? 정부 관료와 투기자본과 법률 엘리트(김앤장)의 사상 유례없는 도박이 감행된 배경을 알기 위해서는 투자자를 알아야 비밀이 풀린다."

★
로비스트 박순풍이 털어놓은 놀라운 이야기

엘리어트홀딩스 대표 박순풍은 2002년 11월 외환은행 상무 전용준의 추천으로 외환은행 매각 자문을 맡게 된다. 이재원이 외환은행 태스크포스팀 팀장을 맡고 박순풍은 외부에서 태스크포스팀을 지원하는 일을 했다. 박순풍은 2003년 9월부터 11월 사이 외환은행에서 매각 자문료 명목으로 세 차례에 걸쳐 12억 9,500만 원을 회사로 송금받은 뒤 자금 세탁을 거쳐 인척의 차명 계좌에 다시 입금하는 방법으로 3억 원을 횡령했다. 이 가운데 2억 원을 전용준에게 전달한 혐의로 구속 기소되었으나 징역 1년에 집행유예 2년을 선고 받고 풀려났다. 법원은 "죄질이 무겁지만, 엘리어트홀딩스가 사실상 피고인 1인의 회사이기 때문에 다른 주주들의 피해가 없었던 점을 고려해 집행유예와

사회봉사 명령을 선고한다"고 밝혔다.

전용준에 따르면 당시 외환은행 태스크포스팀은 론스타에 지분을 매각하는 방안뿐만 아니라 하이브리드 채권 발행이나 방카슈랑스 등을 통한 외자 유치를 다각도로 검토했다. BIS 산정도 태스크포스팀의 업무였다. 박순풍은 검찰 조사에서 "론스타 딜 과정에서 코메르츠방크나 대주주 문제들이 있을 때마다 시나리오가 바뀌었다"고 진술했다. "BIS 비율은 그때그때의 시점에 따라 달라지기도 하지만, 같은 시점에서도 어떤 데이터를 사용하느냐에 따라 달라지기 때문에 당시 수많은 BIS 산출 자료가 있었다고 보면 된다"는 이야기다.

박순풍의 증언에 따르면 외환은행은 다른 은행보다 BIS가 낮았던 건 사실이지만, 당장 BIS가 8% 이하로 떨어져 감독 당국의 관리하에 들어가야 하는 상황은 아니었다. 물론 은행의 대형화가 화두였고 주도적으로 인수합병을 하느냐 아니면 인수합병을 당하느냐의 갈림길에 있었다고 할 수 있다. 다른 은행에 흡수 합병이 되면 1차적으로 구조조정 대상이 되고 합병 은행에 남더라도 중요한 보직을 맡기 어려운 게 현실이라 이래저래 자본 확충과 독자 생존이 절박한 상황이었다.

검사	자본 확충이 결국 장기적인 의미에서의 외환은행 및 행원들의 생존과 맞물려 있는 것이지만, 그것이 외환은행이 당장 부도가 날 상황이라서 자본 확충을 해야 한다는 의미로 받아들이지는 않았죠? 맞습니까?
박순풍	그렇습니다.

2002년 말 대선에서 노무현 후보가 대통령에 당선되고, 정권 교체기에 국책은행의 행장 교체가 예견된 상황이었다. 실제로 외환은행 행장이었던 김경림은 하이닉스 매각과 관련해 정부와 입장이 달라 갈등을 빚다가 임기를 채우지 못하고 그만두었다. IMF 직후 행장이었던 홍세표는 코메르츠방크의 지지를 받아서 행장에 선임되었지만 정부와 불화를 겪었다. 홍세표 후임이었던 이갑현도 코메르츠방크가 강력 추천한 후보였으나 역시 정부에 밉보여 상대적으로 불이익을 받았다는 평가가 있었다. 박순풍이 스티븐 리를 처음 만난 건 노무현 정부 출범을 막 앞두고 있던 2003년 2월 22일이다.

박순풍은 검찰 조사에서 이날 이슈가 크게 3가지였다고 진술한 바있다. 매니지먼트 이슈, 론스타가 이강원 등에 대해 어떻게 평가하고 있는지, 협상이 성사되고 난 뒤에도 연임할 수 있는지 등을 확인하는게 첫 번째 이슈였고, 스티븐 리가 직접 카운터파티(협상 주체)가 되어 달라는 요청이 두 번째 이슈, 협상 구조와 인수 자격 등 구체적으로 협상 조건을 논의하는 게 세 번째 이슈였다.

"다소 밝히기 껄끄러운 말씀입니다만, 사실대로 말씀드리겠습니다. 당시 제가 공동 자문사로 사실상 선정된 상태에서, 론스타의 외환은행 인수 후에도 이강원 행장 등 현 경영진이 유임될 수 있을 것인지 스티븐 리의 의중을 예측해 보려 하였고, 만약 스티븐 리의 심증이 불투명할 경우 이강원 행장 등을 유임시켜야 한다는 점을 강조하려는 의도가 있었습니다."

박순풍이 스티븐 리를 만나고 와서 전용준 등에게 보고한 문건에는 다음과 같은 대목이 있다.

"론스타 입장에서 투자 이후 론스타가 외환은행의 지배적인 주주controlling shareholder가 된다는 전제하에서 외환은행 경영진의 지위management status에 대한 사항을 언급하지 않고 딜을 진행한다는 것은 별로 바람직하지 못한 접근이 될 수 있다. 이는 양측 간의 원활한 커뮤니케이션이 촉발되지 못하고 지지부진하게 딜이 진행될 수 있는 가장 직접적인 원인이 될 수 있을 뿐 아니라 외환은행 경영진이 다른 대안alternative의 모색 및 검토에 몰두함으로써 론스타와의 딜이 우선순위에 있어서 불리한 상황에 처할 수 있는 리스크를 유발시킬 수도 있다."

박순풍은 검찰 조사에서 다음과 같이 설명했다.

"론스타 딜에 있어서 처음부터 끝까지 이야기했던 요점 중 하나가 이해상충 문제였습니다. 간단히 설명하면 주주의 입장에서는 좋은 조건으로 이 딜을 해야 되는 입장에 서야 되고 딜이 끝난 다음에는 론스타가 대주주가 되는 상황에서 론스타가 주주가 되는 것으로 상황이 바뀌기 때문에 두 가지 상황에 대해서 잠재적인 이해상충 문제가 있었고 사전에 확실하게 정리하는 것이 딜을 하는 데 확실하지 않나 생각했던 것입니다."

론스타에 우호적인 조건으로 협상이 성사될 경우 이강원 등의 자리를 보전해달라는 제안을 한 사실을 인정한 것이다. 심지어 이강원을 유임하지 않으면 론스타 말고 다른 데로 넘어갈 수 있다며 엄포를 놓은 정황도 있다. 역시 검찰 조사에서 박순풍의 진술 가운데 일부다.

"2003년 2월 5일, 모건스탠리가 뉴브리지를 대신해 외환은행에 제안한 외환은행과 제일은행 합병에 관한 MOU 초안에는 통합은행의 CEO로서 이강원 행장을 명시적으로 지명하고 있었습니다. 위와 같은 뉴브리지의 제안이 있던 시점이라 론스타에게도 이강원 행장의 유임안을 약속하면 향후 협상에 유리하지 않겠느냐는 암시를 주고자 했던 것입니다."

또 다음과 같은 진술도 있었다.

"처음에 스티븐 리를 만날 때에 제가 사전에 이강원 행장에게 스티븐 리를 만나고 오겠다고 보고하였더니, 이강원 행장이 저보고 경영진 유임 문제에 대하여 이야기하게 되면, 굳이 너무 깊이 들어가진 말라고 하길래, 제가 이강원 행장이 경영진 유임 문제에 대하여 이야기하기를 바란다는 사실을 알았습니다. 그래서 다녀와서 경영진 유임에 관하여 스티븐 리와 논의한 내용을 보고했습니다. 다만, 제가 그 이후에 몇 차례 스티븐 리를 독대하고 그중 수차례 경영진 유임에 관한 대화를 나눈 후 다녀와서 꼭 경영진 유임에 관한 보고를 하였으므로 이강원 행장은 스티븐 리와 저와의 독대가 경영진 유임에 관한 사항을 포함한 논의를 하는 자리라는 것은 잘 알고 있었습니다."

그러나 스티븐 리는 경영진 유임을 전제로 협상을 할 수 없다는 입장이었다는 게 박순풍의 진술이다. 현재 경영진의 능력을 긍정적으로 평가하고 있다면서도 확실한 답변을 주지 않았고, 박순풍은 "지금 상태로 가면 경영진을 유임시킬 것 같은 태도를 취했다고 보면 된다"고 진술한 바 있다. 보고를 받은 이강원이 "상당히 만족스러워하는 것 같았다"고 진술하기도 했다.

실제로 이강원은 자리 보전에 관심이 많았던 것으로 보인다. 검찰 조사에 따르면 박순풍은 이강원이 뉴브리지캐피탈에서 MOU 초안을 받기 전까지 론스타 이외의 대안을 검토조차 하지 않았으나, MOU 초안에 행장직 보장이라는 조건이 명기된 걸 보고 뉴브리지캐피탈의 제안에 관심을 보였다고 진술했다. 심지어 이강원은 박순풍 몰래 스티븐 리를 만나기도 했다. 박순풍은 검찰 조사에서 "이강원 행장이 아무도 모르게 개인적으로 수차례 스티븐 리를 만나기도 하고 자기의 유임 문제를 직접 이야기하였다고 하니 좀 이중적이라는 생각이 든다"고 진술했다.

이강원이 행장 자리를 보장 받는 걸 전제로 인수 가격에서 양보를 했을 가능성도 배제할 수 없다는 이야기다. 론스타는 협상을 시작하기 전부터 10억 달러에 외환은행 지분 51%를 확보한다는 가이드라인을 잡아놓고 이강원 등을 압박했다. 2003년 3월 22일, '론스타 투자 관련 자본참여 방법(금액)에 대한 검토'라는 제목의 문건에는 "구주 매각 없이 신주만으로 10억 불 상당에 외환은행 지분 51%를 맞추어주려면 신주 가격을 가능한 낮추어 발행하여야 한다"는 대목이 있다.

박순풍의 증언을 종합하면 다음과 같다. 2002년 11월 무렵, 살로먼 스미스바니의 샤리아 치스티 등이 박순풍을 만난 자리에서 론스타에 배타적인 협상권exclusivity을 부여하고 곧바로 실사due diligence를 할 수 있게 조치해달라고 요청했다. 박순풍은 그렇게 할 수는 없고 론스타가 먼저 협상 조건을 제시하고 진행deal execution 여부를 결정하는 것이 순서라고 선을 그었다. 그리고 2003년 2월 다시 만난 자리에서 박순풍이 인수 자격 문제를 어떻게 할 것인지 시나리오를 제시해달라고 요구하자, 유회원이 "It's none of your business!(당신은 신경쓰지 않아도 된다)"라고 말을 잘랐다.

박순풍은 검찰 조사에서 "론스타가 은행법상 전략적 투자자가 아니기 때문에 그것이 해결이 되지 않는다면 딜 자체가 불투명하기 때문에 다른 대안 없이 이 딜 하나만 진행하는 것은 위험하다고 생각했다"고 말했다. 공식적으로 외환은행을 대리해 가격 협상을 주도한 것은 모건스탠리였지만, 박순풍은 스티븐 리 등과 만나면서 이강원 등의 의견을 전달하는 역할을 했다. 특히 자격 요건 등의 이슈를 박순풍이 전담했다.

스티븐 리는 2003년 6월 26일 박순풍을 만난 자리에서 ABN암로와 론스타가 합작하는 방식의 시나리오가 투자위원회에서 부결되었다면서 '컴펠링 리즌compelling reason(여기서는 은행법 예외 규정을 적용하는 특별한 사유를 적용한다는 의미)' 시나리오로 가기로 했다고 전달했다. 6월 16일 론스타의 제안서에는 자격 요건 문제가 빠져 있어서 이강원이 이 부분을 확인하라고 지시했고, 박순풍이 스티븐 리에게 면담을 요청해서 만났다. 스티븐 리는 외환은행 경영진이 특별한 사유 시나리오로 갈 수 있도록 재정경제부와 금융감독위원회 등을 함께 설득해달라고 요청했다.

박순풍에 따르면 특별한 사유 시나리오가 이날 처음 나온 것은 아니다. 첫째, 론스타가 금융기관으로 지정 받는 방안, 둘째, 특별한 사유를 인정받는 방안, 셋째, 도쿄스타뱅크와 론스타가 합작하는 방안, 넷째, ABN암로와 론스타가 합작하는 방안 등이 거론되었지만, 김앤장이 첫째와 둘째를 밀고 있었고 외환은행은 넷째를 검토하고 있었다. 그런데 스티븐 리가 둘째 시나리오 외에 다른 대안이 없다는 식으로 이야기한 것이다.

박순풍은 "외환은행이 적기 시정 조치 상태에서 벗어난 지 1년밖에 안 된 상황에서 부실 금융기관으로 판정받는 시나리오는 현실적으로 어렵지 않겠느냐고 말했지만 스티븐 리가 무슨 이유에서인지 가능하다고 주장했고 외환은행이 정부를 설득해달라고 전해달라고 말했다"고 진술했다. 다음은 2003년 6월 26일 박순풍이 작성해 이강원 등에게 보고한 '론스타 프로젝트에 관한 논의Discussion on LS Project'라는 제목의 문건 가운데 일부다.

- KEB를 Distressed Bank로 간주한다는 전제하에서의 Qualification Scenario를 정부에 제안하려는 전략 고려.
- 상기 공격적인 전략을 고려하게 된 배경.
  ① 김앤장 법률 의견 : 한미은행 case는 법적으로 문제가 있는 선례를 만든 것이며 KEB case가 또 다른 선례가 되지 말라는 법은 없다는 논리 – 정부의 의지에 달린 문제라는 입장.
  ② High Level Officer와 김&장의 Senior Partner 간 Meeting(지난 일요일)에서 USD 1 billion 투자 의향이 사실이라면 어떠한 형태의 Qualification도 허용 가능하다는 Officer의 의견 청취.

다음은 박순풍의 검찰 진술 가운데 일부다.

"그날은 보고를 하는 선에서 끝났는데, 그 문제는 외환은행이 어떻게 해결할 수 있는 것이 아니었기 때문입니다. 그러나 당시 정부 측 국장급 이상은 이강원 행장이나 이달용 부행장이 직접 접촉을 하고 있었는데, 이달용이나 이강원이 그 무렵 재정경제부나 금융감독위원회에 이러한 사실을 알려주며 ABN암로 안의 포기를 설득하였고, 재정경제부와 금융감독위원회가 이에 대해 상의한 것으로 알고 있습니다. 실제로 2003년 6월 말에서 7월 초 사이에 재정경제부 변양호 국장의 드라이브에 의해 자격 요건 문제가 특별한 사유 시나리오로 가닥이 잡혔던 것입니다."

흥미로운 대목은 문제가 있는 건 론스타인데 정작 외환은행 경영진이 나서서 재정경제부와 금융감독위원회 등에 로비를 했다는 사실이다. 론스타는 아쉬울 게 없다는 태도였고 외환은행 경영진은 론스타의 요구에 질질 끌려가는 모양새였다. 박순풍은 "당시 이달용 부행장이 집중적으로 접촉하는 사람이 변양호 국장과 김석동 국장이란 사실은 회의 내에서 공식적인 사실이었다"고 밝혔다. 다음은 역시 박순풍의 검찰 진술 가운데 일부다.

"제가 자문을 시작했을 때부터 이미 큰 그림으로 론스타에 대한 매각 방침이 정해져 있었고, 2003년 4월에서 5월이 지나면서 이미 외환은행 내부에서도 론스타에 대한 매각은 기정사실이 돼 있었고 딜이 깨진다는 것은 아무도 상상할 수 없는 일이 돼 있었습니다. 제가 스티븐 리의 접촉 창구라는 사실을 알았는지 이미 많은 외환은행 임직원들이 저를 찾아와 스티븐 리나 유회원을 만나게 해달라고 사적으로 부탁하는 경우가 많았습니다. 그런 상황이다 보니, 인수 자격을 이유로 론스타가 딜을 하지 않겠다고 할까봐 외환은행 경영진이 오히려 정부를 상대로 적극적으로 론스타의 입장을 설득하는 형국이었던 것입니다."

2003년 8월 6일 박순풍이 스티븐 리에게 보낸 'Finishing Touches For Deal Closing(협상 종료를 위한 마무리 논의)'이라는 제목의 문건에는 다음과 같은 대목이 있다. 이 문건은 이강원과 이달용 등에게 보고되었다.

"KEB management, backed by MOFE's support, he already induced FSC to abandon ABN Amro Scenario based on the argument that investment committee of LS had abandoned the scenario(외환은행 경영진은 재정경제부의 지원을 받아 론스타 투자위원회가 ABN암로 시나리오를 포기했다는 이유로 금융감독위원회가 이 시나리오를 포기하도록 유도했다)."

일련의 과정을 돌아보면 보이지 않는 강력한 힘이 작동했을 가능성이 크다. 7월 15일 외환은행 경영진 회의를 앞두고 작성된 회의 자료에는 론스타가 ABN암로 시나리오를 거부했기 때문에 도쿄스타뱅크와 합작하는 시나리오로 가야 한다는 의견이 있었다. 그런데 7월 14일 금융감독위원회 실무자가 4가지 방안을 모두 다시 검토해보라고 제안했고 7월 15일 회의에서는 특별한 사유 시나리오로 가기로 결론이 뒤바뀐다.

검사   2003년 7월 15일 회의에서 예외 규정 쪽으로 자격 요건 문제를
        해결하는 것으로 이야기를 하면서 승인 문제는 금융감독위원회
        가, 그 밖의 사항은 재정경제부가 알아서 추진하는 것으로 결론
        이 난 것이 맞습니까.
박순풍   네.

박순풍은 검찰 조사에서도 "론스타는 외환은행과 정부가 적극적으
로 자격 요건 이슈를 해결한다는 사실을 알고 있었으므로 가격 협상
에서 부담을 훨씬 적게 느꼈던 것 같다"고 진술한 바 있다.

"제가 기억하기로 7월 초 변양호 국장이 인수 자격에 대해 특별한 사유로 가
야 한다는 입장을 표명했다는 이야기를 이강원 행장, 이달용 부행장, 전용준
부장 등이 있는 자리에서 들었는데, 그러한 상황에서 인수 자격 문제를 가지
고 가격을 올리는 데 사용될 수는 없었을 것 같습니다."

박순풍은 김앤장이 자격 요건 문제를 해결하는 데 중요한 역할을
했다고 주장하기도 했다.

"저는 공시 및 구두 확약verbal assurance 양쪽 사안에 대해 외환은행 경영진인
이강원 행장과 이달용 부행장 등으로부터 스티븐 리와 긴밀하게 연락하여 진
행하라는 지시를 받았기 때문에 외환은행 경영진들도 그러한 사실을 알고 있

었습니다. 구두 확약 취득 직후 스티븐 리가 이강원 행장을 찾아와 협조에 감사한다는 인사를 한 사실이 있었습니다. 그리고 이강원 행장으로부터 특별한 사유 시나리오로 자격 요건 이슈를 해결하는 경우에 대해 김앤장이 엄청난 성공 보수를 요구하였다는 이야기를 들었습니다."

박순풍이 스티븐 리에게 보낸 문건에는 다음과 같은 대목도 눈길을 끈다.

"As I informed you, KEB management has delivered to FSC through FSS a report showing a simulation in which KEB's ratio as of 2003 year-end would be far below 8% based on an extremely pessimistic scenario on asset impairments(예전에 이야기한 것처럼 외환은행 경영진은 극단적으로 비관적인 전제하에 8% 이하로 산출된 외환은행의 BIS 비율을 금융감독원을 통해 금융감독위원회로 제출했다)."

"Even though the report facilitated FSC's decision on verbal assurance on Special reason scenario, FSC and FSS need a formal excuse for exceptional treatment of LS regarding qualification(그 보고가 특별한 사유 시나리오에 대한 구두 확약이 이루어지는 데 기여했지만 금융감독위원회와 금융감독원은 론스타의 인수 자격을 예외적으로 취급하는 데 대한 공식적인 변명거리가 필요하다)."

박순풍의 진술에 따르면 스티븐 리도 외환은행의 가치가 낮게 산정되어 있다는 사실을 알고 있었고, 이를 전제로 협상이 진행되었다는 사실을 확인할 수 있다. 외환은행 경영진은 영구 현금 흐름 기법으로 외환은행의 가치를 산정한 결과 상당히 오랜 기간에 걸쳐 론스타가 연 25%의 수익률을 올릴 수 있을 것으로 보고 외환은행의 영업이익이 연간 1조 원이라고 가정하고 영업이익의 현재 가치가 5조 원에 이른다는 결론을 끌어냈다. 장부상 순자산 가치 1조 8,000억 원이 모두 손실 처리된다고 하더라도 외환은행의 가치가 3조 원 이상 된다고 보았다는 의미다.

검찰은 외환은행의 자산 건전성에 문제가 있더라도 영업에서 발생하는 고유의 가치가 크기 때문에 이를 반영하면 실제 가치는 상당히 크다는 사실을 박순풍은 물론이고 스티븐 리도 알고 있었다고 판단했다. 박순풍이 스티븐 리에게 보낸 문건에 따르면 스티븐 리가 오프더레코드를 전제로 "정부는 론스타에게 A은행을 인수하여 경영을 맡아보지 않겠느냐는 제안을 해온 적이 있다. 우리는 A은행의 본질적 가치나 프랜차이즈 밸류franchise value가 외환은행보다 크지 않다고 보았기 때문에 그 제안을 거절했다"고 말한 사실도 있었다. 판사가 A은행이 어디냐고 묻자 박순풍은 "우리은행이 맞는 것 같다"고 답변했다.

자본 확충과 경영권 매각은 전혀 다르다. 박순풍의 진술을 종합하면 2002년 말이나 2003년 초에 경영권 매각으로 입장이 바뀐 계기가 있었던 것이 분명하다. 외환은행은 론스타 외에 다른 매수 후보를 제대로 검토하지 않았다. 물론 이강원 등은 처음에는 말 그대로 외자 유치만 할 생각이었고, 론스타에 경영권까지 넘길 생각이 아니었을 수도 있다. 그러나 협상이 진행되면서 론스타가 51% 이상 지분을 원한다는 입장이 확고했고 재정경제부 등이 론스타를 두둔하면서 다른 대안은 밀려났다. 뉴브리지캐피탈이 잠깐 검토되었을 뿐 모건스탠리를 통해 다른 투자 후보를 물색하지도 않았고 모건스탠리도 아무런 제안을 내놓지 않았다.

검사	론스타 딜 진행 과정에서 뉴브리지 건이 검토되기는 했습니까.
박순풍	뉴브리지는 2002년 11월인가 12월에 모건스탠리가 어느 날 갑자기 매수 의향이 있다고 하면서 소개를 하여 진행된 협상입니다. 그러나 정작 2003년 초반에 모건스탠리가 가져온 뉴브리지의 MOU 안과 2003년 5월엔가 체결된 약식 실사를 제외하곤 정식으로 뉴브리지와 외환은행 간에 교환되거나 검토된 안이 하나도 없었습니다. 다시 말해서 인수의향에 관한 레터 즉 LOI도 없었고 제안서proposal도 없었으며, 가격에 관한 협상도 없었습니다. 비록 산웨이젠이라는 뉴브리지의 아시아 총책임자가 한두 번 이강원 행장 등과 만나고 재정경제부를 방문하기는 하였으나 M&A의 진행에 있어서 필수적인 각종 절차를 갖춘 것은 없는 셈이지요. 그나마 실사도 정식으로 외환은행을 방문하여 서류를 점검하는 것이 아니고 서류 리스트를 일부 보내오면 외환은행에서 일부 서류를 보내주는 약식 형태였습니다.

다음은 검찰 조사에서 박순풍의 진술 가운데 일부다.

"제가 알기로는 외환은행 측에서 모건스탠리 측에 다른 잠재적 투자자들을 알아봐달라고 한 적이 없습니다. 그리고 당시 모건스탠리는 2002년 하반기에 뉴브리지를 외환은행에 소개한 후, 2003년 5월까지는 다른 일로 바빠서 제대로 일을 하지도 못하는 상황이었는데, 정작 클라이언트인 외환은행의 일을 하지도 못하는 상황에서 세계를 돌아다니며 투자은행을 접촉했다는 것은 불가능한 일이라고 생각합니다. 당시 모건스탠리가 조흥은행 딜을 진행 중이었습니다. 이미 조흥은행 딜을 진행 중이었기 때문에 정작 외환은행 딜을 진행시키는 데 애로가 있었고, 오히려 조흥은행과 외환은행 간에 잠재적 투자자가 겹칠 수 있는 문제가 발생할 수 있어 소위 이중 대리의 문제가 생기지 않을지 저희와 검토하기도 하였던 것입니다."

★
론스타의 손을 들어준 대법원

"론스타는 한국에 고정 사업장을 갖고 있었다고 볼 수 없다. 따라서 론스타에 대한 국세청의 세금 부과는 옳지 않다." 대법원이 한국 정부와 론스타의 세금 공방에서 내린 결론이다. 고정 사업장이 없기 때문에 한국 정부에 세금을 낼 이유가 없다는 론스타의 주장을 받아들인 것이다. 대법원은 2017년 10월 12일, 론스타가 한국 역삼세무서를 상대로 낸 세금 부과 취소 소송에서 론스타의 손을 들어주었다.

대법원은 론스타가 투자자들에게 자금을 모집해 투자를 결정하고 투자금을 회수하는 과정에서 모든 결정을 미국에 있는 론스타파트너스4호와 버뮤다에 있는 론스타글로벌어퀴지션리미티드가 내렸다고 판단했다. 론스타가 부실기업을 인수하고 경영에 개입하는 과정에서 스티븐 리와 유회원 등이 개입한 것은 사실이지만, 이들은 론스타어드바이저코리아와 허드슨어드바이저코리아 등의 대표이사 또는 임원 자격으로 판단한 것일 뿐이고 이 회사들이 론스타와 별도의 법인이라는 주장을 그대로 받아들인 것이다.

그렇다면 론스타어드바이저코리아 대표를 지낸 스티븐 리가 론스타를 위해 일한 게 아니라는 말인가? 모든 결정은 미국에서 내렸기 때문에 한국 정부가 세금을 부과할 수 없다는 말인가? 법원의 논리를 정리하면 다음과 같다.

첫째, 투자자들에게서 자금을 모집하고, 외환은행 등 주식에 대한 투자를 결정하며, 이후 자산을 매각해 투자금을 회수하는 데 대한 주요한 결정은 론스타파트너스4호와 론스타글로벌어퀴지션리미티드를 통해 미국과 버뮤다 등에서 이루어졌다.

둘째, 부실기업을 인수하고 경영에 개입하는 과정에서 스티븐 리와 유회원 등이 상당 부분 개입했지만, 이들의 역할은 론스타파트너스4호와 법적으로 별개 법인인 론스타어드바이저코리아나 허드슨어드바이저코리아의 대표이사나 임원 자격으로 이루어진 것이다.

셋째, 스티븐 리 등이 외환은행의 경영에 관여하고, 외환카드와 합병 비용을 줄이기 위해 주가조작에 가담한 것은 사실이지만, 론스타의 대리인 자격으로 이사회에 참석했다고 보기 어렵다.

넷째, 스티븐 리 등이 외환은행 등의 인수와 경영에 관여한 활동은 론스타파트너스4호와 론스타글로벌어퀴지션리미티드가 투자 여부를 결정하기 위한 사전적·예비적 활동 또는 자산을 관리하며 그 처분 시점을 결정하는 데 도움을 주기 위한 보조적 활동일 뿐이다. 스티븐 리 등은 외환은행 등의 매각 과정에는 참여하지 않았다.

그래서 이들이 국내에 고정 사업장을 가지고 있다고 볼 이유가 없다는 게 법원의 결론이었다. 그야말로 눈 가리고 아웅하는 논리다. 법인세법 제94조 제3항은 외국 법인이 국내 사업장을 갖고 있지 않아도 국내에 계약을 체결할 권한을 행사하는 개인 또는 법인이 있다면, 국내 사업장을 둔 것으로 본다고 규정하고 있다. 한미조세조약 제9조 제4항에도 종속 대리인을 통한 간주 고정 사업장의 개념을 규정하고 있다. 스티븐 리 등이 계약 체결의 권한이 있었거나 실제로 권한이 있는 누군가의 대리인이었다면 고정 사업장으로 봐야 한다는 이야기다.

그러나 대법원은 이런 규정을 적용하려면 대리인이 상시적으로 계약 체결권을 행사하고 예비적이거나 보조적인 수준을 넘어 사업 활동에 본질적이고 중요한 계약이어야 한다고 선을 그었다. 스티븐 리 등이 극동건설 등의 인수 과정에서 협상하고 계약서에 서명할 권한 등을 위임받아 행사한 것은 사실이지만, 계약을 체결할 권한을 갖고 있거나 그 권한을 반복적으로 행사했다고 볼 수 없다는 이야기다. 결국 스티븐 리의 업무가 본질적이고 중요한 계약이 아니었다는 게 법원 판단인데 기준이 매우 모호하다.

OECD에 따르면 고정 사업장은 "기업의 사업 중 일부 또는 전부가 행해지는 고정된 사업 장소A fixed place of business through which the business of an enterprise is wholly or partly carried on"를 말한다. 국내 비거주자나 외국 법인의 고정 사업장에 귀속하는 소득은 순소득 기준으로 과세하지만 고정 사업장에 귀속되지 않는 사업소득에는 세금을 매길 수 없다. 사업소득이 아닌 다른 소득은 원천징수 방식으로 과세한다. 거주지국과 원천지국이 나뉘는 경우는 고정 사업장이 없는 원천지국에 과세권이 없다. 고정 사업장이냐 아니냐가 그래서 결정적인 변수가 된다.

우리가 흔히 론스타라고 줄여서 부르는 론스타펀드4호는 무한책임사원인 론스타파트너스4호와 유한책임사원인 허드코파트너스4호코리아, 론스타US, 론스타버뮤다 등으로 구성되어 있다. 론스타파트너스4호는 무한책임사원인 존 그레이켄이 100% 지분을 소유한 론스타매니지먼트4호와 존 그레이켄, 스티븐 리, 유회원, 정헌주 등이 1인 주주로 설립한 회사가 포함되어 있는 25개의 유한책임사원으로 구성된다.

론스타글로벌어퀴지션은 투자 대상을 발굴하고 가치평가를 하는 버뮤다 소재 법인이고, 허드슨어드바이저는 자산 관리를 하는 미국 텍사스주 소재 법인이다. 이 두 회사는 존 그레이켄이 대부분의 지분을 갖고 있지만, 실질적으로 론스타와 직접적인 지분 투자 관계는 없다. 이 회사들은 각각 한국에 론스타어드바이저코리아와 허드슨어드바이저코리아라는 자회사를 두고 있다. 업무 수탁 계약을 체결하고 수수료를 받는 구조다.

결국 론스타글로벌어퀴지션과 허드슨어드바이저가 론스타의 한국 투자에 어느 정도 개입했느냐 그리고 이들을 론스타의 한국 고정 사업장이라고 볼 수 있느냐가 관건이다. 스티븐 리는 흔히 론스타코리아 대표라고 불렸지만, 정확히 론스타코리아라는 회사는 없고 론스타어드바이저코리아 대표라고 하는 게 맞다. 스티븐 리와 유회원과 정헌주가 실질적으로 론스타펀드4호의 한국 관리자 역할을 했다. 스티븐 리는 론스타어드바이저코리아 대표를 맡고 있으면서 론스타펀드 자문위원회 회의에 한국 지역 관리자로 참석하기도 했다. 유회원은 허드슨어드바이저코리아 대표를 지냈고, 스티븐 리가 론스타어드바이저코리아 대표에서 물러나자 대표 자리를 물려받기도 했다. 정헌주는 유회원이 허드슨어드바이저코리아 대표에서 물러나자 후임으로 대표를 맡았다.

스티븐 리는 외환은행 인수 협상을 진두지휘했고 외환은행 인수 이후에는 사외 이사를 맡았다. 나중에 주가조작 논란을 불러일으킨 외환카드 감자를 결정하는 이사회에도 참석했다. 외환은행뿐만 아니라 극동건설을 인수하는 과정에도 스티븐 리는 존 그레이켄과 엘리스 쇼트 등에게 보고하고 지시를 받는 등 대리인 역할을 했다.

1심에서 서울행정법원은 스티븐 리 등이 외환은행 이사로 경영에 개입한 것은 사실이지만, 이사로서 의무를 다한 것일 뿐 이들이 론스타의 이익을 위해 외환은행의 이익을 외면하거나 이익에 반한 활동을 한 게 아니라면 론스타가 직접 경영에 개입했다고 보기는 어렵다는 논리였다.

국세청은 항소심에서 설령 론스타가 국내에 고정 사업장이 없었다고 하더라도 스티븐 리 등이 계약을 체결할 권한을 갖고 그 권한을 반복적으로 행사했기 때문에 고정 사업장이 있는 것으로 간주해야 한다고 주장했다. 그러나 항소심 재판부는 스티븐 리 등은 론스타가 아니라 론스타어드바이저코리아 등의 대표이사 자격으로 행동한 것일 뿐이라며 받아들이지 않았다.

그러나 법원의 판단을 뒤집는 논리는 얼마든지 가능하다. 스티븐 리는 론스타어드바이저코리아의 대표였지만 론스타파트너스의 유한책임사원이었다. 다른 회사라서 론스타의 고정 사업장이 아니라는 게 법원의 논리였지만, 스티븐 리는 두 회사 모두에 걸쳐 있었다고 보는 게 맞다.

스티븐 리의 활동이 론스타를 대신한 활동이었는지 론스타어드바이저코리아 대표이사의 활동이었는지가 쟁점이었지만, 법원은 별다른 근거 없이 론스타를 대신한 활동이 아니라는 결론을 내렸다. 심지어 스티븐 리가 외환은행 이사로 재임한 것에 대해서도 역시 론스타를 위해 일한 게 아니라 그냥 이사로서 일했을 뿐이라는 게 법원의 관점이었다.

고정 사업장을 물리적인 특정 공간, 이를테면 어느 빌딩의 사무실이라고 본다면 론스타어드바이저코리아와 허드슨어드바이저코리아는 당시 론스타 소유의 스타타워 19층에 사무실을 두고 있었다. 물론 이것만으로는 이 회사들이 론스타의 지시를 받아서 움직였다고 볼 근거가 될 수 없다. 이 사무실을 고정 사업장으로 보려면 스티븐 리 등이 이 사무실을 이용할 권한이 있었는지, 영속적인 판단 기준을 충족시키는지가 관건이 된다. 일단 스티븐 리가 이 사무실을 이용할 권한이 있었던 것은 명확하다. 다만 론스타를 대표해서인지 론스타어드바이저코리아의 대표 자격으로서인지는 보기에 따라 다를 수 있지만 둘 다라고 보는 게 맞다. 상당한 기간 사무실을 임대한 것으로 봐서 영속성 기준도 만족한다고 보는 데 무리가 없다.

그러나 론스타는 "론스타어드바이저코리아는 한국의 다양한 계열사들에게 서비스를 제공하기 위해 설립한 독립된 법인이며 론스타가 소유하거나 경영에 개입한 적 없다"는 논리를 폈고 법원은 론스타의 주장을 거의 그대로 받아들였다.

스티븐 리의 활동이 단순히 투자 활동을 넘어 사업 활동인지, 핵심적인 활동인지도 중요한 관건이다. 법원은 명확한 근거 없이 스티븐 리 등은 본사의 결정을 집행한 것일 뿐 론스타어드바이저코리아의 업무를 고정 사업장의 요건을 충족하는 핵심적 활동으로 볼 수 없다는 결론을 내렸다.

사업이 아니라 투자였다는 론스타의 주장도 궤변이다. 론스타는 사모펀드 투자회사다. 투자가 곧 사업이라는 이야기다. 그런데 사업 활동이 아니라 단순히 투자 활동을 했을 뿐이기 때문에 고정 사업장이 아니라는 황당무계한 주장을 법원이 그대로 받아들인 것이다. 스티븐 리 등이 외환은행 이사회에 참석해 기업 가치를 높이기 위한 일련의 행동을 한 것도 론스타와는 무관한 론스타어드바이저코리아의 업무라는 게 법원의 판단이었다.

대법원은 "국내에 외국 법인의 고정 사업장이 존재한다고 보기 위해서는 외국 법인이 처분 또는 사용 권한을 갖는 국내의 건물과 시설 또는 장치 등의 사업상 고정된 장소를 통해 외국 법인의 직원이나 그 지시를 받는 사람이 예비적이거나 보조적인 사업 활동이 아닌 본질적이고 중요한 사업 활동을 수행하는 경우여야 한다"면서 "이때 본질적이고 중요한 사업 활동에 해당하는지 여부는 그 사업 활동의 성격과 규모, 전체 사업 활동에서 차지하는 비중과 역할 등을 종합적으로 고려해 판단해야 한다"고 지적했다.

대법원은 "스티븐 리 등이 외환은행 등의 인수 및 경영에 관여한 활동은 론스타파트너스나 론스타글로벌어퀴지션 등이 투자 여부를 결정하기 위한 사전적·예비적 활동이거나 자산을 관리하고 처분 시점을 결정하는 데 도움을 주기 위한 보조적 활동으로 볼 수 있다"면서 "론스타파트너스와 론스타글로벌어퀴지션 등이 국내에 고정 사업장을 갖고 있다고 보기는 어렵다"는 결론을 내렸다.

본질적이고 중요한 사업 활동이 아니라 사전적이고 예비적이거나 보조적인 활동이라는 이야기다. 국세청은 론스타어드바이저코리아와 허드슨어드바이저코리아 등이 종속 대리인이라는 논리를 폈으나 받아들여지지 않았다.

★
"변양호는 론스타의 금메달리스트였다"

스티븐 리는 외환은행 인수가 끝난 뒤 박순풍과 전용준 등을 만난 자리에서 "골드 메달리스트가 변 국장, 실버 메달리스트가 엘리어트 박"이라고 치켜세웠다. 전용준이 검찰 조사에서 확인한 사실이다.

> "저보고 애썼다고 그러기에 제가 그런 얘기를 먼저 했습니다. 저는 실무자로서 한 역할도 없고 제가 알기로는 변 국장이나 박순풍 사장이 상당히 중요한 역할을 많이 한 것으로 알고 있지, 저는 별 역할이 없다고 했더니 스티븐 리가 동의를 하면서 그런 표현을 써서 저도 직원들한테도 그런 얘기를 한 적이 한두 번 정도 있습니다."

변양호의 수상쩍은 행동은 하종선의 법정 진술로 뒤늦게 실마리가 풀렸다. 하종선의 진술에 따르면 변양호는 이미 2003년 5월부터 스티븐 리 등과 여러 차례 만나 자격 조건 문제를 논의했다. 스티븐 리가 하종선에게 변양호와 만남을 주선해달라고 부탁했는데, 그 이전에도 스티븐 리와 변양호가 따로 만난 적이 있다고 들었다는 게 하종선의 진술이었다.

2003년 5월 6일 변양호는 스티븐 리를 만난 자리에서 PDA를 꺼내 계산하면서 매각 가격이 5,600원은 되어야 한다고 직접적으로 가이드라인을 제안하기도 했다. 스티븐 리도 이 자리에서 5,000원 이상으로도 할 용의가 있다고 한 발 물러섰다. 다만 스티븐 리는 콜 옵션을 계약 조건에 포함시켜야 한다고 강조했고 변양호도 검토해보겠다는 취지로 말했다. 이 3명은 일주일 뒤 다시 모여 태그 얼롱과 드래그 얼롱 등에 대해서 논의했고 변양호는 역시 검토해보겠다고 말했다. 스티븐 리가 변양호에게 전화를 걸어 이런 말을 한 사실도 하종선의 증언으로 확인되었다.

"우리와 칼라일이 뭐가 다르냐. 거기에 등장한 JP모건은 JP모건뱅크가 아니고 다른 법인이다. 칼라일 컨소시엄도 결국은 사모펀드인데 뭐가 다르냐. 그런데 인수 자격 문제와 관련해서 문제를 제기하고 있고, ABN암로와 합작이라든지, 기존의 금융기관과의 합작 방안이나 이러한 것을 요청한다. 이해할 수 없다."

하종선의 진술에 따르면 스티븐 리는 외환은행을 부실 금융기관으로 지정하거나 부실 금융기관 정리 등에 해당하는 특별한 사유로 인정해 달라고 계속해서 요구했다. 2003년 6월 하순, 이 3명이 다시 만난 자리에서 스티븐 리가 김앤장의 의견서를 근거로 "외환은행의 BIS 비율이 실제보다 훨씬 낮고 연말에 가면 더 낮아질 수 있다"면서 "부실 금융기관으로 볼 수 있으니까 예외적으로 인수할 수 있는 자격이 가능하다"고 주장했다.

하종선은 7월 11일, 변양호를 다시 찾아가 자격 조건 문제가 어떻게 진행되고 있는지 물어보았고, 이 자리에서 변양호가 바로 김석동에게 전화를 걸어 "그래도 론스타가 인수하는 것이 좋지 않으냐. 우리 지난번처럼 다 한 번 아침에 모여서 의논하자"고 이야기했다. 그래서 만들어진 게 7월 15일 '10인 비밀회동'이었다.

변양호는 『변양호 신드롬』에서 "2003년 외환은행 매각은 정당하게 이뤄졌고 그 과정에서 나에게 부당한 압력을 넣거나 불법행위를 사주한 사람이 없었다"고 주장했다. "검찰이 허위로 혐의 내용을 만들어 기소했다"면서 검찰의 주장을 반박했다. 변양호의 이 책은 교묘하게 논점을 비트는 정도를 넘어 천연덕스럽게 거짓말을 늘어놓고 있다. 이미 무죄판결을 받았고 아무도 자신의 주장을 하나하나 따져보지 않을 거라고 생각한 것 같다. 자신의 결백을 강조하기 위해 검찰 수사를 마녀사냥 취급하고 임의로 진실을 취사선택하면서 재단하고 있는 것이다.

먼저 론스타에 외환은행을 넘기기로 공모한 적이 없다는 주장부터 살펴보자. 변양호는 "나와 재정경제부는 실사와 가치평가 과정에 간여할 권한도 없고 의무도 없다"고 주장하지만, 수많은 증언과 기록이 변양호가 외환은행 매각을 주도했다는 사실을 증명하고 있다. 변양호는 검찰이 "2002년 11월 5일 이강원이 변양호에게 론스타의 외환은행 매수 제안 및 매각 방법을 보고하는 자리에서 수의계약 절차로 론스타가 원하는 지분 51%를 매각하는 데 적극 협력하기로 공모했다"고 밝힌 데 대해 "론스타와 대화를 진행해 보자는 데 동의를 했을 뿐"이라며 "론스타의 의도대로 공모하지 않았고 그럴 단계도 아니었다"고 반박했다.

우선 변양호는 스티븐 리를 처음 만난 시점을 두고 거짓말을 했다. 김은상은 검찰 조사에서 다음과 같이 진술한 바 있다.

"감사원 감사를 받을 때, 어느 날 변양호가 전화를 해서 '내가 스티븐 리를 2002년 9월이나 10월에 네가 소개를 해줘서 만난 것으로 진술해도 양해해달라'고 말한 적이 있습니다. 그때 저는 제가 소개시켜줘서 처음 만난 것이 맞는데 이 친구가 왜 양해해달라는 이야기를 했는지에 대하여 의아하게 생각하고 있었습니다. 아마 변양호 국장과 스티븐 리가 만난 시점과 관련하여 무언가 기억이 안 났든지 혹은 어떤 부분을 숨기려고 하였든지 그랬을 것입니다. 스티븐 리를 소개받은 시기를 늦추기 위하여 그런 것으로 생각되기도 하구요. 그리고 제 생각에는 제 소개로 변양호가 스티븐 리를 만났겠지만, 그 이후에는 저 없이도 단둘이 만났을 가능성도 높습니다."

김은상의 주장에 따르면 김은상이 변양호에게 스티븐 리를 소개한 것은 2002년 여름이었다. 론스타는 서울은행 인수에 실패한 뒤 외환은행으로 목표를 바꾸고 계획적으로 변양호에게 접근했을 가능성이 크다.

변양호는 "2003년 4월 28일 이강원에게 론스타의 투자 가능 금액 10억 달러에 지분 51%를 매각하는 방안으로 실무 절차를 수행하도록 지시했다"는 공소사실에 대해서도 "전혀 근거가 없다"면서 "'론스타에게 51% 지분을 줄 수 있는 구조를 만들 방법을 외환은행이 제시할 수 있어야 한다'고 말한 것을 검찰이 51%를 10억 달러에 51%로 아무 근거 없이 바꿔버렸다"고 지적했다. "검찰이 단어 몇 개를 추가해서 엄청난 허위 사실을 만들었다"는 주장이다.

그러나 10억 달러라는 표현은 여러 차례 반복해서 등장한다. 2003년 2월 28일 당시 재정경제부 장관 김진표에게 보고되었던 「외환은행」의 증자·지분 매각(론스타 제안) 문제 검토」라는 보고서에는 "전략적 투자자 론스타와 구주 매입을 전제로 6,000억 원 신규 증자 방안 협의 중"이라는 대목과 함께 "은행법상 외국계 펀드는 초과 보유할 수 없어 외국 금융기관과의 합작 필요", "코메르츠의 입장(일부 매각은 가능하나 론스타의 51% 이상 지분 보유는 반대) 등이 변수" 등의 분석이 담겨 있었다.

신규 증자 6,000억 원에 구주 매입을 더해 51% 지분을 보유한다는 론스타의 계획이 처음 정부 문서에 등장한다. 신진창은 검찰 조사에서 "2003년 2월 28일 보고로 이미 10억 달러 상당에 외환은행의 51% 지분을 론스타에 인수시킨다는 틀이 정해졌다고 생각한다"고 진술했다.

신진창의 진술에 따르면 이미 2002년 가을, 전윤철에게 보고되었던 보고서에서 론스타가 외환은행의 신주 투자 3,000억 원에 코메르츠방크 지분 전부를 인수하는 방안을 검토한 바 있고, 2002년 11월 15일에는 「뉴 프로젝트 검토」라는 제목으로 론스타가 6억 3,500만 달러로 신주를 인수해 30% 지분을 확보하고, 정부 지분 일부를 포함한 구주를 3억 6,500만 달러를 인수해 48.5%의 지분을 취득하는 방안을 론스타가 제안한 내부 보고서가 작성된 바 있다. 2003년 2월 13일 재정경제부에 보고된 「신규 자본 유치에 관한 건」이라는 제목의 보고서에도 론스타가 1조 2,500억 원(당시 환율로 약 10억 달러)을 투입해 외환은행 지분 51%를 인수하는 안을 선호하고 있다는 내용이 담겨 있었다.

신진창은 "론스타가 외환은행 인수에 투입하기 위해 준비한 자금은 10억 달러 선이었던 것으로 알고 있다"면서 "콜 옵션을 받아들이는 대신 구주 가격을 높여 잡으면서 발생한 증액분을 빼면 대체로 10억 달러 선에서 외환은행 매각 협상이 진행됐고, 재정경제부나 외환은행이나 기본적으로 론스타 자금 규모에 제한이 있고, 그 안에서 구주 가격과 신주 가격 사이에 트레이트 오프trade-off 관계가 성립한다는 사실을 의식하고 있었다"고 진술했다. 다음은 증인 신문 가운데 일부다.

검사 이 협상은 저쪽이 펀딩했다는 10억 달러 정도에서 51% 주는 것을 대체적인 협상 틀로 해서 협상을 진행한다는 것에 대해 계속 같은 인식을 하고 있었습니까? 아니면 중간에 그 인식이 변경되었습니까?

신진창 같은 인식하에서 일을 추진했습니다.

김은상의 증언에도 같은 이야기가 나온다.

검사   증인은 2002년 12월 말 또는 2003년 1월, 변양호를 만나 기존 설득 과정에서 설명한 론스타의 입장인 10억 달러 상당, 51% 지분 인수 의사에 대해 이야기를 들었죠?

김은상   네.

검사   증인은 위 이야기를 변양호에게 끊임없이 했고, 그 틀에 맞추어서 변양호가 증인에게 큰 틀에서 10억 달러에 51% 지분을 넘기 겠다고 이야기한 것이죠?

김은상   그렇게 볼 수 있겠습니다.

검사   변양호는 종이에 그림까지 그리면서 신주와 구주를 섞어서 이 렇게 하면 되지 않느냐고 51% 지분 인수가 가능한 구조를 설명 해주었죠?

김은상   네. 설명을 들은 적이 있습니다.

검사   그때 증인이 감탄하면서 '너 정말 머리 좋다'고 하자 변양호는 증인에게 '내가 I-Banker(투자은행가)를 하는 것이 낫겠다'고 하 여 서로 웃기까지 하였죠?

김은상   네. 그런 농담 서로 자주 합니다.

검사   이때 이런 이야기한 것은 맞습니까.

김은상   네.

추경호의 진술에도 비슷한 대목이 있다.

"제가 은행제도과장으로 부임하였을 때부터 이미 부총리 보고 문건들 등을 토대로 론스타에 외환은행 주식 51%를 매각하는 방향으로 매각 절차를 진행하고 있었고, 론스타가 준비한 자금이 10억 달러라는 것은 기정사실처럼 인식됐습니다. 다시 말해서 론스타가 준비한 10억 달러 정도에 외환은행 주식 51%를 매각한다는 큰 그림은 제가 은행제도과장으로 부임하기 이전에 그려져 있었던 것입니다."

다만 추경호는 법정 진술에서 "론스타가 10억 달러에 경영권 확보가 가능한, 약 51% 정도의 지분 확보를 하지 않겠느냐 하는 큰 그림을 가지고 있었지, 모든 것을 그 그림 잣대에서 어떠한 가격이 나오더라도 거기에 다 맞춘다는 식의 의미는 아니었다"고 설명했다.

이강원도 "2002년 11월 5일 보고서의 10억 달러는 ABN암로를 통해서 온 론스타의 예시안일 뿐이고, 재정경제부가 작성한 2003년 3월 28일 보고서의 10억 달러 역시 공식적인 투자 제안이 아니라 예시였던 것으로 기억한다"고 진술했다.

전용준은 "10억 달러에 51% 인수 방안을 여러 차례 검토했으며 2003년 5월 27일 보고서에서 10억 달러에 맞춰 시뮬레이션을 한 것도 사실"이라면서 "다만 10억 달러에 51%를 준다는 가능성은 높다고 생각했지만 정해졌다고 생각하지 않았다"고 진술했다.

이재원 역시 "론스타가 필요하면 투자를 더 할 수 있다고 생각했으므로 투자 규모는 걱정하지 않았고, 10억 달러에 51% 틀이 확정된 시나리오라고 생각해본 일은 없다"고 진술했다.

1심 재판부는 "다양한 시나리오를 작성했다는 사실 자체가 론스타와 외환은행 사이에 명확한 투자 금액과 지분율 등 투자 구조에 관한 합의가 없음을 나타낸다고 볼 수 있다"면서 "변양호가 론스타에 외환은행의 주식을 저가에 매각하도록 협조하겠다는 의사가 나타나 있다고 볼 수 없다"는 결론을 내렸다. 7월 9일 론스타의 2차 제안서가 왔던 날 변양호가 신진창에게 "주당 3,880원은 수용할 수 없고 4,350원은 돼야 한다"는 취지로 말하는 등 가격을 높여 받으려 한 정황도 일부 인정되었다.

그러나 변양호가 "4,350원은 돼야 한다"고 말하면서 동시에 "외부에 알려졌을 때 설명 가능한 수준이어야 한다"고 말한 것도 눈여겨볼 필요가 있다. 심지어 추경호가 "락업lock-up(매각 금지) 기간을 최소 2~3년은 돼야 한다"고 지적하자 변양호가 "이익을 실현하고 바로 철수해서 먹튀하는 것 때문에 필요한 것인데 최근에 그런 사례는 없지 않느냐"면서 "엑시트exit할 구조는 줘야 한다"고 지적한 부분도 법원은 별다른 언급을 하지 않았다.

물론 변양호가 주장하는 것처럼 정확히 10억 달러에 51%를 넘기는 데 합의하지 않았을 수도 있다. 그러나 수많은 증언이 말하는 것은 외환은행 매각이 론스타가 보내온 가이드라인에 맞춰서 진행되었다는 것이다. 단순히 지분 투자가 아니라 51%의 지분을 확보해서 경영권을 행사하겠다는 것, 10억 달러 정도 투자할 것이고 필요하다면 금액을 더 늘릴 수도 있다는 입장을 전달했고 여기에 맞춰서 매각 협상이 진행되었다는 것이다.

변양호가 무죄를 선고 받았다고 해서 있던 사실이 사라지는 것은 아니다. 그것이 나라를 살리겠다는 우국충정의 발로였는지, 개인적인 친분 때문이었는지, 드러나지 않은 다른 이해관계가 있었는지와 별개로 변양호가 론스타 매각의 큰 틀을 짜고 재정경제부와 금융감독위원회를 움직여서 거래를 성사시키는 데 주도적인 역할을 한 것은 부정할 수 없는 사실이다.

"변양호가 2003년 5월 초순, 이강원에게 조흥은행의 멀티플에 가격을 맞추라고 지시했다"는 공소사실에 대해서도 변양호는 "나와 이강원은 이런 사실이 없다고 주장해왔고 검찰의 주장을 뒷받침할 만한 어떤 진술이나 증거도 없었다"면서 "검찰이 마치 소설을 쓰듯 공소장을 작성했다"고 주장했다.

검찰이 이 부분을 강조했던 것은 외환은행 매각이 변양호의 가이드라인에 따라 진행되었다는 사실을 입증하기 위해서였다. 수많은 진술과 증거가 넘쳐난다. 조흥은행 이상을 받아야 한다는 것은 변양호가 직접 한 말이기도 하다. 변양호는 "2003년 5월 또는 6월, 하종선이 만나자고 해서 갔더니, 스티븐 리가 나와서 2월에는 5,000원 이상 줄 수 있었는데 실사를 해보니까 5,000원을 못 줄 것 같다고 말했다"면서 "어떠한 경우에도 조흥은행보다 수준이 나쁘면 정부에서는 진행을 할수가 없다는 취지로 답변했다"고 진술한 바 있다.

하종선의 진술도 일치한다. 하종선은 법정에서 "변양호가 PDA로 서울은행인지 조흥은행인지의 멀티플을 갖고 계산해서 5,600원 선은 돼야 한다고 이야기했다"면서 "스티븐 리도 5,000원 이하를 얘기하다가 나중에는 5,000원 이상으로도 할 용의가 있다고 결론을 내렸던 것으로 기억한다"고 진술했다. "당시 스티븐 리가 'more than 1 billion dollors(10억 달러 이상)'을 투자한다는 이야기를 했던 것으로 기억한다"고 덧붙이기도 했다.

7월 9일 외환은행의 내부 보고서에도 변양호가 신진창에게 삼일회계법인의 실사 결과 케이스 1과 케이스 2의 중간값에 조흥은행 멀티플인 2.55~2.6을 곱한 숫자 또는 모건스탠리의 가치평가 최고값인 주당 4,350원은 되어야 한다는 취지로 말했다는 내용이 담겨 있다. 다음은 7월 9일 신진창의 전화 메모 가운데 일부다.

"Blended Price 3,880원 수용 불가능. 외부에 알려졌을 때 설명 가능한 수준이어야 함. PWC 실사 결과 Case 1과 Case 2의 중간값에 2.55~2.6배 CHB 또는 Morgan Stanley Valuation 최고값 4,350원 정도는 돼야 함."

여기서 'CHB'가 조흥은행이다. 신진창이 지어내지 않았다면 변양호가 조흥은행 멀티플에 맞춰서 가격을 산정하라고 한 것은 분명해 보인다. 변양호 역시 자신이 가격을 후려치지 않았다는 근거로 조흥은행 이상은 받아야 한다고 주장했다고 진술한 바 있다. 뒤늦게 소설을 쓰는 사람은 바로 변양호 자신이다. 다음은 『변양호 신드롬』의 한 대목이다. 팩트로 구성되어 있지만 실체적 진실과는 거리가 멀다.

"한국에서 은행의 주인이 되려면 대주주로 적당한지 금융감독위원회의 자격 승인을 받아야 한다. 론스타에 대해서는 예외 승인의 방법으로 적격 승인이 이뤄졌다. 금융감독위원회의 예외 승인과 관련해 재정경제부는 금융감독위원회에 협조 공문을 보낸 적이 있다. 하지만 이 공문은 금융감독위원회의 요청으로 보내졌다. 나는 당시 김진표 부총리에게 금융감독위원회의 요청 내용을 설명했다. 김진표 부총리는 협조 요청 공문을 보내주라고 결재하고 자필로 '차관이 해당 금융감독위 참석토록'이라고 부기까지 했다. 그러고 나서 금융 정책국은 금융감독위원회에 협조 요청 공문을 발송했다. 내가 독단으로 발송 한 것이 아니다. 부총리 결재도 받았고 부총리가 자필로 강조한 문서가 남아 있다."

재정경제부가 금융감독위원회에 협조 공문을 보낸 것은 사실이다. 금융감독위원회가 협조 공문을 보내달라고 요청한 것도 사실이다. 그 러나 변양호가 "등으로 가는 게 현실적"이라며 예외 승인 시나리오를 밀어붙였고 김석동이 "'등'에 걸고 넘어가려면 삼라만상이 다 '등'에 해당이 된다"면서 반발했다는 사실을 빠뜨리고 있다. 협조 공문을 보 내달라고 한 것은 금융감독위원회 위원들을 설득할 자신이 없으니 재 정경제부에서 협조 요청이 있으면 도움이 될 것 같다고 해서 나온 이 야기였다.

변양호는 "외환위기 이후 어려운 일을 처리할 때 다른 부처에서 재 정경제부의 협조 요청 공문을 요구하곤 했다"면서 "사후 책임 문제가 두려웠기 때문"이라고 설명했다. "위기 극복 과정에서 공직자들이 앞 장설 수밖에 없다"면서 "나는 그런 일에 주저하지 않았다"고 강조하 기도 했다.

변양호의 설명은 반만 맞다. 어려운 일을 처리하면서 사후 책임 문 제가 두려워서 떠넘긴 게 아니라 애초에 예외 승인으로 밀어붙인 게 변양호였으니 그쪽에서 요청해서 하는 걸로 하자는 의미로 이해하는 게 맞다. 외환은행 매각을 승인한 것은 금융감독위원회지만 결국 변양호가 기획하고 밀어붙인 '변양호 프로젝트'였다는 의미다. 변양호의 거짓말 가운데 가장 악의적인 부분은 "BIS 비율 전망치는 예외 승인의 근거가 아니었다"고 주장하는 대목이다.

"인수 자격 문제를 논의한 2003년 7월 25일 금융감독위원회 자료를 보면 이를 분명하게 알 수 있다. 이 문서를 보면 예외 승인의 이유로 '외환은행은 부실 금융기관에 해당하지 않으나 잠재 부실 규모 등을 고려할 때 경영 여건이 지속적으로 악화될 가능성'이라 하면서 '외환은행의 2003년 말 경영 전망(잠재 부실 약 1.7조 원 전액 반영시)'이라고 하고 그 아래에 '당기순손실 −5,848억 원, BIS 비율 6.2%, 단순자본비율 2.5%' 등이 기재돼 있다. 향후 처리 방안 즉 결론 부분에는 외환은행 경영 악화 가능성에 따른 자본 확충 필요성 및 국책은행 출자 지분 회수 등을 감안해 대주주 가격 요건의 예외 승인 적용을 적극 검토한다고 기재돼 있다."

변양호는 "외환은행의 경영 여건이 지속적으로 악화될 가능성 때문에 예외 승인을 한 것이지 BIS 비율 전망치를 근거로 해서 예외 승인을 했다고 할 수 없다"고 주장하고 있는데, 이는 그야말로 눈 가리고 아웅하는 것이다. 변양호는 "극단적으로 말해 여기 제시한 3가지 지표 가운데 BIS 비율 전망치가 없어도 이 문서의 결론이나 취지는 바뀌지 않는다"면서 "8%를 하회하는 BIS 비율 전망치가 예외 승인의 근거라는 주장은 매각에 무슨 불법이 있는 것처럼 주장하는 사람들이 만들어내고 언론에 부풀려진 후 감사원과 검찰에 의해 조작된 허구"라고 주장했다.

우선 BIS가 결정적인 근거가 아니라 당기순이익이나 단순자본비율도 봐야 한다는 주장은 하나마나한 소리다. 결국 잠재 부실 1조 7,000억 원을 어느 정도 반영할 것인지가 관건이었고 BIS와 당기순이익과 단순자본비율은 모두 하나로 연결된 데이터다. 변양호가 이런 기본적인 상식을 모를 리 없다. 다만 BIS를 조작해 외환은행 매각을 강행했다는 혐의를 희석시키기 위해 교묘하게 포장을 하고 있는 것이다.

★ 그들만의 이너서클

몇 가지 남은 퍼즐이 있다. 먼저 변양호다. 7월 15일 '10인 비밀회동'에서 외환은행 매각이 결정되고 일주일 뒤 금융감독위원회에 의문의 팩스가 전달된 다음 외환은행 매각은 일사천리로 진행된다. 그런데 2006년 검찰 조사 결과 놀라운 사실이 드러난다. 잘 알려져 있다시피 론스타의 법률 자문을 맡은 로펌은 김앤장법률사무소였다. 그런데 론스타의 의뢰를 받은 변호사가 또 있었다. 변양호의 고등학교와 대학교 동기동창였던 하종선이었다. 하종선은 당시 두우법무법인 고문 변호사로 재직 중이었는데, 검찰 수사 결과에 따르면 변양호와 하종선은 외환은행 매각 전후 1년 남짓한 동안 20차례 이상 만난 것으로 확인되었다. 이것은 두 사람 모두 인정하는 사실이다.

당시 재정경제부 장관 김진표가 『블룸버그통신』과 인터뷰에서 외환은행 매각을 공식화한 지 나흘 뒤인 7월 26일 서울 강남구 청담동의 한 음식점에서 변양호의 생일 파티가 열렸다. 검찰 조사 결과에 따르면 이날 1차 술자리를 하종선이 계산했고 2차로 근처 와인 바로 옮겨 술을 마시다 하종선이 먼저 일어나면서 변양호에게 10만 원권 수표로 200만 원을 주었다는 게 하종선의 주장이다.

하종선은 "다른 사람들은 생일 선물을 준비했는데 준비를 못했기 때문에 술값을 냈다"면서 "친구 사이이기 때문이기도 하고, 론스타의 외환은행 인수와 관련하여 만나서 설명하고 싶은 것을 변양호가 들어주고 한 것에 대해 고맙다는 마음의 상태가 복합적으로 있었다"고 진술했다. 변양호의 생일 파티에는 변양호의 재정경제부 후배들을 포함해서 10~11명이 있었는데, 이들은 모두 입을 맞춘 듯 하종선의 주장을 부인했다.

이날 생일 파티 참석자는 하종선과 재정경제부의 백상현, 임병일, 최용호, 문홍성, 유형철 등을 비롯해 CJ엔터테인먼트의 마크 서, 미국 변호사 한진덕 등이다. 그리고 가수 지망생 박송화(가명)가 있었다. 하종선은 "생일 파티 이후에도 변양호와 재정경제부 전현직 직원들 4~5명이 모인 자리에서 수표로 200만 원을 계산한 적이 있다"고 진술했다.

변양호는 "하종선을 포함해 8~9명이 모였는데 생일 선물을 가져온 사람은 3명밖에 안 됐다"면서 "하종선에게 수표로 200만 원을 받은 적도 없고 회식비를 대신 계산해주거나 회식비 명목으로 200만 원을 받은 적도 없다"고 주장했다. 서로의 주장이 엇갈리지만 확실하게 확인된 것은 하종선이 은행에서 발행한 수표 가운데 일부가 이날 술자리에 동석한 박송화에게 흘러갔다는 사실이다(박송화는 나중에 꽤 유명한 아이돌 가수가 된다).

박송화는 검찰 조사에서 "변양호의 부탁으로 15~20차례에 걸쳐 노래를 불러준 수고비로 10만 원권 수표를 1~2장씩 200~300만 원 정도 받았다"고 진술했다. 그런데 이 수표가 문제가 되었다. 수표는 변양호에게서 받았는데 그게 왜 하종선이 발행한 수표일까? 박송화는 "2003년인지 2004년인지 정확히 기억나지는 않지만 언젠가 변양호에게 노래를 불러주러 갔을 때 하종선을 봤다"면서 "하종선이 자기앞 수표 10만 원권을 2장씩 세 차례에 걸쳐 합계 60만 원을 줬다"고 진술했다.

검찰이 하종선 계좌에서 발행한 수표의 사용 경로를 추적한 결과 박송화가 쓴 10만 원권 수표 가운데 14매가 하종선이 발행한 것으로 드러났다. 박송화는 검찰 조사에서 하종선에게 수고비를 받은 게 세 차례, 각각 20만 원씩이었다고 주장했는데 그렇다면 6매를 뺀 나머지 8매는 어디에서 온 것일까? 하종선이 주지 않았다면 같은 자리에 있었던 변양호가 주었다고 보는 게 합리적인 추론이다. 그런데 변양호가 준 돈이 하종선이 발행한 수표였다면?

검찰이 증거를 들이대자 하종선은 그때서야 변양호에게 수표로 200만 원을 주었다고 실토했다. 검찰은 변양호가 이 돈 가운데 일부를 박송화에게 건넨 것으로 보고 변양호를 집중 추궁했으나 변양호는 끝까지 부인했다. 검찰의 판단에 따르면 하종선이 발행하고 박송화가 쓴 수표 14장 가운데 최소 8장은 변양호가 건넨 것이다. 그러나 재판부는 생일 파티에 선물이 있었는지 없었는지, 술자리가 11시 이전에 끝났는지 그 이후에 끝났는지 등과 관련 참석자들의 증언이 엇갈린다는 이유로 하종선의 주장을 믿기 어렵다고 판단했다. 돈을 주었다는 사람은 있는데 받지 않았다는 해명을 받아들인 것이다. 물론 박송화가 받은 140만 원을 모두 하종선이 주었을 가능성도 배제할 수 없으나 이 역시 하종선이 술값을 도맡아 냈으리란 추측에 힘을 실어준다.

그러나 법원은 하종선은 박송화에게 네 차례 이상 수고비를 주었으며 변양호가 없는 자리에서 하종선이 박송화를 부른 적도 있기 때문에 변양호가 하종선에게 받은 수표를 박송화에게 주었다고 보기는 어렵다고 선을 그었다. 확인된 분명한 사실은 있다. 검찰 조사 결과 하종선은 외환은행 매각 직후 론스타에 105만 달러를 받은 것으로 확인되었다. 하종선은 이 돈을 42만 달러와 62만 달러로 나눠 각각 홍콩과 미국 계좌로 예치했다. 하종선은 처음에 "론스타의 세무조사 관련한 자문료일 뿐 외환은행 인수와 무관하다"고 밝혔으나 구속된 이후에는 "세무조사 건과 외환은행 인수 건이 반반"이라고 털어놓았다. 다음은 검찰 수사 기록 가운데 일부다.

검사　　　　2003년 론스타의 외환은행 인수 협상 당시 스티븐 리의 부탁으로 변양호 국장과 수차례에 걸쳐 만남을 주선하고, 외환은행 주식 가격, 콜 옵션call option, 인수 자격 문제qualification에 대하여 협의할 수 있는 자리를 마련해줬죠?

하종선　　　예, 그렇습니다.

검사　　　　그리고 증인도 인수 자격 문제 등 일정 부분에 대해서는 변 국장이 론스타의 입장을 설득했죠.

하종선　인수 자격 문제뿐만 아니라 콜 옵션, 태그 얼롱과 드래그 얼롱 부분에 대해서 증인이 나름대로 의견을 얘기했던 것은 맞고, 그래서 항상 그게 문제입니다만 부탁의 정의가 우리 사회에서 넓게 보면 다 포함한다고 말할 수 있지만 증인 자신은 그 당시에 하면서 이게 불법 로비를 한다거나 그런 생각은 없었다는 것을 말씀드리는 것입니다.

검사　특히 인수 자격 문제와 관련하여 김앤장이 작성한 론스타 측 의견서를 변양호 국장에게 전달해주고 검토해달라고 요청한 사실도 있었죠?

하종선　네.

검사　그리고 그 대가로 2003년 11월과 2003년 12월 홍콩과 미국 계좌로 총 105만 달러를 받은 사실이 있었죠?

하종선　네, 말씀드린 대로 세무조사 건과 외환은행 인수 건 두 건에 대한 합산의 대가입니다.

김앤장이 론스타에서 받은 것으로 확인된 금액은 200만 달러가 전부다. 당시 환율로 23억 8,000만 원 정도다. 김앤장은 당시 주한미국 상공회의소 의장이었던 제프리 존스Jeffrey Jones를 통해 외환은행 인수가 성사될 경우 성공 보수로 추가로 350만 달러를 더 달라고 요구한 것으로 알려졌으나 실제로 받았는지는 확인된 바가 없다.

김앤장이 공식적으로 실무 작업을 했다면 하종선이 외환은행 인수에서 한 일은 무엇이었을까? 하종선은 김앤장이 받은 수임료의 절반이 넘는 금액을 받았는데 어디에도 정식으로 선임계를 내거나 공식적으로 론스타를 대리해 활동한 적이 없다. 론스타는 한국 최대 규모의 로펌을 선임하고 왜 별도로 하종선에게 자문을 부탁했을까? 여러 정황을 미루어보면 하종선은 변양호를 타깃으로 한 론스타의 로비스트 역할을 했을 가능성이 크다. 재판 과정에서도 이런 질문이 나왔다.

검사	그러면 증인이 외환은행 인수 건과 관련해서 접촉한 정부 인사는 변양호 피고인 외에는 없나요.
하종선	네, 변 국장밖에 없습니다.
검사	스티븐 리와 협의했다는 취지인가요.
하종선	네, 스티븐 리와는 일이 잘되면 세무조사 건과 마찬가지로 성공 보수를 달라고 얘기한 적은 있습니다.

2002년 6월부터 1년 남짓, 즉 외환은행 매각을 전후한 하종선과 변양호의 20차례의 술자리는 과연 사적인 만남이었을까? 가수 지망생을 끼고 2차까지 이어졌던 수백만 원이 넘는 술자리는 과연 누가 돈을 냈을까? 하종선이 냈다면 그냥 아무런 대가 없는 호의였을까? 다음은 변양호의 법정 진술 가운데 일부다.

"2002년 말부터 하종선을 많이 만났습니다. 당시 서울 강남구 청담동에서 와인을 같이 마시는 친구들의 모임이 많아졌습니다. 하종선을 2003년에 많이 만났다는 것은 인정합니다. 하종선이 자신에게 2003년 1~2월 무렵 '스티븐 리를 이러이러한 이유로 잘 아는데 괜찮은 사람인 것 같고 기회가 있으면 도와주면 좋겠다'고 했습니다. 가끔 하종선이 외환은행의 상황을 물은 적은 있었던 것 같습니다. 인수 자격 문제 해결을 위해 하종선이 론스타에 고용된 것은 론스타와의 협상이 종료될 때까지도 몰랐습니다."

하종선의 진술도 크게 다르지 않다.

"2003년 5월 무렵, 스티븐 리가 하종선에게 변양호와의 만남을 주선해달라고 부탁했다. 스티븐 리로부터 이전에 두 사람이 만난 적이 있다고 들었다. 시점은 정확하지 않으나 스티븐 리가 '변양호가 뉴브리지캐피탈에 대해서 어떻게 생각을 하는지 물어봐 달라'고 한 적이 있고, 3자 회동 전에 그런 말을 변양호로부터 스티븐 리에게 얘기해준 기억이 있다."

검찰이 압수수색해서 확보한 변양호의 수첩 메모에 따르면 스티븐 리와 변양호가 8번 이상 만났고, 변양호와 모건스탠리 관계자들도 최소 10번 이상 만난 것으로 확인되었다. 한 나라의 금융정책을 총괄하는 고위 공무원이 이해 관계자들과 사적인 자리를 갖는 것도 문제가 많지만, 수천 만 원 어치의 술값을 내게 하면서 정작 하종선이 론스타의 로비스트였다는 사실을 몰랐다는 주장도 그대로 받아들이기 어렵다.

몇 가지 의심스러운 정황이 또 있다. 하종선이 변양호의 동생 변기호가 운영하는 벤처기업에 수천만 원을 투자한 사실도 논란이 되었다. 하종선이 변기호의 회사에 투자한 게 공교롭게도 론스타의 인수 자격을 두고 '10인 비밀회동'을 했던 2003년 7월이었다. 하종선은 법정에서 "7월 말, 변양호의 요청으로 2,000만 원을 투자했고 이듬해 추가 투자를 하는 게 좋겠다고 생각해 1,000만 원을 현금으로 변기호에게 줬다"고 진술했다. 모두 3,000만 원을 투자했다는 이야기다.

이 부분은 변양호와 하종선의 진술이 약간 엇갈린다. 변양호는 1,000만 원은 자신이 준 것이라고 주장했다. 변양호는 "해외 출장을 다닐 때마다 장인이 달러를 주셨는데 7,000달러 정도 남은 게 있어 여기에 원화를 합쳐 1,000만 원을 만들어 하종선에게 줘서 대신 투자해달라고 부탁했다"고 주장했다. 여기에 하종선이 1,000만 원을 더해 2,000만 원을 투자했다는 사실을 2006년에서야 알게 되었다는 게 변양호의 주장이다.

하종선은 "변양호가 2003년 여름, 동생 변기호가 벤처회사를 하는데 장래성이 좋은 것 같다. 그러니 투자를 할 수 있는지 검토해보았으면 좋겠다, 좋다고 판단되면 투자해줬으면 좋겠다고 이야기했다"고 증언했다. 하종선은 "2003년 7월 중순 변양호의 요청으로 2,000만 원을 프로테크 계좌로 송금했고 2004년 초 프로테크의 소프트웨어를 보니까 상당히 경쟁력이 있고 도와주면 매출도 늘어나고 확장도 할 수 있겠다는 생각이 있어서 추가로 투자를 하는 것이 좋겠다고 생각하고 다시 1,000만 원을 현금으로 변기호에게 줬다"고 진술했다.

과연 하종선은 외환은행 매각과 무관하게 순수하게 변양호 동생이 운영하는 회사의 기업 가치를 보고 투자했을까? 하종선은 3,000만 원을 투자했다고 진술했지만 변양호는 이 가운데 1,000만 원은 자기 돈이라고 주장했다. 두 사람의 주장이 엇갈리지만 하종선이 변양호의 동생 회사에 2,000만 원 이상을 투자했다는 건 분명하다. 하종선은 "이

회사가 투자가치가 있다고 생각했던 것, 론스타의 외환은행 인수와 관련해 만나서 설명하고 싶은 것을 변양호가 들어주고 한 것에 대하여 고맙다는 마음의 복합적인 상태, 변양호의 부탁 등 3가지가 있었다"고 설명했다. 하종선은 이 돈을 회수하지 못했고 투자 이윤이나 배당금을 받은 적도 없는 것으로 확인되었다.

법원은 두 사람의 주장이 엇갈리고 변양호가 정확히 1,000만 원을 투자했다고 보기는 어렵지만 허위 주장이라고 보기는 어렵다고 판단했다. 백상현과 임병일 등 생일 파티에 참석한 사람들도 모두 변양호가 수표를 받는 걸 보지 못했다고 진술했다. 변양호가 하종선에게 직접적으로 뇌물을 받은 정황은 확인된 바 없다. 수백만 원어치 술을 얻어먹고 동생의 회사에 거액의 투자를 받은 정황이 있을 뿐이다. 수표 뭉치를 건넸다는 주장과 정황은 있으나 명확한 물증으로 입증된 건 아니다. 법원은 결국 부정한 청탁이 있었다는 사실이 입증되지 않는다며 무죄를 선고했다.

변양호가 하종선을 통해 승용차를 구입하고 일부를 돌려받은 정황도 있다(하종선은 현대자동차 법무실장을 지낸 바 있다). 큰 금액은 아니지만 외환은행이 론스타에 팔린 다음 해의 일이고 둘 사이의 미묘한 관계를 가늠할 수 있는 사례다. 그랜저XG 한 대가 풀 옵션으로 등록비를 포함 2,879만 원이었는데 무슨 이유에서인지 변양호는 2,290만 원만 하종선에게 송금한다. 굳이 대리점과 직접 거래하지 않고 하종선을 통한 이유도 의문이지만 하종선이 자기 돈 589만 원을 더해 현대자동차 대리점에 송금하고 차를 구입하는 과정도 석연치 않다. 이후 변양호가 등록비 등을 포함 489만 원을 다시 하종선에게 송금하는데 이를 감안하면 하종선이 91만 원가량 변양호의 차값을 부담한 셈이 된다.

수상쩍은 것은 그다음 일이다. 자동차 대금과 등록비를 입금 받은 대리점 직원이 이틀 뒤 하종선의 계좌로 774만 원을 다시 입금한 사실이 확인되었다. 하종선은 검찰 조사에서 현금으로 774만 원을 찾아 변양호의 집 근처로 가서 전달했다고 진술했다. 하종선은 "변양호가 30%를 할인해주면 문제가 될 수 있으니 10% 할인된 가격에 입금할 테니 나머지 금액은 현금으로 달라고 했다"고 주장했으나 변양호는 "10%에 더해 12% 할인 가격에 샀을 뿐 774만 원에 대해서는 모른다"고 반박했다.

변양호의 말이 맞다면 하종선이 91만 원 정도 비용을 부담한 뒤 774만 원을 빼돌렸다는 이야기가 되는데 두 사람의 관계에 비춰볼 때 설득력이 떨어진다. 12% 정도 할인 받는 정상적인 거래라면 왜 대리점과 직접 거래하지 않고 하종선의 계좌로 입금했다 다시 송금하는 번거로운 방법을 선택했는지 의문이다. 하종선이 싸게 사주겠다고 했으면서 91만 원밖에 할인을 안 해주었다는 것도 이해하기 어렵다.

하종선이 돌려받은 774만 원을 변양호에게 건넸다면 변양호는 866만 원의 이익을 본 게 된다. 실제로 774만 원은 자동차 가격의 20%가 맞다. 하종선의 주장이 맞다면 변양호는 뇌물을 받을 때 알리바이까지 꼼꼼하게 신경을 썼던 것으로 보인다. 그러나 재판부는 하종선의 진술 외에 뒷받침할 근거가 없다며 이 역시 무죄판결을 내렸다.

법원은 판결문에서 "두 사람의 친분관계나 각자의 사회적 · 경제적 지위에 비춰볼 때 774만 원은 거액이라고 볼 수 없는데, 주말 밤에 일부러 만났다는 것 자체가 쉽게 납득이 되지 않을 뿐 아니라, 700만 원이나 770만 원도 아닌 774만 원을 교부하였다는 점, 그것도 부피가 상당히 되는 현금으로 교부하였다는 점 또한 납득이 되지 않는다"고 밝혔다.

변양호는 금액은 크지 않지만 생일 파티에서 200~400만 원, 자동차 구입 가격 할인 최대 866만 원, 동생이 운영하는 회사 투자자금으로 2,000~3,000만 원을 받았다는 의혹을 받고 있다. 그러나 법원은 설령 변양호가 돈을 받은 게 사실이라고 하더라도 사적인 친분에 의한 것이라며 무죄를 선고했다.

변양호의 『변양호 신드롬』에는 이런 사실이 전혀 담겨 있지 않다. 다만 하종선이 "수사에 협조하면 구속 취소 등 선처를 해주겠다는 검찰의 제의에 일부 거짓 진술을 했다"고 말한 대목을 부각시키면서 하종선의 주장 전부를 사실무근으로 평가절하하고 있을 뿐이다.

여전히 진실은 저 너머에 있다. 드러난 것은 하종선의 계좌 추적 과정에서 드러난 수상쩍은 자금 흐름의 일부일 뿐 변양호가 론스타의 외환은행 인수를 돕고 대가를 받았다는 사실을 입증할 확실한 팩트는 없다. 하종선이 변양호의 동생 회사에 투자한 2,000~3,000만 원 역시 대가성을 입증할 방법이 없었다. 하종선이 해외 계좌로 받은 수임료 가운데 일부가 변양호에게 흘러들어간 것 아니냐는 의혹도 있었지만 역시 입증된 바 없다(미국과 홍콩 계좌로 정확히 3대 2의 비율로 나눠서 입금되었다).

다만 분명한 것은 변양호가 하종선의 주선으로 스티븐 리 등 론스타 관계자들을 만나 외환은행 매각을 긴밀하게 협의했다는 사실이다.

하종선의 진술에 따르면 변양호와 스티븐 리 등이 만난 자리에서 구체적인 인수 가격과 드래그 얼롱 등의 조건 등에 대해 논의한 것으로 알려졌다. 이는 재판부도 인정한 사실이다. 변양호는 김앤장 고문으로 있던 이헌재와 삼정회계법인 고문으로 있던 진념 등을 여러 차례 만난 것으로 확인되었다. 하종선의 주장에 따르면 김앤장이 작성한 외환은행 매각에 필요한 법적 근거(은행법 시행령 제8조 제2항의 예외 조항)가 이 자리에서 논의되었고 '10인 비밀회동'을 통해 확정되었을 가능성이 크다.

변양호가 외환은행의 주주였던 수출입은행과 코메르츠방크 등 관계자를 만난 이유도 석연치 않다. 론스타는 수출입은행과 코메르츠방크 등의 구주 매입까지 요구했는데 이는 외환은행의 재무 건전성 개선과는 아무 관계가 없는 것이었다. 변양호는 "외환은행의 잠재적 부실이 심각한 수준이었기 때문에 자본 확충이 시급했다"는 논리로 외환은행 매각을 합리화하고 있다.

설령 그런 판단이 합리적이었다고 하더라도 중요한 결정 권한을 갖고 있는 고위 공무원이 이해 당사자인 계약 상대방과 수십 차례 술자리를 갖고 어울리면서 그들의 요구 조건 가운데 상당 부분을 수용했다는 의혹을 받고 있는 건 부정할 수 없는 사실이다. 변양호는 분명히 무죄판결을 받았다. 그러나 그가 '변양호 신드롬' 운운하면서 고뇌의 결단을 내려 외환은행을 위기에서 구한 것처럼 행세하는 것은 옳지 않다.

제4장

주주 자본주의와
게임의 법칙

JP모건에 농락 당한 SK의 굴욕

"주요 언론사 한 곳에서 심층 인터뷰를 요청한 적이 있었습니다. 기자 한 명이 모나코에 있는 소버린 본사까지 찾아와 이틀 동안 회사 곳곳을 돌아보고 인터뷰를 했죠. 그런데 어떻게 된 것일까요. 기사는 실리지 않았습니다."

2005년 9월 20일, 한국을 다시 찾은 소버린자산운용의 투자 부문 부사장 마크 스톨슨Mark Stoleson의 이야기다. SK 지분을 모두 정리하고 철수한 뒤 한 달 만에 다시 돌아온 그는 한국증권학회 주최로 열린 간담회에 참석해 "한국 언론이 정도를 저버렸다"고 비난을 쏟아냈다. 그는 또 "SK에서 소버린 광고 1페이지를 빼면 SK 광고 2페이지 주겠다는 제의를 했고 대부분 언론이 이를 받아들였다"고도 했다. 실제로

2005년 SK 주총을 앞둔 무렵, 대부분 언론이 소버린 광고를 거부했던 건 사실이다.

이날 간담회에서 마크 스톨슨은 소버린은 투기자본이 아니라고 거듭 강조했다. 소버린은 순수한 개인 소유 투자회사일 뿐 단기 차익을 챙기고 빠지는 헤지펀드와 다르다는 이야기였다. SK와 경영권 분쟁을 적대적 인수합병으로 보는 시각에도 강한 불만을 드러냈다. 한국증권학회에 따르면 "기자들이 있으면 행사 참석을 취소하겠다"고 강력히 요구했다고 한다. 실제로 행사장 주변에 기자들이 몰려 있는 것을 보고 기자들을 내보내달라고 요구했고 당초 공개 간담회로 홍보되었던 행사가 비공개로 진행되었다.

어쨌거나 소버린은 SK의 주식을 28개월 동안 보유했다. 당시 한국의 기관 투자자들의 평균 주식 보유 기간이 4개월에 지나지 않는다는 점을 감안하면 꽤나 장기 투자를 한 셈이다. 마크 스톨슨은 "소버린이 투기꾼이면 한국의 대부분 주식 투자자들은 모두 투기꾼이라고 불러야 할 것"이라고 지적하기도 했다.

실제로 소버린은 SK 회장 최태원과 경영권 분쟁을 벌이긴 했지만, 14.99% 이상 지분을 확보하지 않았고 경영권을 행사하지는 못했다. 장기 투자를 했고 이익을 챙겨서 빠져나갔을 뿐이다. 소버린은 론스타와 어떻게 다를까? 소버린과 SK의 악연을 이해하려면 1999년 태국 바트화 폭락 사태 이전으로 거슬러 올라가 JP모건에 농락당한 이야기부터 시작해야 한다. 2003년 SK 경영권 분쟁의 발단은 1996년 JP모건의 파생상품 헤지 거래에서 시작되었다. JP모건은 2년 만에 깨끗하게 손을 털고 나갔지만 SK는 직격탄을 맞았다.

아시아 금융위기가 발발하기 직전까지 JP모건은 태국 바트화에 10억 달러 규모의 엄청난 투자를 하고 있었다. 정상적인 상황이라면 JP모건은 금리 4% 정도에 달러와 엔화를 조달해 금리 12% 정도의 태국 국채로 바꿔서 8% 정도의 차익을 남길 수 있었다. 그러나 1995년부터 태국 경제가 급속도로 추락하기 시작했고, 1996년에는 급기야 경상수지 적자를 내기에 이르렀다. 투자자들 사이에 위기감이 확산되었다.

문제는 JP모건의 투자 규모가 너무 커서 팔고 싶어도 팔 수가 없다는 것이었다. JP모건이 팔기 시작하면 시장 자체가 무너질 상황이었다. 그래서 만들어낸 게 선물과 옵션을 절묘하게 결합한 TRS(총 수익 스왑)라는 파생상품이었다. 바트화가 폭락하더라도 JP모건은 이 TRS에서 그만큼 돈을 벌게 되는 구조였다.

JP모건은 1996년 가을, 한국에 건너와 기업들을 찾아다니면서 TRS를 판매했다. 세계화 바람을 타고 외화를 빌려서 해외에 투자하는 게 유행처럼 번지던 무렵 TRS는 불티나게 팔려나갔다. 한국에서 모두 7개의 펀드가 만들어졌고, JP모건은 바트화 폭락에 대비해 완벽한 위험회피 전략을 세울 수 있었다. 바트화가 아무리 폭락해도 그 손실을 모두 한국 금융기관에 떠넘길 수 있는 구조였다.

특히 SK증권이 200억 원이나 쏟아부었던 다이아몬드펀드의 구조를 살펴보면 어이가 없을 정도다. JP모건은 SK증권 등에서 3,400만 달러를 끌어들인 다음 직접 5,300만 달러를 조성해 이 펀드에 주식 스왑 형태로 빌려주었다. JP모건이 만든 펀드에 JP모건이 투자도 아니고 대출을 해주었다는 것부터 뭔가 수상쩍었지만, SK는 별다른 의심을 하지 않았던 모양이다.

그렇게 8,700만 달러 규모의 펀드가 만들어졌는데 자세히 들여다보면 펀드가 이익을 내든 손해를 보든 만기가 되면 JP모건은 수수료 3%를 빼고 5,141만 달러를 돌려받는 방식이었다. 투자가 아니라 대출이었기 때문에 JP모건은 아무런 위험부담을 지지 않는 구조였다. SK증권을 비롯해 이 펀드에 뛰어든 한국 금융기관들이 보기에는 5,300만 달러를 빌려서 투자하는데도 이자를 무는 게 아니라 오히려 수수료를 받을 수 있는 매력적인 조건이었다. 이른바 마이너스 펀딩이던 셈이다. 이것이 이 펀드가 불타나게 팔려나갔던 이유이기도 하다.

그러나 조금만 살펴보면 이상한 부분을 발견할 수 있다. JP모건은 손해를 볼 위험이 전혀 없었다. 한국 금융기관들은 마이너스 펀딩이라는 조건에 현혹되어 정작 이 펀드가 어디에 어떻게 투자를 하는지 제대로 살펴보지 않았다. 글로벌 금융기업 JP모건의 도덕성을 믿었던 것이 치명적인 실수였다. 이 펀드는 애초에 설계될 때부터 손해를 볼 수밖에 없는 구조였다.

이 펀드는 원금의 3배에 이르는 2억 6,100만 달러를 대출받아 인도네시아 루피아화 연동 채권을 샀는데, 이 채권의 원금 상환 비율에 따르면 루피아화의 가치가 10%만 하락해도 원금의 90%가 날아가는 구조였다. 실제로 그 이듬해 루피아화가 걷잡을 수 없이 폭락했고 원금 8,700만 달러 가운데 7,700만 달러가 날아갔다. 그런데도 JP모건은 대출 원금 5,141만 달러를 챙겨 빠져나갔다. 물론 그 나머지 손실은 모두 한국의 금융기관이 떠안았다.

당시 명지대학교 경제학과 교수 윤창현은 JP모건이 원래 이 채권을 보유하고 있다가 루피아화 폭락이 예상되자 다이아몬드펀드에 이 채권을 떠넘겼을 가능성이 크다고 분석했다. 시장에서 제값을 받고 팔 수 없으니까 한국의 금융기관들을 끌어들여 펀드를 만들고 그 펀드에 이 골칫덩어리를 떠넘겼을 거라는 분석이다.

바트화 선물에 투자한 것부터 문제가 많았다. 다이아몬드펀드는 JP모건과 바트화 환율 25.88바트/달러를 기준으로 이보다 낮을 경우 그 차이의 5배를 지급하도록 하는 계약을 맺고 있었다. 물론 환율이 오르면 거꾸로 JP모건이 이 펀드에 차이의 5배를 지급한다. 여기서 문제는 JP모건의 손실이 최대 20%로 한정되어 있었다는 데 있다. JP모건의 손실은 한정되어 있는데, 다이아몬드펀드의 손실은 무한대까지 가능한 구조였다는 이야기다. 펀드에 참여한 한국의 금융기관들은 이 부분도 거의 눈여겨보지 않았다.

결국 그해 바트화가 폭락하면서 다이아몬드펀드의 돈이 그대로 JP모건으로 빠져나갔고 1년 사이에 1억 8,900만 달러의 손실을 입었다. 또 다른 펀드 어드밴스트인베스트먼트펀드의 손실도 1억 6,700만 달러나 되었다. 그 손실은 고스란히 SK증권을 비롯해 한남투신자신탁과 대한생명 등 한국 금융기관들의 몫이었다.

윤창현은 2004년 9월 금융경제연구소가 주최한 세미나에서 "당시 루피아화나 바트화의 폭락이 불을 보듯 뻔한 상황에서 이 펀드에 뛰어든 국내 금융기관의 손실은 이미 예정돼 있었다"면서 "법적으로는 아무 문제가 없지만 결론적으로 보면 사기나 다름없었다"고 지적했다.

1999년 9월 JP모건이 SK증권을 상대로 3억 5,600만 달러의 손해배상 청구 소송을 냈다. 자칫 파산까지 감수해야 할 엄청난 금액이었다. SK증권 역시 JP모건이 다이아몬드펀드의 투자 위험을 제대로 알려주지 않았다며 소송을 냈다.

 JP모건의 이 같은 사기 행각은 신의성실 의무를 벗어났다는 비난을 받았지만, 법적으로는 아무런 문제가 없었다. 그때만 해도 국내 금융기관들이 파생상품 투자에 전문지식이 없었던 데다 외국의 선진금융기법에 대한 맹목적인 환상까지 겹쳐서 어이없는 사기를 당했다고 볼 수 있다. 결국 이 소송이 SK그룹 분식회계의 발단이 되었다. JP모건의 농간이 SK그룹 분식회계의 직접적인 원인이 되었다고 보기는 어렵지만 발단이 되었던 것은 사실이다.

 1999년 10월 JP모건과 SK증권은 서로 소송을 취하하는 대신 JP모건이 SK증권의 유상증자에 참여해 2,405만 주를 1,183억 원에 사들이기로 했다고 발표했다. 그런데 알고 보니 SK증권과 JP모건이 이면계약을 맺고 나중에 주식에 웃돈을 얹어서 되사주기로 한 것이었다. 언뜻 SK증권에 유리한 방향으로 소송이 마무리된 것처럼 보였지만 실제로는 독배를 들이마신 꼴이었다.

 JP모건은 SK증권 주식을 주당 4,920원에 사들였는데 이면 계약으로 이 주식을 6,070원에 SK그룹의 해외 자회사인 SK글로벌아시아퍼시픽과 SK글로벌아메리카 등에 되팔 수 있는 풋 옵션과 함께 이들이 주식 매입을 요구할 수 있는 콜 옵션을 집어넣었다. 그런데 3년 뒤인 2002년 10월 11일, SK그룹의 계열사인 워커힐과 SK캐피탈이 JP모건이 보유한 SK증권 주식 2,405만 주를 사들였는데 그 사이에 주가가 많이 떨어져 인수 금액은 주당 1,535원씩, 369억 원이었다. 언뜻 JP모건이 814억 원 가까이 손해를 본 것처럼 보였다.

 그런데 실제로는 SK글로벌아시아퍼시픽과 SK글로벌아메리카 등이 콜 옵션을 행사해 JP모건이 보유한 SK증권 지분을 주당 6,070원에 사들였다는 사실이 뒤늦게 드러났다. 워커힐과 SK캐피탈은 나중에 JP모건에서 369억 원을 돌려받았다. 무슨 일이 벌어진 것일까? 워커힐과 SK캐피탈을 내세워 정상적인 거래를 한 것처럼 보이게 만들었을 뿐 실제로는 해외 계열사들에 손실을 떠넘긴 것이다. 이중거래고 이면계약이었다.

애초에 풋 옵션과 콜 옵션을 동시에 계약을 맺었던 건 일단 소송을 취하하고 SK증권의 파산을 막기 위해 3년 뒤에 JP모건의 손실을 보전해준다는 합의가 있었기 때문이라는 분석에 힘이 실린다. 굳이 워커힐과 SK캐피탈을 동원한 것은 둘 다 비상장 기업이라 공시 의무가 없고 대주주 지분 비율이 높아 일반 주주들의 의심을 피하기 쉬울 거라고 판단했기 때문일 가능성이 크다.

그러나 이렇게 큰돈이 오가는데 흔적이 없을 수는 없다. 2002년 10월 11일, SK증권 주식이 대량으로 거래되었는데 매도 창구는 JP모건, 매수 창구는 SK증권인 것으로 나타났다. SK증권 전체 지분의 7.5%에 해당하는 물량이었다. 그리고 며칠 뒤 SK증권 지분을 매입한 곳이 워커힐과 SK캐피탈이라고 보도되었다. 그런데 다시 며칠 뒤 워커힐과 SK캐피탈은 들러리일 뿐 실제로 지분을 매입한 건 SK글로벌아시아퍼시픽과 SK글로벌아메리카였다고 보도되었다. SK그룹은 이때까지만 해도 이면 계약 같은 건 없다고 반박했다.

2002년 10월 23일 참여연대 경제개혁센터가 금융감독원과 공정거래위원회에 조사를 요청했다. 참여연대는 SK증권이 JP모건과 이면 계약을 맺은 사실을 제대로 공시하지 않았고, SK글로벌싱가포르와 SK

글로벌아메리카에 막대한 손실을 떠넘기면서 SK증권을 우회 지원했다고 주장했다. 공시 위반은 물론이고 자회사 부당 지원 혐의가 있다는 게 참여연대의 주장이었다. 당시 경제개혁센터 센터장이 문재인 정부에서 공정거래위원회 위원장을 맡고 있는 김상조다.

참여연대의 요청 이후 금융감독원도 뒤늦게 조사에 착수했다. 결국 이 사건의 핵심은 SK증권이 친 사고를 SK글로벌을 동원해 수습하게 한 것이다. SK증권이 JP모건에 주어야 할 돈을 3년 뒤 SK글로벌이 대신 갚은 것이다. SK글로벌은 처음에는 사실 무근이라며 펄쩍 뛰었지만 결국 불가피한 상황이었다면서 인정했다. 당장 SK글로벌이 SK글로벌싱가포르와 SK글로벌아메리카의 지분을 각각 65%와 80% 보유한 최대 주주였기 때문에 손실의 상당 부분을 SK글로벌 주주들이 감당해야 하는 상황이었다. 주주들에게 이면 계약을 한 사실을 알리지 않은 것은 공시 위반이고 다른 계열사의 손실을 떠넘긴 것은 계열사 부당 지원과 배임이 된다.

논란이 되자 2002년 12월 18일 SK증권이 SK글로벌에 1,060억 원을 지급하고 최태원이 SK증권에 SKC&C와 SK증권 지분 400억 원 상당을 무상 출연하겠다고 밝혔다. 그러나 2003년 1월 8일 참여연대가 최태원 등을 검찰에 배임 혐의로 고발했고 2월 18일 SK그룹 본사를 압수수색한 데 이어 2월 22일 최태원을 구속 기소했다. 당시 대통령 노무현의 재벌 개혁 의지가 단호했기 때문이기도 하지만, 검찰의 발 빠른 수사 속도에 참여연대도 깜짝 놀랄 정도였다.

검찰은 SK증권 이면 계약뿐만 아니라 SK글로벌이 분식회계를 통해 채무를 줄여 1조 5,587억 원의 이익을 부풀린 사실을 확인했다. 그뿐만 아니라 워커힐과 SK 주식을 맞교환하는 과정에서 최태원이 959억 원의 부당 이득을 취한 사실도 확인했다. 출자총액제한제도가 시행되면서 SKC&C의 SK 의결권이 줄어들고 최태원의 SK에 대한 지배력이 줄어들자 SK 지분을 늘리기로 하고 최태원이 보유하고 있던 워커힐 주식과 SK 주식을 맞바꾸기로 했다는 것이다. 문제는 그 과정에서 워커힐의 자산 가치를 2배 이상 부풀려 800억 원 가까이 부당이익을 챙겼다는 게 검찰이 제기한 의혹이었다.

결국 최태원은 대부분의 혐의를 인정했고 2003년 6월 13일 1심에서 징역 3년의 실형을 선고 받았다. 그러나 두 달 만에 보석으로 풀려났고 2005년 6월 10일 항소심에서 "국가 경제에 이바지했고" 등의 명분으로 징역 3년에 집행유예가 선고되었다. 검찰이 상고했으나 2008년 5월 29일 대법원은 징역 3년에 집행유예를 확정했다. SK의 비극은 여기서 끝이 아니었다.

소버린은 SK의 약점을 노렸다

소버린자산운용이 한국에 이름을 알린 것은 2003년 2월 18일 최태원이 구속된 뒤 SK의 주가가 1만 3,000원 언저리에서 6,000원 수준으로 반 토막이 나던 무렵이었다. 소버린이 금융감독원을 통해 공시를 내보낸 때가 4월 3일이었다. 듣도 보도 못한 크레스트시큐리티즈라는 외국계 증권사가 나타나서 SK 주식 8.64%를 매입했다고 신고한 것이다. 며칠 전까지만 해도 SK의 SKC&C 지분이 8.49%로 최대 주주였는데 최대 주주가 바뀐 것이다. 당연히 SK가 발칵 뒤집혔다.

소버린은 5%룰의 허점을 최대한 활용했다. 당시 증권거래법에는 "주식 등의 대량 보유 상황의 보고"라는 이름으로 상장 기업의 지분 5% 이상을 취득할 경우 최장 7일 안에 신고를 하도록 되어 있었다.

삼성경제연구소 수석연구원 김용기의 분석에 따르면 소버린은 이미 2003년 3월 26일 SK 주식 5.02%를 확보했으면서도 4월 3일에서야 공시를 내보냈는데 그 사이에 추가로 지분을 사들여 최대 주주 자리를 차지했다.

물밑에서 드러나지 않게 주식을 매집할 수 있기 때문에 적대적 인수합병에 유리한 제도라는 지적이 있어 2009년 자본시장통합법에서는 5%가 넘을 경우 보고 이후 5일 이후까지 추가 매입을 하지 못하도록 하는 규정이 추가되었다. 경영권 분쟁이 시작되면 주가가 뛰게 마련이지만, 소버린은 비교적 싼 값에 주식을 매집할 수 있었다. 공시 이후에도 추가로 지분을 매입해 4월 13일까지 14.99%를 확보했는데 평균 매입 가격은 1만 1,776원이었다.

소버린은 뉴질랜드 출신의 리처드 챈들러Richard Chandler 형제가 설립한 투자회사다. 소버린그룹홀딩스가 소버린에셋매니지먼트를 100% 소유하고 이 회사가 다시 크레스트시큐리티즈를 100% 소유하고 이 회사가 레전드, 호라이즌, 비스타, 세이지, 콰츠 등 5개 자회사를 소유하는 구조로 되어 있다. SK 주식을 사들인 것도 이 자회사들이었다. 크레스트시큐리티즈는 조세 회피 지역인 영국령 버진아일랜드에, 소버린 역시 조세 회피 지역인 모나코의 몬테카를로에 본사를 두고 있다. 소버린은 4월 28일 보도자료를 내고 공식적으로 경영 참여를 선언했다. 노골적인 선전포고였다.

소버린은 자신들이 투기자본이 아니고 실제로 해외 투자에서 지배구조 개선으로 자산 가치를 끌어올린 경험이 많다는 사실을 강조했다. 당시 SK에 문제가 많았던 것도 부정할 수 없는 사실이다. SK글로벌 분식회계는 단순히 JP모건에 사기를 당했기 때문이 아니라 총수 지배 체제의 불투명하고 방만한 경영, 특히 워커힐과 주식 맞교환 과정에서 드러난 배임 행위는 SK의 주가가 상대적으로 저평가된 핵심 요인이기도 했다.

소버린은 최태원의 퇴진과 구조조정본부 해체를 요구하는 등 본격적으로 경영 개입에 나서기 시작했다. 6월 25일에는 소버린의 재정 자문을 맡고 있는 라자드아시아 회장 오호근이 기자회견을 자청해 "SK글로벌의 지원을 중단하고 청산의 고통을 감내해야 한다"고 거친 주장을 쏟아내기도 했다. 오호근은 "소버린은 적대적 인수합병을 노리는 세력이 아니라 기업 가치를 높여 투자 수익을 회수하려는 포트폴리오 투자자"라면서 "SK의 기업 지배구조의 투명성을 높여 글로벌 기업으로 만들기 위해 투자한 것"이라고 거듭 강조했다.

이날 기자회견에서 한 외신 기자가 돌발 질문을 던졌다. "소버린은 기업 지배구조 개선과 투명성을 강조하지만 정작 그들은 투명하지 않은 것 같습니다. 우리는 그들이 누군지, 어디에 있는지도 모릅니다." 그러자 오호근이 맞받아쳤다. "트랜스페어런시transparency(투명성)와 프라이버시privacy를 구분해야 합니다. 자산운용사가 자신의 실체를 밝히는 것과 투자 기업의 투명성을 요구하는 게 무슨 상관이 있습니까?" 기자가 다시 물었다. "그렇다면 왜 하필 SK입니까? 기업 지배구조를 개선해야 할 기업이 SK만 있는 것은 아니지 않습니까?" 오호근이 다시 대답했다. "소버린은 월드베스트가 될 수 있는 잠재력이 있는 기업을 선택합니다. 지배구조 문제만 해결되면 SK의 경우 세계적인 기업이 될 수 있다고 생각하기 때문에 투자한 것입니다."

오호근은 이날 SK를 겨냥해 강도 높은 발언을 쏟아냈다. "SK글로벌의 구조조정 방안은 투명성이 전혀 없습니다. 자료를 충분히 공개하지도 않은데다 공개한 자료도 정확하지 않습니다. 청산의 고통을 감내할 수 있어야 합니다." 오호근은 첫째, SK글로벌이 과거 부실에 대한 명확한 설명이 없고 추가 부실의 존재 여부도 확인되지 않은 상태고, 둘째, 유죄선고를 받은 4명의 이사가 여전히 SK글로벌 이사회에 남아 있고, 셋째, 자기자본비율 대비 차입금이 1,000% 이상인 데다, 넷째, 이자보상 배율도 위험 수준이라고 지적했다.

소버린이 SK의 주식을 왜 하필이면 14.99%만 사들였는지에 대해서는 여전히 의문이 남는다. 당시 전기통신사업법에 따르면 SK텔레콤 같은 기간통신 사업자는 외국인 지분이 49%를 넘지 못하도록 되어 있는데 여기서 외국인이란 외국인이 15% 이상 지분을 보유한 법인도 포함된다. 그런데 SK 지분 14.99%를 보유한 소버린이 SK의 지분을 조금 더 사들여 15%가 넘게 되면 SK가 외국인으로 분류되고 SK가 보유한 SK텔레콤 지분의 의결권이 제한받게 되는 상황이었다.

그룹의 지주회사 역할을 하고 있던 SK로서는 소버린이 지분을 0.01%만 늘려도 그룹 지배구조에 심각한 타격을 받게 되는 상황이었다. 이를 두고 최태원 등 SK그룹 경영진을 압박하거나 배후에서 다른 거래를 하기 위한 것 아니냐는 의혹이 제기되기도 했지만, 구체적으로 드러난 사실은 없었다. 소버린은 14.99%를 사들여 28개월 동안 보유하고 있다가 매도했다.

소버린이 지분을 더 늘리지 않은 것은 기업결합 심사를 피하기 위해서였을 가능성이 있다는 관측도 있었다. 공정거래법에서는 지분이

15% 이상이면 기업결합 심사를 받도록 되어 있기 때문에 소버린은 자산운용 내역과 지배구조 등을 공정거래위원회에 모두 공개해야 한다. 아마도 14.99%는 자신들의 정체를 드러내지 않으면서 SK 경영진들을 압박할 수 있는 최적의 지분 비율이었을 것이다.

소버린은 14.99%의 지분을 확보한 뒤 본격적인 경영 참여 또는 경영 간섭에 나섰다. SK도 소버린의 요구를 의식해 사외이사 비율을 70%로 늘리고 이사회 중심 경영 체제를 구축하는 등 지배구조 개선에 앞장서는 모습을 보였다. 덕분에 그 이듬해인 2004년 3월 주주총회에서는 SK가 가까스로 경영권 방어에 성공할 수 있었다. 소버린이 요구한 집중 투표제나 이사 선임 등의 요구는 모두 부결되었다.

소버린은 2004년 10월 25일 최태원 회장의 임원 자격을 문제 삼으며 임시 주주총회를 요구했으나 이사회의 문턱을 넘지 못했다. 법원에 가처분 신청을 냈지만 기각되었고 자사주 매각에도 반대했지만 역시 법원이 SK의 손을 들어주었다. 소버린은 SK가 경영권 방어를 위해 주주들의 의결권을 침해하고 있다고 주장했지만 법원은 이를 받아들이지 않았다.

2005년 3월 주주총회에서도 소버린이 패배했다. SK는 표결에서 이겼고 임기가 만료된 최태원은 다시 이사로 선임되었다. 소버린은 2005년 6월 경영에서 손을 떼겠다고 선언했고 7월 18일 보유 주식을 모두 매각했다. 평균 매각 가격은 4만 9,011원이었다. 1,768억 원에 사들여 9,326억 원에 팔았으니 4.3배, 7,558억 원의 시세 차익을 거둔 셈이다. 배당금 485억 원과 환차익 1,316억 원을 더하면 28개월 동안 수익은 9,359억 원이었다.

소버린은 이례적으로 보도자료를 내고 지분 매각과 관련한 입장을 설명했다. 마크 스톨슨은 "현재 주주의 자격으로 할 수 있는 모든 법적 권리들이 소진됐기 때문에 이제 남아 있는 유일한 주주로서의 권리 보호 수단은 투자를 철수하는 것뿐"이라고 설명했다. 깊은 앙금이 남아 있는 어조였다. "소버린의 이번 지분 매각 결정은 세계에서 두 번째로 큰 단일 정유시설을 보유한 SK의 이사회가 주주들의 신뢰를 얻지 못하고 있는 경영진과 취약한 기업 지배구조 관행을 계속 유지하고 있다는 판단에 따른 것"이라고 강한 불만을 늘어놓기도 했다.

"주주들이 기업 경영진에 자본을 맡길 때부터 기업 경영진에게는 그 자본을 주주들의 최상의 이익을 위해 관리해야 할 충실의무가 발생한다. 기업 경영진이 유능하고 윤리적이라는 확신이 안 선다면 투자자는 그들의 자본이 올바르게 사용될 수 있을지 여부에 관한 합리적인 확신을 전혀 가질 수 없게 된다. 반복된 부정행위에도 불구하고 경영진이 아무런 책임도 지지 않는다면 이는 투자자와 경영진 간의 필수적인 신뢰의 고리를 파괴할 뿐 아니라 더 넓은 범위의 사회적 비용을 초래하게 된다. 자본이 효율적인 곳에 사용되고 배정되는 일은 국가적 번영의 중요한 요소이며, 올바르게 유도되고 유능하면서도 윤리적인 사업에 투자된 자본은 모두를 번영으로 이끄는 길이다."

마크 스톨슨은 "훌륭한 사업great business과 훌륭한 투자great investment는 다른 것"이라면서 "중요한 것은, 우리가 자본을 위탁한 기업이 상업적인 잠재성을 실현시킬 능력을 가지고 있다는 점뿐만 아니라 그 기업이 주주들이 우려하는 사항들에 대해 제대로 부응할 수 있는 경영진을 보유하고 있느냐 하는 점"이라고 지적했다. "수조 원의 분식회계 파문이 발생한 이후 3년째가 되는 지금까지 SK 이사회가 국제적으로 인정받을 수 있는 기업 지배구조를 확립하지 못하고 있기 때문에 과거와 유사한 방식의 문제들이 또 다시 재발하지 않으리라는 데 대한 어떠한 확신도 가질 수 없는 상태가 됐다"고 경고하기도 했다.

한국 언론은 단순히 소버린이 막대한 시세 차익을 챙겼다는 이유로 소버린을 론스타와 동급의 투기자본으로 매도했지만, 냉정하게 따져봐도 소버린은 철저하게 시장에서 지분을 매입해서 주주로서 경영 개선을 요구했고 실제로 기업 지배구조 개선 등 긍정적인 효과도 없지 않았다. 실적이 개선되고 주가가 오른 뒤 팔고 나갔을 뿐이다. 단순히 외국자본이라고 해서 비난하는 것은 옳지 않다.

마크 스톨슨은 SK 지분을 모두 처분하고 난 뒤인 9월 20일, 한국증권학회 비공개 세미나에서 "왜 지분을 14.99%만 사들였느냐"는 질문에 "한국 사람들을 놀라게 하고 싶지 않았다"고만 말했다. 다음은 이날 마크 스톨슨이 발표한 글을 정리한 것이다.

"우리는 SK의 기업 지배구조 문제가 불거지고 한국 투자자들이 SK 주식을 계속 파는 것을 보고 SK에 관심을 갖기 시작했습니다. 한국인들이 SK의 자산가치가 아닌 지배구조 문제 때문에 SK 주식을 판다고 판단돼 SK에 투자한 것입니다. 우리는 단기 투기자본이나 헤지펀드가 아닙니다. 우리와 관련된 많은 사실이 왜곡되거나 잘못 전달된 것입니다. 실제로 SK와 관련된 논란이 계속되는 와중에도 우리는 전체 주주의 이익을 위해 계속 SK 주식을 보유하고 있었습니다. 우리의 주장은 반영되지 않았고 주요 신문은 광고도 내주려 하지 않았죠. 그런데 어떤 신문 1면에 소버린이 SK 지분을 팔려고 한다는 기사가 났습니다. 우리 입장은 듣지도 않고 말이죠. 소버린은 장기 투자자입니다. SK 라는 저가의 투자 대상 자산을 찾았을 뿐이고 국내 투자자와 마찬가지로 증권 거래 차익에 대해 세금을 내지 않은 대신 배당 이익에 대해서는 세금을 냈습니다."

다음은 『한국경제』 2005년 9월 23일 '기자수첩' 형태로 실린 칼럼의 한 대목이다. 한국 언론과 한국 여론의 분위기를 짐작할 수 있다.

"세미나에 참석한 한 증권업계 관계자는 '소버린의 한국 투자에 대해선 찬반 양론이 있겠지만 소버린의 자세는 오만함으로 가득차 있다'며 '과거 SK(주) 투자 행적을 보더라도 한국을 무시하고 있다는 흔적이 역력하다'고 꼬집었다. 또 다른 참석자는 '소버린이 한국에는 자신들에 관한 거짓 정보만 가득하다고 했지만 한국인을 철저히 속인 것은 정작 자신들 아니냐'며 분통을 터뜨렸다. 마크 스톨슨 상무는 이날 저녁 증권학회가 대접한 불고기 만찬을 즐기고 거마비까지 챙긴 채 다시 한국을 떠났다."

SK는 자산 총액 1조 원이 넘는 계열사들을 7개나 자회사 또는 손자회사로 보유하고 있었다. 문제는 그룹의 지주회사 역할을 하면서도 지분 구조가 매우 취약했고 게다가 주가까지 매우 낮았다는 것이다. 당시 보유하고 있는 SK텔레콤 지분 21%만 해도 4조 원 규모였다. 그런데 정작 SK의 시가총액은 1조 원 남짓에 머물렀다. 무엇보다도 특수 관계인 지분이 14%밖에 안 되었다. 누구라도 SK 주식을 사들이면

SK그룹 전체를 흔들 수 있는 상황이었다. 소버린이 보유한 14.99%는 SK와 최태원의 목줄을 쥐고 흔들 수 있는 황금 비율이었던 셈이다. 이 때문에 한국 상황을 잘 아는 누군가가 소버린을 코치해준 것 아니냐는 관측이 나돌기도 했다.

한편에서는 SK글로벌의 분식회계를 처음 고발했던 참여연대가 소버린과 손을 잡고 SK를 공격한 것 아니냐는 오해도 끊이지 않았다. 실제로 당시 참여연대 경제개혁센터 운영위원장을 맡고 있던 장하성이 2004년 1월 모나코를 방문해 리처드 챈들러를 만나고 온 사실이 구설수에 오르기도 했다. 『한국경제』가 2003년 4월 1일 『블룸버그통신』을 인용해 1면 톱 기사로 "소버린이 참여연대에 SK 경영권 확보를 위해 지원을 요청했다"는 기사를 내보냈다. 장하성은 참여연대에서 발행하는 월간 『참여사회』(2003년 5월)와 인터뷰에서 "악의적이고 의도된 왜곡 보도"라고 반박했지만 이 인터뷰에서도 비교적 소버린에 우호적인 입장을 내비쳤다.

"무엇이 단기고 장기인가. 어떤 외국인도 내국인보다 장기적으로 투자할 수 없다. 우린 여기 사는 사람들이니까.(웃음) 구분 경계가 애매하다. 주식 투자로만 말하면, 우리나라가 전 세계에서 가장 단기 투자를 한다. 주식 회전율이 세계에서 가장 높다. 평균 보유 기간이 2개월이 안 된다. 또 무엇이 투기이고 투자인가. 경제학에서도 이 구분은 매우 어렵다. 일반적으로 투기는 배팅과 비슷하다. 먹으면 대박 아니면 박살나는 위험을 떠안는 것이다. 또 시장 주가를 조작하거나 또는 내부 정보를 이용한 경우라면 당연히 문제다. 또 내가 이익 보면 남은 손해 보는 제로섬게임이라면 외국인 투자자에게 국부를 유출시킨다는 주장도 할 수 있다. 그럼 타이거펀드는 단기인가 장기인가. 또 투기인가 투자인가, 국부 유출인가 아닌가?"

장하성이 말하는 타이거펀드는 1999년 3월 SK텔레콤과 경영권 분쟁을 벌였던, 당시 세계 2위 규모의 헤지펀드였다. 타이거펀드는 4개 외국계 펀드와 연대해 SK텔레콤 지분 9.9%를 확보하고 경영진 교체, 배당금 상향, 사외이사 제도 도입 등을 요구했다. 이 과정에서 참여연대가 재벌 개혁을 명분으로 타이거펀드와 손을 잡아 논란이 되었다. 1999년 6월에는 SK텔레콤이 신규 설비투자를 위해 30%의 유상증자를 하겠다고 밝히자 증자의 목적이 명확하지 않다면서 경영진 해임을 요구하기도 했다. 물론 최태원 등이 경영권 방어를 위해 증자를 추진하는 것 아니냐는 관측이 없었던 건 아니지만 경영권 간섭이 과도하다는 불편한 시선도 만만치 않았다.

SK텔레콤은 타이거펀드의 요구를 상당 부분 수용했고, 배당금을 올리고 경영권을 방어하느라 2조 원 가까이 쏟아부어야 했다. 타이거펀드는 주가가 오르자 지분을 내다 팔아 6,300억 원에 이르는 시세 차익을 챙기고 떠났다. 설령 타이거펀드의 요구 조건에 명분이 있었다고 한들 먹튀라는 비난을 피하기 어려웠다. 그 과정에서 타이거펀드와 손을 잡고 SK텔레콤을 공격했던 참여연대도 곤혹스러운 입장이 되었다.

장하성이 뒤늦게 이 이야기를 다시 꺼낸 건 참여연대가 소버린과 손을 잡았다는 의혹이 제기되면서 타이거펀드 관련 의혹이 거론되었기 때문이다. 『한국경제』가 2003년 4월 11일에 "참여연대가 원하든 원치 않았든 헤지펀드인 타이거펀드의 손에 소액주주 보호와 지배구조 개선이라는 명분을 쥐어준 셈이 됐다"면서 "크레스트펀드가 참여 연대를 찾아간 것도 이 같은 명분을 노린 것으로 보인다"고 보도했다.

특히 "타이거펀드의 그린메일 과정은 크게 4단계, 지분 매입→시민 단체와 연대→경영 간섭→지분 매각의 수순이었다"면서 참여연대가 그린메일에 참여한 것처럼 보도해 논란을 키웠다. 그린메일green mail이 란 지분 비율이 높지 않은 대주주에게 주식을 비싸게 되살 것을 요구 하는 것을 말한다. SK텔레콤은 그린메일은 없었다고 밝혔고 참여연 대는 정정보도를 요청했으나 받아들여지지 않았다. 실제로 타이거펀 드는 1999년 7월과 8월 두 차례에 걸쳐 SK와 SK글로벌에 SK텔레콤 지분 13.4%를 팔았는데 모두 시간외 거래로 시가에서 크게 벗어나지 않은 가격이었던 것으로 확인되었다.

장하성이 강조하는 것처럼 소버린이 올린 시세 차익만 놓고 소버린 을 투기자본으로 매도할 수는 없다. 그 무렵 SK는 분명히 문제가 많은 기업이었고 그래서 주가도 필요 이상으로 낮았다. 소버린은 나름으로 가치 투자를 했고 주주의 권리를 정당하게 행사했다. 소버린 덕분에 SK그룹의 지배구조가 개선되고 투명성이 크게 높아진 것도 사실이다. 소버린으로서는 억울하다고 느낄 수도 있다.

소버린은 주식 취득 신고를 늦게 해 검찰에 고발되었다가 기소유예 처분을 받았을 뿐 그 밖에 특별한 문제를 일으키지는 않았다. 마크 스 톨슨은 "우리는 거대한 음모 조직도 아니고 보시다시피 머리에 뿔도 나지 않았다"고 말했다. 소버린 사태를 외국자본과 국내 자본의 이분 법으로 해석하는 건 옳지 않다는 이야기다.

실제로 소버린은 주주로서 당연히 할 수 있는 요구를 했다. 계열사

지원을 중단하라고 요구하거나 문제가 있는 경영진의 문책, 더 많은 배당을 요구하는 건 주주의 정당한 권리다. 특히 한국 재벌 대기업 집단처럼 창업자 경영진과 주주의 이해가 충돌하는 경우가 많을 때는 주주 자본주의의 원칙이 더 절실히 요구된다. 소액주주 운동에 앞장섰던 참여연대가 소버린 편에 섰던 것도 그런 이유에서다.

그 무렵 SK는 매력적인 투자 대상이었고 소버린이 아니라 누구라도 욕심을 낼 만했다. 실제로 주가는 5배 가까이 뛰어올랐고 소버린뿐만 아니라 SK에 투자한 주주들은 국내 주주와 해외 주주를 막론하고 놀라운 시세 차익을 챙겼다. 소버린 사태의 더 근본적인 문제는 SK그룹의 복잡한 지배구조, 방만한 경영, 경영진의 비도덕성에서 찾아야 한다. 재벌 대기업 집단의 문제와 투기자본의 문제를 모호하게 뒤섞으면 곤란하다는 지적도 나왔다.

그런 맥락에서 투기자본이냐 재벌이냐의 단순한 구분은 문제가 많다. 투기자본의 대안이 굳이 재벌일 이유도 없고 외국자본의 대안이 굳이 국내 자본이어야 할 이유도 없다. 주주 자본주의는 이미 우리 사회의 지배 이데올로기로 굳어지고 있다. 주주 자본주의를 부정할 수는 없겠지만, 그 핵심은 자본의 투기적 속성을 끊임없이 경계하고 견제하는 것이다. 소버린을 내보내도 다른 소버린이 온다. 합법의 테두리 안에서 벌어지는 폭주하는 자본, 단순히 국적 자본을 지킨다는 논리로는 막을 방법이 없다.

★
브릿지증권의 운명

브릿지증권의 운명은 정말 기구하기 짝이 없었다. 투기적 목적의 사모펀드에 경영권이 넘어간 뒤 무상증자와 유상감자를 반복하면서 껍데기만 남았다. 멀쩡한 사옥을 내다 팔아 같은 사무실에 월세를 내고 없는 살림에 화끈한 배당을 실시하면서 주주들의 배를 불렸다. 직원들이 퇴직금까지 털어가면서 회사를 살려보겠다고 나섰으나, 종업원 지주회사의 꿈도 무참히 짓밟혔다. 브릿지증권 노동자들에게는 외국계 투기자본이든 토종 자본이든 다를 게 없었다.

브릿지증권의 비극은 1997년 IMF 외환위기로 거슬러 올라간다. BIH(브릿지인베스트먼트홀딩스Bridge Investment Holdings)는 말레이시아의 조세 회피 지역 라부안에 본사를 둔 사모펀드였다. 미국 위스콘신연

기금SWIB과 홍콩 리젠트퍼시픽그룹 등이 주주로 참여하고 있다는 정도만 알려졌을 뿐 구체적인 지분 구조는 공개되지 않았다. BIH는 IMF 외환위기 직후 한국에 들어와 1998년 대유증권과 경수종합금융을 인수하고 2000년 해동화재보험과 일은증권을 인수하는 등 공격적인 인수합병에 나섰다.

BIH는 대유증권을 인수한 후 액면가 70%의 고율 배당으로 204억 원을 챙겨 투자 금액의 대부분을 회수했다. 2002년 브릿지증권 출범 이후에는 좀더 본격적으로 사업을 시작했다. 대표적인 수법이 자사주 매입과 소각을 통한 지분 늘리기였다. 회사 자산으로 시장에서 주식을 사들인 다음 소각하면 그만큼 기존 주주들의 지분이 늘어나게 된다. 브릿지증권은 2002년과 2003년 사이 213억 원 규모의 자사주를 사들여 소각했고, BIH의 지분은 42.7%에서 77.8%까지 거의 2배 가까이 늘어났다.

BIH의 전신인 코리아온라인리미티드KOL가 한국 주식시장에 뛰어들었던 1998년은 IMF의 충격으로 주가가 바닥을 치고 있던 무렵이었다. KOL이 당시 대유증권의 대주주였던 대유통상 회장 이준영 등에게서 대유증권 지분을 사들였을 때 인수 단가는 주당 8,000원, 대유증권의 시가총액은 모두 692억 원에 지나지 않았다. 1998년 12월 기준으로 대유증권의 자본 총계는 1,730억 원에 이르렀다. KOL은 149억 원을 들여 이 회사 지분 21.5%를 사들이고 일약 최대 주주로 부상했다. KOL은 이듬해 대유통상의 나머지 지분을 모두 사들이면서 50% 이상의 지분을 확보했다. 이때 들어간 돈은 520억 원이었다. 이 밖에 시장에서 사 모은 주식과 유상증자를 포함해도 KOL이 대유증권을 인수하는 데 들어간 돈은 1,200억 원에 지나지 않았다.

헐값에 팔려나가기는 일은증권도 마찬가지였다. 제일은행의 자회사였던 일은증권은 예금보험공사에 넘어갔다가 공개 입찰을 통해 다시 KOL에 넘어간다. 당시 입찰 가격은 주당 1만 6,000원이었다. KOL은 1,093억 원을 들여 일은증권 지분 48.8%를 사들였다. 2000년 12월 기준으로 일은증권의 자본 총계는 2,677억 원, 역시 절반도 안 되는 가격에 경영권이 넘어갔다. 물론 싸게 산 걸 두고 문제 삼을 수는 없다. 무너지는 기업이 한둘이 아니었고 대유증권이나 일은증권은 공적 자금이 들어가지도 않았다. 헐값에 팔려간 수많은 기업 가운데 한둘이었을 뿐이다.

2002년 리젠트증권과 일은증권의 합병 당시 두 회사의 자본 총계는 4,842억 원이었다. 그러나 KOL이 두 회사를 인수하는 데 들어간 투자 자금은 모두 2,200억 원을 조금 넘는 정도였다. 합병 회사의 자본금은 1,164억 원이었다.

KOL이 대유증권을 인수한 이듬해는 증권시장 사상 최대의 호황이었다. 대유증권은 839억 원의 당기순이익을 내면서 2년 만에 흑자로 돌아섰고, KOL은 2000년 3월 주주총회를 통해 보통주는 주당 700원, 우선주는 주당 710원씩 배당을 결의했다. 주식 액면가 1,000원 기준으로 70%에 이르는 배당은 전무후무한 최대의 배당 기록이었다. 대유증권은 1996년과 1997년에도 두 차례 250원과 300원씩 배당을 실시했지만, 당시는 액면가가 5,000원이었을 때라 배당금 총액이 38억 원과 43억 원밖에 안 되었다. 2000년 배당금 총액은 422억 원이었다.

당시 KOL의 지분은 보통주와 우선주가 각각 42.7%와 46.6%로

KOL이 받은 배당금액은 모두 204억 원에 이르렀다. 사실상 초기 투자 자금의 상당 부분을 이때 회수한 것이다. KOL은 무소불위의 권력을 휘둘렀다. 2001년 3월 KOL은 일은증권 이사회에서 KOL의 자회사에 자금 지원을 해달라고 요청했다. KOL은 종합금융그룹을 표방하면서 부도 위기에 놓여 있었던 해동화재보험과 경수종합금융 등을 잇따라 인수했으나 경영 정상화에는 실패했다. 당시 KOL이 요구했던 자금은 1,200억 원 규모였다. 일은증권이 KOL의 요구를 받아들였다면 일은증권 또한 도산의 위기에 직면했을 거라는 관측이 나돌기도 했다.

일은증권 사장 홍준기와 이사들이 이 부실 계열사에 대한 지원을 강력히 반대했고, 장장 12시간여의 회의를 거친 끝에 일은증권 이사로 파견 나와 있던 피터 에버링턴Peter Everington이 "임시 주주총회에서 보자"고 자리를 박차고 일어섰다. 결국 그해 주주총회에서 일은증권의 경영진이 대폭 물갈이되었다.

KOL은 2000년 11월, 진승현 게이트에 깊숙이 개입해 주가조작 혐의로 물의를 빚기도 했다. 리젠트그룹 회장 짐 멜런Jim Mellon은 검찰의 소환 조사에도 응하지 않고 KOL에서 손을 털고 나갔다. 리젠트그룹의 뒤를 이어 KOL을 넘겨받은 사람이 기업 사냥꾼으로 악명높은 윌버 로스Wilbur Ross였다. IMF 무렵 한국 정부를 상대로 외자 유치를 도와주겠다는 사기를 치면서 수천억 원을 챙긴 수치스런 역사의 장본인이다. 윌버 로스의 교묘한 사기 수법은 KOL의 브릿지증권 약탈 작전에서 유감없이 발휘된다.

경영권을 장악한 뒤 KOL은 본격적으로 지분 늘리기에 나섰다. 이 과정에서 자사주를 매입해서 소각하는 수법을 썼다. 자사주를 소각한다는 이야기는 실제로 불에 태우는 게 아니라 장부에서 사라진 것으로 처리하는 것뿐이다. 그렇게 주식이 사라지는 만큼 기존 주주들의 지분 비율이 높아지고 남아 있는 주식의 가치도 높아진다. 이를테면 전체 주식 1만 주 가운데 당신이 5,000주를 갖고 있을 때 회사가 자사주 2,000주를 사들여 소각하면 전체 주식은 8,000주로 줄어들고 당신의 지분 비율은 50%에서 62.5%로 늘어난다. 회사 자산을 쏟아부어 자사주를 사들인 다음 사들인 그 자사주를 소각하면 그만큼 대주주의 지분이 늘어나는 효과가 나타난다. 사실상 공짜로 주식을 더 받는 거나 마찬가지다.

일은증권은 2001년 한 해 동안 46만 주, 모두 28억 원어치의 자사주를 사들였다. 리젠트증권과 합병 때도 합병에 반대하는 주주들의 지분을 사들이면서 두 회사 주식을 모두 167억 원어치 사들였다. 리젠트증권과 일은증권의 합병으로 탄생한 브릿지증권은 이렇게 사들인 자사주를 2002년 9월 모두 소각했다. 결국 자사주 소각으로 브릿지증권의 자본금은 1,164억 원에서 854억 원으로 줄어들었다. 그 줄어든 자본금의 상당 부분은 대주주의 몫이 되었다. BIH의 지분 비율은 2002년 49.7%에서 2004년 5월 70.9%까지 늘어났다. 2004년 5월 12일 종가 2,700원을 기준으로 환산하면 388억 원어치의 지분이 늘어난 셈이다.

BIH의 전략은 유상감자에서 제대로 빛을 발했다. 감자는 증자의 반대말이다. 자본금이 줄어들면서 회사의 규모도 그만큼 줄어든다. 감자는 무상감자와 유상감자로 나뉘는데, 무상감자는 돈이 들어가지 않는다. 주주들이 손해를 보고 그만큼 회사의 재무구조는 좋아진다. 이를테면 2대 1로 무상감자를 하면 주식 2주가 1주로 줄어들고 회계장부의 자본금도 같은 비율로 줄어든다. 자산은 그대로인데 회사의 규모가 줄어들었기 때문에 규모에 비해 자산이 많은 것처럼 보이게 된다는 이야기다. 3단계에서 본 자사주를 매입해 소각하는 것도 무상감자다.

그러나 유상감자는 정반대다. 자본금을 줄이되, 그만큼 주주들이 자산을 나누어 갖게 된다. 주주로서는 2대 1로 유상감자를 하면 주식은 절반으로 줄어들지만, 그만큼 회사에서 돈을 받을 수 있다. 무상감자는 자본금이 회계장부에서 줄어들 뿐이지만, 유상감자는 줄어든 자본금만큼 실제로 자산이 빠져나가 주주들에게 흘러 들어간다. 브릿지증권은 합병 이후 2003년까지 모두 세 차례에 걸쳐 유상감자를 실시했다. 2003년 5월에는 1,480만 주를 무상 소각하고 1,875만 주를 유상 소각하는 방식으로 자본금을 1,024억 원에서 688억 원으로 줄인 뒤 주주들에게 1주당 2,000원씩을 지급했다. 결국 합병 당시 1,164억 원에 이르렀던 자본금은 절반 남짓한 688억 원으로 줄어들면서 그 돈을 모두 주주들이 나누어 가졌다는 이야기다.

시장의 비난을 의식한 듯 BIH는 2002년 한때 자진 상장 폐지를 추진했으나 무산되었다. 상장이 폐지되면 브릿지증권의 주식은 증권거래소에서 사고팔 수 없게 된다. 대신 증권거래소의 까다로운 규정을 만족시킬 필요도 없고 중요한 경영 사항을 공개할 필요도 없다. 사실상 대주주가 마음 놓고 회사를 쥐고 흔들 수 있는 환경이 된다. 당시 BIH의 음모는 노조와 소액주주의 반발에 부딪혀 무산되었지만, 거래량 부족으로 상장 폐지의 위기를 맞았다. 이미 대주주와 자사주의 지분이 90%가 넘어 거래량이 증권거래소의 요건을 만족시키지 못했기 때문이다. 2003년 12월에는 브릿지증권 직원들이 우리사주조합을 결성하고 지분을 사 모으면서 거래량을 늘려 상장 폐지를 막아내기도 했다.

2004년 들어 BIH는 본격적으로 엑시트 플랜을 가동했다. 2004년 4월 22일에는 급기야 을지로와 여의도 사옥을 내다팔았다. 매각 대금이 714억 원에 이르렀다. 브릿지증권은 멀쩡한 건물을 팔아넘기고 그 건물에 세를 들어 사는 신세가 되었다. 일단 BIH는 시세보다 훨씬 낮은 가격에 사옥을 매각했다. 을지로 사옥의 감정 가격은 540억 원, 여의도 사옥의 감정 가격은 230억 원으로 모두 770억 원 규모다. 부동산의 시세가 감정 가격보다 20% 이상 높다는 점을 감안하면, 시세보다 수백억 원 이상 싸게 팔린 셈이다. 사옥은 GE캐피탈의 100% 출자 법인인 GE부동산에 팔려나갔다.

게다가 BIH는 공개 입찰의 관행을 무시하고 양해각서를 체결하는 방식으로 사옥을 매각했다. BIH는 2002년에 공개 입찰 방식을 통해 브릿지증권 송파 사옥을 감정가보다 25%나 높은 가격에 매각했다. 왜 이번에는 공개 입찰을 실시하지 않았을까? 브릿지증권 노조는 뒷거래의 의혹을 제기하기도 했다. 임대료가 터무니없이 높았다. 노조에 따르면 브릿지증권은 사옥 매각 이후 기존보다 30% 이상 높은 임대료를 지급했다. 멀쩡한 사옥을 헐값에 내다 팔고 그 사옥에 터무니없이 비싼 임대료를 주고 세를 들어 산다? 좀처럼 이해할 수 없는 상황이다.

당시 브릿지증권 노조 위원장 황준영의 이야기다.

"BIH는 회사의 미래에 아무런 관심이 없습니다. 이대로 가면 회사는 껍데기만 남게 되겠죠. 회사가 살아남으려면 무슨 일이 있어도 더 이상의 자본 유출을 막아야 합니다."

증권거래법에 따르면 증권회사는 자본금이 최소 500억 원 이상이 되어야 한다. 2004년 7월 기준으로 브릿지증권의 자본금은 여러 차례의 자사주 소각과 유상감자로 688억 원까지 줄어들었다. 건물을 매각한 것은 고정자산을 매각해 현금을 만들고 자본금을 늘리는 과정이라고 볼 수 있다.

그러나 안타깝게도 노조가 내놓을 수 있는 카드는 거의 없었다. 비정규직 직원이 많고 그나마 노조 가입률도 낮아 파업도 큰 효과를 보기 어려웠다. 우리사주조합이 1%가량의 지분을 확보하고 있었지만, 90%가 넘는 막강한 지분으로 버티고 있는 대주주에 맞서기에는 턱없이 부족했다. 노조는 2004년 5월 9일 브릿지증권 사장 윌리엄 대니얼 William Daniel을 비롯한 경영진을 업무상 배임 혐의로 검찰에 고발했다.

자산 매각 다음 단계는 다시 무상증자와 유상감자였다. BIH는 사옥을 팔아 만든 현금 자산을 무상증자를 통해 자본금으로 돌린 다음 유상감자를 통해 현금을 빼내가는 수법을 썼다. 자본금이 부족하면 자본금을 늘려서 빼가겠다는 전략이었다.

BIH는 2004년 5월 14일 이사회를 열고 1억 6,082만 주를 무상증자하기로 결의했다. 주식 발행 초과금은 1,608억 원이었다. 자본금이 688억 원에서 2,296억 원으로 3.3배 가까이 늘어났다. 그리고 일주일 뒤인 5월 25일 다시 이사회를 열어 1억 5,000만 주를 유상감자하기로 결의했다. 자본금이 2,296억 원에서 다시 796억 원으로 줄어들고 주주들은 주식 수가 67.6% 줄어드는 만큼 1주에 1,000원씩을 돌려받는 구조였다. 2003년 12월 31일 BIH와 특수 관계인의 지분 비율은 70.88%였다. 유상감자로 빠져나간 1,500억 원 가운데 1,063억 원이 고스란히 BIH에 흘러갔다.

브릿지증권은 2003년 4월 유상감자를 실시하면서 앞으로 18개월 이내에 추가 감자는 없다는 공시를 내보낸 적이 있다. 결국 브릿지증권은 1년 만에 공시를 번복했고 증권거래소는 브릿지증권을 불성실 공시 법인으로 지정했다. 심지어 브릿지증권은 한 달 전인 4월 14일 유상감자 여부를 묻는 증권거래소의 조회 공시 요구에 대주주에게서 제안 받은 바 없다고 발뺌하기도 했다. 눈 가리고 아웅하는 거짓말이었다.

2003년 말 기준으로 브릿지증권의 자본 총계는 3,668억 원이지만, 발행 주식 전체를 합한 시가총액은 1,834억 원에 지나지 않았다. 주가는 낮지만 여전히 자산이 많은 알짜배기 회사였다는 이야기다. BIH로서는 그만큼 빼내갈 자산이 많았다는 이야기도 된다. 자산을 빼내가고 나면 다음 수순은 매각 또는 청산이라는 관측이 나돌았다.

증권거래소는 월 평균 거래량이 전체 주식의 1% 이하거나 소액주주의 지분 비율이 10% 미만일 경우 상장 폐지를 결정한다. BIH로서는 상장이 폐지되면 마음 놓고 매각을 하든 청산을 하든 할 수 있게 된다. 한때 상장 폐지를 시도했다가 실패한 경험이 있는 만큼 자동적으로 상장 폐지되는 상황이 BIH에는 오히려 잘 된 일이었다. 노조는 상장 폐지나 청산을 막기 위해 사생결단의 태도로 맞섰고, BIH는 이를 볼모로 잡고 유상감자를 강행했다. 그러나 당시엔 금융감독위원회조차 이런 형태를 방관했다.

다음은 당시 금융감독위원회 증권감독과 사무관 배준수의 인터뷰 가운데 일부다.

"국수주의적으로 생각하지 맙시다. 외국자본은 다 악이고 국내 자본은 선이다, 이런 시각 문제 있습니다. 외자 유치 해달라고 난릴 때는 언제고 이제 와서 투기자본을 문제 삼습니까. 문제는 많지만 막말로 그놈들 하나 빠져나간다고 해도 전체 시장에 별 영향은 없습니다."

– 일부에서는 이런 기회에 증권사 구조조정도 필요하지 않느냐는 한심한 소리도 들리는데요. 브릿지증권의 경우는 명백한 자산 약탈이고 심각한 국부 유출이라는 지적도 많습니다. 이렇게 속수무책으로 당하는 수밖에 다른 대책은 없습니까.

"투자자가 기업의 가치를 올려서 이익을 남기고 팔고 나가는 것은 당연하죠. 고민은 하고 있는데 규제할 방법이 마땅치 않아요. 규제를 한다고 합시다. 무슨 기준을 두고 어떻게 규제할 겁니까. 그러다가 외국자본 다 빠져나가면 어떻게 합니까."

인천대학교 무역학과 교수 이찬근은 이런 시각에 강력히 반대했다.

"유상감자를 통한 자본 유출을 막는 입법 장치가 필요합니다. 유상감자를 금융 당국의 인허가 사항으로 만들면 됩니다. 긴급한 상황일 경우에만 유상감자를 할 수 있도록 하는 거죠. 최근 몇 년 사이 구조조정이나 정리해고를 실시한 기업에 대해서는 유상감자를 금지시킨다거나 하는 입법은 얼마든지 가능합니다."

결국 BIH는 2005년 5월, 리딩투자증권에 브릿지증권을 매각하는 계획을 추진했다가 금융감독위원회의 반대로 실패했다. 리딩투자증권이 내놓은 현금은 고작 20억 원 남짓이었다. 전체 인수 대금 1,310억 원 가운데 187억 원은 인수권을 담보로 은행에서 빌리고 나머지 1,103억 원은 인수 이후에 브릿지증권의 현금성 자산을 팔아 갚겠다는 계약이었다. 이른바 LBO(후불제 외상인수)라는 첨단 금융 기법으로 소개되었지만, 결국 본질은 외상 매각이었다. 레버리지leverage가 무려 65.5배나 되었다.

금융감독위원회는 2005년 5월 30일 "두 회사의 적자 규모가 크고 합병 이후 대규모 현금성 자산의 매각 등으로 인하여 정상적인 증권업을 영위하기 어려워 보이는 등 합병 목적의 타당성을 인정할 수 없다"면서 합병을 불허했다.

★
'먹튀'로 가는 다리, 골든브릿지

이상준 골든브릿지 사장이 BIH를 접촉한 것은 2005년 5월 말, BIH 와 리딩투자증권의 매각 협상이 좌절된 직후였다. 투기자본에 탈탈 털 린 브릿지증권을 골든브릿지그룹이 인수한다? 브릿지증권에 골든브 릿지가 '황금의 다리'가 될 수 있을까? 공교롭게도 이름까지 비슷했던 두 회사의 만남은 끝이 좋지 않았다.

2000년에 설립된 골든브릿지는 골든브릿지자산운용과 골든브릿지 구조조정 등 자회사를 거느린 금융지주회사로 성장했다. 2003년에는 쌍용캐피탈을 인수하기도 했다. 이상준은 골든브릿지를 종합투자은 행그룹으로 키울 계획으로 증권사 인수를 고민하고 있었다. 그런 와중 에 브릿지증권이 눈에 들어왔다고 했다.

"사실 BIH 입장도 이해가 됩니다. BIH는 투자자들에게 돈을 끌어모아 만든 사모펀드입니다. 펀드의 만기가 끝났으면 원금과 투자 이익을 돌려주는 건 당연한 겁니다. 투자했다가 이익 챙겨서 빠져나가겠다는데 그걸 막을 방법이 없는 거죠. 법적으로 유상감자는 물론이고 청산도 합법이니까요."

그때 이상준이 제안한 게 우리사주조합ESOP과 공동 인수하는 방안이었다. 인수 대금을 1,250억 원으로 깎는 대신 이 가운데 850억 원은 유상감자를 실시해 마련하고 나머지 400억 원 가운데 50억 원을 ESOP가 부담하는 계획이었다. 마침 2005년 10월부터 차입형 ESOP가 본격적으로 도입된다는 점도 이런 계획을 뒷받침했다.

차입형 ESOP는 회사 차원에서 자금을 빌려 주식을 사고 그 주식을 ESOP에 배정하는 제도를 말한다. 브릿지증권은 50억 원을 ESOP에 배정한다는 계획이었다. 직원 200여 명이 한 사람 앞에 평균 2,500만 원 정도씩 부담하는 조건이었다. 골든브릿지로서는 인수 비용을 줄일 수 있고, 직원들로서는 회사의 청산을 막을 뿐만 아니라 주요 주주로서 경영 참여의 기회를 확보하게 되는 셈이었다. 소속감과 책임감도 높아지고 장기적으로 적대적 인수합병에 맞서는 효과도 있었다.

투기자본감시센터 국장 정종남은 "회사의 존속과 고용 보장을 위한 고육지책이었다고 보지만 직원들의 출혈이 너무 크다"고 지적했다. "투기자본의 횡포를 묵인하고 850억 원의 유상감자를 방관한 부분도 아쉽다"고 덧붙였다. 결국 내줄 건 다 내주고 브릿지증권은 껍데기만 남게 되는 것 아니냐는 이야기다. 그 부담은 남아 있는 직원들이 질 수밖에 없었다.

이상준은 골든브릿지가 '토종 자본'이라는 사실을 거듭 강조했다. 단기 차익을 노리고 들어온 투기자본 BIH와는 다르다는 이야기다. "브릿지증권을 골든브릿지의 강점인 기업금융과 자산관리 부분에 접목시켜 시너지 효과를 내겠다"고 강조하기도 했다. 또 "인수 이후 1,000억 원 규모의 유상증자를 단행하고 장기적으로는 ESOP의 지분 비율을 50%까지 늘려가겠다"고 덧붙였다.

자칫 노조의 경영 참여라는 허울 좋은 명분 아래 BIH의 철수를 돕고 새로운 투기펀드를 맞아들이는 결과가 되는 것 아니냐는 우려도 있었다. 국적을 떠나 BIH와 골든브릿지가 과연 어떻게 다르냐는 의구심 때문이다. 노조 지부장 강승균은 "ESOP는 노동자 자격이 아니라 주주 자격으로 경영에 참여하는 것"이라며 "ESOP 체제에서는 BIH 때와는 달리 경영진이 노조의 의견에 상충되는 결정을 하기는 어려울 것"이라고 말했다.

2005년 6월 3일 당시 골든브릿지투자증권 회장 이상준을 만났다. 운동권 출신 사업가인 이상준은 7번이나 사업에 실패한 사람이었다. 5년 동안 신용불량자로 떠돌기도 했다. 서울대학교 자원공학과는 17년 만에 졸업했다. 10여 년 동안 수배를 피해 쫓겨 다녔고 용접공으로 노동판을 떠돌기도 했다. 그야말로 돈 되는 일이라면 물불을 가리지 않고 했다. 1998년부터 김영선 의원 보좌관으로 일하면서 금융에 눈을 떴고, 2000년 골든브릿지를 설립해 구조조정과 자산운용 시장에 뛰어들었다.

골든브릿지는 뉴코아백화점 매각을 비롯해 신호스틸, 프로칩스, 삼익악기, 신화특수강, 크라운제과, 쌍용캐피탈 등 굵직굵직한 구조조정을 성사시킨 바 있다. 자본금 10억 원으로 시작한 회사가 1,500억 원 규모로 성장했다. 7번 실패하고 8번째 성공했으니 그야말로 7전 8기인 셈이다. 그런 그가 브릿지증권을 살리겠다고 나섰으니 뭔가 다를 거라는 기대감이 있었던 것도 사실이다.

BIH는 리딩투자증권에 브릿지증권 매각이 불발되자 2005년 6월 24일 이사회에서 유상감자를 결의한 뒤 이상준을 만나 유상감자 실행을 매각 조건으로 내걸었다. '먹튀'를 도와주면 지분을 넘기겠다는 거래를 제안한 것이다. BIH로서는 여차하면 청산까지 검토하고 있던 상황이라 손쉽게 주식을 넘길 수 있는 제안을 한 것이다.

결국 브릿지증권은 9월 5일 다시 2,959만 주의 유상감자를 단행해서 자본금을 769억 원에서 500억 원으로 줄이고 주주들에게 1주당 3,380원을 지급했다. 2005년 6월 30일 BIH와 특수 관계인의 지분 비율은 78.3%였다. 1,000억 원이 빠져나갔고 이 가운데 783억 원이 BIH의 몫으로 돌아갔다. 골든브릿지의 인수 가격은 381억 원이었다. 여기에 유상감자 등으로 빼내간 현금을 감안하면 실제로 BIH가 회수한 금액은 1,250억 원에 이른다.

BIH는 매각이 여의치 않으면 청산이라도 할 태세였고 결국 이상준과 ESOP가 손을 잡고 회사를 넘겨받았다. 당시만 해도 그것이 회사를 지킬 수 있는 최선의 거의 유일한 선택인 것처럼 보였다. 결국 2005년 6월 24일 골든브릿지와 ESOP 컨소시엄은 기자회견을 갖고 브릿지증권을 인수할 계획이라고 공식 발표했다.

BIH는 2,200억 원을 투자해서 배당과 유상감자 등으로 2,359억 원, 마지막 매각 대금으로 1,250억 원을 챙겼다. 투자 수익은 모두

3,609억 원, 수익률은 무려 64.0%에 이른다. 7년이라는 투자 기간을 감안하더라도 놀라운 수익률이었다. 금융지주회사 골든브릿지는 BIH의 지분을 넘겨받아 2005년 12월 31일 65.5%의 지분을 확보했다.

그때만 해도 브릿지증권 안팎에서는 이상준에 대한 기대감이 있었다. 2005년 7월 13일 인수 계약을 마무리 지은 뒤 매매 정지가 풀린 12월 23일 상장을 재개한 뒤 13일 연속 상한가를 기록하기도 했다. 3개월여 만에 2,000억 원 이상 시세 차익을 냈다는 평가가 나돌기도 했지만, 주가순자산비율PBR 등을 감안하면 과도하다는 관측이 지배적이었다. 게다가 이상준은 증권사 경험이 전혀 없는 기업 구조조정 전문가였다. 브릿지증권 노조가 이상준을 믿었던 건 그나마 노동운동 출신이고, ESOP라는 새로운 대안이 마지막 희망이라는 판단 때문이었다.

그러나 이상준은 약속을 지키지 않았다. ESOP를 도입하겠다고 약속했으나 노조가 강력하게 요구하자 2008년에서야 3년에 걸쳐 50억 원을 ESOP에 출자하기로 약속했다. 이사회에 노동자 대표를 참여시키겠다는 약속도 지켜지지 않았다. 공동 인수와 경영 역시 말뿐이었다. 오히려 2011년 10월 단체협약을 해지하면서 노조와 극단적인 대립을 거듭했고 급기야 2012년 5월 노조가 파업에 돌입했다. 이상준은 단체협약 가운데 인사 경영권을 침해하는 과도한 조항을 조정해야 한다고 주장했고 실제로 주주총회에서 ESOP가 추천한 이사를 배제하기도 했다. 노조는 이상준이 자회사인 골든브릿지저축은행 등에 골든브릿지투자증권의 자금을 불법 지원하고 있다고 비판하며 맞섰다.

이상준이 2005년 노조에 제안한 공동경영 약정서에는 "직원들의 민주적이고 포괄적인 경영 참가 제도를 운영한다"거나 "우리사주신

탁조합에 등기이사 추천권을 부여한다", "직원들의 복지 증진 및 고용 유지에 노력한다"는 등의 내용이 담겼다. 실제로 이상준이 들어온 직후 골든브릿지투자증권은 흑자 전환에 성공했고 부채 비율도 줄어들었다.

문제는 노사의 이해관계가 충돌하는 지점에서 ESOP가 어떤 역할을 할 것인지가 명확하게 정립되지 않았다는 데 있다. 그러다가 선물 주문 실수 사고가 터졌다. 2011년 1월, 한 직원의 주문 실수로 268억 원의 손실이 발생했다. 사장과 임직원들이 여럿 사표를 쓰고 물러났지만 후임으로 들어온 사장 남궁정이 "건강하지 못한 기업 문화와 시스템이 보안망에 구멍을 뚫리게 했다"며 노조를 비난하기 시작했다.

이 밖에도 이상준을 비롯한 경영진은 노조의 경영 참여에 노골적으로 불편한 기색을 드러내기 시작했다. "업무 성과가 좋지 않은 직원을 승진시키라고 압박한다"거나 "신입 직원의 월급이 적다는 이유로 노조가 채용을 거부했다"는 등의 불만을 언론에 흘리기도 했다. 노조는 노조대로 부당 전보와 임금 체불 등을 문제 삼으면서 사측이 노조 파괴로 유명한 노무법인 창조컨설팅을 동원해 노조 탈퇴를 유도하고 있다며 반발했다.

갈등의 지점은 사측이 단체협약 조항 가운데 정리해고에 노사 '합의'가 필요하다는 내용을 '협의'로 수정할 것을 요구하는 데 있었다. 사측은 "인사 경영권은 사용자의 고유 권한"이라면서 "과도한 인사 경영권 침해를 정상적이고 합리적인 수준으로 개선하자는 것"이라고 주장했다. 반면 노조는 "사측이 노조에 일방적 굴복을 요구하며 형식적인 교섭만 진행하고 있다"고 반발했다.

애초에 공동경영 약정 자체가 부실했다는 지적도 나왔다. 민생연대 사무처장 송태경은 "사측이 공동경영 약정을 파기했을 경우에도 손해 배상과 같은 책임을 묻는 구체적인 조항이 없었다"며 "이해관계가 첨예하게 대립한 냉정한 거래의 영역에서 미숙한 노동운동의 한계였다"고 지적했다. 대주주의 지분이 압도적으로 높고 ESOP가 지분이 부족한 상태에서 종업원들의 경영 참여를 보장할 제도적 장치를 마련했어야 한다는 이야기다.

당시 1년 이상 파업을 벌였던 골든브릿지투자증권 노조 지부장 김태열은 "언제든지 자본이 변신하면 흔들릴 수밖에 없는, 시혜에 의존한 구조였다"라면서 "ESOP가 단순히 대주주나 시혜자의 판단에 좌지우지되지 않고 유지될 수 있으려면 법적인 토대를 마련했어야 했다"고 말했다. 또 "종업원 주주들도 경영 현안에 대해서도 공부를 해야 한다"면서도 "발전적인 노사 공동경영을 위해 경영진도 종업원들에게 투명하게 경영 정보를 공개해야 한다"고 강조했다.

노조 조합원 김종형은 『미디어오늘』과 인터뷰에서 "공동경영 약정서를 들고 온 이상준 회장이 깨인 사람이라고 믿었다"고 말했다. 김종형은 "2011년부터 사측에서 공공연하게 무임승차니 귀족노조니 이런 식으로 말을 흘리고 다녔다"면서 "지난 300일 동안 노조가 버텨온 것은 그만큼 배신감이 컸기 때문"이라고 말했다.

국내 최초의 종업원 지주회사를 표방했지만 골든브릿지투자증권의 대주주는 골든브릿지그룹이었다. 대주주의 지분 비율이 46.7%나 되지만 ESOP의 지분은 3.8%밖에 안 되었고 공동경영 약정이 있긴 했지만 아무런 구속력이 없었다. 결국 주주총회에서는 대주주가 전횡을 휘두르더라도 제지할 방법이 없었다.

　노조는 공동경영 약정 위반을 문제 삼아 사측을 상대로 1억 원의 손해배상 청구를 냈다. 사측이 대체 인력을 투입하자 법원에 대체근로 금지 가처분신청을 내서 승소하기도 했다. 반면 사측은 여전히 노조에 책임을 돌렸다. 사측 관계자는 『미디어오늘』과 인터뷰에서 "노조는 공동경영이라는 미명하에 어떤 위험도 책임도 감수하지 않으면서 7년 동안 사사건건 회사 경영에 깊숙이 관여해왔다"고 말했다.

　골든브릿지투자증권은 BIH라는 대주주의 '먹튀'에 맞서 노사 공동경영이라는 새로운 대안을 모색했지만, 이상준이라는 대주주의 선의에 기댄 반쪽짜리 종업원 지주회사에 그쳤다. 노사의 이해관계는 충돌하기 마련이고 유효한 지분을 확보하지 못한 ESOP의 경영 참여에 한계가 있을 수밖에 없었다. 노동자가 주인이 되는 회사의 이상은 현실과 거리가 멀어도 한참 멀었다.

　골든브릿지투자증권은 2013년과 2017년 두 차례에 걸쳐 유상감자를 실시했다. 먼저 2013년 3월 22일 450억 원 규모의 무상증자를 실시하면서 주식 수가 4,374만 주에서 8,874만 주로, 자본금이 500억 원에서 950억 원으로 2배 가까이 늘어났다가 6월 11일 300억 원의 유상감자를 실시해 다시 주식 수는 5,874만 주로, 자본금은 650억 원으로 줄어들었다. 당시 골든브릿지투자증권의 해명은 다음과 같았다.

　"장기간의 노동조합 파업과 함께 세계경제 불안정성에 따른 주식시장 침체로 경영 실적 악화가 예상되면서 현금 배당 실시가 어려워졌습니다. 사내 유보금을 활용해 주가 하락으로 손실을 입은 소액주주들에 대한 배려와 장기투자 주주를 위한 자본의 효율적 활용을 위해서 결정했습니다.”

이에 앞서 2013년 4월 17일에는 금융위원회가 골든브릿지투자증권에 과징금 5억 7,200만 원을 부과한 사건도 있었다. 골든브릿지투자증권이 임차보증금을 높여주는 방식으로 모회사인 골든브릿지에 수십억 원을 부당 지원한 사실이 드러났다. 노조가 이상준을 비롯해 경영진을 배임과 횡령 등의 혐의로 고발했다가 무혐의 결정을 받기도 했다.

2017년 8월 25일 다시 300억 원의 유상감자를 실시했다. 이번에는 액면가 1,000원을 훨씬 웃도는 2,300원에 유상증자 대금을 지급하는 조건이라 발표 즉시 주가가 뛰어올랐다. 유상감자 소식이 알려진 6월 28일에는 상한가를 찍기도 했다. 6월 27일 주가가 1,165원이었는데 주식을 그대로 들고 있기만 해도 2배 가까운 유상감자 대금을 지급 받게 되는 셈이니 주가가 뛰어오르는 건 당연한 결과였다. 증권업 유지에 필요한 최소 자본금 500억 원을 맞추기 위해 액면가를 웃도는 유상감자를 단행한 것이다.

골든브릿지투자증권은 2002년 이후 모두 일곱 차례 유상감자를 실시해 3,757억 원의 자본금이 빠져나갔다. BIH가 하던 수법 그대로 이상준이 자본금 '먹튀'를 시작한 것이다. 이 과정에서 자기자본 4,600억 원의 중견 증권사가 1,100억 원의 초소형 증권사로 전락했고 지점 수가 42개에서 2개로, 직원 수는 850명에서 130명으로 축소되었다. 2017년 기준으로 42억 원의 당기순손실을 냈고, 주가는 2018년 7월 20일 기준으로 3,290원까지 떨어졌다.

★
로스차일드에 놀아난 한국 정부와 만도기계

로스차일드펀드의 회장이던 윌버 로스는 IMF 외환위기 직후 외자 유치에 목말랐던 한국 정부를 마음껏 가지고 놀았던 악명 높은 기업 사냥꾼이다. 윌버 로스는 IMF 직후 한국에 들어와 김대중 대통령을 비롯해 재정경제부 장관 이규성, 대통령 특별 고문 유종근 등을 만나며 칙사 대접을 받았다. 그의 첫 번째 사냥감은 1997년 12월에 도산한 재계 12위의 한라그룹이었다.

윌버 로스는 이른바 로스차일드 구조조정 프로그램이라는 걸 내놓고 한라그룹 계열사들에 브리지론bridge loan 형태로 10억 달러를 투자하겠다고 발표해 정부의 기대를 한껏 높여놓았다. 외환보유액에 목이 말랐던 정부로서는 윌버 로스의 제안이 마냥 고마울 수밖에 없었다. 브리지론이란 급한 자금을 단기 차입하는 걸 말한다. 이 경우는 부실기업에 자금을 투입해 부채를 청산하고 정상화시킨 뒤 다시 매각해 이익을 실현하는 기법을 말한다.

부도 직후 한라그룹의 채무는 모두 6조 1,894억 원이었는데 채권단이 그 가운데 3조 8,137억 원을 탕감해주었고 실제 채무는 2조 3,757억 원으로 줄어들었다. 로스차일드는 가운데 1조 5,325억 원을 부담했고 나머지는 한라그룹이 떠안았다. 문제는 1조 5,325억 원조차도 로스차일드가 모두 부담한 것이 아니라는 데 있다. 외화를 들여오겠다고 떠들면서 정부를 기쁘게 해놓고선 정작 투자 자금의 대부분을 국내 은행에서 조달했던 것이다.

이런 사실이 드러난 것은 2000년 국정감사에서였다. 당시 한나라당 의원 이한구는 "로스차일드가 10억 달러의 외자 유치를 약속하고도 실제로는 3억 4,500만 달러만 들여왔다"고 폭로했다. 로스차일드는 산업은행의 구조조정 기금의 위탁 운용을 맡고 있으면서 그 기금을 닥치는 대로 끌어다 쓰기도 했다. 로스차일드가 한라시멘트나 한라건설 명의로 지원받은 금액만 1,986억 원이나 되었다. 그야말로 고양이에게 생선을 맡겼던 셈이다.

로스차일드는 그렇게 사들인 한라시멘트를 프랑스의 라파즈에, 한라펄프를 미국 보워터에, 한라공조의 캐나다 법인을 미국 포드에 각각 나눠 팔았다. 만도기계는 만도와 위니아만도(만도공조)로 분리되어 각각 선세이지와 UBS캐피탈 컨소시엄에 팔려나갔다. 로스차일드는 만도기계의 경영권을 인수할 때도 6,000억 원을 투자했다고 했지만 실제로는 1,890억 원밖에 투자하지 않은 것으로 드러났다. 나머지

3,160억 원은 은행 차입금으로 조달했다.

국내 기업들이 투자할 여력도 대출 받을 자격도 안 되었다는 사실을 이용해 알짜배기 기업들을 헐값에 사들인 것이다. 로스차일드는 그 과정에서 브리지론 수수료로 260억 원을 챙기기도 했다. 외자 유치는 커녕 엄청난 국부 유출을 초래한 셈이다. 한나라당 이성헌 의원은 로스차일드를 겨냥해 "IMF 극복을 위해 외자 유치가 절실했던 우리 정부와 기업들 약점을 악용했다"고 비난했다.

한편 그 과정에서 윌버 로스와 정몽원 한라그룹 회장의 결탁 의혹이 제기되기도 했다. 정몽원 회장은 한때 부채를 일부 탕감해주면 로스차일드와 손잡고 회사를 정상화시킨 뒤 경영 일선에서 물러나고 모든 지분을 포기하겠다고 약속했다. 그런데 정상화 이후 한라시멘트의 경우 정몽원 회장의 지분은 16%에서 30%로 오히려 늘어났다. 참여연대는 2000년 6월 성명을 내고 윌버 로스와 정몽원 회장이 지분 보호를 조건으로 거래를 했을 가능성이 있다고 지적했다.

특히 분할 매각된 만도기계의 사례에 주목할 필요가 있다. 로스차일드는 만도기계를 인수한 직후 대규모 감원과 구조조정을 실시했다. 그 과정에서 정부의 지원을 받아 공권력을 투입하고 노조를 짓밟기도 했다. 만도기계는 정상화된 뒤에도 순탄치 않은 길을 걸었다. 만도기계는 만도와 위니아만도로 분할 매각되었는데, 두 회사 모두 대규모 배당과 유상감자로 몸살을 앓았다. 졸속 매각의 후유증은 오래갔다.

자동차 부품회사인 만도는 2005년 기준으로 매출 1조 5,000억 원에 당기순이익이 1,500억 원에 이르는 건실한 회사였다. 만도를 인수한 선세이지는 2003년 5월과 12월, 두 차례 유상감자를 통해 2,010억 원의 자금을 빼내갔다. 2004년에는 배당으로 364억 원을 받아가기도 했다. 배당 성향이 60%에 이르는 파격적인 배당이었다. 73.1%의 지분을 확보한 선세이지의 투자 금액은 1,890억 원, 이미 그 이상을 빼내간 것이다. 선세이지는 JP모건과 어퍼너티 등이 합작해 만든 투자회사였다.

선세이지는 독일의 지멘스와 컨티넨탈, 미국 TRW, 한국 현대자동차 등과 매각 협상을 벌인 끝에 2008년 1월 22일 한라건설에 지분 전량을 매각했다. 매각 가격은 6,515억 원이었다. 선세이지는 배당과 매각 차익으로 최소 1조 원 이상을 챙겼다.

사정은 위니아만도도 마찬가지였다. UBS캐피탈 컨소시엄이 위니아만도를 사는 데 들인 돈은 2,350억 원이었다. 이 가운데 1,400억 원은 LBO 방식으로 조달했다. 인수할 기업의 자산을 담보로 금융기관에서 대출을 받고 인수한 뒤에 자산을 팔아 갚는 방식이다. 차입금을 지렛대 삼아 적은 돈으로 큰 기업을 인수한다는 의미다.

위니아만도는 UBS캐피탈 컨소시엄에 매각된 이후 2005년까지 6년 동안 2,110억여 원의 누적 당기순이익을 냈다. 이 컨소시엄은 그동안 2번의 유상감자로 1,350억 원, 3번의 배당으로 722억 2,000만 원 등 모두 2,072억 2,000만 원을 빼내갔다. 그 과정에서 차량 사업부문을 매각해 1,100억 원을 벌어들이기도 했다. UBS캐피탈 컨소시엄은 950억 원을 들여 2,072억 2,000만 원을 빼내간 것이다.

그런데 여기서 끝이 아니다. UBS캐피탈 컨소시엄의 뒤를 이어 위니아만도의 대주주가 된 씨티그룹벤처캐피탈은 2006년 2월 이사회와 주주총회를 열고 전체 발행 주식의 19.6%에 이르는 1,041만 주를 유상감자하기로 결정했다. 매수 금액은 5,083원, 액면가 500원의 10배가 넘는다. 자본금의 2배 규모인 529억 원을 빼내간 것이다.

씨티그룹벤처캐피탈은 만도홀딩스라는 페이퍼컴퍼니를 합병시켜 만도홀딩스의 부채 1,159억 원을 위니아만도에 떠넘기기도 했다. 100% 대주주인데다 위니아만도가 이미 상장 폐지된 회사라 씨티그룹벤처캐피탈은 무소불위의 절대권력을 휘두를 수 있었다. 상장 폐지된 회사는 기업의 실적이나 재무 현황을 공개할 필요가 없기 때문에 심지어 직원들조차 최대 주주가 바뀐 사실을 나중에 언론에서 보고 확인했을 정도였다.

돌아보면 1997년 만도기계의 부도는 한라그룹의 방만한 경영과 순환출자, 계열사들의 동반 부실 때문이었다. 그런데 재벌이 떠난 빈자리를 선세이지나 UBS캐피탈, 씨티그룹벤처캐피탈 등 외국자본이 차지하고 나선 것이다. 대량 해고와 임금 삭감, 때로는 임금 반납까지 감수하면서 회사를 살려낸 만도기계 노동자들의 희생은 과연 누가 보상해줄 것인가? 씨티그룹벤처캐피탈은 2014년 1월, 위니아만도 지분 70%를 805억 원에 대유아이텍에 넘겼고 대유위니아로 이름이 바뀌었다. 만도의 색깔을 완전히 지운 것이다.

★
론스타가 발견한 세금 구멍

서울 강남구 역삼역 사거리에 자리 잡은 강남파이낸스센터. 높이는 45층으로 여의도 63빌딩보다 한참 낮은 것처럼 보이지만, 대지 면적 1만 3,156제곱미터에 연 면적 21만 2,615제곱미터로 당시만 해도 명실상부 국내 최대 규모 빌딩으로 설계되었다. 한 층 전용 면적이 2,310제곱미터가 넘는다. 당초 현대산업개발이 사옥으로 사용할 계획으로 1995년 착공했으나 1998년 IMF 외환위기를 맞아 공사가 중단되었다가 착공 6년 만인 2001년 7월 준공되어 론스타에 팔려나갔다. 이 비운의 빌딩 매각 가격은 6,800억 원이었다.

론스타는 아이타워를 인수해 스타타워로 이름을 바꿨다가 3년 뒤인 2004년 싱가포르투자청GIC에 9,600억 원에 팔고 떠난다. 6,800억 원에 샀다가 9,600억 원에 팔았으니 차익이 2,800억 원, 수익률이 41.2%에 이른다. 놀라운 것은 수천억 원을 벌어들이면서 세금을 한 푼도 내지 않았다는 사실이다. 이익이 있는 곳에 세금이 있다는 것은 과세의 기본 상식이다. 주식이든 부동산이든 사고팔아서 이익이 나면 당연히 세금을 내야 한다는 게 원칙이다.

한국은 부동산 보유세가 약한 대신 양도세가 좀 높고 상대적으로 주식은 매우 낮은 편이다. 부동산은 보유 기간과 과세 표준에 따라 다르지만, 최대 40%까지 양도세가 부과된다. 주식은 코스피와 코스닥 각각 한 종목을 25억 원과 20억 원 이상(지분율 기준으로는 1%와 2% 이상) 보유할 경우 양도 차익의 20%를 세금으로 내야 한다. 비상장 주식은 지분율 2%(2018년부터는 4%) 또는 50억 원 이상일 경우 과세 대상이 된다. 2018년부터는 시장 구분없이 15억 원 이상이면 양도 차익에 대해 세금을 내야 한다.

론스타는 한국 조세제도의 구멍을 집요하게 파고들었다. 부동산이든 주식이든 양도자가 한국 거주자면 양도소득에 대해 납세 의무가 있다. 한국 거주자가 미국 부동산을 사고팔아 돈을 벌면 한국에 세금을 내야 한다. 그렇다면 한국 거주자가 아니라면 어떻게 되는가? 원천소득에서 발생한 양도소득에 대해서만 납세의무가 있다. 미국 거주자가 한국에서 부동산을 사고팔아 이익이 나면 한국에 세금을 내야 한다. 다만 한국 세법보다 이 두 나라의 조세협약이 더 우선된다.

한국과 미국의 조세협약에 따르면 부동산과 주식 모두 원천지국에서 과세를 하게 되어 있다. 한국 사람이든 미국 사람이든 미국 부동산으로 돈을 벌면 미국에, 한국 부동산으로 돈을 벌면 한국에 내야 한다.

론스타가 발견한 구멍은 벨기에였다. 한국과 벨기에도 부동산 양도소득은 원천지국에서 과세하지만, 주식 양도소득은 거주지에서 과세하도록 조세협약을 맺고 있다. 벨기에에 있는 회사가 한국에서 주식 투자로 돈을 벌면 벨기에에 세금을 내면 된다는 이야기다. 이 벨기에에 있는 회사가 한국에서 부동산으로 돈을 벌면 당연히 한국에 세금을 내야 하지만, 부동산을 소유한 회사의 주식을 통째로 사고판다면 이것은 주식 양도소득이 되고 한국이 아니라 벨기에에 세금을 내면 된다.

스타타워의 지배구조는 다음과 같았다. 론스타펀드3호 등이 벨기에에 스타홀딩스라는 페이퍼컴퍼니를 만든 다음, 2001년 6월 15일 한국에 있는 C&J트레이딩이라는 기업의 지분을 100% 매입해 법인 이름을 주식회사 스타타워로 바꿨다. 그리고 사흘 뒤인 6월 18일 이 주식회사 스타타워가 현대산업개발에서 아이타워를 매입하는 방식으로 우회적인 출자 구조를 완성했다. 스타타워라는 부동산은 한국에 있는 주식회사 스타타워가 소유하고 이 주식회사의 지분 100%를 벨기에의 스타홀딩스가 소유하는 구조였다.

론스타가 스타타워 빌딩을 팔았다고 흔히 말하지만 빌딩이 아니라 그 빌딩을 관리하는 주식회사 스타타워의 주식을 판 것이고 론스타가 벌어들인 2,800억 원은 부동산 매매 차익이 아니라 주식 매매 차익이다. 한국에서는 주식 매매 차익에 세금을 부과하지 않기 때문에 벨기에에 세금을 내면 된다는 것이 론스타의 주장이었다.

언뜻 그럴듯해 보이지만 과연 벨기에의 스타홀딩스가 한국에 있는 주식회사 스타타워의 진짜 주주일까? 주식회사 스타타워의 지분 100%를 벨기에의 스타홀딩스가 소유하고 스타홀딩스의 지분 100%

를 룩셈부르크의 론스타캐피탈인베스트먼트가 소유하고 론스타캐피탈인베스트먼트의 지분 100%를 버뮤다의 론스타글로벌홀딩스가 소유하고 이 론스타글로벌홀딩스의 지분을 미국 소재 론스타펀드3호와 버뮤다 소재 론스타펀드3호가 각각 60%와 38%, 역시 버뮤다 소재의 허드코파트너스코리아 2%씩 나눠서 소유하는 구조다.

국세청은 벨기에의 스타홀딩스를 도관회사conduit company라고 보고 미국과 버뮤다의 론스타펀드3호가 실질적인 소득의 귀속자라고 판단했다. 도관conduit은 파이프라는 의미다. 도관회사란 실질적인 투자나 사업 없이 조세 회피를 목적으로 만든 회사를 말한다. 이 경우는 한국에서 발생한 이익이 벨기에와 룩셈부르크라는 파이프를 거쳐 미국 본사로 흘러간다는 의미다. 실제로 벨기에와 룩셈부르크의 론스타 자회사들은 직원 1~2명에 사무실도 제대로 갖추지 않은 전형적인 페이퍼 컴퍼니였다.

국세청은 한국과 벨기에의 조세협약이 아니라 한국과 미국의 조세협약을 적용해야 한다고 주장했고, 스타타워 매각 차익 2,800억 원에 대해 미국 론스타펀드3호에 613억 원, 버뮤다 론스타펀드3호에 388억 원, 버뮤다 허드코파트너스코리아에 16억 원, 합계 1,017억 원의 세금을 부과했다. 2005년 12월의 일이었다.

국세청은 "스타홀딩스는 벨기에 거주자로서 한국과 벨기에의 조세조약의 혜택을 누릴 만한 합리적인 사업 활동 및 자산관리 능력이 없으며 주식회사 스타타워의 취득과 관리 및 양도에 실질적으로 관여한 바도 없다"면서 "스타타워 빌딩의 계약 주체는 미국의 론스타펀드3호였고 매입 대금도 미국에서 조달해 미국에서 송금했으며 주식회사 스타타워의 주식 및 빌딩 양도 관련 업무에 스타홀딩스는 전혀 관여하지 않았다"고 설명했다.

쟁점은 크게 2가지다. 한국 정부와 법원은 소득의 귀속 주체가 미국에 있다고 주장했고, 론스타는 벨기에가 본사라고 주장했다. 벨기에의 론스타홀딩스가 도관회사냐 아니냐도 중요한 쟁점이다. 한편으로는 소득의 귀속 주체가 미국에 있는 론스타펀드3호라고 인정한다 하더라도 한국 정부가 과세할 수 있는지도 쟁점이다. 한국과 미국의 조세협약에 따르면 한국에서 양도소득은 미국에서 과세하도록 되어 있다. 그러나 별도의 행정합의에는 부동산 주식을 부동산과 같이 봐서 부동산 소재지국에서 과세할 수 있도록 규정하고 있다.

"무형 또는 유형의 개인재산의 매매로부터 얻은 소득은 그러한 재산이 어느 체약국 내에서 매각되는 경우에만 동 체약국 내에 원천을 둔 소득으로 취급된다."

"일방 체약국의 법에 의한 어떤 항목의 소득원천이, 타방 체약국의 법에 의한 그러한 소득원천과 상이하거나 또는 그러한 소득원천이 어느 체약국의 법에 의하여 용이하게 결정될 수 없을 경우에, 양 체약국의 권한 있는 당국은 이중과세를 회피하기 위하여 또는 이 협약의 기타 목적을 촉진하기 위하여 이 협약의 목적을 위한 항목의 소득에 대한 공동의 원천을 확정할 수 있다."

한양대학교 법학과 교수 오윤은 『외국 펀드와 조세 회피』에서 이렇게 설명하고 있다.

"한미조세조약 16조에 따르면 양도소득세의 경우 부동산의 매각과 교환 또는 기타의 처분의 경우에만 원천지국에 과세권이 주어지도록 돼 있는데 이 행정합의는 부동산 주식의 원천지가 부동산의 소재지 국가에 있는 것으로 보자는 합의를 하는 방법으로 과세권을 조정하고 있다. 행정합의로 조세조약의 적용을 배제할 수 없지만 한미조세조약에 위임의 규정이 있는 것을 활용해 법 논리적 모순을 우회하고자 했기 때문으로 보인다."

한미조세조약 제16조는 다음과 같다.

"일방 체약국의 거주자는 아래의 경우에 해당되지 아니하는 한 자본적 자산의 매각과 교환 또는 기타의 처분으로 발생하는 소득에 대해 타방 체약국에 의한 과세로부터 면제된다."

그러나 2006년 3월 13일, 론스타펀드3호는 국세심판원에 과세 불복 심판 청구를 했고 2007년 7월 5일, 국세심판원은 심판관 전원 합의로 기각 결정을 내렸다. 국세심판원은 이례적으로 보도자료까지 내면서 결정문 취지를 설명했다. 다음은 당시 재정경제부가 보도자료로 공개한 결정문 취지다.

"제반 증빙자료들을 검토한 결과 벨기에 법인인 스타홀딩스는 조세 회피 목적으로 설립되고, 정상적인 사업 활동이 없으며, 소득의 실질적 지배·관리권을 행사하지 못하는 도관회사라고 판단하였음."
"조세조약을 이용한 조세 회피행위treaty shopping에 대해 국내법상 실질과세 원칙을 적용하여 도관회사 거주지국(이 건에서 벨기에)과의 조세조약 적용을 배제하고 소득의 실질 귀속자인 론스타에 과세한 것은 적법하다고 판단하였음(미국에 소재한 론스타의 경우 한미조세조약상 부동산주식 양도소득은 원천지국에 과세권이 있어 국내 과세가 가능)."

"국내 과세관청의 과세 관할권이 미치지 못하는 외국의 파트너십(이 건에서 론스타펀드)이 개별 파트너의 내역을 국내 과세관청에 제출하지 않을 경우 개별 파트너가 아닌 파트너십에 과세한 것은 적법하다고 판단하였음."

국세심판원의 결정문은 계속되는 론스타 탈세 공방의 핵심 논리가 된다. 론스타는 이날 보도자료를 내고 "스타타워 지분을 매각한 벨기에 소재 계열회사는 벨기에에 세금을 납부해야 할 의무를 갖고 있을 뿐 한국에 대한 납세의무는 없다"면서 "국세심판원의 최종 결정이 실망스러운 만큼 한국 법원에 소송을 제기할 계획"이라고 밝혔다. 론스타가 불복하면서 결국 이 사건은 법원으로 가게 된다.

국세기본법 제14조는 "과세의 대상이 되는 소득과 수익, 재산, 행위 또는 거래의 귀속이 명의일 뿐이고 사실상 귀속되는 자가 따로 있는 때에는 사실상 귀속되는 자를 납세의무자로 하여 세법을 적용한다"고 명시하고 있다. 또 "세법 중 과세표준의 계산에 관한 규정은 소득과 수익, 재산, 행위 또는 거래의 명칭이나 형식에 불구하고 그 실질 내용에 따라 적용한다"고 설명하고 있다.

법인세법에도 실질 과세 관련 규정이 있다. 법인세법 제4조는 "자산 또는 사업에서 생기는 수입의 전부 또는 일부가 법률상 귀속되는 법인과 실질상 귀속되는 법인이 서로 다른 경우에는 그 수입이 실질상 귀속되는 법인에 대하여 이 법을 적용한다"면 "법인세의 과세소득이 되는 금액의 계산에 관한 규정은 소득과 수익 등의 명칭이나 형식에 불구하고 그 실질 내용에 따라 이를 적용한다"고 규정하고 있다.

오윤 교수는 "그동안 정부는 벨기에와 같은 저세율국에 설립된 법인은 그곳의 상사법에 의해 법인으로 인정될 경우 한국에서 거둔 소득이 그에 실질적으로 귀속됐는가에 대해 의문을 제기하지 않았다"고 지적했다. 주식회사 스타타워로 얻은 이익의 실질적인 귀속자가 벨기에의 스타홀딩스라면 한국 정부가 과세할 권한이 없다. 벨기에 역시 경영 참여 소득 면제 제도가 있어 과세하지 않는다. 한국과 벨기에 어디에도 세금을 낼 이유가 없다는 이야기다. 이 경우 실질적 귀속이라는 개념의 정의와 범주를 두고 의견이 충돌할 수 있다.

파트너십과 파트너 가운데 소득이 어느 쪽에 귀속되느냐도 중요한 쟁점이다. 미국에서는 리미티드 파트너십의 경우 파트너십과 파트너들 가운데 어느 쪽에서 세금을 낼 것인지 직접 결정할 수 있다. 론스타는 파트너들과 주요 주주들의 명세가 전혀 공개되어 있지 않기 때문에 한국 정부으로서는 론스타펀드3호를 상대로 과세하는 것 말고 다른 방법을 찾을 수가 없는 상황이었다. 국세심판원 역시 증거 제출과 입증 책임이 납세자에 있다고 보고 파트너십에 과세한 국세청의 판단이 적법했다는 입장이다.

론스타는 한국과 벨기에가 맺은 조세조약은 실질과세 원칙을 명시적으로 규정하지 않고 있기 때문에 원천지국이 외국 투자자의 자금 원천을 따져 조세조약의 적용을 배제하는 것은 타당하지 않다고 주장했다. 설령 실질과세 원칙이 적용되더라도 이는 법적 실질로 구체적이고 개별적인 규정이 없는 한 당사자의 거래를 법 형식과 달리 재구성할 수 없다는 게 론스타의 주장이었다. 다음은 판결문에서 론스타의 주장을 요약한 부분 가운데 일부다.

"스타홀딩스는 투자의 효율성 및 사업상의 목적에 따라 설립된 것이지 단순히 조세 회피 목적으로 설립된 것이 아니고 스타홀딩스의 이사는 주식의 취득, 관리 및 처분에서 실질적인 지배 관리권을 행사했으므로 스타홀딩스는 이 사건 주식 양도소득의 실질적 귀속 주체에 해당한다고 할 수 있습니다. 소득의 실질적 귀속자가 론스타펀드3호라 하더라도 한미조세조약에 따라 론스타펀드에게 소득세를 부과한 것은 위법합니다."

"구체적으로 양국 간 합의인 Announcement 2001-34는 조세조약의 시행상 문제를 해결하기 위한 협의 절차에 불과해 조세조약의 내용과 다른 과세를 허용하는 근거가 될 수 없을 뿐만 아니라 절차적으로도 한국에서 공포되지 않았으므로 그 구속력이 인정될 수 없고, 소득세법 1조 1항 및 3항에 따르면 비거주자의 경우 개인만이 소득세의 납세의무자이기 때문에 비거주자인 단체는 납세의무자가 될 수 없습니다."

당연히 론스타가 패소할 거라는 관측이 지배적이었는데, 2009년 2월 16일 법원은 "역삼세무서가 론스타에게 부과한 양도소득세 1,000억여 원을 취소하라"는 충격적인 판결을 내린다. "유한 파트너십에 대해 개인에게 부과하는 소득세를 부과하는 것은 타당하지 않고 법인세를 부과하는 것이 더 합당하다고 본다"는 이유에서였다. 양도소득세 대상은 아니지만 법인세 대상은 될 수 있다는 가능성을 열어둔 것이지만, 론스타에 유리한 판결인 것만은 분명했다.

법원의 판결문을 간단히 정리하면, 왜 사모펀드에 양도소득세를 부과했느냐는 이야기다. 이 사건은 2010년 2월 서울고등법원과 2012년 1월 27일 대법원에서도 같은 판결로 이어졌다. 일부 언론이 "론스타, 양도세 안 내도 된다"거나 "론스타 소득세 부과 취소 확정" 같은 기사를 쏟아내자 국세청이 부랴부랴 보도자료를 내고 "대법원 판결 취지에 따라 당초 양도소득세 부과 처분은 취소하고 법인세를 즉시 부과할 것"이라고 밝히기도 했다.

국세청은 2월 13일 론스타에 법인세를 부과했고 론스타는 다시 취소 소송을 냈다. 그 결과는 1심과 2심, 3심까지 모두 론스타의 패소였다. 판결의 취지는 양도소득세 소송 때와 거의 같다. "벨기에 법인의 설립 경위와 투자 구조, 투자 자금의 제공 주체, 수취한 소득의 지배·관리·처분, 사업 활동 내역 등에 비춰보면 벨기에 법인은 론스타펀드 3호가 국내에서의 조세 회피를 위하여 설립된 도관회사에 불과하고 이 사건 양도소득의 실질 귀속자에 해당한다고 볼 수 없다"는 결론이었다. 다만 고등법원에서는 국세청이 부과한 1,040억 원에서 가산세 392억 원을 뺀 648억 원만 인정했고, 2016년 12월 대법원은 2심 판결을 확정했다.

특히 대법원은 "미국과 버뮤다 소재의 론스타펀드3호는 각각 투자자들로부터 모집된 자금으로 고유한 사업 활동을 하면서 주식 매입자금의 실질적인 공급처 역할을 했고, 펀드 설정 이후 다수의 투자 거래를 수행하여왔다"면서 "무한책임사원과 유한책임사원으로 구성된 단체로서 구성원과 별개로 권리와 의무의 주체가 될 수 있다고 볼 수 있어 양도소득의 실질적인 귀속자로서 법인세 납세 의무자에 해당한다"는 결론을 내렸다.

절차상 일부 하자는 있었지만 결국 세금 부과는 정당하다는 판결이었다. 스타타워 매각 이후 12년을 끈 법적 소송이 마무리되는 순간이었다. 론스타가 이겼다고 보기도 어렵고 한국 정부가 이겼다고 보기도 어려운 재판 결과였다.

핵심은 벨기에 소재의 스타홀딩스는 양도소득의 실질적인 귀속자에 해당한다고 볼 수 없고 주식 양도소득을 거주지에 부과하도록 규정한 한국과 벨기에 조세조약 제13조의 적용 대상이 아니라는 것이다. 스타홀딩스는 조세 회피 목적 이외의 별도의 사업 목적이나 활동도 없었고 스타타워의 인수와 증자, 매수 대금 등은 모두 론스타펀드3호가 지급했고 거래가 끝난 뒤 론스타펀드3호에 의해 청산되고 론스타펀드3호의 투자자들에게 분배된 사실도 확인되었다.

다만 한국 정부가 부과한 법인세 1,040억 원 가운데 가산세 392억 원은 절차상 하자가 있어 위법하다는 판단이 나와 론스타로서도 일부 승소한 셈이 되었다. 납세 고지서에 각각의 세액과 산출 근거 등을 구분해 기재하는 것이 원칙이나 론스타가 받은 납세 고지서에는 가산세의 종류와 산출 근거가 빠져 있었다는 이유에서였다.

★
한몫 단단히 챙겨 나간 이강원

이강원은 1950년 광주 태생으로 광주서중학교과 서울고등학교를 거쳐 서울대학교 농경제학과를 졸업했다. 미국 존스홉킨스대학에서 경제학 박사학위를 받고 한국에 들어와 산업연구원 동향분석 실장을 거쳐 아시아개발은행 금융전문위원, 대신증권 상무, 기아포드할부금융 대표, LG그룹 구조조정본부 사업조정팀 전무, LG증권 부사장, LG투자신탁운용 사장 등을 역임했다. 금융 전문가는 아니었지만 외환은행 행장에 발탁되었고 외환은행이 론스타에 매각된 뒤에도 굿모닝신한증권 사장을 거쳐 한국투자공사 초대 사장을 맡는 등 탄탄대로를 밟아왔다.

인맥도 탄탄하다. 국민은행장을 지낸 김정태나 조흥은행장을 지낸 홍석주 등과 마찬가지로 이헌재의 광주서중학교 후배다. 또 다른 경제 부총리 출신 진념이 기아자동차 회장으로 있던 무렵 기아포드할부금 융 사장을 지냈으니 계열사 사장으로 회장을 모시던 처지였다. 감사원 장을 지낸 전윤철과는 서울고등학교 동문이고 외환은행 매각을 논의 하던 무렵 청와대 경제 보좌관을 지낸 정문수와는 아시아개발은행에 서 같이 일했다. 은행 경력이 전혀 없었던 이강원이 외환은행 행장에 내정되었을 때 구설수에 오른 것도 이런 이력 탓이었다.

외환은행 매각 과정에서 이들의 이름이 자주 눈에 띄는 것은 우연 일까? 이헌재는 그 무렵 론스타의 법률 대리인을 맡았던 김앤장의 고 문으로 일하고 있었다. 이강원은 이른바 이헌재 사단의 핵심 멤버 가 운데 하나다. 외환은행의 대주주였던 수출입은행 행장 이영회도 역시 이헌재 사단의 멤버로 분류되는 사람이다. 이영회는 그 뒤 아시아개발 은행 사무총장으로 옮겨갔다. 진념은 론스타의 회계 자문을 맡았던 삼 정회계법인의 고문으로 일하고 있었다. 론스타는 외환은행을 인수한 직후인 2003년 11월, 계약 기간이 아직 남아 있는데도 회계법인을 삼 정회계법인으로 변경해 눈길을 끌었다. 공교롭게도 모든 인맥의 중심 에 이강원이 있다.

이강원이 행장 자리를 지키는 데 전전긍긍했던 정황은 여러 군데서 발견된다. 그러나 결국 론스타가 외환은행의 경영권을 인수한 뒤 한 달 남짓한 11월 3일 이강원의 사표가 수리된다. 이강원이 퇴직하면서 받은 돈이 16억 원이 넘는다는 사실이 알려지면서 논란이 되었는데, 이강원은 성과급과 잔여 임기에 대한 보상금이라고 주장했다. 검찰은 외환은행의 매각 과정에서 론스타에 협력하고 매각을 수월하게 해준

데 대한 대가, 사후적 뇌물이라고 주장했으나 무죄로 풀려났다.

그러나 마이크 톰슨 등의 진술에 따르면 이강원은 퇴직 이후 고문으로 활동한 사실이 없다. 5개월 동안의 자문 수수료가 8억 원이 넘는다는 것도 상식적이지 않다. 성과급도 외환은행 내규에 따르면 급여의 150%를 넘을 수 없는데, 이강원이 받았다는 성과급은 270%에 이른다. 잔여 임기에 해당하는 보상금이라면 5억 원 정도에 지나지 않는다는 게 검찰의 주장이었다. 다음은 검찰의 의견서 가운데 일부다.

"이강원은 나머지 10억 원 정도에 대해 자기가 근무하였더라면 받았을 스톡옵션과 성과급이라고 주장합니다만, 외환은행 아무도 피고인이 실제 근무하지도 않았던 잔여 임기 동안 피고인에게 스톡옵션과 성과급을 주리라는 보장을 할 수 없습니다. 이 부분에 대하여 피고인은, 자신의 능력을 내세워 자기가 계속 근무하였더라면 은행의 실적이 올라갔을 것이기 때문에 분명히 이사회에서 성과급이나 스톡옵션을 주게 되었으리라는 황당한 주장을 합니다만, 본 검사로서는 피고인이 그렇게 뛰어난 경영 능력을 가지고 있었더라면 외환은행을 매각하지 말고 잘 운영하였더라면 더 좋았으리라고 생각합니다. 참고로, 이강원의 전임자인 김경림은 퇴직할 때 성과급으로 급여의 60%에 해당하는 돈만을 받았을 뿐입니다. 경영 고문료와 같은 별도의 잔여 임기 보상이 없었음은 물론입니다."

문제의 16억 원이 스티븐 리와 체결한 계약서를 근거로 지급되었다는 것도 주목할 부분이다. 검찰은 이 계약서에 관한 첩보를 입수하고 론스타와 외환은행 사무실 등을 압수수색했으나 단서를 발견하지 못했다. 검찰은 "문제의 16억 원이 경영 고문료와 성과급 등의 형식을 취하고 있으나 경영 자문 업무를 수행하지 않더라도 무조건 지급하도록 돼 있는데 이는 결국 형식만을 갖춰 외환은행 매각 과정에서 론스타에게 매각 정보를 제공하고 론스타의 의도에 맞는 구조에 따라 매수할 수 있게 해준 것에 대한 대가임을 나타내는 것"이라고 주장했다.

이강원은 퇴임 이후 굿모닝신한증권 사장으로 옮겨갔다가 2005년 7월 한국투자공사 사장으로 옮겨간다. 멀쩡한 은행을 헐값에 팔아넘겼다는 비난을 받는 사람치고는 승승장구를 거듭했다. 한국투자공사는 출범부터 논란이었다. 당시 노무현 정부는 넘쳐나는 외환보유액을 굴려서 금융 허브로 가는 발판을 다지겠다는 야심찬 목표를 세우고 자본금 1조 원에 자산 규모 200억 달러의 초대형 국영 투자회사인 한국투자공사를 설립했다.

사장 공모에는 외국인을 포함해 모두 44명이 응모했는데 결국 이강원이 발탁되었다. 한국투자공사 설립위원회는 사장 추천 기준을 밝히지 않았지만, 청와대에서 이강원을 선택했다는 이야기가 나돌았다. 이강원과 우리증권 부회장 출신 전종우 등이 막판까지 접전을 벌였던 것으로 알려졌으나 왜 이강원이 최종 낙점되었는지에 대한 설명은 없었다. 전문성과 조직 장악력 등을 두루 검증했다고 밝혔을 뿐이다.

한국투자공사 설립위원회는 재정경제부 차관, 한국금융학회, 자산운용협회 등에서 각각 1인씩 추천한 7명으로 구성되었다. 청와대의 입김에서 자유로울 수 없는 구조인 데다 최종 임명권자는 대통령이었다. 『신동아』 보도에 따르면 당시 사장추천위원회에서 1순위는 이강원이 아니었는데 청와대가 이강원을 발탁했다는 주장이 나오기도 했다. 사장추천위원회에서 7명의 위원이 만장일치로 삼성생명 고문을 지낸 윤영원을 1순위로 추천했으나 뒤집혔다는 이야기다.

흥미로운 대목은 당시 청와대 경제 보좌관이 정문수였다는 사실이다. 외환은행이 론스타에 넘어갈 때 이사회 의장을 지냈던 사람이다. 정문수도 외환은행이 론스타에 넘어간 뒤 상당한 금액의 스톡옵션을 받고 물러났다. 이강원이 예상을 뒤집고 한국투자공사 사장에 발탁되는 과정에 정문수의 영향력이 있지 않겠느냐는 관측이 나돌았지만 확인된 바는 없다.

한국투자공사라는 발상 자체도 논란이었다. 세계적으로 나라에서 직접 투자회사를 만들어 해외 투자에 나서는 경우는 많지 않다. 당시 기준으로 1,400억 달러 이상을 운용하는 것으로 알려진 싱가포르투자청이 가장 컸고 노르웨이석유기금NGPF과 중동의 산유국들이 모여 만든 걸프투자회사GIC 정도가 전부였다. 노무현 정부는 한국투자공사를 한국판 GIC로 만들겠다는 야심을 숨기지 않고 드러냈다. 당시 재정경제부 국제금융국장 최중경은 "외환보유액이 늘어나고 국민연금까지 끌어들이면 10년 뒤에는 1,000억 달러 이상의 규모가 될 것"이라고 내다보기도 했다.

문제는 온 국민의 호주머니를 털어 만든 이 국내 최대의 투자회사가 과연 얼마나 투명하게 운영될 수 있느냐다. 참여연대는 그동안 한국투자공사의 지배 구조와 투명성 문제를 지적해왔다. 정치권의 간섭을 차단하고 부실 운용과 비리를 적발할 제도적 장치가 필요하다는 이야기다. 자칫 재정경제부 퇴직 관료들의 낙하산 착륙장으로 변질될 수 있다는 우려도 나왔다. 과거 관치금융의 악몽도 떠올랐다.

결국 한국투자공사의 성패는 수익성 못지않게 얼마나 투명성을 확보하느냐에 달려 있다고 볼 수 있다. 필요하다면 법을 개정할 수도 있겠지만 결국 한국투자공사의 합리적인 운영을 보장할 최후의 수단은 CEO의 도덕성이다. CEO는 외부의 압력에 맞서 바람막이 역할을 할 뿐만 아니라 내부적으로는 투명하고 공정한 자산 운용을 위한 준법 감시인 역할을 해야 한다. 그만큼 CEO의 도덕성과 청렴성은 필수 덕목이다.

이강원의 과거 행적, 특히 외환은행 행장으로 재직하던 무렵을 돌아보면 석연치 않은 부분이 눈에 띈다. 그는 2003년 9월 외환은행을 론스타에 매각하는 데 결정적인 공헌을 했다. 평가하기 나름이겠지만 자산 규모가 62조 6,033억 원에 이르는 은행의 경영권이 단돈 1조 3,833억 원에, 그것도 투기적 목적의 단기 펀드에 넘어갔다. 그는 외환은행을 투기자본에 팔아넘겼다는 비난에서 결코 자유롭지 못하다. 다음은 2005년 10월 국정감사에서 이강원의 해명 가운데 일부다.

"51%의 지분 중에서 42%는 증자, 외자 유치를 통해서 왔고요. 그러니까 상당히 대부분 100으로 봤을 때 84%는 외자 유치고요, 나머지 16%가 구주 매각에 의한 겁니다. 따라서 저는 이것은 매각보다는 외자 유치라고 생각합니다."

이날 국정감사에서는 외자 유치 계획이 매각 계획으로 뒤바뀔 만큼 은행의 재정 상황이 급박하고 어려웠느냐는 질문이 쏟아졌지만, 이강원은 정확한 대답을 하지 않았다. 외환은행 매각 가격이 왜 5,000억 원에서 1조 4,000억 원으로 뻥튀기 되었느냐가 핵심이었는데, 그는 이를 무시하거나 빗겨갔고 국정감사는 시간에 쫓겨 서둘러 끝났다. 이강원은 잘 모르겠다거나 기억이 나지 않는다는 답변으로 일관했다.

금융감독위원회 위원장 윤증현은 국정감사에서 외환은행 매각과 관련해서 "바람직한 것이었다고는 생각하지 않지만 불가피한 선택"이었다고 밝힌 바 있다. 의혹의 진실을 모두 확인할 수는 없지만 론스타가 금융기관의 대주주가 될 자격이 없는 투기 펀드라는 사실은 분명하다. 외환은행 불법 매각은 엄청난 국부 유출을 초래했고 그 책임의 상당 부분은 이강원에게 있다. 그런 그에게 국영 투자회사의 사장을 맡긴 것은 누구의 아이디어였을까?

★
변양호와 보고펀드의 미션 임파서블

변양호의 뇌물 수수 의혹이 비교적 푼돈에 그쳤다면, 보고펀드 관련 의혹은 좀더 스케일이 크다. 변양호는 2003년 9월 외환은행 매각이 끝난 뒤 금융정보분석원 원장으로 옮겨갔다가 2005년 1월 퇴직하고 2005년 6월 1일 보고인베스트먼트를 설립한다. 공동 대표는 이재우였다. 8월 22일에는 보고인베스트먼트를 업무 집행 사원으로 하는 보고사모투자전문회사를 설립한다. 이게 흔히 보고펀드라고 불리는 사모펀드다. 이와 별개로 보고캐피탈어드바이저는 신재하가 대표이사를 맡았다. 모건스탠리에서 외환은행 매각 자문을 맡았던 사람이다.

흥미로운 건 보고펀드의 지분 구성이다. 보고인베스트먼트가 60억 원을 출자하고 우리금융지주가 1,000억 원, 신한금융지주가 1,000억 원, 대한생명보험·동양생명보험·하나은행이 각 500억 원, 외환은행 400억 원, 녹십자생명보험과 농협중앙회가 각 300억 원, 현대해상화재보험이 200억 원, CJ가 150억 원, 중소기업은행과 대구은행이 각 100억 원을 출자하기로 하는 약정서를 체결했다. 출자 규모가 5,100억 원, 그야말로 변양호의 이름만 보고 돈이 몰려든 것이다.

　재정경제부 금융정책국 국장 출신의 변양호가 만든 사모펀드는 특별한 의미를 갖는다. 변양호는 정부 소유의 은행을 외국계 사모펀드에 팔아넘겼다는 비난을 받고 있던 사람이다. 그러나 업계에서 보기에는 안 되는 걸 되게 하는 사람, 실제로 론스타에 천문학적인 이익을 안겨 준 일등 공신이라고 할 수 있다. 그런 변양호가 직접 사모펀드를 만든다는데 누가 무시할 수 있을까? 얼마 전까지 재정경제부의 실세 중의 실세였던 사람이고 변양호가 전화 한 통이면 달려올 후배들이 아직 재정경제부, 금융감독원, 금융감독위원회에 널려 있다. 은행들이 앞다퉈 돈을 싸들고 줄을 선 것도 이런 배경과 무관하지 않을 것이다. 물론 자발적이라기보다는 변양호의 영향력이 두려워 울며 겨자 먹기로 돈을 냈을 가능성도 배제할 수 없다.

　그러나 사실 국내 최초의 본격 사모펀드라는 간판에 걸맞은 투자 메리트가 있었는지 의문이다. 보고펀드는 캐피탈 콜이라는 방식으로 자금을 조달했다. 일단 출자금액을 약정하고 업무 집행 사원이 요청하면 약정금액 범위에서 출자금을 약정하는 방식이다. 그런데 정작 보고펀드의 업무 집행 사원인 보고인베스트먼트의 약정금액은 60억 원밖에 안 되었다. 손실이 나더라도 업무 집행 사원의 출자금액을 우선 손실 처리하는 게 아니라 다른 유한책임사원과 동등하게 반영하는 구조도 투자자로서는 매우 불리한 조건이었다. 아무리 변양호가 실세 중의 실세였다고 하나 변양호라는 이름 하나만 보고 수백억 원을 쏟아붓기에는 상당한 모험 투자였다고 할 수 있다.

흥미로운 부분은 수수료를 출자금액 기준이 아니라 약정금액 기준으로 책정했다는 사실이다. 보고인베스트먼트가 받는 수수료가 출자 이후 첫 4년 동안 약정금액의 1.4~1.75%로 꽤 높은 데다 이후 회수 기간인 5년 동안 전체 투자 금액에서 회수 금액을 공제한 투자 잔액의 1%에 해당하는 관리 수수료와 총 수익의 20%에 해당하는 성과 보수를 받도록 되어 있었다. 수수료는 출자금액 기준으로 1,000억 원 이상은 1.4%, 500억 원 이상 1,000억 원 미만은 1.6%, 500억 원 미만은 1.75%였다. 전체 약정금액이 5,110억 원이었으니 보고인베스트먼트는 수익이 전혀 발생하지 않더라도 600억 원 이상의 수수료를 받게 되는 구조였다.

실제로 외환은행은 2006년 4월 27일 동양생명투자 명목으로 55억 3,400억 원을 출자했는데 수수료는 약정했던 400억 원 기준으로 부과되었다. 외환은행은 2005년 9월 9일 설립 비용과 관리 수수료로 4억 6,700만 원을 지급한 데 이어 3월 3일과 9월 7일 관리 수수료 명목으로 3억 5,000만 원을 두 차례 지급했다. 외환은행으로서는 출자 약정 1년 만에 출자 원금의 20% 이상을 수수료로 낸 셈이다. 운용 기간으로 환산하면 50%가 넘는다.

검찰 진술 조서에 따르면 변양호는 2005년 4월 27일, 평소 알고 지내던 외환은행 상무 이낙근을 만나 보고펀드의 자본 유치를 위한 설명회를 열게 해줄 것을 요청했다. 외환은행으로서는 거부할 수 없는 요청이었을 것이다. 결국 5월 16일 외환은행 본점에서 보고펀드 설명회가 열렸고 외환은행 재무본부 차원에서 보고펀드 출자 여부를 검토하기 시작했다.

검찰 수사 결과 외환은행 내부 보고서에서는 참여하지 않을 수는 없으니 다른 은행의 절반 수준인 300~500억 원 수준으로 출자하자는 정도로 의견이 정리되었다. 6월 15일 최종 보고서의 결론은 아직 트랙 레코드track record가 없으니 '조금 더 기다려 보자wait and see'는 것이었다. 리처드 웨커Richard Wacker 당시 외환은행 행장도 이런 의견에 동의했다. 당시 외환은행 내부 보고서에는 다음과 같이 적혀 있었다.

"보고펀드의 규모, 타행의 참여 금액 등을 종합적으로 감안할 때 500억 원 정도의 참여가 적당하며, 이사회 결의 절차(참여 금액이 400억 원 이하인 경우는 은행장 전결)가 필요함."

검찰은 외환은행의 보고펀드 출자가 사후 뇌물 성격이 있다고 보고 수사를 집중했다. 연간 7억 원의 관리 수수료와 총 수익의 20%에 해당하는 성과 보수가 상식적이지 않다고 본 것이다. 변양호가 금융정책국 국장 재직 시절 론스타의 부탁을 받고 부정한 방법으로 외환은행 인수를 도와준 대가를 챙긴 것이 아니냐는 의혹이었다. 리처드 웨커 등은 처음에 완곡하게 변양호의 요청을 거절했으나 변양호의 집요한 요청을 거절하기 어려웠던 모양이다. 실제로 변양호는 검찰 진술에서 이렇게 진술했다.

"제가 론스타의 외환은행 딜을 할 때 얼마나 고생을 하였는데 그걸 생각해서라도 그 사람들이 인간적으로 그러면 안 되죠. 저도 사람인지라 그래서 좀 화가 났습니다."

김형민은 유회원에게 보낸 이메일에서 이렇게 적고 있다.

"하 변호사(하종선)는 오늘도 전화를 두 번이나 했습니다. 여전히 같은 톤입니다. 변 국장이 많이 흥분해 있어서 은행이 걱정이라는 취지입니다. 하 변호사가 이번 건만큼은 너무 무리를 하는 것 같습니다. 현재로서는 다른 방법은 없고 최대한 시간을 가지면서 지혜롭게 대처하겠습니다."

변양호는 당장은 어렵다는 외환은행의 입장을 전달받고 매우 불쾌해했던 것으로 알려졌다. 직접 이달용에게 전화해 출자가 늦춰지는 이유를 알아봐달라고 부탁한 데 이어 이달용이 변양호에게 외환은행 재무본부장 서충석이 계속 반대하면서 이유를 잘 말해주지 않는다고 핑계를 대자 직접 리처드 웨커에게 면담 신청을 했다. 변양호가 리처드 웨커를 만난 게 6월 24일이었다. 리처드 웨커는 500~1,000억 원은 너무 부담이 크고 150~200억 원 정도면 검토해볼 만하다고 말한 것으로 알려졌다. 변양호는 "외환은행은 글로벌한 은행이니 투자 여력이 있지 않느냐"고 거듭 요청했으나 리처드 웨커는 완곡하게 거절했다.

변양호가 외환은행을 방문한 시기는 6월 말 또는 7월 초였다. 이번에는 하종선을 데리고 나타났다. 변양호는 "500억 원 정도는 출자할 수 있지 않느냐"면서 "추가 출자자를 구하지 못하면 펀드 출범이 수포로 돌아갈 수도 있다"고 거듭 재촉했다. 하종선은 검찰 조사에서 "변양호가 웨커 행장이 결론을 안 내린다면서 좀 짜증스럽다고 했다"고 진술한 바 있다. "인간적으로 보더라도 이 사람들이 어떻게 나한테 이럴 수 있느냐"는 발언도 하종선을 통해 전해졌다. 하종선은 김형민에게 전화해 "실무진과 만나서 얘기도 잘됐는데, 빨리 결론을 내려주는 게 좋지 않겠느냐"고 압박했다. 김형민이 유회원에게 보낸 이메일에서 당시 분위기를 짐작할 수 있다.

"오늘도 두 번이나"라는 것은 오늘 말고도 계속해서 압박이 있었다는 의미다. "은행이 걱정"이라는 것은 변양호가 외환은행에 불이익을 줄 수 있다는 의미다. "하 변호사가 너무 무리를 한다"는 표현 역시 부당하게 압박을 받고 있다는 의미로 해석할 수 있다. 변양호가 "인간적으로 보더라도"라고 말한 것은 론스타가 자신에게 신세를 졌고 론스타가 파견한 웨커 등이 자신을 이렇게 홀대해서는 안 된다는 생각에서 나온 발언으로 보인다.

결국 하종선의 전방위 로비가 약발이 먹혔는지 외환은행은 보고펀드 출자를 결정한다. 변양호가 세 번째 외환은행을 방문한 7월 12일, 웨커가 이사회에 부의하지 않을 수 있는 최대 한도인 400억 원으로 하자고 제안했고 변양호가 이를 받아들였다는 게 하종선의 진술이다.

웨커의 이야기는 조금 다르다. 검찰 조사에서 "처음부터 보고펀드에 많은 금액을 출자할 생각이 없었고, 이사회 부의를 피하기 위해 400억 원 규모로 결정한 것은 아니며, 보고펀드에 대한 출자는 장단점을 평가해 이뤄졌다"고 진술했다. "장점으로 변양호의 참여로 정부의 직간접적인 지원이 기대되는 상황이었고 보고펀드의 투자 과정에서 발생하는 파이낸싱 거래에 참여할 기회를 얻을 수 있었고, 한국에서 영업을 하는 은행으로서 보고펀드 출자가 공익적 측면에서 좋은 평가를 받을 수 있다고 판단했다"는 이야기다. 물론 웨커의 진술도 액면 그대로 받아들이기 어렵다. 이미 변양호가 뇌물 수수 의혹으로 기소된 상황이라 대가성을 인정할 수는 없었을 거란 추측이 가능하다.

검찰은 최종 수사 보고서에서 "외환은행은 여전히 피고인의 영향력을 무시하지 못하고 있음을 알 수 있다"면서 "결국 보고펀드 출자 거절이 과거 피고인에게 진 신세를 몰라 보는 것으로 비춰질 경우 향후 불이익이 따를지 모른다는 판단에서 론스타 측 경영진이 출자 입장으로 선회하게 됐다는 사실을 확인할 수 있다"고 평가했다. "시중은행들이 보고펀드 출자 참여와 관련하여 불참시 불이익 내지 불가피할 경우 참여 등을 검토한 것도 이와 무관치 않다"는 결론이다.

결국 외환은행은 우리은행 등이 먼저 뛰어든 뒤에야 보고펀드 출자를 결정했다. 유회원은 검찰 조사에서 "기본적으로 외환은행의 최대 주주가 사모펀드인 론스타인데, 외환은행이 다른 사모펀드인 보고펀드에 투자하는 것이 상식적으로도 맞지 않고, 논리적으로도 합당한 일이 아니라고 판단했다"고 진술했다.

변양호는 세 차례나 리처드 웨커를 만나 출자를 요청했다. 변양호가 요청한 금액은 500억 원이었다. 리처드 웨커는 검찰 조사에서 "이사회를 소집할 시간적 여유가 없어 이사회 부의 사항이 아닌 400억 원으로 출자약정을 했다"고 진술하기도 했다. 보고펀드는 5,000억 원을 채우지 못하면 출범을 못할 상황이었는데 막판에 외환은행에서 400억 원이 들어오면서 가까스로 최소 금액을 맞출 수 있었다. 외환은행 출자를 유치하는 데 실패했다면 보고펀드가 출범하지 못했을 수도 있다는 이야기다.

검찰은 "피고인과 하종선이 얼마나 강력하게 출자를 요청하였는지 알 수 있다"면서 "보고펀드가 토종 펀드로서 외국자본에 대항해 국부 유출을 방어하기 위해 출범했다는 피고인의 선전은 시장에 대한 사기 행위"라고 주장했다. 또 법원에 낸 의견서에서 "특히 외환은행으로부터의 출자 유치는 피고인이 공직 재임 중 론스타 딜과 관련해 부정행위를 저지르고 퇴직 후 론스타 측 경영진에게 무리하게 요구하여 받아낸 것으로서 형법상 수뢰 후 부정처사와 사후 수뢰가 성립되고, 범죄 경위에 있어 도덕적 비난 가능성이 클 뿐 아니라 범행으로 인한 경제적 이득이 막대하므로 죄질 역시 불량하다"고 지적했다.

천하의 변양호라고 하더라도 막상 끈 떨어진 퇴임 공무원에게 사모펀드 시장은 순탄하지 않았다. 경쟁 업체도 많았고 무엇보다도 변양호 등의 트랙 레코드도 부족했다. 사모펀드라는 개념조차도 낯설었다. 그리고 외환은행을 팔아넘긴 외국자본의 동조자라는 부담감도 없지는 않았을 것이다. 변양호는 1조 원 이상 규모로 펀드를 출범하겠다고 큰소리쳤지만, 펀드 출범에 필요한 최소 금액인 5,000억 원을 겨우 채울 수 있었다.

변양호를 비롯해 이재우와 신재하 등이 M&A 분야에서 최고 실력자라고 할 수 있는지도 의견이 엇갈린다. 검찰은 "이들의 M&A 사례는 대개 공적자금이 투입된 금융기관 등의 매각과 관련된 딜로서 직접 시장에서 스스로 발굴하고 관련자를 중재 설득하여 이루어낸 것이라고 보기는 어렵다"면서 "특히 외환은행 매각 딜에서 신재하가 한 역할을 보면 도대체 전문가 역할을 한 것인지 브로커 역할을 한 것인지 알 수 없다"고 지적했다. 검찰은 "스티븐 리와의 친교로 외환은행의 중요 정보가 이강원 등의 묵인과 조장 아래 신재하를 통해 론스타로 넘어갔다는 의혹도 있다"고 강조했다.

변양호의 오랜 공직 경험에 대한 평가도 엇갈릴 수밖에 없다. 검찰은 "변양호는 IMF 경제위기를 극복하는 과정에서 외국계 펀드 및 투자은행 관계자들과의 유착으로 외국자본에 의한 국부 유출을 방관 조장해왔다는 비난을 피하기 어려운 인물"이라고 지적했다. 실제로 보고펀드에 투자자로 참여한 은행들이 투자 사실을 공개하기를 꺼렸던 것도 이런 배경과 무관하지 않다는 게 검찰의 판단이었다.

변양호는 재정경제부 금융정책국 국장으로 재직하던 시절 하나은행(서울은행 합병)과 조흥은행, 신한은행(조흥은행을 신한금융지주로 통합), 외환은행(론스타 인수) 등의 매각 또는 합병을 진두지휘했다. 이밖에도 우리은행은 민영화를 앞두고 있는 상황이고 대한생명은 정부가 지분을 보유하고 있었다. 농협도 재정경제부 금융정책국이 신용 사업부문을 경영지도와 감독을 하고 있었기 때문에 변양호의 눈치를 보지 않을 수 없는 상황이었다.

외환은행이 자체적으로 조사한 내부 자료를 보면 국민은행은 일찌감치 불참을 결정하고 다만 불가피한 경우에 참여한다는 입장이었다. 하나은행 역시 참여하지 않겠다는 입장이었는데 변양호가 계속 접촉 중인 상황이었다. 기업은행은 과거 변양호에게 신세를 졌다는 판단 때문에 분위기를 살피면서 들어간다는 입장이었고 산업은행과 농협 역시 불가피하면 들어간다는 입장이었다. 일찌감치 참여하겠다는 입장을 밝힌 건 우리은행 정도였다. 우리은행은 향후 책임론이 불거질 것을 우려해 다른 은행들도 함께 들어가자고 권유하는 상황이었다.

검찰은 "시중은행들이 불이익을 당할 가능성을 검토하고 불가피하면 참여한다는 입장을 정한 것은 변양호의 금융권에 대한 영향력을 상징적으로 보여주는 것"이라고 주장했다. 그러나 업계 선두인 국민은행과 삼성생명이 불참을 선언하자 대부분 금융기관들이 발을 빼기 시작했다. 검찰 조사에 따르면 변양호는 공직 시절 베푼 혜택을 상기시키거나 정부 관계 문제를 처리해주겠다고 제의하고, 향후 보고펀드가 출자 기업에 다시 출자함으로써 유동성에 어려움이 없도록 해주겠다거나 출자 기업의 투자에 동참하겠다는 등 온갖 제안을 던지면서 출자를 독려했다.

출자를 하는 조건으로 출자 기업에 투자를 하겠다고 약속하는 건 명백한 이해상충이다. 검찰이 보고펀드 사무실을 압수수색하면서 확보한 자료에 따르면 변양호도 이런 문제를 인식한 듯 구두로 언급하는 것 이상을 약속할 수 없다고 말했다고 기록되어 있다. 검찰 조사에 따르면 변양호는 대한생명에 한국자산관리공사가 대우 계열사를 매각할 때 대한생명의 모그룹인 한화그룹이 인수할 수 있도록 재정경제부를 상대로 로비를 해주겠다는 약속을 한 정황이 드러났다. 하나은행에는 외환은행 인수 경쟁에서 하나은행을 도와주겠다는 말을 한 사실이 드러나기도 했다. 변양호는 공동 투자를 하겠다는 의미라고 해명했으나 주가가 오를 대로 오른 외환은행에 경영권과 무관한 투자를 한다는 것은 상식적으로 말이 안 된다. 이 밖에도 동양생명에는 보고펀드가 동양생명의 지분 인수에 참여할 수 있다는 제안을 한 것으로 확인되었다.

론스타 같은 바이아웃buyout 펀드는 시중의 부동자금을 끌어모아 산업자본화하고 기업의 성장에 동반해 수익을 창출한다. 기업금융을 주로 하는 한국의 은행들은 이해상충 문제가 발생할 수도 있다. 펀드 투자 대상 기업과 은행의 여신 관리 기업이 일치할 경우 기업의 지분을 비싸게 팔아야 여신이 회수되고 그렇게 되면 펀드의 수익률이 줄어드는 모순에 빠지게 된다. 다른 출자자들과 이익이 충돌할 수도 있다. 재정경제부 금융정책국의 영향력 아래 있는 금융기관들로 펀드를 구성한 것은 이른바 변양호 펀드가 시장에서 평판을 얻지 못했다는 의미다. 유일하게 금융기관이 아닌 출자자는 변양호와 친분이 있는 것으로 알려진 CJ뿐이었다.

그러나 법원은 "외환은행의 보고펀드 출자가 변양호가 금융정책국 국장으로서 론스타에 유리한 행위를 한 대가로 이루어진 것이라고 볼 근거는 있지만 외환은행 이외에도 12개 금융기관에서 보고펀드에 출자했고 외환은행보다 출자금액이 큰 금융기관도 6개나 되는 데다 외환은행의 출자 시기가 다른 금융기관보다 먼저였다고 보기 어렵고, 대주주가 변경될 경우 미실행 출자 약정의 실효 특약을 포함하는 등 비교적 신중하게 결정이 이뤄졌다고 볼 수 있다"고 평가했다.

법원은 "김형민의 이메일 내용만으로 변양호가 론스타의 외환은행 인수에 있어 론스타에 유리한 행위를 했다고 보기 어렵다"고 덧붙였다. 또 "외환은행의 보고펀드에 대한 출자는 변양호가 금융정책국 국장으로서 론스타에 유리한 행위를 한 대가로 이루어진 것이 아니라, 외환은행 경영진이 보고펀드의 능력이나 손익 관계 등을 평가하는 한편 외환은행의 상황, 다른 금융기관의 태도 등 여러 가지 사정을 종합해 결정한 경영상 판단에 의해 이뤄진 것이라고 볼 수 있다"면서 "외환은행의 보고펀드에 대한 출자는 변양호의 직무와 아무 관련이 없다고 봐야 한다"고 무죄를 선고했다. 법원은 "변양호가 론스타의 외환은행 인수와 관련하여 '직무상 부정한 행위'를 했다고 인정할 증거가 없다"며 무죄를 선고했다. 변양호가 보고펀드의 설립 경위와 출자자의 구성 등을 충분히 설명했고 외환은행 이외에도 12개 금융기관과 주식회사 CJ 등에서도 출자를 했다는 이유에서다.

사모펀드가 약정금액을 기준으로 수수료를 부과하는 경우도 없지 않은 데다 사모펀드 투자가 애초에 고위험 고수익을 노리는 성격이라 관리 수수료 비중이 크다. 검찰이 대가성을 입증하지 않는 이상 변양호가 운영하는 사모펀드에 출자했다는 이유만으로 뇌물죄로 처벌하기는 쉽지 않은 게 현실이었다. 어쨌거나 보고펀드는 실제로 동양생명 등에 투자를 했고 이익을 보든 손실을 보든 결국 투자자의 책임이라고 할 수 있다.

보고펀드는 외환은행 등에서 출자받은 돈으로 동양생명에 투자했으나 큰 재미를 보지 못했다. 보고펀드는 2006년 주당 9,000원에 동양생명 지분 11.52%를 매입한데 이어 2007년에 주당 1만 2,500원에 6.05%를 추가 매입, 2010년에 주당 1만 8,000원에 지분 46.5%를 인수해 경영권을 확보했다. 평균 매입 가격은 1만 3,000원 수준이었다. 보고펀드는 거의 10년 만인 2015년 2월 중국의 안방安邦보험에 보유 지분 63.1%를 주당 1만 8,000원에 매각하는 계약을 체결했다.

당시 주가가 1만 2,000원 수준이었으니 경영권 프리미엄을 꽤 받은 셈이지만, 투자 기간과 이자 비용 등을 생각하면 수익률은 그리 높지 않았다. 당초 주당 2만 원 이상을 받고 매각할 계획이었으나 여러 차례 무산된 결과였다. 그나마 보증 위반 등의 이유로 매각 대금을 제때 받지 못한 데다 7,000억 원 규모의 손해배상을 두고 다투고 있는 상황이었다.

투기자본감시센터 사무국장 홍성준은 "론스타와 보고펀드는 본질적으로 다르지 않다"고 지적했다. 문제는 자본의 국적이 아니고 외국자본이냐 국내 자본이냐의 문제도 아니라는 이야기다. 단기 투자냐 장기 투자냐의 문제도 아니다. 홍성준은 "문제는 자본의 투기적 속성 그 자체"라고 강조했다.

론스타의 문제는 애초에 은행을 경영할 의사가 없었고 단기 시세차익이 목표였다는 것이다. 은행법은 금융기관이나 금융지주회사가 아닐 경우 금융기관의 대주주가 될 수 없도록 제한하고 있다. 보험업법에도 보험회사의 지분 10% 이상을 확보하려면 자기자본이 출자하려는 금액의 3배 이상이 되어야 한다는 규정이 있었는데 2006년 8월, 보험업법 시행령이 개정되면서 이 조항이 빠졌다. 사모펀드가 보험회사를 소유할 수 있는 길을 터준 것이다.

보고펀드가 동양생명 지분 인수를 넘어 경영권을 확보하는 과정에서 금융위원회는 아무런 문제가 없다며 힘을 실어주었다. 금융위원회 부위원장으로 있던 윤영로는 2010년 10월 9일 기자간담회에서 "사모펀드의 기본적인 목적은 수익 증대지만 경영 참여도 주된 목적에 해당한다"면서 "사모펀드가 보험사를 비롯해 은행, 증권사 등에 대한 투자를 어떻게 볼 것인가 하는 문제가 남아 있지만 규제할 근거 법률이 없다"고 털어놓기도 했다.

보고펀드는 설립 과정에서도 논란이 끊이지 않았지만, 설립한 이후 투자 과정에서도 문제가 많았다. 변양호가 직접 발굴했다고 주장한 협상은 교보생명, BC카드, 동양생명 등의 지분 인수 건이었는데, 그나마 실제로 성사된 것은 동양생명뿐이었다. 특히 BC카드는 주요 은행들이 공동 출자한 기업이고 대부분의 주주들이 보고펀드 출자자와 겹쳐 이해상충 문제가 발생할 수 있다는 우려가 있었지만 우여곡절 끝에 투자가 결렬되었다.

제5장

단군 이래 최대 소송과
'먹튀'의 완성

도둑이 집주인에게 손해배상을 요구한다고?

처음 론스타가 ISD를 거론한 것은 2012년 1월 27일 외환은행 매각이 마무리된 뒤 3개월이 지난 5월 22일이었다. 한국 정부에 ISD 소송을 제기할 것이라고 공식 통보한 것이다. 중재 의향서라는 것을 벨기에 대사관에 보낸 것으로 확인되었지만, 한국 정부는 내용을 공개하지 않았다. 론스타의 소송 가액은 외환은행 매각 지연 15억 7,600만 달러와 국세청의 부당한 과세 처분 7억 6,000만 달러, 손해배상 지연에 따른 추정 보상 등 23억 4,350만 달러 등 모두 46억 7,950만 달러에 이른다. 환율 1,100원 기준으로 5조 1,574억 원이다. 숨기기 어렵다고 판단했던 것일까? 금융위원회가 공개한 것은 2페이지짜리 보도자료가 전부였다. 다음은 5월 22일 금융위원회 보도자료 전문이다.

"2012년 5월 22일 론스타는 우리 정부의 조치로 인하여 대한민국에 대한 투자와 관련하여 손해가 발생했음을 주장하고, 이에 대한 협의를 요청하는 문서를 주벨기에 대한민국대사관에 전달했습니다. 이 문서의 주요 주장 내용은, 우리 정부가 론스타의 외환은행에 대한 투자 자금 회수와 관련하여 자의적이고 차별적인 조치를 했으며 우리 정부가 론스타에 대하여 자의적이고 모순적으로 과세함에 따라, 론스타 측에 손해가 발생하였다는 것인바, 이에 대해 우리 정부와 협의하고자 한다는 것입니다. 그러나, 우리 정부는 론스타의 주장과는 달리, 론스타의 대한민국에 대한 투자와 관련하여 국내법 및 국제법규와 조약에 따라 투명하고 비차별적으로 처리해왔습니다. 앞으로 우리 정부는 론스타 측의 문제 제기에 대하여 면밀하게 검토하여 적극 대응해나갈 계획입니다."

한국 정부의 해명이 나온 지 일주일 뒤인 5월 29일 론스타는 보도자료를 내고 한국 정부를 상대로 소송을 시작했다는 사실을 공표했다. 금융위원회는 당초 론스타의 협의 요청이라고 밝혔으나 정작 론스타가 보냈다고 밝힌 것은 협의 요청 정도가 아니라 중재를 의뢰할 것이라는 통보였다. 론스타가 대놓고 한국 정부를 조롱한 것이다. 론스타의 보도자료가 나온 뒤에야 금융위원회는 이 문건을 중재 의향서로 부르기 시작했다. 금융위원회가 '아웃팅'을 당했다는 말이 나올 정도였다. 다음은 론스타가 낸 보도자료 전문이다.

"론스타펀드Lone Star Funds는 2000년 초에 획득한 한국외환은행KEB과 기타 한국 기업의 최대 주주 권리에 대한 한국 정부의 부당한 개입으로 입은 피해에 대해 중재를 의뢰할 것이라고 통보했다. 클레임은 정부가 벨기에와 한국

간 투자 협약의 의무를 이행하지 않았기 때문에 발생했다. 론스타펀드의 회장 존 그레이켄John Grayken은 '론스타가 투자를 결정했을 때 우리는 한국이 1997~98년 아시아 경제 불황에서 회복할 것이라고 확신했으며 한국의 규제 및 세금법이 투자와 관련한 우리의 이해관계를 보호할 것이라고 믿었다. 하지만 경제가 강해지고 KEB 등 외국 소유의 은행을 포함한 한국의 은행과 사업이 수익성을 회복했을 때 한국의 외국 투자자들에 대한 여론이 들끓었다. 한국의 금융 및 세금 규제는 수차례의 불법행위로 이어져 론스타의 투자자들에게 수십 억 유로의 피해를 입혔다'고 설명했다. 또한 '투자자들은 주로 수천 개의 정부, 기업 직원, 은퇴자들의 연금이 포함됐으며, 또한 의학 연구, 고등 교육, 기타 자선 활동을 후원하는 기금도 포함돼 있다. 론스타에게 맡겨진 펀드의 매니저로서 우리는 필요할 때 그들의 이익을 보호해야 할 의무가 있다'며, '우리는 이 사안을 한국과 세계의 법적 전문가와 상의했으며, 설득력 있는 법적 클레임이 성립한다는 조언을 받았다. 따라서, 우리는 한국 정부가 선의의 대화에 참여해 이 소송을 해결하기를 원하며, 다툼이 평화적으로 해결되지 않으면 론스타는 중재를 진행할 것이다. 소송은 공정한 중재 패널로 구성된 워싱턴D.C.에 있는 국제포럼에서 열릴 것이며, 그곳에서 한국이 투자자들의 피해를 배상하도록 하는 판결이 날 것이라고 확신한다'고 말했다."

배경

"대한민국 정부와 상호 투자 홍보 및 보증 위한 벨기에-룩셈부르크 경제연맹Belgium-Luxembourg Economic Union for the Reciprocal Promotion of Investments 사이의 협약은 투자자들의 재산권을 정부의 부당한 개입으로부터 보호한다. 한국 투자의 주주들은 벨기에에 거주하고 있어서 이 조약의 영향을 받는다. 조약은 워싱턴D.C.에 본부를 둔 세계은행과 제휴를 맺은 국제투자분쟁해결센터 International Centre for Settlement of Investment Disputes, ICSID의 도움으로 중재를 제공한다. 이 사안의 중심이 되는 투자는 2003년 론스타의 KEB 지분 10억 유로 및 2001~2004년 한국 기업에 대한 매입이다. 이 소송은 (i) 론스타가 KEB에 보유하고 있는 다량 주식에 대해 몇몇 미래 구매자를 한국 정부가 승인해주지 않아 주식이 필요 이상으로 수 년 동안 보류되어 가격이 급격히 하락했으며 (ii) 모든 투자에 대한 임의적인 부당한 과잉 세금 징수와 관련이 있다. 론스타의 통보는 중재의 실제적인 개시로부터 최소 6개월 전에 한국 정부에 알려야 한다는 조약의 조항을 따른 것이다. 사안이 평화적으로 해결되지 않으면 론스타는 2012년 11월 중재를 청구할 예정이다.″

금융위원회는 당황했는지 별다른 공식 입장을 내지 않았다. 다만 당시 금융위원회 위원장으로 옮겨간 김석동은 5월 31일 『경향신문』 기자와 인터뷰에서 "금융 당국은 론스타가 이 같은 문제 제기를 할 수 있다는 가능성을 이미 염두에 두고 사전에 치밀한 법적 검토까지 거쳤다"면서 "(소송전으로 가도) 아무 문제가 안 된다"고 말했다.

김석동은 "론스타는 외환카드 주가조작 사건으로 대법원에서 유죄 판결까지 받았다"면서 "금융 당국은 법원의 최종 판단이 나올 때까지 기다렸던 것이고, 이후 (하나금융지주에) 인수 승인을 내줬다"고 말했다. 그러나 주가조작 사건으로 유죄를 받은 것과 론스타가 피해를 입었다고 주장하는 것은 전혀 다른 이야기다. 김석동이 이런 상황을 모를 리 없다. 다만 론스타가 얼마나 나쁜 놈들인지 강조하면서 자신에게 쏟아질 비난을 일단 피하고 보자는 의도였을 가능성이 크다.

당황한 금융위원회는 보도자료가 공개된 뒤에도 중재 의향서의 세부 내용을 함구했다. 당시 심상정 정의당 의원의 요청도 거부했고 민주사회를 위한 변호사 모임이 정보공개 청구까지 냈는데 역시 거부했다. 금융위원회가 밝힌 거부 사유는 다음과 같다.

"론스타의 중재 의향서는 외교 관계 등의 사항으로서 공개될 경우 국가의 중대한 이익을 현저히 해할 우려가 있고, 의사결정 과정 또는 내부 검토 과정에 있는 사항으로서 공개될 경우 업무의 공정한 수행에 현저한 지장을 초래할 우려가 있습니다."

그런데 2개월 뒤인 8월 5일 론스타가 갑작스럽게 중재 의향서 전문을 공개하면서 한국 정부가 또 발칵 뒤집힌다. 론스타는 기업 뉴스 전문 통신사인 『비즈니스와이어Business Wire』에 올린 글에서 "한국에서 이 사건과 관련해 언론 보도가 계속되고 있으나 부정확하고 불완전한 내용이 있어 투명성을 위해 한국 정부에 보낸 중재 의향서 전문을 공개한다"고 밝혔다. 한국 정부로서는 론스타에 두 번이나 뒤통수를 맞은 꼴이 되었다.

국가의 중대한 이익을 해할 우려가 있다며 정보공개 청구를 거부했던 금융위원회는 론스타가 공개한 중재 의향서를 일주일 뒤에서야 민주사회를 위한 변호사 모임에 공개했다. 론스타가 보낸 중재 의향서는 이명박 당시 대통령 앞으로 보내는 2페이지 분량의 편지와 19페이지 분량의 부속 문서memorandom로 구성되어 있었다. 다음은 론스타가 보낸 편지 전문이다.

"대통령 각하, 한국 정부의 조치로 막대한 금전적 손실을 입은 벨기에 투자사를 대표하여 편지를 드립니다.……한국 정부는 최소 2005년부터 지금까지 론스타의 외환은행 지분 처분 역량을 실질적이고 심각하게 저해하고 론스타와 론스타 직원을 계속 괴롭히고 벨기에와 체결한 양자 간 조세조약을 위반하며 부당하고 임의적으로 조세를 부과하는 등 론스타와 관련하여 임의적이고 차별적인 조치를 지속적으로 취해왔습니다. 그 결과 론스타는 수십 억 유로에 달하는 막대한 손실을 입었습니다.

한국 정부의 이러한 행동은 대한민국 정부와 벨기에 룩셈부르크 경제연맹 간의 투자 상호 증진 및 보호 협정(한 · 벨기에 투자보장협정)하에서 벨기에 투자자를 보호해야 하는 한국 측의 의무에 위배된 것입니다. 론스타는 2008년 7월 9일, 2009년 2월 12일, 2012년 1월 17일 등 한국 금융위원회에 보낸 서신을 통해 한국 정부에 이들 위반 사례를 여러 차례 알렸지만 한국 정부는 론스타와 한국 간의 분쟁을 해결하지 못했습니다.

따라서 론스타는 한 · 벨기에 투자보장협정 제8조 제1항에 따라 론스타의 한국 투자와 관련하여 한국 정부의 조약 위반 사례를 설명하는 자세한 적요서와 더불어 분쟁에 대한 서면 통지서를 여기 제출합니다. 론스타는 이번 분쟁을 원만히 해결할 준비가 돼 있으며 해결책을 논의할 수 있도록 담당자를 임명해주시기를 요청합니다. 론스타는 중재를 요청하는 일 없이 이번 문제를 신속하게 처리할 수 있는 조치를 구체적으로 제안할 준비가 되어 있습니다. 그러나 6개월 내에 해결책이 마련되지 않는다면 한 · 벨기에 투자보장협정 제8조 제3항에 따라 국제투자분쟁해결센터에 이번 분쟁의 중재를 요청할 계획입니다. 감사합니다. 마이클 D. 톰슨 이사."

편지에 첨부된 부속 문서에는 론스타의 억울한 이유가 구구절절 적혀 있다. 론스타가 국제투자분쟁해결센터에서 펼치고 있는 논리를 살펴볼 수 있는 자료다. 론스타의 주장 가운데 눈길을 끄는 부분은 다음과 같다. 아래 글은 민주당 우상호 의원실이 번역한 자료를 기초로 론스타가 공개한 원문을 다듬은 것이다.

한국 국내법에 따라 한국 상업은행의 지분을 상당량 보유하려면 금융감독위원회의 승인을 받아야 했다. 또한 2002년 4월 27일 개정된 은행법은 잠재 인수자가 비금융 주력자인 경우에만 금융감독위원회에서 매입을 승인할 수 있도록 규정하고 있었다. (중략)

론스타는 급매 가격에 외환은행 지분을 매입하지 않았다. 사실 론스타는 투자 협의 기간의 상장 가격과 비교해 13%의 프리미엄을 론스타가 외환은행의 전체 실사를 시작했을 때인 2003년 3월 기준 주가와 비교해 55%의 프리미엄을 지불했다. (중략)

외환은행은 외환카드에 관심이 없었기 때문에 외환카드를 구제하느라 외환은행마저 위기에 빠뜨리는 것보다 외환카드를 포기하는 편이 낫다고 판단했다. 그러나 론스타가 외환은행에 막대한 자본을 투자한 직후 한국 규제 당국은 외환은행이 외환카드를 구제하지 않으면 외환은행과 주요 주주에게 규제 권한을 행사할 것이며 외환은행이 향후 신용카드 사업에 참여하지 못하도록 규제하겠다고 경고를 보냈다. 론스타와 외환은행은 2003년 11월 20일 당국의 압력에 어쩔 수 없이 다른 주요 주주의 외환카드 지분을 매입한 다음 외환카드를 합병했다. (중략)

한국 규제 당국은 론스타가 공정한 시장 가격에 외환은행 투자 지분을 처분

하여 수익을 실현하는 것을 막기 위해 적법성 여부에 관계없이 모든 수단을 취했다. (중략)

2006년 초 외환은행이 수익성을 회복한 이후 론스타는 다각도로 외환은행 지분 매각을 추진했다. 그러나 금융감독위원회는 부당하고 불합리하고 위법적으로 매각 승인을 보류해 론스타의 노력을 수포로 만들었다. 금융감독위원회는 론스타와 관련해 여러 조사와 법적 절차가 진행 중이기 때문에 매각을 승인하지 않는다고 했으나 이는 변명일 뿐이다. 론스타와 관련된 혐의 중 인수자의 론스타의 외환은행 지분 매입 신청 승인을 보류할 수 있는 법적 기반이 될 만한 것은 없었다. (중략)

한국 국내법은 상업은행의 상당 지분을 매입하기 위해 승인 신청서를 제출하면 규제 당국은 인수자의 자격과 조건과 대상 자회사만을 심사하도록 규정하고 있다. 따라서 매각자의 문제로 인해 인수자의 승인 신청을 거부한 것은 금융감독위원회의 권한에서 벗어난 행동으로 이는 론스타가 많은 이들이 부당하다고 여기는 재정 수익을 올렸을 경우 발생할 여론의 반발을 피하기 위한 조치임이 분명했다. 여론은 금융감독위원회에 론스타가 수익을 실현하지 못하도록 외환은행 지배 지분 매각을 금지하라고 또는 최소한 매각 가격을 낮추라고 요구했고 금융감독위원회는 매각 승인을 거부하여 여론을 달래려고 했다.

금융감독위원회의 심사 유보로 인해 론스타는 투자를 처분할 권리를 반복해서 박탈당했다. 수년간의 기다림 끝에 마침내 외환은행 지분 매매 승인이 떨어졌지만 이전에 협상했을 때보다 이미 매매가격이 크게 하락한 후였다.

이 내용을 중심으로 정리해보면 ISD 소송에서 론스타의 주장은 크게 9가지로 추릴 수 있다.

첫째, "한국 규제 당국은 외환은행이 외환신용카드를 구제하지 않으면 외환은행과 주요 주주에게 규제 권한을 행사할 것이며, 외환은행이 향후 신용카드 사업에 참여하지 못하도록 규제하겠다고 경고를 보냈다."

둘째, "론스타와 관련된 혐의 중 인수자의 론스타의 외환은행 지분 매입 신청 승인을 보류할 수 있는 법적 기반이 될 만한 것은 없었다."

셋째, "론스타는 2006년 5월 19일에 론스타의 외환은행 지분 64.62%를 6조 3,000억 원에 매각하는 주식 매매계약을 체결했다. 국민은행은 적절한 시기에 맞춰 2006년 5월 금융감독위원회에 승인 신청서를 제출했다."

넷째, "정부 당국은 론스타가 처음부터 불법적으로 지분을 매입했다는 혐의를 키우기 위해 집중 조사, 체포 영장 청구, 무거운 형량 구형 등으로 주요 론스타 직원을 괴롭혔다."

다섯째, "대검찰청은 전례없이 2006년 11월 6일 다수의 한국 언론인과 학자, 법률가에게 단체 메일을 보내어 서울중앙법원의 영장 기각 판결에 공개적으로 논의했다."

여섯째, "금융감독위원회는 이들 조사가 진행 중이라는 이유로 국민은행의 승인 신청서 심사를 유보하고 결국 승인을 거부했다."

일곱째, "금융감독위원회는 여론의 압박에 론스타가 비금융 주력자가 아니었다는 초기 해석을 재조사하기로 결정했다."

여덟째, "금융감독위원회는 매매가격을 낮추기 전에는 하나금융의 신청을 승인할 수 없다는 점을 분명히 했다."

아홉째, "국세청은 처음에는 론스타가 한국에 고정 사업장을 갖고 있지 않다고 했다가 다음에는 한국에 고정 사업장이 있다고 했으며, 이후 다시 한국에 고정 사업장이 없다고 결론지었다."

론스타와 한국 정부 사이의 쟁점은 크게 3가지다.

첫째, 한국 정부가 고의로 외환은행 매각을 지연시켰느냐. 론스타는 3조 3,800억 원을 손해 보았다고 주장하고 있다. 이미 2006년부터 외환은행 매각을 서둘렀으나 금융감독위원회가 승인을 거부했기 때문에 기회비용 2조 원과 이자 비용만큼 손실을 보았다는 주장이다. 2003년 9월 1조 3,833억 원에 산 지분을 2012년 1월 3조 9,157억 원에 팔고 떠나면서 2조 5,323억 원을 챙겼지만 더 큰 돈을 벌 수 있었는데 못 벌었다며 소송을 걸었다.

둘째, 한국 정부가 부당하게 세금을 부과했느냐. 한국과 벨기에 조세협약에 따라 벨기에 법인에 세금을 부과할 수 없는데 부과했다는 게 론스타의 주장이고 한국 정부는 LSF-KEB홀딩스가 벨기에 법인인 건 맞지만 한국에 고정 사업장을 두고 있었기 때문에 과세 대상이 된다고 맞서고 있다. 한국 정부는 외환은행과 스타타워 등 론스타가 한국 투자로 벌어들인 4조 6,000억 원에 8,500억 원의 세금을 부과했다.

셋째, 애초에 소송이 성립되느냐도 중요한 쟁점이다. 한국 정부는 론스타가 적법한 투자자가 아니고 벨기에에 있는 LSF-KEB홀딩스가 페이퍼컴퍼니라서 중재 신청 자격이 없다고 주장하고 있다. 5년의 제소 기간이 끝났는지도 쟁점이다.

한국 정부는 론스타를 전폭적으로 지원했다. 불법이라는 걸 알면서도 외환은행을 론스타에 넘겼고 대주주 자격 요건이 논란이 되자 온갖 거짓말을 쏟아내며 여론을 무마했다. 결국 외환카드 주가조작이 유죄로 드러나자 지분 매각 명령을 내려 떠나려는 론스타에 날개를 달아주기도 했다. 그랬던 론스타가 한국 정부를 상대로 소송을 한 건 배은망덕을 넘어 황당무계하다고 할 수밖에 없다.

허영구 전 투기자본감시센터 공동대표는 "도둑이 들어와서 물건을 훔쳐서 달아나려 하는데 뒤늦게 막은 경찰이 소송을 당한 꼴"이라고 말했다. 집에 침입할 때는 물론이고 들어와서 물건 훔치는 것을 방치하고 심지어 망까지 봐주었는데도 거꾸로 경찰에게 손해배상을 운운하는 상황이다. 이런 상황이라면 경찰의 잘못도 크다. 그러나 도둑이 손해배상을 거론할 자격이 있는지는 여전히 의문이다. 이 문제가 쉽지 않은 건 단순히 경찰 개인의 비리가 아니라 정부 차원에서 불법을 방조하거나 적극적으로 지원했을 가능성 때문이다.

론스타의 중재 의향서에서 특히 주목할 부분은 HSBC뿐만 아니라 국민은행과 DBS 등에 지분 매각이 실패한 것도 모두 한국 정부의 훼방 때문이라고 주장하는 대목이다. 2007년 13.6%의 지분을 블록세일 형태로 매각한 것도 한국 정부가 매각을 지연시켜 시가보다 낮은 가격에 판매할 수밖에 없었다고 주장하고 있다.

"외환은행 지분 매각으로 인한 론스타의 수익 창출에 여론이 반발하자 한국 정부는 론스타를 공격적으로 조사하기 시작했다. 2006년 3월 3일 국회의 요청으로 감사원에서 진행한 론스타의 외환은행 원시 취득 감사와 2005년 9월 14일 외국인 투자 반대 그룹(투기자본감시센터)과 2006년 3월 17일 국회 재정경제위원회의 요청으로 대검찰청에서 진행한 론스타의 범죄 수사 금융감독위원회 집행 기관인 금융감독원에서 진행한 조사 등을 대표적인 예로 들 수 있다. 이러한 조사는 정부, 외환은행, 론스타가 잘못해서 론스타가 처음부터 불법적으로 상당량의 외환은행 지분을 매입했다는 주장에 의거한다.……론스타와 론스타 직원들에 대한 이러한 조사가 국민은행의 론스타 소유 외환은행 지분 매입 자격 심사와 아무런 관련이 없음에도 불구하고 금융감독위원회는 이들 조사가 진행 중이라는 이유로 국민은행의 승인 신청서 심사를 유보하고 결국 승인을 거부했다."

한국 정부가 DBS와 HSBC 등 매각 상대방을 내쫓았다는 새로운 주장도 있다. 론스타와 한국 정부의 입장 차이가 드러나는 대목이다.

"2006년 11월 국민은행과의 외환은행 지분 매매 협상이 결렬된 후 론스타는 2007년 1월 싱가포르 DBS은행과 협상을 추진했다. 그러나 금융감독위원회는 재빨리 DBS에게 매각을 승인하지 않겠다는 입장을 분명히 했다. 그 결과 DBS는 외환은행 지분 매입을 포기할 수밖에 없었다. DBS와의 협상이 결렬된 시기에 금융감독위원회는 여론의 압박에 론스타가 비금융 주력자가 아니었다는 초기 해석을 재조사하기로 결정했다. 금융감독위원회는 2003년 당시 론스타는 비금융 주력자가 아니므로 외환은행 지분을 4% 이상 보유할 수 있다는 결정을 받아들였음에도 론스타의 해외 계열사까지 포함해 론스타의 자격을 재심사하기 시작한 것이다."

일단 금융감독위원회가 DBS에 부정적인 입장이었던 건 사실이다. 금융감독위원회는 일찌감치 국민은행과 DBS가 경합하던 2006년 3월

21일 정례 브리핑에서 "실무적으로는 DBS의 대주주 적격성은 현행 법상 문제가 있는 것으로 보고 있다"고 밝힌 바 있다. 론스타의 주장과 달리 국민은행과 협상이 결렬된 이후 DBS와 협상을 시도하다가 금융감독위원회의 반대로 무산된 게 아니라 애초에 DBS는 자격이 안 되었다는 게 사실이다. 국민은행과 협상 이후가 아니라 협상을 시작하기 전에 이미 DBS는 후보에서 탈락한 상태였다고 보는 게 맞다. 국민은행과 협상이 결렬된 이후 다시 DBS를 접촉했을 수는 있으나 DBS가 외환은행을 인수할 가능성은 거의 없었다.

DBS의 최대 주주는 28% 지분을 보유한 테마섹, 싱가포르 국영 투자회사다. 테마섹은 2004년 5월, 하나은행 지분을 인수하는 과정에서 비금융 주력자로 분류되어 지분을 10% 가까이 확보했지만 4% 이상 지분에 대해서는 의결권이 제한된 상태였다. DBS는 2006년 3월 14일 기자회견을 열고 "테마섹은 DBS의 지분을 28%가량 보유한 주주 가운데 하나일 뿐이고 50% 이상의 지분을 미국과 유럽의 기관 투자자들이 보유하고 있다"면서 "테마섹은 DBS의 12명의 이사 가운데 2명만 임명할 수 있기 때문에 경영에 미치는 영향력은 매우 제한적"이라고 주장했다.

물론 DBS는 론스타만큼이나 대주주 적격성에 문제가 많았다. 금융감독위원회의 반대로 DBS가 외환은행 인수를 포기했다는 건 사실이지만, 그건 DBS가 자격이 안 되었기 때문이다. 물론 론스타로서는 우리도 자격이 되었는데 DBS는 왜 안 되느냐고 할 수 있겠지만, 2003년과 2006년은 상황이 크게 다른 데다 론스타는 투자 내역이 거의 드러나지 않았지만 테마섹은 이미 드러난 것만으로도 명백히 비금융 주력자였다.

"가까운 미래에 론스타의 외환은행 지분 매입 신청을 승인할 계획이 없다는 금융감독위원회의 공식 입장으로 론스타가 언제 어떤 조건으로 투자를 회수할 수 있을지는 점점 더 불확실해졌다. 이러한 공식 입장과 두 번의 매각 협상 결렬로 론스타가 다른 인수자를 찾을 수 있을지도 불확실했다. 따라서 투자 회수가 불확실한 상태에서 노출을 줄이기 위해 론스타는 2007년 6월 22일 공개시장에서 1조 2,000억 원에 외환은행 지분 13.6%를 매각했다. 블록세일은 단일 인수자가 외환은행 지분 상당량을 매입하는 것이 아니기 때문에 금융감독위원회에서 승인을 받을 필요가 없었다. 그러나 지배 블록을 판매할 때보다 훨씬 할인된 가격으로 지분을 매각해야 했다. 실제로 당시 매각 가격은 공식 상장된 주가에도 미치지 못했다."

이런 주장도 황당무계하기는 마찬가지다. 론스타는 2003년 외환은행을 인수하면서 2대 주주인 코메르츠방크와 3대 주주인 수출입은행 등과 콜 옵션 계약을 맺었다. 주당 5,400원에 연 4.5% 복리를 가산한 값과 4,245원과 콜 옵션 행사 전 10일 동안 보통주의 평균 일일종가를 평균한 가격 중 높은 값으로 행사 가격을 정하는 계약이었다.

론스타는 2006년 6월 1일 콜 옵션을 행사해 수출입은행과 코메르츠방크에서 각각 7.62%와 6.48%를 매입해 외환은행 지분을 50.53%에서 64.62%까지 늘렸다. 행사 가격은 8,487.5원이었다. 이듬해인 2007년 6월 22일 11.3%를 블록세일 형태로 쪼개서 하나금융지주와 농협 등에 매각했다. 9,089만 주를 7,715억 원에 사들여서 1년 뒤에

7,309만 주를 주당 1만 3,600원에 팔았으니 주당 5,112원 이상 남는 장사를 한 셈이다.

그런데 론스타는 금융감독위원회가 지분 매각을 방해했기 때문에 일부라도 먼저 팔아야 했고 그래서 큰 손해를 입었다고 주장하고 있다. 론스타가 전체 64.62% 지분을 한꺼번에 경영권 프리미엄을 얹어서 팔았다면 이익을 크게 늘릴 수 있었을 거란 계산이 가능하다. 그러나 한국 정부의 책임을 물으려면 국민은행에 대한 외환은행 매각 실패가 한국 정부의 반대 때문이었다는 사실을 입증해야 한다.

★
단군 이래 최대의 소송

참여연대는 론스타의 중재 의향서가 공개되고 일주일 뒤인 8월 13일, 성명을 내고 "중재 의향서에 담긴 론스타의 주장은 사실의 누락과 왜곡이 심각하다"고 지적했다. 참여연대는 "론스타는 산업자본 여부를 주기적으로 심사할 의무와 권한이 있는 금융위원회에 동일인 현황을 성실하게 신고하지 않았고, 고의적으로 동일인을 누락시킨 명백한 증거도 많다"면서 "정부 입장에서는 론스타의 불법 부당한 매각 승인 지연 주장에 대응해서 당초 론스타가 대주주 자격이 있었는지, 신고 당시부터 매각 때까지 감독 당국을 기망한 사실은 없는지를 치열하게 다퉈야 한다"고 강조했다.

"정부가 이 문제를 언급조차 하지 않는 것을 보면, 론스타의 산업자본 판정을 고의든 실수든 제대로 해내지 못한 금융 당국의 책임을 무조건 덮으려는 것이라는 생각을 지울 수 없다. 금융 당국이 이런 태도를 고집할수록 막대한 국민 재산이 론스타의 탐욕에 농락될 위험도 커질 수밖에 없다."

좀더 구체적으로 들어가면 핵심 쟁점은 누가 먼저 협상을 깼느냐에서 출발한다. 국민은행이 외환은행 인수의 우선 협상 대상자로 선정된 때가 2006년 3월 23일이었다. 당시 국민은행 행장 강정원은 이날 사내 방송에서 "국민은행이 국내 시장을 넘어 대한민국을 대표하는 글로벌 뱅크로 본격적인 여정을 시작하게 됐다"고 포부를 밝혔다. 론스타 부회장 엘리스 쇼트도 이날 담화문을 발표했다.

"론스타는 매각 과정에 참여한 각 후보자들에게 감사한다. 국민은행은 다양한 검토를 통해 선정됐다. 각 사의 역량이 통합돼 진심으로 강한 아시아 은행을 만들 수 있도록 할 것으로 본다. 강 행장이 이 통합을 진두지휘해 잘 통합할 것으로 믿는다. 앞으로 확인 실사 과정을 거치고 이것이 끝난 뒤 본 계약체결하리라 생각한다. 양 사의 굳건한 의지를 바탕으로 실행될 것이다. 감독당국의 승인을 얻은 뒤 계약하게 될 것이다. 그동안 외환은행이 영업력과 건전성을 회복하기 위해 노력한 데 감사한다. 외환은행 투자를 통해 국내 은행권 회복과 확장에 기여할 수 있게 돼서 감사하게 생각한다."

론스타로서는 단순히 가격 조건보다는 적대적인 여론을 무마하기에 그나마 부담이 덜한 상대를 선택했을 가능성이 크다. 강정원과 엘리스 쇼트의 기자회견이 진행되었고, 그 직후에 진행된 인터뷰에서 당시 국민은행 부행장 김기홍의 발언도 중요하다. 국민은행은 인수 자격에 문제가 없으나 정부가 승인을 해주어야 가능하다는 데 의견을 모으고 있었다. 국민 여론을 무시하고 갈 수 없다는 대목도 눈길을 끈다.

상황은 일사천리로 진행되었다. 4월 19일에는 존 그레이켄 회장이 입국해 기자회견을 열었다. 그는 이 기자회견에서 다음과 같이 사과했다.

> "론스타는 1996년부터 10년간 350억 달러를 투자했고, 1998년부터 한국에만 50억 달러 이상을 투자했습니다. 그러나 최근에 회사가 한국에 투자해 발생한 논란에 대해서는 유감을 표명하고 사과드립니다. 아울러 오해에 대해서는 해명하고자 합니다. 론스타는 각국의 법을 준수하는 회사입니다. 한국에서도 법과 규제를 따르고 정부기관과 협조하고 있습니다.……현재 금감원과 협조해 내부 통제를 개선하기 위해 노력하고 있으며 제재 조치를 따를 것입니다. 우리는 스티븐 리를 제대로 관리감독하지 못했다는 것을 인정하며, 그에 대한 책임감을 느낍니다. 한국 정부와 국민에게 다시 한번 사과드립니다."

그러나 존 그레이켄의 사과는 오히려 들끓은 여론에 기름을 끼얹은 꼴이었다. 일사천리로 풀리는 것 같았던 외환은행 매각에 제동을 건 것은 감사원이었다. 당시 감사원장 전윤철은 4월 20일 국회 법제사법위원회 전체회의에서 당시 열린우리당 의원 김영주의 질문에 "여러 의혹이 해소될 때까지 외환은행 매각을 지연시켜야 한다"고 답변했다.

정부와 교감이 있었던 것일까? 국민은행은 사흘 뒤인 4월 24일 기자 간담회를 열고 "감사원 감사와 검찰 수사가 끝날 때까지 거래를 미루기로 했다"고 밝혔다. 국민은행은 4월 21일까지 실사를 벌인 뒤 본 계약을 체결한다는 계획이었으나 갑자기 조건을 추가한 것이다. 김기홍은 "중요한 것은 감사원 감사와 검찰 수사가 끝나야 외환은행 인수도 마무리되며, 수사가 진행 중인 상황에서 론스타에 매각 대금을 주는 일은 없을 것이라는 점"이라고 강조했다. 국민은행이 요구한 조건을 론스타가 받아들였다는 설명이다. 구체적인 답변을 꺼렸지만 일부 언론은 이를 두고 국민은행이 외환은행 인수를 포기할 수도 있다는 가능성을 열어둔 것으로 해석했다.

그러나 거래를 미룬다는 발표와 달리 국민은행과 론스타는 5월 19일 전격적으로 본 계약을 체결했다. 기자회견에서 "검찰 수사 이후 대금 지급하게 되는데 시효가 있느냐"고 묻자, 김기홍은 "비밀 준수 규정이 있어서 (밝힐 수는 없지만) 통상적인 계약 시효가 있습니다. 본 계약을 한 상황에서 매도매수자 양측 모두 계약을 하겠다는 의지가 있기 때문에 계약을 효력화하는 계약서를 만들어놨습니다"라고 답변했다.

론스타뿐만 아니라 국민은행도 마지막까지 여지를 남겨두고 싶었을 것이다. 이 지점에서 론스타와 국민은행 중에 누가 먼저 계약을 파기했는지는 매우 중요하다. 론스타로서는 이 과정에서 정부의 압력이 영향을 미쳤는지를 입증하는 게 소송의 결정적인 변수가 된다. 한편, 론스타는 국민은행과 본 계약을 체결한 이후에도 계속해서 여론전을 펼쳤다. 5월 23일에는 존 그레이켄이 미국 뉴욕에서 기자회견을 열고 "한국의 반 외국자본 정서가 우리의 한국 내 투자를 매우 불확실하게 만들고 있다"고 비판을 쏟아냈다.

존 그레이켄은 8월 21일에도 영국 『파이낸셜타임스』와 인터뷰에서 같은 주장을 되풀이했다. 존 그레이켄은 "지금의 혼란은 4년 전 모건스탠리를 통해 이 거래에 나섰을 때 예상했던 결과가 아니었다"면서 "론스타는 한국 국내 정치의 희생양이 되었다"고 주장했다. 그레이켄은 "왜 우리가 지불할 의무가 없는 세금을 내야 하느냐"면서 "우리는 우리 투자자들을 위해 행동할 뿐이며 법령을 따랐다"고 주장했다. 8월 30일에는 『블룸버그통신』과 인터뷰를 갖고 "협상 기간 종료일인 다음 달 16일까지 검찰 조사의 결론이 나지 않으면 예정된 계약 이행을 마무리할 수 없는 상황이 올 수 있으며 계약 자체가 무산될 가능성도 있다"고 밝히기도 했다.

그러나 실제로 론스타가 국민은행과 협상을 깨기보다는 한국 정부의 약점을 이용해 유리한 위치를 차지하기 위한 엄포라는 시각이 지배적이었다. 론스타의 투자자들을 위한 내부 무마 용도일 가능성도 있었고, 가격을 올려잡기 위한 고도의 언론 플레이라는 관측도 있었다. 이미 국민은행이 검찰 등의 수사가 끝난 뒤에 매매 대금을 지급하겠다고 밝힌 뒤라 검찰이 시간을 끌면 애가 타는 쪽은 국민은행이 아니라 론스타였기 때문이다.

9월 8일, 강정원이 "론스타가 외환은행 매각이 무산될 수 있다고 주장한다면 국민은행도 딜을 깰 수 있다"고 밝힌 것도 서로 힘 겨루기를 하는 과정에서 나온 원론적인 발언이었다. 9월 11일에는 김기홍이 "우리도 들어줄 수 있는 것이 많지 않다"며 "경제적인 손해를 보더라도 국내 리딩뱅크로서의 입장과 국민 여론을 고려해 (외환은행 인수를) 포기할 수 있다"고 좀더 단호한 태도를 보이기도 했다.

결국 계약 만료일인 9월 16일을 넘길 때까지 검찰 수사는 결론이 나지 않았고 계약이 파기될 상황에 놓였다. 당시 외환은행 행장이던 리처드 웨커는 18일 사내 방송을 통해 "계약의 만료일이 있고 그 기간에 팔 물건(외환은행)의 가치가 올라간다면 그만큼 보상을 요구하는 것이 당연하다"고 밝혔다. 론스타에서 파견한 행장이니 당연한 소리겠지만 행장이라기보다는 론스타의 대변인이 하는 말이었다. 그는 "계약 연장과 파기, 조건 유지와 변경 문제에 대해 양측 입장은 분명하고 론스타 입장에서는 계약 기간 연장에 동의할 경우 같은 조건으로 무한정 연장하기 어렵다는 입장을 밝혔다"고 말했다.

론스타로서는 가격 협상을 한 뒤 7개월 동안 가격이 묶여 있었던 터라 단순 계산해도 이자 수익만 수천억 원의 손실을 감수해야 하는 상황이다. 게다가 그해 외환은행 실적이 좋았기 때문에 가격을 더 높여 부르고 싶었을 것이다. 당장 매각도 급하지만 한국 정부를 핑계로 협상을 깨도 아쉬울 게 없는 상황이었다. 론스타는 가격 산정을 다시 하거나 위약금을 추가로 받거나 배당금을 챙겨 손실을 보전하는 등의 방안을 제안한 것으로 알려졌다.

엘리스 쇼트는 11월 13일 『매일경제』와 인터뷰에서 아직은 매각 협상을 철회할 계획이 없다고 밝혔다. 이 인터뷰에서도 론스타는 억울하다는 입장을 거듭 밝혔다.

존 그레이켄은 11월 17일 『블룸버그통신』과 인터뷰에서 "요즘 상황에서 국민은행으로의 매각을 논의하는 것은 무의미하다"면서 "외환은행의 자본 상태가 배당할 수 있는 상태인지 살펴볼 계획"이라고 밝혔다. 2005년 기준으로 이익 잉여금 이월액이 9,582억 원인 데다 2006년 실적이 좋았기 때문에 최대한 배당을 당긴다면 2조 원 이상 배당이 가능한 상황이었다. 존 그레이켄은 "배당을 실시한다고 해서 외환은행 매각 가격을 당초 6조 9,500억 원에서 낮출 계획은 없다"고 밝혔다. 11월 17일 『로이터』와 인터뷰에서는 "이 같은 상황에서 우리가 한국에서 사업을 계속하는 것은 거의 불가능하다"면서 "조사가 마무리되기 전까지는 한국에 한 푼도 투자하지 않을 것"이라고 엄포를 놓기도 했다.

마지노선은 외환은행의 배당 기산일인 2006년 12월 31일이었다. 국민은행이 매매 대금을 납입하지 않을 경우 론스타가 배당을 챙겨가더라도 막을 방법이 없게 된다. 전체 배당이 2조 원이라면 론스타의 몫은 1조 3,000억 원 정도가 된다. 론스타로서는 배당으로 빼가거나 그만큼 가격을 높여달라고 요구할 명분이 생겼다. 게다가 국민은행 말고도 외환은행 인수에 관심이 있는 외국계 투자은행이 몇 군데 있다는 소문도 흘러나왔다.

존 그레이켄은 11월 22일 『파이낸셜타임스』와 인터뷰에서 "검찰조사가 다시 확대되고 있고 회사 관계자에 대해 체포 영장이 발부됐기 때문에 국민은행과의 계약을 어떻게 해야 할지 논의하고 있다"면서 "계약 파기까지 검토하고 있다"고 밝혔다. 국민은행은 이때까지만 해도 "아무런 협의나 논의가 진행된 바 없고 론스타 측으로부터 통보받은 것도 없다"고 밝혔다. 그러나 다음 날인 11월 23일 엘리스 쇼트가 강정원에게 전화를 걸어 계약 파기를 통보하고 홍보 대행사를 통해 계약 파기를 공식 선언했다. 이미 계약 만료일이 2개월 이상 지난 상황이라 계약을 연장하거나 재계약을 하지 않으면 자동으로 파기되는 상황이었다. 국민은행이 이날 오후 4시 30분 무렵 전화로 통보를 받기 전까지 다른 협의가 없었던 것으로 보인다.

여러 정황을 종합하면 계약을 파기한 건 국민은행이 아니라 론스타라는 사실은 명확하다. 다만 국민은행은 검찰 수사가 끝나고 정부의 승인이 있어야 한다며 시간을 끌었고 론스타는 계약 파기 가능성을 거론하며 정부를 압박했으나 움직이지 않자 결국 거래를 중단하기에 이른 것이다. 론스타로서는 국민은행이 한국 정부의 눈치를 본다고 보고 HSBC 등 해외 금융기관으로 갈아타려는 전략이었을 가능성이 크다. 한국 정부가 HSBC와 협상을 방해했는지도 쟁점이다.

실제로 HSBC가 외환은행 인수를 승인해달라고 여러 차례 금융감독위원회를 재촉한 것은 사실이고, 금융감독위원회가 인수 승인을 유보하면서 매각을 지연시킨 것도 사실이다. 금융감독원위회 위원장 전광우가 말을 바꾼 것도 사실이다. 2006년 4월 취임 직후 기자회견에서는 "가능한 빠른 시일 내에 외환은행 문제가 원만히 해결되는 방안을 적극 모색하겠다"고 말했지만, 6월 3일 기자회견에서는 "외환카드 주가조작 재판 등 불확실성이 해소되는 계기가 있어야 되고, 국민 정서도 감안해야 한다"고 한 발 물러섰다. 사흘 뒤인 6월 6일 한국언론진흥재단 포럼에서는 "외환은행 매각 문제는 쇠고기 문제에서 볼 수 있듯이 충분한 국민적 공감도 얻어야 한다"며 한 발 더 물러섰다. 여론을 의식해 매각의 발목을 잡고 있다는 사실을 인정한 것이다.

론스타가 주가조작 사건 항소심에서 1심 판결을 뒤집고 무죄판결을 끌어낸 6월 20일에는 "재판이 끝나지 않은 상황에서 당국이 분명한 신호를 주는 것은 적절치 않으며 유보적인 입장을 취하는 것이 바람직하다"고 말했다. 당연히 론스타로서는 재판과 매각이 무슨 상관이냐고 항변할 수 있다. 설령 잘못이 있더라도 일단 매각은 매각이고 벌금 등 추징이 문제라면 압류를 할 수도 있다. 어떤 경우든 매각 자체를 막을 수는 없다는 게 론스타의 주장이었지만, 투기자본감시센터 등 일부에서는 애초에 외환은행 인수가 불법이고 원인 무효를 해야 할 상황이라 매각 자체가 성립되지 않는다는 강경한 입장이었다. 마침 취임 초기 미국산 쇠고기 수입 논란 등으로 여론의 반발에 부딪혔던 이명박 정부로서는 여론을 의식하지 않을 수 없었다.

당초 론스타와 HSBC의 매매계약 기한은 2006년 4월 말까지였으나 이를 7월 말까지 연장한 것은 론스타나 HSBC나 정부의 태도 변화를 기대했기 때문일 가능성이 크다. 가뜩이나 비즈니스 프렌들리를 천명한 이명박 정부가 비교적 자본시장에 우호적이라는 기대도 있었을 것이다. 론스타로서는 오히려 외환카드 주가조작 사건이 유죄판결을 받고 대주주 자격을 박탈당하고 강제 매각 명령을 받는 상황도 나쁘지 않았을 수도 있다. 그러나 역설적으로 무죄판결을 받으면서 여론의 반발이 더욱 끓어올랐고 정부로서도 여론의 눈치를 보지 않을 수 없었다.

론스타 주가조작 사건이 고등법원에서 무죄 선고를 받은 2008년 6월 24일 금융위원회 대변인 유재훈은 "론스타가 무죄를 선고 받았으나 검찰의 상고 여부 등이 확정되지 않아 아직 사법적 절차가 남아 있는 상태"라면서 "지금 시점에서 외환은행 매각과 관련된 제반 절차를 진행하는 것이 적절하지 않다"고 밝혔다. 아직 헐값 매각 사건은 1심조차 치르지 않은 상태라 금융위원회의 주장에 힘이 실렸지만, 론스타가 주장하는 것처럼 매수자가 아니라 매도자의 자격을 문제 삼아 승인을 미루는 것이 적절한 것인지에 대해서는 논란의 소지가 있다.

이미 이때부터 금융권에서는 론스타가 한국 정부를 상대로 소송을 낼 것이라는 소문이 나돌았다. 소송을 걸지 않으면 오히려 론스타 주주들로서는 배임 행위가 될 수 있어서 일단 소송을 걸고 볼 가능성이 크다는 관측이었다. 한국 정부의 고위 관계자가 차라리 가격은 적당히 받고 소송을 걸어서 받아가라고 조언했다는 소문도 공공연하게 흘러다녔다. 론스타로서는 매각 승인이 나면 좋고 안 나면 배당을 챙기면서 이익을 환수하고 나중에 손해배상을 청구하면 되기 때문에 어떻게 되든 '꽃놀이패'라고 생각하고 있었을 가능성이 크다.

론스타가 낸 중재 의향서에 따르면 론스타는 적어도 세 차례나 중재 신청을 낼 것이란 사실을 한국 정부에 통보한 것으로 보인다. 그러나 한국 정부는 어떤 이유로 이를 묵살했거나 공개하지 않았고 소송에 이르기까지 방치했다. 중재 의향서를 보낸 지 1년 반 뒤, 론스타는 실제로 2012년 11월 21일 세계은행 산하 국제투자분쟁해결센터에 소송을 제기했다. 론스타는 한국 정부가 간접 수용indirect expropriation 또는 수용에 준하는 조치measures tanta- mount to expropriation를 했다고 주장하고 있다.

한림대학교 법학과 교수 강병근이 2006년 2월 『법학논총』에 기고한 논문에 따르면 "직접 수용과 달리 재산 소유권은 손대지 않으면서 재산의 경제적 가치를 저하시키는 형태의 간접 수용은 다양한 형태를 취하면서 실질적으로는 직접 수용과 동일한 효과를 가져오기 때문에 여전히 외국인 투자자에게 문제가 된다". 투자자가 영업에 필요한 설비나 자원을 획득하지 못하도록 하거나, 이익금 회수와 송금을 차단하거나, 헐값에 운영 회사를 매각하도록 압박하거나, 강제로 회사 경영자를 출국시키는 경우 등이 해당된다. 직접적인 몰수는 아니지만 단계적 수용creeping expropriation 또는 위장된 수용disguised expropriation으로 볼 수 있는 경우 간접 수용이라고 부른다.

론스타의 주장은 크게 2가지다. 첫째, 한국 정부가 외환은행 매각을 고의로 방해해 국민은행이나 HSBC 등과의 매매계약이 파기되었고 결국 계획했던 것보다 훨씬 낮은 가격에 하나금융지주에 매각하면서 2조 4,000억 원 가까이 손해를 보았다는 것이다. 둘째, 한국 정부가 양도 차익에 세금을 부과했는데 이는 한국과 벨기에가 맺은 조세협정BTT의 이중과세 금지 조항과 한국-벨기에 투자보장협정BIT의 외국인 투자자 보호 의무 조항에 위배된다는 것이다.

참고로 한국-벨기에 투자보장협정은 정확히 한국 정부와 벨기에-룩셈부르크 경제동맹의 투자 상호 증진 및 보호에 관한 협정을 의미한다. 한국-벨기에 투자보장협정은 2011년 2월 25일에 발효되었다. 한국-벨기에 조세협정 제13조에 따르면 주식 양도로 인한 소득은 양도인의 거주지국에 과세하도록 규정되어 있다. 본사가 벨기에에 있으니 당연히 한국에 소득 신고를 할 이유가 없다는 게 론스타의 주장이다. 조세 회피 목적으로 페이퍼컴퍼니를 만드는 건 사모펀드의 기본 전략이고 한국 정부도 그것을 알면서 승인을 한 것 아니냐는 이야기다.

론스타는 첫째, 한국 정부가 외국인 투자자라는 이유로 론스타의 지분 매각을 방해했고 둘째, 내지 않아도 될 세금을 내도록 했다고 주장하고 있다. 하나씩 살펴보자. 한국 정부로서는 외국인 투자자라서 차별한 게 아니며 한국-벨기에 투자보장협정이나 론스타가 벨기에 기업이 아니라고 주장하려면 그 나라와의 조약에 위배된 게 없다는 사실을 입증해야 한다. 한국 정부는 론스타가 보낸 중재 의향서를 받은 뒤에도 관련 정보를 전혀 공개하지 않았는데, 정작 론스타는 8월 5일 관련 서류를 미국의 『비즈니스와이어』라는 매체에 공개했다.

그러나 공개된 내용은 언론 보도와 크게 다르지 않았다. 금융위원회가 외환은행 지분 매각 승인을 지연시켜 매각 차익에서 손해를 입었고, 한국-벨기에 투자보장협정에 따라 국세청의 과세 처분은 부당하다는 주장이었다.

좀더 추가된 부분이라면 HSBC뿐만 아니라 국민은행이나 싱가포르 DBS와 지분 매각이 실패한 것도 한국 정부 때문이고 2007년 13.6%의 지분을 시장에서 일괄 매각했을 때도 시가보다 낮은 가격으로 판매해 손해를 입었다는 주장 등이다.

론스타의 주장은 "한국의 금융 당국과 과세 당국이 해외 자본이 대규모의 투자 수익을 누리는 것에 대한 국민적 반감을 의식해 론스타를 불법 부당하게 대우했고 이로 인해 수십억 유로에 이르는 손해를 입었다"는 것이었다.

참여연대는 론스타의 중재 의향서를 분석한 결과 "'국익을 현저히 해할 우려가 있다'는 판에 박힌 이유로 정부가 원문 공개를 완강히 거부하여 시민단체가 정보공개 소송까지 제기해야 했던 자료가 해외 인터넷 사이트에 버젓이 올라가는 망신으로 나타났다"고 지적했다. 특히 "더구나 이 중재 의향서의 수신인은 국가를 당사자로 하는 소송에서 국가를 대표하는 법무부 장관이 아니라 대한민국의 국가 원수인 이명박 대통령"이라면서 "'국익을 현저히 침해할 우려'가 이렇게 망신스럽고도 허무하게 현실화된 것"이라고 비판했다.

애초에 론스타의 외환은행 인수가 불법이었다고 주장할 수도 있으나 이는 금반언principle of estoppel의 원칙에 위배될 수도 있다는 지적도 있었다. 금반언이란 한마디로 말을 바꾸는 걸 금지한다는 의미다. 한 입으로 두말하면 안 된다는 원칙이다. 한국 법에서는 민법 제2조 신의성실의 원칙이 여기에 해당한다.

지금까지 한국 정부는 한 번도 론스타의 외환은행 인수가 불법이었다고 주장한 적이 없다. 그런데 이제 와서 불법인 것으로 드러났다고 말을 바꾸면 그게 먹힐 리가 없다. 한국 정부로서는 론스타의 외환은행 인수가 적법한 투자가 아니었고 국제투자분쟁해결센터가 관할할 사건이 아니라고 주장할 수도 있다. 한국-벨기에 투자보장협정 제2조 제1항에 "투자를 자국의 법령에 따라 허용한다"는 규정이 적법한 투자와 투자자만 보호한다고 보는 해석도 있다.

그러나 론스타의 외환은행 인수를 승인한 게 한국 정부고 론스타가 불법의 이유를 제공했거나 불법이란 걸 알면서도 한국 정부를 속였다는 사실을 입증하지 못한다면 책임을 묻기가 쉽지 않다. 이제 와서 외환은행 매각이 불법이었다고 주장하기에는 이미 변양호 등이 대부분 무죄판결을 받은 뒤라 역시 논리가 달린다. 또 불법이라고 주장하려면 뭔가 계기가 필요한데 아무런 명분이 없다.

수사 중이거나 소송이 진행 중이라 매각이 늦어졌다고 주장하는 게 한국 정부가 내놓을 수 있는 최선의 논리일 텐데 역시 쉽지 않다. 외국인 투자자가 국내법을 지키지 않을 경우 당연히 징벌을 부과할 수 있으나 이런 이유로 매각을 못하게 만드는 것은 별개의 문제다.

물론 론스타가 국내법을 위반한 정황은 수두룩하다. 한국 정부는 불법 매각 논란과 주가조작 혐의 등 재판 등의 이유로 론스타의 매각을 지연시킬 필요성이 있었거나 의도한 건 아니지만 매각이 지연된 것은 정당하다고 주장해야 하는 상황이다.

론스타로서는 주가조작 등의 혐의로 벌금 등을 물어야 하는 상황이라면 재판 중에라도 공탁금을 걸고 관련 혐의자들의 출국 금지를 전제로 매각을 진행할 수 있다고 주장할 가능성이 크다. 은행법은 매수자의 자격 조건을 엄격히 규정하고 있지만, 매도자의 자격 조건을 규정할 이유가 없다. 설령 매도자가 범죄 혐의가 있다고 하더라도 그런 이유로 매도를 금지할 근거가 없다는 사실을 인정해야 한다.

설령 론스타의 불법이 입증된다고 하더라도 은행법에 따라 10% 이상의 지분을 매각하도록 명령하는 것 이상 다른 방법이 없는 것도 현실이다. 불법이 입증되기 전까지 매각을 금지할 명분이 없다는 이야기다. 승인 절차가 늦어진 것일 뿐 매각을 지연시킨 게 아니라고 주장할 수 있지만 역시 설득력이 낮다. 여러 정황을 감안해도 한국 정부가 먹튀를 막아야 한다는 국내 여론을 의식해 매각을 지연시켰다고 볼 근거는 충분하다.

거꾸로 론스타가 금반언의 원칙을 위배했다고 주장할 수도 있다. 2015년 6월 『뉴스타파』는 론스타가 2009년 론스타어드바이저코리아 대표를 지낸 스티븐 리를 상대로 배임 혐의 등으로 소송을 낸 것을 두고 금반언의 원칙에 위배된다고 지적한 바 있다. 론스타가 미국 텍사스 댈러스 카운티 법원에 낸 소송에서 스티븐 리 때문에 2007년 HSBC와 협상이 결렬되었다고 주장한 사실이 드러난 것이다. 그런데 한국 정부와 소송에서 HSBC와 협상 결렬이 한국 정부가 승인을 지연시켰기 때문이라고 주장한다면, 앞뒤가 맞지 않는다는 게 『뉴스타파』의 주장이었다.

당시 새정치민주연합 의원 김기준이 공개한 론스타의 공소장을 보면 "스티븐 리의 불법적인 행위가 없었더라면 외환은행에 대한 수사는 진행되지 않았을 것"이라면서 "한국 정부가 진행 중인 조사에 협력해 스티븐 리의 불법행위를 한국 정부 기관에 알려줬다"는 대목이 있다. 론스타는 이 공소장에서 "한국 정부의 조사는 신뢰성credibility을 가지고 있었다"고 밝히고 있다. 이 공소장만 보면 론스타가 한국 정부에 별다른 불만을 갖고 있지 않은 것으로 보인다. 물론 론스타로서는 스티븐 리와 한국 정부에 책임이 있다고 주장할 수도 있다. 그러나 적어도 스티븐 리와 소송에서 한국 정부의 책임을 거론하지 않은 것은 부정할 수 없는 사실이고 뒤늦게 말을 바꾸었다는 비판에서 자유로울 수 없다.

국가 위에 군림하는 단 한 번의 소송

2011년 11월 29일, 이명박 정부는 "ISD 투자자-국가 간 분쟁 해결 절차, 우리에게 필요한 제도입니다"라는 자료를 발간했다. 이명박 정부의 주장은 크게 4가지로 정리할 수 있다. 첫째, 정부의 공공 정책 자율권은 보장된다. 둘째, ISD 대상이 되는 간접 수용은 극히 이례적인 경우다. 셋째, 중재판정부는 전문성을 지닌 중립적인 기관이다. 넷째, ISD 제소를 남용할 가능성은 없다. 간접 수용이란 정부가 직접 수용하는 것은 아니나 투자자가 정부 조치로 사실상 영업을 할 수 없게 되어 투자 가치가 직접 수용과 동등한 정도로 박탈되는 상황을 말한다.

정부는 "한미 FTA에서 인정되는 간접 수용의 범위는 매우 제한적으로 규정돼 있다"면서 "보건, 안전, 환경 및 부동산 가격 안정화와 같은 정당한 공공복지 목적을 위한 비차별적 규제 조치는 '드문 상황이 아닌 한except in rare circumstances' 간접 수용에 해당되지 않는다고 명시돼 있다"고 강조했다.

심지어 "ISD 제소를 남용할 가능성은 없다"면서 "정부 조치가 정당하고 미국 투자자에게 비차별적인 경우에는 ISD 피소 가능성은 사실상 없다"고 단언하기도 했다. "기업의 입장에서도 막대한 비용과 중재 판정이 내려지기까지 2~3년의 기간이 소요되기 때문에 기업이 무분별하게 상대국 정부를 제소할 가능성은 거의 없다"는 설명도 덧붙였다.

당시 언론 보도를 보면 분위기를 짐작할 수 있다. 서울대학교 법학전문대학원 교수 신희택은 2011년 11월 2일『조선일보』기고에서 "교통사고(ISD에 따른 제소)가 무서워 자동차 타는 것(FTA의 효용성)을 포기할 수는 없다"고 주장하기도 했다. 고려대학교 법학전문대학원 교수 이재형은 11월 3일『중앙일보』기고에서 "아르헨티나는 경제 위기 당시 정부가 취한 정책으로 무려 40여 건의 ISD 제소를 당했다는데, 아르헨티나는 당시 많은 기업을 국유화했고 외국 기업이 투자한 자산을 다 박탈한 것이라 그럴 경우엔 보상을 해주는 게 맞다"고 설명하기도 했다.

단국대학교 법학연구소에서 2012년 12월에 펴낸『법학논총』에 실린 김희준의 논문에 따르면 적법성 규정in accordance with laws and regulations에 위반하는 방법으로 시행되었거나, 투자자의 행위가 국제법상 일반 원칙인 신의성실의 원칙the good faith principle에 반한다는 이유로 중재 판정부의 관할권을 부인하고 투자자 패소 판정을 내린 사례도 상당수 발견된다. 그러나 한국-벨기에 투자보장협정에는 투자 적법성이란 개

넘을 따로 규정하고 있지 않다.

이 경우 국제투자분쟁해결센터 협약에는 "당사자가 합의하는 법 규칙에 따라 분쟁을 해결해야 하며 이러한 합의가 없는 경우, 분쟁 당사국의 법 내지는 적용 가능한 국제법 원칙을 적용한다"고 규정하고 있다. 한국-벨기에 투자보장협정에 없으니 국제투자분쟁해결센터의 판단을 받아야 한다는 게 론스타의 주장이라면 한국-벨기에 투자보장협정에 적법한 투자만 보호한다는 규정이 이미 담겨 있다는 게 한국 정부의 주장이다.

실제로 과거 국제투자분쟁해결센터의 중재 사례를 보면 '투자'에 해당하지 않아, '관할이 없음'으로 결정 나는 경우도 있었다. 그러나 한국-벨기에 투자보장협정처럼 투자 적법성에 대한 조건이 명시적으로 규정되지 않은 경우 국내법을 적용할 수 있는지가 쟁점이 된다.

몇 가지 사례를 살펴보자. 인셰사라는 스페인 소재 기업과 엘살바도르 정부의 소송에서 적법한 방법으로 사업권을 취득하지 않았기 때문에 적법한 투자라고 보기 어렵다고 보고 국제투자분쟁해결센터에 관할권이 없다는 결론을 내렸다. 관할권이 없다는 말은 우리가 맡을 사건이 아니라는 의미다. 이 경우 중재재판소에 가져올 게 아니라 엘살바도르 법원의 판단에 맡기는 수밖에 없다는 이야기가 된다.

인셰사는 공개 입찰을 통해 차량 오염과 소음 등의 검사 시설 설비와 운영 등의 사업 계약을 체결했으나 사업권을 빼앗기자 소송을 냈다. 그러나 엘살바도르 정부는 애초에 사업권 취득이 사기적인 방법이었다고 주장했고 실제로 소송 과정에서 증거가 쏟아졌다. 한국과 벨기에처럼 엘살바도르와 스페인이 체결한 투자협정에는 투자의 조건을 정의하는 부분에 적법성 요건이 명시적으로 규정되어 있지 않았다. 그러나 국제투자분쟁해결센터는 추상적으로나마 적법성 요건이란 단어가 두 차례 언급되어 있는 걸로 봐서 두 나라가 적법하지 않은 투자를 보호할 수 없다는 합의가 있었다고 보고 인세사의 중재 신청을 기각했다.

2007년 5월에는 캐나다 소재의 알라스데어로스앤더슨이란 기업이 코스타리카 정부를 상대로 중재 신청을 낸 사건이 있었다. 코스타리카 정부가 금융 시스템에 대한 규제와 감독을 소홀히 해서 손실을 입었으며, 이는 캐나다와 코스타리카 정부가 체결한 투자협정을 위반한 것이라는 주장이었다. 이 사건 역시 코스타리카 정부는 알라스데어의 사업이 투자협정이 보호하는 적법한 투자라고 보기 어렵다며 국제투자분쟁해결센터에 관할권이 없다고 주장했다. 실제로 이 기업이 불법적인 금융 사업에 개입해 투자자들을 유인했고 일부 관계자들의 18년형을 선고 받은 사실 등이 인정되어 중재 신청이 기각되었다.

캐나다와 코스타리카가 맺은 투자협정에는 투자자를 "일방 체약국의 국적을 보유한 자연인으로서 상대방 체약국의 국적을 갖지 아니한 자 또는 일방 체약국의 관련 법률에 따라 설립된 법인으로서 상대방 체약국의 영토 내에 구축한 투자를 소유 또는 지배하는 자Investor means (i) any natural person possessing the citizenship of one Party who is not also a citizen of the other Contraction Party; or (ii) any enterprise as defined by paragraph b of this Article, incorporated or duly constituted in accordance with applicable laws of one Contracting Party"라고 정의하고 있다.

투자자로 보호를 받으려면 코스타리카의 국내법에 따라 소유했다는 사실을 입증해야 한다는 이야기다. 그러나 자산 취득 과정에 불법적인 행위가 있었다는 사실이 드러났고, 법률에 따른 투자를 했다고 볼 수 없다는 이유로 국제투자분쟁해결센터는 이 사건을 판단할 권한 jurisdiction이 없다는 결정을 내려 결국 기각되었다.

론스타 사건과 결정적으로 다른 점이라면 한국 정부는 아직까지 론스타가 불법적으로 외환은행을 인수했다는 사실을 인정한 적이 없다는 것이다. 금융위원회는 론스타의 외환은행 인수는 합법적이었고 비금융 주력자 여부도 충분히 심사했기 때문에 문제가 될 게 없다는 입장이다. 적어도 2005년 이후로는 확실히 비금융 주력자라는 게 입증되었지만, 금융위원회는 2011년에 와서야 골프장을 매각했으니 비금융 주력자라고 볼 수 없다고 주장했다. 물론 비금융 주력자 논란 때문에 론스타의 외환은행 매각을 반대했거나 지연시킨 건 아니지만 완전히 무관하다고 말하기는 어렵다. 한국 정부는 분명히 언론의 비판과 여론의 반발을 의식했고 시간을 끌어왔던 게 사실이다.

외환카드 주가조작 사건으로 유죄가 확정되었지만 엄밀히 따지면 주가조작은 외환은행 인수(투자) 이후에 발생한 사건이다. 과거 다른 국제투자분쟁해결센터 사건들과 비교해봐도 한국 정부가 론스타가 적법한 투자자가 아니라고 주장하기에는 모호한 부분이 많다. 한국 정부가 론스타의 외환은행 인수가 불법이라고 주장하기는커녕 오히려 그동안 아무런 문제가 없다고 주장해왔기 때문이다. 물론 처음 인수할 때 적법한 투자자였다고 인정하더라도 인수 이후에 심각한 불법을 저지른 건 사실이고 대주주 자격을 박탈당한 것도 사실이다.

두 번째 쟁점인 양도소득세 역시 한국 정부가 결코 유리하지 않다.

LSF-KEB홀딩스는 페이퍼컴퍼니라 실소유주인 버뮤다의 론스타파트너스4호나 미국의 론스타펀드4호에 과세하는 게 맞다고 주장하는 게 최선의 전략이라고 할 수 있다. 그러나 LSF-KEB홀딩스가 벨기에 법인이라는 사실을 한국 정부는 2003년 9월에 이미 알고 있었다. 조세 회피는 그것 자체로 불법이 아니고 론스타처럼 정당한 조세 회피가 아니라 탈세라고 주장할 근거가 마땅치 않은 게 현실이다. 조세 회피 목적으로 벨기에 등을 거쳐 우회 투자를 했다는 사실을 알고 있었으면서도 외환은행 인수를 승인한 것은 부정할 수 없는 사실이다. 그런데 뒤늦게 세금을 내야 한다고 주장하는 건 아무래도 앞뒤가 맞지 않다.

최악의 경우, 국제투자분쟁해결센터가 한국과 벨기에의 조세협정이 한국의 조세법보다 상위법이라고 판단할 경우 한국 정부의 과세가 부당하다고 결론을 내릴 수도 있다. 이 경우 수많은 외국 기업의 줄소송으로 이어질 가능성도 배제할 수 없다. 김희준의 논문에 따르면 여기서 쟁점은 크게 3가지다. 첫째, 주식 양도 차익의 실질적 귀속자를 누구로 볼 것인가? 둘째, 론스타펀드4호의 고정 사업장이 국내에 존재한다고 볼 수 있는가? 셋째, 조세의 부과가 한국-벨기에 투자보장협정이 금지하고 있는 수용에 해당하는가?

OECD 모델 조세협약에 따르면 "고정 사업장은 한 기업의 사업이 전적으로 또는 부분적으로 수행되는 일정한 사업 장소를 의미한다 permanent establishment means a fixed place of business through which the business of an enterprise is wholly or partly carried on". 한국에서는 고정 사업장과 같은 의미로 국내 사업장이라는 개념을 쓴다. 소득세법 제120조에서 "외국 법인이 국내에 사업의 전부 또는 일부를 수행하는 고정된 장소를 갖고 있는 경우에는 국내에 사업장이 있는 것으로 한다"고 규정되어 있다.

론스타는 중재 의향서에서 한국 정부가 고정 사업장 여부와 관련해 입장을 계속 바꾸었다고 주장하고 있다. 국세청이 처음에는 론스타가 한국에 고정 사업장이 없다고 결론을 내렸다가 고정 사업장을 발견했다고 했다가 다시 고정 사업장이 없다고 했다The NTS initially concluded that Lone Star entities did not have a PE in Korea, then the NTS found that they did have a PE in Korea, and then, once again, it concluded that they did not have a PE in Korea는 것이다. 심지어 론스타가 국내 사업장이 없다는 결론을 내려놓고도 한국 세법을 적용해 세금을 부과했다even when the NTS concluded that Lone Star entities did not have a PE in Korea, the NTS ignored the applicable tax treaties and assessed or withheld Korean taxes based only on Korean domestic law고 주장했다.

김희준은 논문에서 "대부분의 중재판정부는 투자 유치국 정부의 과세를 간접 수용으로 결정하지 않았다"면서 "우리 정부의 과세 역시 비차별적이고 적법한 절차를 통해 이루어졌으므로 중재판정부가 간접 수용에 해당한다는 결정을 내리기는 쉽지 않을 것"이라고 전망했다. 다만 "외국인 투자자의 과세 금액이 늘어난 경우나 특정 문구의 해석과 관련해 중재판정부의 입장이 통일돼 있지는 않다"고 덧붙였다.

한편 론스타가 외환은행 주식 가운데 일부를 블록세일 방식으로 매각하는 과정에서 론스타어드바이저코리아가 주도적인 역할을 한 것으로 확인된 사실도 의미심장하다. 론스타어드바이저코리아는 론스타펀드4호의 간주 고정 사업장이라고 할 수 있다. 간주 고정 사업장은 기업이 다른 국가 내 지점 등과 같이 물리적인 사업 장소를 가지고 사업을 영위하지 않고, 자기를 위해 계약을 체결할 권한을 가지고 있는 독립적이지 않은 대리인을 통해 사업 활동을 하는 경우에는 그 외국 기업은 그 대리인 소재 국가에 고정 사업장을 가지고 있는 것으로 보는데 이때의 사업장을 의미한다. 한국의 세법이나 조세조약에서 간주 고정 사업장과 일반적인 고정 사업장을 구분하지 않고 있기 때문에 과세 방법 역시 동일하다.

한국 정부의 수상쩍은 태도

"재판 절차의 공개는 재판의 공정성과 신뢰성을 보장하려는 근대 사법제도의 기본이다. 더욱이 국가 공공정책의 정당성을 다투는 재판 절차는 더욱 철저하게 공개돼야 한다."

론스타와 한국 정부의 ISD 첫 심리를 하루 앞둔 2015년 5월 14일, 민주사회를 위한 변호사 모임(민변)이 낸 성명서 가운데 일부다. 민변은 국제투자분쟁해결센터 규칙에 따라 사무총장 멕 키니어Meg Kinnear에게 참관 신청서를 보냈으나 허용할 수 없다는 답변을 받았다. 국제투자분쟁해결센터 규칙에 따르면, 민변의 참관은 한국 정부와 론스타 중 어느 한쪽의 반대만 없으면 가능하다.

민변은 "민변의 참관 요구는 론스타 ISD에 대해 극단적 비밀주의로 일관하는 정부에 대해 국민의 알 권리 보장을 요구하는 것으로서, 중재 판정에 있어서 한국 정부에 부정적 영향을 미치지 않는다"고 주장했다. 그러나 국제투자분쟁해결센터는 어느 쪽의 반대로 참관이 허용되지 않았는지조차 알려주지 않았다. 민변에 따르면 ISD 중재재판의 심리는 론스타와 대한민국 정부 양쪽이 쟁점에 대해 구술로 주장하고, 증인에 대한 신문과 반대 신문이 진행된다.

국민들은 김석동 등 당시 금융감독위원회와 검찰, 국세청의 책임자 중 누가 증인으로 채택되었는지조차 알 수 없었다. 민변 소속의 변호사 송기호는 "중재판정부의 기밀 유지 명령은 기업 비밀을 보호하기 위한 절차일 뿐, 정부의 극단적 비밀주의의 근거가 될 수 없다"고 지적했다. 중재재판부의 절차 명령 제5호, 즉 이른바 '비밀유지 명령 confidential order'은 그 범위가 매우 제한적이다.

2015년 3월, 미국 기업 론파인 리소스와 캐나다 정부의 중재 사건에서 중재판정부가 내린 비밀유지 명령을 보면, 양 당사자는 기밀 정보의 정의 요건을 충족한 일부 정보(비즈니스 기밀 정보와 캐나다 정보공개법 등에 의해 공개 예외로 인정되는 정보 등)에 한해 비밀 유지 의무가 있다. 민변은 "최근 국제사회는 ISD 서류와 심리 절차를 최대한 공개해 누구나 이에 대해 의견을 개진하고 토론할 수 있도록 투명성을 강화하는 방향으로 가고 있다"면서 "특히 미국이나 캐나다는 서면을 포함해 가능한 많은 정보를 홈페이지에 공개하고 있으며, 외국 투자자가 영업 비밀 유출 등을 우려하여 기밀 유지 명령을 요청하더라도 최대한 정보를 공개하도록 하는 방식으로 협의하고 있다"고 지적했다. 심지어 코스타리카는 ISD 심리를 인터넷으로 생중계하기도 했다. 투명하게 공개해야 국민들의 오해를 불식시킬 수 있고 공정한 심리를 하도록 재판부를 압박하는 효과도 있기 때문이다.

그러나 한국 정부는 비밀유지 명령이 어떤 내용인지조차 비밀로 했다. 2005년 2월, 이란 기업 엔텍합이 한국 정부를 상대로 중재 의향서를 접수했을 때도 한국 정부는 접수 받은 사실이 없다고 밝혔으나 뒤늦게 사실로 드러나기도 했다. 네덜란드 하노칼홀딩스BV가 한국 정부를 상대로 중재 의향서를 접수한 사실도 『경향신문』 보도로 뒤늦게 드러났다.

중재재판부는 재판장과 양쪽에서 선임한 중재인, 모두 3명으로 구성된다. 론스타와 한국 정부의 중재재판의 재판장은 영국 국적의 조니 비더V.V. Veeder가 맡았다. 론스타는 2013년 1월, 미국 국적의 변호사 찰스 브라우어Charles Brower를 선임했고, 한국 정부는 2월 프랑스 국적의 브리짓 스턴Brigitte Stern을 중재인으로 선임했다. 론스타의 대리인은 미국 워싱턴D.C. 소재의 시들리 오스틴과 한국의 법무법인 세종이 맡았고, 한국 정부의 대리인은 법무부 국제법무과와 워싱턴D.C. 소재의 로펌, 아놀드앤포터와 법무법인 태평양 등이 맡았다.

송기호에 따르면 론스타의 중재 신청을 다루기에 앞서 다음 4가지 질문이 정리되어야 한다. 첫째, 론스타가 중재 신청을 할 자격이 있는 적법한 투자자인지를 따지는 것이 우선이다. 둘째, 론스타가 벨기에 국적 회사가 맞는지를 따지는 것이 그다음이다. 셋째, 론스타의 중재 신청이 사건 발행 5년 이내의 제소 기간을 준수한 것인지도 쟁점이다. 넷째, 이미 국내 재판을 거친 국세청의 조세 처분에 대해 중재 신청을 했다면 그것도 따져볼 필요가 있다.

그러나 본안 쟁점이 무엇인지와 5조 원의 손해배상 청구가 어떻게 계산된 것인지에 대한 정보조차 국민들은 전혀 알 수 없었다. 론스타에 중재 신청 자격이 있는지 이런 사실이 제대로 논의되고 있는지조차도 확인할 방법이 없었다.

첫째, 론스타가 중재 신청을 할 수 있는지부터 살펴보자. 한국과 벨기에가 맺은 투자보장협정에 따르면 "체약 당사자는 투자를 자국의 법령에 따라 허용한다shall admit such investments in accordance with its laws and regulations"는 규정이 있다. 이를 적법성 조항이라고 하는데 투자 승인부터 투자 이후까지 한국과 벨기에의 국내법을 준수하는 투자만 적법한 투자로 본다는 의미다. 투자 유치국의 법령을 위반하거나 국제 공서양속international public policy이나 신의성실에 반하는 투자는 보호 대상에서 제외된다.

사례는 얼마든지 있다. 독일 기업 프라포트Fraport와 필리핀의 소송에서는 외국인 지분 소유 한도를 우회해서 지분을 인수한 경우 보호 대상이 아니라는 결론이 내려졌다. 프라포트가 아키노 국제공항터미널의 건설과 운영권을 가진 기업 피아트코PIATCO의 지분을 인수하면서 공공서비스에 대한 외국인 지분 소유 한도를 45%로 규정한 필리핀 법을 회피하기 위해 명의만 다른 주주로 해두고 실제로는 그 지분에 대해서 자신이 통제권을 갖는 통제 협약을 체결하는 방식으로 피아트코 지분 61%를 인수했다. 그러나 필리핀 정부가 투자를 무효화하면서 ISD 소송으로 갔고 국제투자분쟁해결센터는 필리핀 정부가 투자를 승인했다고 해서 불법이 적법이 되는 건 아니라는 결론을 내렸다. 프라포트가 차명 지분 인수 방식으로 투자를 했다는 사실을 필리핀 정부가 처음부터 알아야 했거나 알 수 있었던 것은 아니라는 이야기다.

프라포트 사건의 판례는 론스타 사건에도 적용될 수 있다. 한국과 벨기에 투자보장협정에도 독일과 필리핀 투자협정에 있는 조항이 거의 비슷하게 들어 있다. 먼저 론스타 투자가 불법이라는 증거는 차고 넘친다. 론스타는 인수 자격 심사에서 의도적으로 자료를 누락했다. 한국의 은행법은 비금융 주력자가 아닌 자가 적격성을 갖춘 경우에만 금융감독위원회의 승인을 얻어 은행의 지분 10% 이상을 보유할 수 있고 6개월마다 비금융 주력자 여부를 심사 받아야 한다.

론스타캐피탈매니지먼트인베스트먼츠는 2003~2010년 기간 LSF 트랜스컨티넨탈홀딩스SCA를 자회사로 두었고, 이 자회사는 PGM홀딩스KK 주식 64.55%를 보유한 사실이 확인되었다. 론스타가 외환은행 인수 자격을 심사 받는 과정에서 보유 지분에 대한 자료를 제대로 제출했다면, 주식 초과 보유 승인을 받을 수 없었을 거라는 건 분명하다. PGM홀딩스 등을 고의로 누락했을 가능성이 매우 크다는 이야기다.

게다가 한국 법원은 이미 "2005년 내지 2010년에는 피신청인 엘에스에프의 동일인 중 비금융 회사인자의 자산 총액의 합계액이 2조원 이상임이 소명되므로, 특별한 사정이 없는 한 위 시기에 피신청인 엘에스에프는 비금융 주력자에 해당했음을 인정할 수 있다"고 결론을 내린 바 있다. 법원은 2012년 3월 외환은행의 우리사주조합 등이 낸 론스타의 의결권을 금지해달라는 가처분 신청 재판에서 "설령 비금융 주력자였다고 해도 의결권 제한이 유지된다고 볼 근거가 부족하다"면서 신청을 기각했으나 론스타가 비금융 주력자였다는 사실을 인정했다.

금융감독원도 2011년 12월 26일 국회 정무위원회 보고에서 PGM

홀딩스는 기타 투자회사지만 그 자회사 가운데 비금융 회사의 자산 합계가 2조 원이 넘었다는 사실을 인정했다. 론스타가 비금융 주력자였다는 사실에 대해서는 별다른 이견이 없었다는 이야기다. 론스타는 외환카드 주가조작 사건으로 유죄판결을 받았다. 외환카드의 감자를 실행할 계획이 없었으면서도 주가 하락을 부추길 의도로 허위로 보도자료를 내보낸 것은 당시 증권거래법에 규정된 '사기적 부정거래'와 '위계를 쓰는 행위'에 해당한다는 게 송기호 등의 주장이다. 실제로 외환카드의 2대 주주였던 올림푸스캐피탈이 2009년 3월 론스타와 외환은행을 상대로 손해배상을 청구하는 국제 중재 소송을 냈고, 론스타와 외환은행이 연대해서 700억 원 상당의 배상금을 지급하라는 판정을 받았다.

둘째, 론스타가 과연 벨기에 법인이 맞는지도 따져보아야 한다. 한국-벨기에 투자보장협정을 적용하기에 앞서 론스타가 이 협정을 근거로 ISD 소송을 제기할 자격이 있는지부터 따져봐야 한다는 이야기다. 물론 LSF-KEB홀딩스SCA가 벨기에 소재 법인인 것은 사실이지만, 이 회사는 미국의 론스타가 2002년 3월 42억 달러로 설립한 미국 델라웨어주 소재 론스타펀드4호LP와 영국령 버뮤다 소재 론스타펀드4호LP가 지분 100%를 나눠서 보유하고 있다. 이 둘을 합쳐서 론스타펀드4호라고 부르는데, 버뮤다 소재의 론스타파트너스4호가 무한책임사원으로 실질적으로 지배하고 있다. 소유와 경영 모두 미국과 영국 기업이 나누어 맡고 있다는 이야기다.

과연 LSF-KEB홀딩스SCA를 벨기에 법인으로 볼 수 있을까? 송기호는 "만일 신청인이 벨기에 기업으로 인정되지 않는다면, 신청인은 이 사건 중재를 신청할 수 있는 국적 요건을 결여한 것이고 중재 판정부는 실체 관계에 대한 심리를 할 필요 없이 이 사건을 판정할 관할권이 없다는 이유로 소를 각하해야 한다"고 주장했다.

기업의 국적은 설립지와 본점 소재지로 구분하지만, 북미자유무역협정이나 한미자유무역협정에는 실질적인 영업 활동을 하지 않고 제3국, 즉 협정 당사국이 아닌 비 당사국이 소유하거나 지배하는 경우에는 제소 자격을 주지 않는다는 명시적인 혜택의 부인denial of benefit 조항이 있다. 다만 한국-벨기에 투자보장협정에는 이러한 엄격한 요건이 없고, 대신 "벨기에의 영역 내에 주소를 두고 또한 벨기에의 법령에 따라 합법적으로 설립된 회사"라는 모호한 규정을 두고 있다. 2008년에 발효된 개정 투자협정에서는 "벨기에 법령에 따라 설립된 회사"라고 좀더 완화되었다. 그러나 설령 LSF-KEB홀딩스SCA가 벨기에 기업이라는 사실을 인정한다고 하더라도 명백하게 세금 회피가 목적인 100% 페이퍼컴퍼니에 ISD 중재 신청 자격을 인정할 것인지는 또 다른 문제다.

심지어 한국 정부가 ISD 신청 자격이 없다는 사실을 주장하지 않고 있는 것 아니냐는 의혹도 나왔다. 송기호가 2015년 12월 론스타 중재 판정부에서 받은 절차 결정서에 따르면 론스타와 한국 정부는 이미 비금융 주력자 지위는 쟁점이 아니라는 데 합의했을 가능성이 크다. 이 답변은 민변이 ISD에 의견 제출을 하겠다는 요청에 대한 답변으로 공개된 답변으로는 유일하다.

2018년 5월 『조선일보』가 인터뷰한 익명의 정부 관계자는 "산업자본 관련 이야기를 안 하게 된 데는 여러 가지 이유가 있지만, 승소 가능성이 큰 방안으로 주장한 것으로 안다"면서 "산업자본 관련 주장이 우리의 다른 주장의 정당성을 잃게 할 수도 있다"고 설명했다. 정부가 애초에 이길 의지가 없거나 정부 관계자들이 재판 결과보다는 책임을 회피하느라 급급한 상황이라는 이야기다. 론스타와 ISD 대응팀을 김석동과 추경호, 주형환 등이 맡고 있는 것도 상식적으로 이해하기 어려운 대목이다. 모두 외환은행 매각의 책임을 져야 할 사람들이다.

간접적으로 흘러나오는 정보를 모두 종합하면 론스타 ISD 대응팀은 국무조정실을 중심으로 6개 유관기관이 참여하고 있는 것으로 확인되었다. 추경호가 태스크포스팀 위원장을 맡고 주형환이 실무를 맡고 있는 것으로 알려졌다. 2016년 1월 주형환의 인사청문회를 앞두고 산업자원부가 낸 해명자료에 따르면 대응팀은 국무조정실을 중심으로 기획재정부, 외교부, 법무부, 금융위원회, 국세청 등 6개 부처 차관급으로 구성되었다.

참여연대는 2018년 3월, 논평을 내고 "모피아가 좌지우지하는 관치금융의 망령이 사라지지 않는 한, 제2, 제3의 론스타 사태가 언제라도 재발할 수 있다"면서 구체적으로 론스타 사태에 개입한 모피아 명단을 제시했다. 재정경제부 금융정책국장 변양호, 재정경제부 은행제도과장 추경호(현재 자유한국당 의원), 전 청와대 행정관 주형환(산업통상자원부 장관 역임), 재정경제부 장관 김진표(현재 더불어민주당 의원), 재정경제부 차관 김광림(현재 자유한국당 의원), 금융감독위원회 감독정책1국장 김석동(금융위원장 역임), 금융감독원장 권혁세, 금융위원회 상임위원 최종구(현재 금융위원장), 금융감독위원회 부위원장 이동걸(현재 KDB산업은행 회장), 한국은행 부총재 이성태(한국은행 총재 역임) 등이다.

특히 주형환은 10인 비밀회동에 청와대 대표로 참석했던 사람이다. 박근혜 정부 시절 청와대 경제금융비서관과 기획재정부 차관을 거쳐 산업통상지원부 장관까지 지냈다. 심지어 정찬우는 금융연구원 시절 론스타 중재재판에서 론스타에 유리한 증언을 했던 사람이다. 2009년 3월 외환카드 2대 주주였던 올림푸스캐피탈이 외환카드 주가조작으로 입은 손해를 배상하라며 론스타에 소송을 걸었는데, 당시 싱가포르에서 열렸던 중재재판에 정찬우가 증인으로 출석해 "2002~2003년 당시 신용카드 부실사태로 외환카드와 그외 신용카드사들이 사실상 파산 상태였다"고 증언한 사실이 뒤늦게 드러나 논란이 되었다. 정찬우는 박근혜 정부 시절 금융위원회 부위원장을 지냈다.

셋째, 사건 발생 이후 5년의 제소 기간을 준수했는지도 중요한 쟁점이다. 한국-벨기에 투자보장협정에는 "투자자가 분쟁의 원인이 되는 사건에 대하여 처음으로 알았거나 알 수 있었던 날부터 5년이 지난 후에는 쟁의 제기를 할 수 없다"고 규정하고 있다. 금융감독위원회가 론스타가 국민은행에 외환은행 주식 매각 승인을 거부한 게 2006년이다. 국세청이 론스타의 스타타워 매각 차익에 세금을 부과한 건 2005년이다. 외환은행 지분 13.6% 매각과 극동건설 등의 지분 매각에 대해 세금을 부과한 것은 2007년이다.

론스타가 중재 신청을 낸 게 2012년 12월이라 대부분은 이미 제소 기간을 넘겼다고 보는 게 맞다. 2012년 12월 기준으로 론스타가 제소할 수 있는 건 한국 정부가 외환은행 매각을 고의로 지연시켰다거나 2012년 1월 외환은행을 다시 내다 파는 과정에서 과도한 세금을 부과했다는 것 말고는 없다고 보는 게 맞다.

이미 국내 재판을 거쳤는데 이걸 다시 ISD 소송으로 들고 가는 게 가능할까? 한국-벨기에 투자보장협정에는 국내 법원에서 제소를 포기해야 국제 중재를 신청할 수 있도록 하는 규정이 있다. 론스타는 애초에 국내 법원에 제소하거나 국제 중재 신청을 신청하거나 둘 중 하나만 선택할 수 있다는 이야기다. 국세청이 벨기에 소재 론스타에 세금을 부과할 수 있느냐는 논쟁은 이미 국내 법원에서 정리되었다. 당연히 소를 각하해야 한다는 게 민변의 주장이다.

민변은 법무부에 론스타가 청구한 46억 7,950만 달러의 산출 근거를 구체적으로 밝히라고 정보공개를 신청했다가 정부가 이를 거부하자 행정소송을 냈다. 그러나 2015년 12월 법원은 "민변은 원고로서 소송을 제기할 자격을 갖추지 못해 소송 요건이 성립하지 않는다"며 기각했다. 민변은 동시에 국세청을 상대로 정보공개 청구를 했다가 거부당하자 행정법원에 소송을 냈고 모두 승소했다. 민변이 국세청에 요구한 자료는 론스타가 요구하는 손해액 가운데 한국 정부가 부과한 과세·원천징수 세액의 합계와 신청인 명단 관련 문서들이다.

민변은 "정부가 론스타를 상대로 국제중재를 신청할 법률적 자격이 없음을 제대로 다투었다면 중재 절차가 4년여 기간 동안 4차 변론에 이르기까지 진행되지는 않았으리라는 합리적 의심에 기반해 조세부담자로서 우리 국민이 당연히 알아야 할 필요 최소한의 정보공개를 구하는 것"이라고 주장했다. 그러나 국세청은 "개별 납세자의 과세 정보, 외교관계 등에 관한 사항으로서 공개될 경우 국가의 중대한 이익을 현저히 해할 우려가 있는 정보, 진행 중인 재판에 관련된 정보, 법인 등의 경영 영업상 정보에 해당한다"는 이유로 거부하고 있다.

법원은 과세·원천징수 세액의 합계와 총 합계액과 신청인 명단을 공개하라고 명령했으나 론스타가 낸 중재 신청서는 외교관계 등에 관한 사항으로 공개될 경우 국가의 중대한 이익을 현저히 해할 우려가 있다고 인정된다면서 비공개 대상 정보에 해당한다고 판결했다. 송기호는 "본안에 대한 쟁점을 검토하기 위해서는 무엇보다 론스타가 한국 정부에 제출한 소장(중재통지서)이 공개돼야 한다"고 강조했다. 송기호의 주장은 매우 상식적이고 합리적이다.

송기호는 "론스타가 자신의 주장을 뒷받침할 증거를 어떻게 수집해 중재판정부에 제출하는지가 승패를 좌우할 것으로 보인다"면서 "론스타는 금융감독위원회 고위 관료 외에도 국세청과 검찰의 간부에 대해서도 증인 신청을 하였을 것으로 보이며, 이들 증인 신문에서 매우 공세적 태도를 취할 것으로 예상된다"고 말했다.

송기호에 따르면 중재 결정은 기본적으로 법원이 관여하지 않으나, 중재 결정의 내용이나 그 결정 과정이 위법한 경우 법원은 당연히 개입할 수 있고 중재 결정을 번복할 수 있다. 사기업들끼리 상사 중재를 진행할 경우 집행국 법원이 별도로 외국 재판과 중재에 대한 승인·집행의 소에서 중재 판정의 정당성을 심사할 수 있다. 실세로 론스타펀드3호가 설립한 페이퍼컴퍼니가 예금보험공사가 100% 출자한 회사를 상대로 국제상업회의소 국제중재재판소에 3,200만 달러의 상사 중재를 신청해 승소한 사건에서 서울고등법원은 중재 약정이 존재하지 않는다는 이유로 집행을 불허한 사실도 있다.

한국-벨기에 투자보장협정 제8조 제6항과 국제투자분쟁해결센터

협정 제54조 제1항은 국제중재 판정이 분쟁 당사자에 대해 최종적이며 구속적이며, 체약 당사자는 이러한 판정이 각자의 관련 법령에 따라 인정되고 집행되도록 해야 한다고 규정하고 있다. 결국 한국 법원은 론스타가 제기한 ISD 소송에 대해 정당성 심사조차 할 수 없는 상황이라는 이야기다. 송기호는 "한국에서 법률을 위반해 한국 법원에 의해 유죄가 인정된 기업이 한국을 국제중재에 회부하여 승소를 하더라도 한국 법원이 그 정당성을 심사할 수 없다는 건 말도 안 되게 부당한 일"이라고 지적했다.

민변에서 활동하는 미국 변호사 김행선에 따르면 기업이 국가를 상대로 ISD 중재를 신청하기 위해서는 6가지 자격을 만족해야 한다. 다음은 2014년 3월 17일 론스타공동대책위원회 등이 주관한 토론회에서 김행선의 발표를 알기 쉽게 다시 정리한 것이다.

첫째, 투자자가 협약에 의해 보호되는 투자자 적격을 갖춰야 한다. 상대방 국가의 국민 또는 기업이어야 한다는 의미다. 둘째, 중재의 상대방이 협약 당사국이어야 한다. 투자 유치국의 구성 조직이나 기관이 계약의 상대방인 경우, 투자 유치국이 중재 제기 합의와 관련해 허가한 사실이 있어야 한다. 셋째, 당사자가 중재에 합의 또는 동의를 해야 한다. 넷째, 투자에서 직접 파생한 법적 분쟁이어야 한다. 다섯째, 투자자가 투자 유치국에 생산 설비나 지점, 자회사 설치 등 투자로 인한 직접적 이해관계가 있어야 한다. 여섯째, 투자 유치국의 새로운 입법이나 규제가 투자에 영향을 준 사실이 있어야 한다.

조금 복잡하게 들리지만 원리는 간단하고 명확하다. 중재 신청을 하는 기업이나 상대방 국가나 둘 다 조건이 맞아야 한다는 이야기다. 부당한 피해를 입었을 경우 ISD를 할 수 있도록 두 나라 사이의 협약이 있어야 하고 투자를 유치한 국가에 잘못이 있다는 사실을 입증할 수 있어야 하고 기업이 상대방 국가의 국적이라는 사실 역시 명확해야 한다.

ISD 소송은 이렇게 관할권이 있는지 따지는 것부터 시작한다. 설령 관할권을 인정받더라도 적격한 투자로 보호 받으려면 다음과 같은 투자의 요건을 만족해야 한다.

첫째, 지속성이다. 당사자 사이에 장기적인 관계에 대한 기대가 있어야 한다. 대부금 연장이나 채권 구매는 투자로 분류되지만, 단순한 물품 구매나 단기 상업신용과 같은 단발적인 거래는 투자로 분류되지 않는다.

둘째, 규칙적인 수익 구조가 있어야 한다. 실제로 수익을 내지 않았다 하더라도 수익을 기대할 수 있어야 한다.

셋째, 위험부담이 없는 거래는 투자로 인정되지 않는다.

넷째, 당사자들이 실질적인 사항에 대해서 의무를 부담해야 한다. 투자 유치국과 투자자 사이에 투자 계약이 존재하는 경우에, 투자협정 위반뿐만 아니라 투자계약 위반(계약의무)에도 국제투자분쟁해결센터 관할권이 인정된다.

다섯째, 해당 사업이 투자 유치국의 경제 발전에 어느 정도 기여를 해야 한다.

여섯째, 투자 유치국의 법규를 준수한 '적법하고 유효한 투자'여야 하고 '신의성실'의 원칙을 지켜야 한다. 투자는 원칙적으로 신의성실하지 않다는 전제가 인정되므로 투자자에게 신의성실한 투자라는 것을 입증할 책임이 있다.

일곱째, 보호 받는 투자covered or qualified investment여야 하고 투자의 적격성qualified investment을 입증해야 한다. 명시적으로 보호대상 투자로 규정한 '옵트인opt-in 방식'과 전체를 보호대상 투자로 규정한 후 일정 예외 규정을 두는 '옵트아웃opt-out 방식'이 있다.

김행선은 "론스타의 경우, 첫 번째부터 네 번째까지, 그리고 일곱 번째 요건까지 충족하나 다섯 번째와 여섯 번째 요건은 문제가 될 수 있다"고 지적했다. 론스타의 투자가 과연 한국 경제 발전에 중요하고 긍정적인 기여를 했는지 의문이고 투자 유치국의 법규를 준수한 적법하고 유효한 투자였다고 보기 어렵다. 비금융 주력자라는 사실을 숨겼고 외환카드 주가조작 등 실제로 불법을 저지르기도 했다. 신의성실 원칙에도 어긋난다.

투자 유치국의 입법이나 규제로 인한 피해를 입었다는 사실도 론스타가 입증해야 한다. 김행선은 "만약 한국의 은행법을 제대로 적용했다면 론스타가 외환은행을 적법하게 인수 · 운영할 수 없었을 것이고, 설령 인수했다고 하더라도 아무런 제재 없이 매각 승인을 하지 않았을 것"이라면서 "론스타는 입법이나 규제로 투자에 부정적 영향을 받기는커녕 오히려 금융감독원 등의 비호와 특혜로 많은 이득을 챙겼다"고 지적했다. 투자 상대방이 국가가 아니라 국영기업이나 공사, 지방자치단체인 경우도 ISD 중재 대상이 될 수 있지만 이런 내용을 협약에 담고 국제투자분쟁해결센터에 통지해야 한다.

국제투자분쟁해결센터 협약에는 국제투자분쟁해결센터가 중재 관할 권한을 갖기 위해서는 분쟁 당사자의 서면 동의가 필요하다고 규정하고 있다. 동의가 없다면 국제투자분쟁해결센터 중재로 다툴 수 없다는 의미다. 다만 투자협정에 일괄적 동의 조항이 포함되어 있다면 동의가 없어도 곧바로 국제투자분쟁해결센터 중재로 갈 수 있다. 북미자유무역협정에는 무조건적 사전 동의 조항이 있어 기업이 중재 신청을 하면 거부할 방법이 없다. 그러나 한국-벨기에 투자보장협정은 일반적인 동의 규정으로 되어 있어 한국 정부가 동의하지 않는다면 국제투자분쟁해결센터 중재를 받을 필요가 없다. 김행선은 "중재에 대해 동의하지 않을 수 있고 론스타가 제기한 ISD는 대한민국에 관할권이 없다고 적극 주장할 필요가 있다"고 강조했다.

론스타가 한국-벨기에 투자보장협정의 보호를 받는 벨기에 소재 법인인지에 대해서도 따져볼 필요가 있다. 회사 또는 법인의 전체 또는 일부가 정부 기능을 수행하는 경우 법인으로서 자격이 인정되지 않는다. 체코슬로바키아상업은행과 슬로바키아의 소송에서는 체코슬로바키아상업은행이 체코 정부의 국가 기관이라 관할권이 없다는 주장이 있었으나, 소유 구조와 무관하게 정부 기능을 수행하는 게 아니라 국제금융과 민영화 등 상업적 성격을 갖기 때문에 체약국의 국민으로 봐야 한다는 주장이 받아들여졌다.

법인의 국적은 보통 법인 설립지 또는 등록사무소 소재지로 결정한다. 론스타는 벨기에 소재 법인인 것은 명확하지만, 미국 법인이 100% 지분을 보유하고 있다. 국제투자분쟁해결센터 협약에는 외국 지배 법인의 경우도 투자 유치국이 이러한 객관적인 사실을 인지하고 있고 국제투자분쟁해결센터 관할권 동의가 유효하게 인정되면 국제투자분쟁해결센터로 가져갈 수 있다. 버큠솔트Vacuum Salt와 가나 정부 소송에서는 이 회사 주식의 20%를 그리스에서 보유하고 있고 80%는 가나가 보유하고 있기 때문에 그리스 회사가 아니라 가나 지배 아래 있는 법인이라고 보고 국제투자분쟁해결센터에 관할권이 없다고 결론을 내렸다.

론스타는 6개 벨기에 투자자를 대신해 론스타인베스트먼트매니지먼트 명의로 중재를 제기했다. 6개 벨기에 투자자는 'LSF-KEB Holdings SCA'와 'STAR Holdings SCA', 'HL Holdings SCA', 'LSF SLF Holdings SCA', '극동 Holdings I SCA', '극동 Holdings II SAC' 등이다. 론스타가 한국에서 소유·운영하는 회사들이거나 실제로 운영·활동하는 실체가 있는 법인이 아니라 페이퍼컴퍼니일 가능성이 크다. 페이퍼컴퍼니를 투자협정이나 자유무역협정 적용 대상에서 배제하는 규정을 두는 경우도 있으나 한국-벨기에 투자협정에는 이런 규정이 빠져 있다. 론스타가 굳이 벨기에를 통해 외환은행을 투자한 것은 이미 이런 검토를 끝냈기 때문일 수도 있다.

그들이 언제나 풀려나는 이유

2006년 11월 10일 저녁, 서울 서초동 인근의 한 음식점에서 판사 2명과 검사 2명이 만났다. 론스타코리아 대표 유회원의 구속영장이 세 차례나 기각된 뒤의 만남이었다. '4인 비밀회동'으로 불리는 이날 모임에는 서울중앙지방법원 형사수석 부장판사 이상훈, 서울중앙지방법원 부장판사 민병훈, 대검찰청 중앙수사부 부장검사 박영수, 대검찰청 중앙수사부 수사기획관 채동욱이 참석했다.

수사 검사와 영장 전담판사, 그들 상급자의 부적절한 만남이었다. 이상훈은 "왜 유회원에 대한 구속에 집착하느냐"면서 "법원·검찰 사이의 갈등으로 비춰지는 만큼 그냥 불구속 기소하는 게 어떻겠느냐"고 제안했다. 그러나 채동욱이 거세게 반발해 의견을 모으지 못하고 끝났다. 검찰은 다시 영장을 신청했고, 법원은 또 기각했다. 검찰은 준항고를 했고 그것이 기각되자 재항고까지 모든 수단을 동원했으나 유회원의 신병을 확보하는 데 실패했다.

론스타 사건에는 여러 판사의 이름이 등장한다. 여러 재판과 이들의 네트워크를 추적해보면, 한국 사회 엘리트 기득권 동맹의 실체를 엿볼 수 있다(아래 리스트는 투기자본감시센터 대표 윤영대의 도움을 받아 작성된 것이다). 이들의 이름을 기억할 필요가 있다.

민병훈은 서울중앙지방법원 부장판사였다. 검찰이 2006년 11월 유회원의 구속영장을 신청했는데, 이를 기각한 사람이 민병훈이다. 검찰이 모두 네 차례에 걸쳐 유회원의 구속영장을 신청했는데, 모두 기각되었다. 유회원은 불구속 상태에서 재판을 받았다. 법원이 유회원을 비호하는 것 아니냐는 의혹이 나오는 것은 당연했다. 서슬 퍼런 대검찰청 중앙수사부가 청구한 영장이 네 차례나 기각된 것도 전무후무한 일이었다.

민병훈은 하종선 사건에서도 무죄를 선고했다. 하종선은 론스타에 로비 자금 명목으로 105만 달러를 받고 변양호에게 뇌물을 건넨 혐의로 기소되었다. 민병훈은 "접대 명목으로 돈을 받았다고 볼 수 없고 부정한 청탁을 의뢰받았다고 볼 증거가 없다"면서 무죄를 선고했다.

공교롭게도 민병훈과 하종선은 서울대학교 법학과 출신이고 하종선이 사법시험 21회, 민병훈이 26회로 하종선이 선배다. 놀라운 사실은 또 있다. 하종선은 재판이 진행 중이던 2008년 5월 현대그룹 전략기획본부 사장으로 옮겨갔고, 2008년 11월 대법원에서 최종 무죄 선고를 받았다. 현대그룹 역시 무죄를 확신했던 것일까?

민병훈은 석 달 뒤인 2009년 1월, 갑작스럽게 판사를 그만두고 변호사 개업을 했다. 승진을 앞둔 시점이라 갑작스런 사임이 눈길을 끌었다. 그리고 2년 뒤인 2011년 2월, 민병훈이 현대그룹 사건을 수임했다. 과거 판사와 피고인으로 만났던 선후배가 5년 뒤 의기투합해 변호인과 의뢰인으로 만난 것이다. 민병훈은 변호사로 개업한 뒤 SK그룹 회장 최태원과 한화그룹 회장 김승연 등 거물급 인사들의 재판을 맡아왔다.

민병훈을 삼성 비자금 사건 특별검사 재판으로 기억하는 사람도 많다. 2008년 7월 경영권 불법 승계와 조세 포탈 등의 혐의로 불구속 기소된 이건희 삼성전자 회장의 재판을 맡아 징역 3년에 집행유예 5년, 벌금 1,100억 원을 선고한 바 있다. 민병훈은 "탈세로 볼 수는 있어도 배임을 적용할 수는 없다"면서 검찰의 부실한 기소에 책임을 떠넘겼다.

민병훈이 유회원의 첫 번째 영장을 기각했을 때 서울중앙지방법원 형사수석 부장판사를 맡았던 사람이 나중에 대법관이 된 신영철이다. 신영철의 후임이 이상훈이다. 이상훈도 대법관이 된다. 형사수석 부장은 원장과 함께 판사들에게 사건을 배당하고 중요 재판의 방향을 조율하는 역할을 맡는다. 법관의 독립은 헌법으로 보장되어 있지만, 실제로는 형사수석 부장이 근무 평정과 승진·보직을 결정할 권한을 갖고 있기 때문에 눈치를 보지 않을 수 없다.

이상훈은 4인 비밀회동을 주선한 사람이다. 민병훈이 유회원의 영장을 계속 기각하자 검찰이 거세게 반발했고 이상훈이 담당 검사와 담당 판사의 만남을 주선했다. 이 사실이 KBS 등 보도로 알려지자 법원과 검찰이 발칵 뒤집혔다. 검찰에서 흘렸다는 이야기도 나돌았다. 소송 관계자를 법정 이외의 장소에서 만나서는 안 된다는 법관 윤리 강령을 위배한 것일 뿐만 아니라 수사 검사를 상급자와 함께 불러내 불구속 기소를 제안한 것은 부당한 청탁이나 압력으로 비춰질 가능성이 다분했다. 매우 부적절한 모임이었지만 이상훈은 경고 조치를 받는 데 그쳤다.

유회원의 구속영장이 네 차례나 기각되자 검찰이 법원에 준항고를 했는데, 그때 담당 판사가 이강원(외환은행 행장과 동명이인)이었고 이때도 이상훈과 이강원이 독대 회의를 한 사실이 구설수에 오르기도 했다. 유회원의 첫 구속영장을 기각했던 민병훈이 세 번째 영장실질심사를 다시 맡은 것도 논란이 되었다. 같은 영장을 같은 판사가 다시 심사하는 일은 거의 없다. 보통은 다른 판사에게 배당한다. 그러나 법원은 "새로운 혐의가 추가돼 사실상 새 영장으로 볼 수 있다"는 논리를 폈다. 아니나 다를까, 민병훈은 "구속 상태에서 수사를 할 필요가 보이지 않는다"며 유회원의 구속영장을 다시 기각했다.

외환은행 불법 매각 사건은 장성원에서 김용석으로, 다시 이규진으로, 판사가 두 번이나 바뀌었다. 이때 서울중앙지방법원 형사수석 부장판사가 바로 신영철이었다. 진행 중인 중요한 사건의 재판부를 변경하는 것은 이례적인 일이다. 이규진은 2007년 1월, 변양호와 이강원(외환은행 행장), 이달용(외환은행 부행장) 등에게 모두 무죄를 선고했다.

이규진은 부산고등법원과 서울고등법원을 거쳐 대법원 양형위원회 상임위원으로 옮겨가는 등 승승장구했으나 판사 블랙리스트 파문에 휘말렸다. 이규진이 법원행정처 심의관 이탄희에게 "행정처가 관리하는 판사 동향 리스트를 관리해야 한다"는 지시를 내리자 이탄희가 사표를 제출하면서 실체가 드러났다. 그러나 대법원 진상조사위원회는 별다른 조사 없이 블랙리스트 문건은 존재하지 않는다고 서둘러 결론을 냈다. 전국법관대표회의에서 추가 조사를 요구했지만, 대법원장 양승태는 이를 거부했다.

이규진은 국제인권법연구회 회장으로 재임하면서 대법원에 비판적인 주제를 다루는 학술대회를 연기 또는 축소하라고 압력을 행사해 논란을 불러일으키기도 했다. 대법원은 2017년 8월, 이규진을 징계위원회에 회부해 감봉 4개월 조치를 내리는 데 그쳤다. 신영철과 이상훈 두 사람을 대법관으로 임명 제청한 사람이 대법원장이었던 이용훈이었다는 사실도 눈길을 끈다. 이용훈은 1994년부터 2000년까지 대법관을 지내고 변호사로 개업했다가 2005년부터 2011년까지 대법원장을 지냈다.

이용훈은 "국민을 섬기는 법원"이라는 구호를 내걸고 사법 개혁을 주도했으나 평가는 일부 엇갈린다. 공판중심주의에 근거해 불구속 수사 원칙을 강화하는 동시에 영장실질심사를 제도화했고 전자소송과 국민참여 재판을 도입하는 등 국민의 기본권 보호에도 앞장섰다. 무엇보다도 다양성을 인정하고 토론을 활성화했고 소수 의견에 귀를 기울였다는 평가를 받고 있다. 그러나 제왕적 대법원장과 법원행정처 중심의 관료적 승진 구조가 강화되면서 법관 사회의 관료화가 더욱 심화되었다는 지적도 있었다.

이용훈의 아킬레스건은 삼성과 론스타였다. 대법원장으로 임명되기 전 변호사 시절, 이용훈은 2004년 삼성에버랜드 사건을 맡아 허태학과 박노빈 등을 변호한 바 있다. 이용훈은 이들이 헐값에 전환사채를 매각했더라도 배임죄를 물을 수 없다는 논리를 펴서 집행유예 판결을 이끌어냈다. 이 과정에서도 판사가 바뀌고 선고 기일이 연기되는 우여곡절을 겪었다. 1심은 이현승에서 이혜광으로, 항소심은 이홍권에서 이상훈과 조희대로 바뀌었다.

이용훈은 대법원장이 되면서 삼성 사건에서 손을 뗐지만, 이용훈의 비서실장이 된 김종훈이 변호인단에 남았다. 김종훈은 비서실장에서 물러난 뒤 2017년 최순실 국정농단 사건에 연루되어 구속 기소된 삼성전자 부회장 이재용의 변호를 맡았다. 이 사건은 상고심에서 대법원 전원합의체에 배당되었는데, 이용훈과 안대희는 제척 사유라 재판에 참여할 수 없었다. 이용훈은 변호인단이었고 안대희는 이 사건을 수사했던 검사였다. 결국 대법원장이 전원합의체 재판에 빠진 초유의 사건이었다. 대법원은 무죄 취지로 파기환송을 했고, 무죄가 확정되었다. 한때 대법원장이 삼성의 변호인단으로 활동했다는 사실만으로도 재판의 신뢰가 크게 훼손되었다. 이때 5대 5로 의견이 엇갈렸는데, 양승태가 캐스팅보트를 행사해 배임이 성립되지 않는다는 것이다. 양승태가 이용훈 후임으로 대법원장이 된다.

삼성에버랜드 사건에 관여했던 다른 판사들의 행적도 흥미롭다. 1심 재판 판사였던 이혜광은 2009년 김앤장으로 옮겨가고 이상훈은 2011년 이용훈의 임명 제청으로 대법관이 된다. 2008년 삼성 비자금 사건 특별검사 재판에도 민병훈이 등장한다. 1심 재판을 맡았던 민병훈은 이 사건을 배당 받을 때부터 논란이 있었다. 2006년 11월, 민병훈이 유회원의 구속영장을 기각해 검찰이 반발하자 서울중앙지방법원 기자실을 찾아 해명하면서 삼성에버랜드 사건을 언급한 적이 있다. 민병훈은 "삼성에버랜드 전환사채 헐값 매각은 회사의 손해가 아니라 주주의 손해였다"면서 "회사에 대한 배임으로 기소한 것부터 잘못"이라고 설명했다.

삼성에버랜드처럼 론스타도 배임을 적용하기 어렵다는 취지의 설명이었지만, 『한겨레21』 기자 이순혁은 "민병훈은 재판 전부터 이건희의 무죄를 확신하고 있었다"면서 "개별 사건에 대해 확고한 선입견이나 확신을 공표하고도 아무 일 없다는 듯이 사건을 맡아 재판을 진행하는 건 전혀 다른 문제"라고 지적했다. 짚고 넘어갈 대목은 민병훈이 삼성에버랜드 전환사채는 무죄, 삼성SDS 신주인수권부사채는 면소 판결을 내리면서 내세운 논리가 4년 전인 2004년, 이용훈이 삼성에버랜드 사건을 맡았을 때 내세웠던 논리 그대로라는 데 있다.

이용훈은 변호사 시절 외환은행 사건도 수임한 적이 있었다. 그때 이용훈에게 사건을 의뢰한 사람이 외환은행 사외이사로 있던 하종선이었다. 외환은행이 론스타에 넘어간 게 2003년 9월, 이용훈이 외환은행 사건을 수임한 건 2004년 12월이었다. 뒤늦게 드러났지만 하종선은 론스타의 로비스트 역할을 했다.

이용훈은 검찰이 악의적으로 대법원을 흔들고 있다고 주장했지만, 유회원의 영장이 세 차례나 기각된 직후라 의혹이 꼬리를 물고 이어졌다. 이용훈과 하종선이 만난 자리에 김앤장 변호사 출신으로 당시 외환은행 부행장을 맡고 있었던 김형민이 함께한 사실도 뒤늦게 드러났다. 이용훈은 하종선과 김형민을 만났다는 사실은 인정하면서도 유회원을 함께 만난 기억이 없다고 주장했다. 외환은행 사건을 준비하던 도중 대법원장 지명을 받았고 수임료 대부분을 반환했다는 게 이용훈의 해명이었다. 하지만 이용훈과 하종선의 관계, 이용훈에서 출발해 신영철, 이상훈, 민병훈으로 이어지는 라인에 어떤 종류의 영향력이 작용한 것 아니냐는 의혹을 떨쳐내기가 쉽지 않았다.

당시 대법원의 해명에 따르면 이용훈은 외환은행이 극동도시가스를 상대로 낸 민사소송 사건을 맡으면서 수임료로 2억 2,000만 원을 받았다가 대법원장에 내정된 뒤 1억 6,500만 원을 돌려주었다. 대법관에서 물러나 다시 대법원장으로 임명되기 전 5년 남짓한 동안 이용훈이 수임한 사건은 400여 건, 수임료가 60억 원에 이른다. 이 가운데 대법원 관련 사건이 70%에 이르는 것으로 드러나 논란이 되기도 했다. 전관예우도 문제였지만 전관예우를 받았으면 다시 공직을 맡지 않았어야 했다. 이용훈은 대법원장 취임 이후에도 삼성에 유독 약한 모습을 보였다.

2009년 2월, 대법원 2부가 맡고 있던 삼성에버랜드 사건이 대법관들 사이에 일치된 결론을 내리지 못해 전원합의체로 넘어가게 되었다. 그런데 갑작스러운 소부 개편으로 사건이 대법원 1부로 넘어갔다. 원점에서 다시 심리를 시작하기로 했다는 게 대법원 관계자의 설명이었다. 당연히 특정 대법관을 배제하려는 것 아니냐는 의혹이 나올 수밖에 없었다.

당시 1부에는 대법관 김영란, 김지형, 이홍훈, 차한성, 2부에는 양승태, 양창수, 김능환, 전수안, 3부에는 박시환, 박일환, 안대희, 신영철이 배속되어 있었다. 그런데 갑작스러운 개편으로 김지형이 1부에서 2부로, 김능환이 2부에서 1부로 옮기고 1부가 맡고 있던 삼성 특별검사 사건이 2부로, 2부가 맡고 있었던 삼성 비자금 사건이 1부로 넘어가게 되었다. 김능환이 삼성에버랜드 사건의 주심 대법관이었고, 김지형이 삼성 특별검사 사건의 주심 대법관이었다.

당시 대법원에는 진보적 성향의 이른바 독수리 5남매가 있었다. 김영란, 박시환, 김지형, 이홍훈, 전수안 등이다. 독수리 5남매가 1부에 3명(김영란, 김지형, 이홍훈), 2부에 1명(전수안), 3부에 1명(박시환)이 배속되어 있었는데, 소부 개편으로 1부에 2명(김영란, 이홍훈), 2부에 2명(전수안, 김지형), 3부에 1명(박시환)으로 바뀐 것이다.

삼성에버랜드 사건은 1심과 2심에서 유죄, 삼성 특별검사 사건은 1심과 2심 모두 무죄를 받은 뒤라 대법원이 교통정리를 해야 할 상황이었다. 두 사건 모두 본질적으로 같은 사건이라 당연히 전원합의체로 가야 한다는 관측이 지배적이었다. 삼성으로서는 항소심까지 유죄가 인정된 삼성에버랜드 사건에 진보 성향 판사가 3명이나 몰려 있는 게 부담스러울 수밖에 없었다. 무엇보다도 박시환이 강력하게 유죄를 주장했던 것으로 알려졌다.

『중앙일보』 사회부장 출신으로 JTBC 보도국장을 맡고 있는 권석천이 쓴 『대법원, 이의 있습니다』에는 당시 상황에 대한 언급이 있다. 이용훈이 박시환을 불러 "소부에서 합의가 되면 소부에서 하면 좋겠는데……"라고 압박을 했는데도 박시환은 완강하게 맞섰다. "안 됩니다, 전원합의체에 넘겨야 합니다." 2부에서 최종 결렬되었고 전원합의체로 넘어갈 상황이었는데 갑자기 소부 개편이 단행된 것이다. 결국 삼성 재판은 주심인 김지형 1명 빼고 판사가 모두 바뀐 데다 진보 성향 판사도 2명으로 줄어들게 되었다. 박시환은 아예 2건의 삼성 재판에서 모두 손을 떼게 되었다.

민감한 시점에 상식적으로 이해하기 어려운 개편이었고, 가뜩이나 삼성 변호인단 출신의 대법원장이 여전히 삼성 뒤를 봐주고 있는 것 아니냐는 의혹이 있는 상황에서 매우 부적절한 개편이었다. 대법원장이 사퇴해야 할 사안이라는 이야기까지 나왔으나 이용훈은 끝까지 임기를 채웠다. 공교롭게도 노무현 대통령의 사망으로 정국이 급변하면서 여론의 관심이 크지 않았던 때문이기도 했다.

독수리 5남매의 일원이었던 김지형의 모호한 태도도 석연치 않았다. 김지형과 박시환이 멱살잡이까지 갔다는 소문이 돌기도 했으나 실제로는 박시환이 가볍게 항의하고 김지형이 "법리적으로 어쩔 수 없는 사건"이라고 답하는 정도였다고 한다. 김지형은 대법관에서 물러나 변호사로 개업해 2014년 삼성전자 직업병 피해 관련 협상조정위원회 위원장을 맡았다가 졸속 합의를 강요했다는 비난을 받기도 했다.

신영철은 2008년 서울중앙지방법원 원장 시절 촛불집회 관련 사건을 담당하는 판사들에게 판결을 서둘라 달라는 내용의 이메일을 보내 엄청난 논란을 불러일으켰던 이른바 5차 사법파동의 장본인이다. 집회 및 시위에 관한 법률을 두고 위헌 심판이 진행 중인 상황에서 사실상 유죄판결을 압박하는 것처럼 읽힐 수 있는 이메일이었다. 특히 "대법원장의 생각도 나와 다르지 않다"는 대목이 논란이 되었다. 판사들과 회식 자리에서 위헌 제청을 자제해달라고 당부했다는 증언도 나왔다.

이에 앞서 촛불집회 관련 사건이 보수 성향 판사들에게 집중 배당되어 판사들이 항의한 사건도 있었는데, 역시 신영철이 서울중앙지방법원 원장 시절의 일이다. 형사수석 부장판사를 맡고 있었던 허만은 신영철의 지시로 관련 사건을 특정 성향의 판사들에게 집중 배당했다고 털어놓기도 했다. 서울남부지방법원 판사 김형연은 법원 내부 통신망에 올린 글에서 "근무평정 권한과 배당권 등을 갖고 있는 법원장이 특정 사건에 관해 여러 차례 걸쳐 인사권자인 대법원장을 거명하며 처리 방향을 암시한다면 어느 판사가 심리적 부담감을 느끼지 않겠느냐"며 신영철의 사퇴를 요구하기도 했다. 대법관 탄핵 사유에 해당한다는 지적도 있었으나 이용훈은 신영철을 징계위원회가 아니라 공직자윤리위원회에 회부했고 별다른 징계 없이 단순 경고에 그쳤다. 공직자윤리위원회는 이름과 달리 공직자 재산 등록을 관리하는 위원회다.

방송통신대학교 법학과 교수 곽노현은 2009년 3월 『프레시안』 기고에서 "삼성 사건 재배당 및 코드 배제 스캔들은 하급심에서 발생해도 감당하기 어려운 사법 스캔들이 대법원에서, 그것도 삼성 재판과 관련하여, 더욱이 대법원장의 주도로 발생했다는 점에서 문제가 심각하다"고 비판하기도 했다.

"이용훈은 삼성 사건에서 소수 의견을 고집하며 전원합의체 회부를 요구한 특정 대법관을 향후 심의 과정에서 눈 딱 감고 배제함으로써 전례 없는 코드 배제의 주인공이 됐다. 다시 한 번 삼성 사건에 걸려 넘어진 셈이다. 삼성 재판에 관한 배당 관련 스캔들은 대법원의 재배당 스캔들이 처음이 아니다. 심각한 코드 배당 의혹이 삼성 특별검사 사건에 대한 중앙지법의 1심에서 이미 제기된 바 있었다. 요체는 사안의 성격상 형사24부나 25부로 가야 마땅한 경제범죄 사건이 이례적으로 형사23부에 배당됐다는 것. 언론 보도에 따르면 당시 형사23부 민병훈 부장판사는 에버랜드의 저가 발행은 배임이 되지 않는다는 법리적 소신을 삼성 사건을 맡기 1년 전에 중앙지법 기자실에서 공개적으로 밝힌 바 있다. 삼성 사안이 민 부장에게 돌아간 것은 결국 민 부장의 배임 무죄 소신 때문이 아니겠느냐는 것이 1심 판결 후에 불거진 코드 배당 의혹의 요지였다."

삼성 특별검사 사건 항소심을 맡아 무죄를 선고했던 서울고등법원 부장판사 서기석의 변신도 놀랍다. 1심에서 민병훈은 배임으로 얻은 이익이 50억 원이 안 되기 때문에 행위의 공소시효가 지났다고 면소를 선고했는데, 항소심에서 서기석은 금액과 관계 없이 주주의 손해를 회사의 손해로 볼 수 없다며 무죄를 선고했다. 1심에서는 삼성SDS 신주인수권부사채의 주식 가치가 쟁점이었는데, 2심에서는 1심의 논리를 깨고 파격적으로 무죄를 선고한 것이다.

서기석은 삼성그룹 구조조정본부 법무실 실장 출신의 김용철이 쓴 『삼성을 생각한다』에도 등장한다. "안양 베네스트 골프장에서 함께 골프를 친 판사 중에 서기석이 기억에 남는다. 2002년께 몇몇 검사들과 서기석 판사가 나와 함께 골프를 쳤다. 훗날 서기석은 내 양심 고백을 계기로 열린 삼성 비리 사건 2심 재판을 맡아서 삼성에 면죄부를 줬다."

삼성 관계자와 접대 골프를 쳤던 판사가 삼성 재판을 맡아 솜방망이 처벌을 내린 것이다. 김용철에 따르면 제일모직 부사장이었던 황백이 서기석을 관리했다. 서기석은 나중에 헌법재판관 임명 동의 청문회에서 "책이 나온 이후 김 변호사에게 '그런 사실이 없는데 어떻게 된 것이냐' 항의했고, 그래서 이후 개정판이 나올 때 그 내용이 삭제됐다"고 밝혔지만 사실과 다르다. 실제로는 개정판에서 일부 바뀐 부분이 있지만 경남고등학교 관련 부분만 빠졌을 뿐 삼성이 조직적으로 서기석을 관리해왔다는 내용은 그대로다. 서기석은 서울중앙지방법원 원장을 거쳐 2013년 헌법재판소 재판관에 임명된다.

삼성 특별검사 사건의 파기환송심 재판을 맡은 김창석은 2012년 대법관에 임명된다. 김창석은 유죄 취지로 파기환송된 재판을 맡았으면서 항소심과 같은 형량을 선고해 논란을 불러일으켰다. 삼성은 만족한 듯 재항고를 하지 않았고 집행유예가 확정되었다. 삼성에버랜드 사건 1심 판사였던 이현승과 논쟁을 벌였던 동료 판사 김상균은 삼성그룹으로 옮겨갔고 아직까지 법무실 사장을 맡고 있다.

조준웅 삼성 특별검사의 아들 조씨가 삼성전자 과장에 특채 입사한 것도 논란이 되었다. 신입사원으로 입사해 과장으로 진급하기까지 8년 이상이 걸리는데, 조씨는 별다른 경력이 없었고 공개 채용이 아니라 삼성전자가 별도로 입사지원서를 받아 경력직으로 입사했다. 박영수는 서울고등검찰청 검사장으로 퇴임해서 변호사 개업을 했다가 2016년 12월 최순실 국정농단 특별검사로 임명되었다. 채동욱은 서울고등검찰청 검사장을 지내고 검찰총장까지 올라갔으나 국가정보원 대선 개입 사건을 수사하던 도중 『조선일보』가 보도한 혼외자식 사건 직후 스스로 물러났다. 권석천은 『대법원, 이의 있습니다』의 맺음말에 다음과 같이 썼다.

"내가 이용훈 코트(대법원)와 독수리 5남매에 주목한 까닭은 이용훈 코트가 유독 공정했기 때문이 아니다. 다섯 대법관의 소수의견이 옳았기 때문이 아니다. 논쟁이 존재했기 때문이다. 논쟁은 한국 법원 역사에서 유례가 없는 일이었다."

나는 권석천의 글에 몇 가지를 더 보태고 싶다. 이용훈은 삼성과 론스타 앞에서 약했다. 유회원의 구속영장을 기각한 판사가 삼성에버랜드 사건에 무죄를 선고한 그 판사였다. 불구속 기소하라며 압력을 넣은 선배 판사는 대법관이 되었다. 권석천도 지적했듯이 한국 법조계의 가장 큰 문제는 검찰 정치와 관료 사법이다. 코드 배당을 했던 판사도 대법관이 되었다. 이들을 대법관에 임명제청한 사람이 바로 이용훈이고 이용훈 역시 코드 배당 논란에서 자유롭지 못하다.

이용훈은 대법관에서 물러나 변호사 개업을 하고 전관예우로 5년 동안 60억 원을 챙기면서 삼성과 론스타를 변호했던 사람이다. 다시 대법원장이 되고 나서도 유독 삼성과 론스타에는 몸을 사렸다. 심지어 삼성을 위해 임의로 재판부를 바꾸고 특정 판사를 배제하는 꼼수를 두었다는 의혹을 받기도 했다. 이용훈의 논리 그대로 1심과 2심 판결이 나왔고 이용훈이 제척 사유로 빠진 대법원 재판에서도 삼성은 면죄부를 받았다. 독수리 5남매가 돌연변이였을 뿐, 단독판사들은 부장판사의 눈치를 보았고 부장판사는 수석 부장판사의 눈치를 보았다. 대법원을 보고 알아서 기거나 조직적으로 기었다. 이용훈이 몰랐다고 발뺌할 수는 있지만, 제대로 징계하지 않았거나 적극적으로 주도했을 가능성도 배제할 수 없다. 토론을 만들었지만 그 토론은 재벌과 금융자본 앞에 취약했다.

론스타 수사 검사가 김앤장으로 옮겨가고, 삼성을 변호하던 전관예우 변호사가 대법원장이 되는 게 현실이다. 나쁜 판사가 나쁜 판결을 내리는 게 아니라 법관 사회의 관료화가 나쁜 판사들을 만드는 걸 수도 있다. 충성하는 판사들이 승진하고 대법관이 되는 구조다. 찍어누르고 말 안 들으면 전출시키고 사건 배당을 조정하는 무소불위의 권력이 횡행한다. 퇴임 이후에도 서로 밀어주고 땡겨주면서 기득권을 강화하는 그들만의 이너서클inner circle을 건드리지 못한다면 한국 사회에 정의는 요원하다.

★

"진실을 말해주면 쓸 용기가 있습니까?"

그들만의 이너서클 중심에는 늘 김앤장이 있었다. 이 문제를 취재하 겠다고 덤벼들어 한참을 헤맨 끝에 몇 사람의 제보자를 만날 수 있었 다. 그 가운데 한 명은 다음과 같이 묻기도 했다. "진실을 말해주면 그 것을 쓸 용기가 있느냐." 나는 물론 "진실이라면 쓰지 않을 이유가 없 다"고 했고 여러 차례 사실 확인을 거쳐 기사를 내보냈다. 국내 최대 의 법률 회사, 김앤장과의 악연은 그렇게 시작되었다.

  우리시대 마지막 성역이라고도 부르는 김앤장법률사무소. 김앤장을 둘러싼 첫 번째 쟁점은 쌍방대리 논란이다. 김앤장은 과거 SK그룹과 소버린자산운용의 경영권 분쟁 때 소버린의 주식 취득 신고를 대행해 주었으면서 동시에 최태원의 분식회계 사건의 변호를 맡았다. 논란이 되는 건 김앤장을 통해 SK그룹의 기밀 정보가 소버린으로 흘러들어 가지 않았느냐는 의혹 때문이다. SK그룹 분식회계 사건을 담당했다는 김앤장 변호사의 설명은 이렇다. 그는 나와 함께 있는 자리에서 친히 최태원과 전화 통화를 하는 친분을 과시하기도 했다. "SK가 어떤 기업인데, 만약 우리가 SK와 소버린 사이에서 이중 플레이를 했다면 이 사람들이 아직까지 우리에게 사건을 맡기겠는가? 밖에서 보는 것과 달리 변호사들은 진짜 중요한 정보에 접근조차 할 수 없다. 우리는 고객과의 신뢰를 최우선으로 여긴다."

거슬러 올라가면 국내 최대의 소주 회사, 진로의 파산과 매각 과정에서도 김앤장의 쌍방대리 문제가 불거졌다. 이 과정에서는 김앤장이 좀더 적극적이고 주도적으로 개입한 흔적이 보인다. 2003년 4월 진로의 최대 채권자였던 골드만삭스는 법원에 진로의 파산 신청을 낸다. 문제는 골드만삭스가 한때 진로의 재정 자문을 맡고 있었으면서 뒤로는 진로의 채권을 매입해 경영권을 확보했다는 것이다.

김앤장 역시 한때 진로를 대리했다가 나중에는 골드만삭스를 변호했다. 진로는 1997년부터 김앤장에 구조조정 계획 전반에 걸쳐 법률 자문을 받았다. 진로의 화의 신청을 끌어낸 것도 김앤장이었고, 2002년 외자 유치와 생수사업 부문 매각 등을 위해 자산 실사를 한 것도 김앤장이었다. 누구보다도 진로의 재무 현황과 내부 사정을 속속들이 잘 알고 있었다는 이야기다. 그런 김앤장이 적대적 인수합병의 상대방으로 돌변한 것이다.

한편, 골드만삭스가 진로에 접근한 것은 1997년의 일이었다. 골드만삭스는 헐값에 쏟아져나온 진로의 채권을 무더기로 매입하고 진로를 법정관리로 몰아붙였다. 액면가 1조 4,600억 원의 채권이 2,742억 원에 넘어갔고 연 10%가 넘는 이자가 골드만삭스로 빠져나갔다. 원금을 충분히 회수한 것은 물론이고 2005년 4월 진로가 하이트맥주에 팔리면서 골드만삭스는 1조 원이 넘는 시세 차익을 올렸다.

의혹의 핵심은 왜 진로가 화의 상태에서 법정관리와 파산으로 치달았느냐는 것이다. 2003년에는 두 재판이 동시에 진행 중이었다. 하나는 진로 회장으로 있다가 물러난 장진호의 횡령과 분식회계 혐의에 대한 재판이었고, 하나는 진로의 파산 신청에 대한 재판이었다. 화의와 법정관리의 차이는 경영진에게 경영을 맡겨두느냐 박탈하느냐의 차이다. 그런데 그해 9월 장진호 회장이 재판 도중 구속되면서 진로는 자연스럽게 법정관리와 파산으로 가게 된다.

그때쯤 해서 김앤장은 완전히 골드만삭스 쪽으로 돌아섰다는 관측이 지배적이었다. 골드만삭스는 처음에 부장판사 출신의 개인 변호사인 김씨를 내세웠지만 재판 과정에서 김씨가 얼굴마담이었을 뿐 모든 실무를 김앤장이 맡고 있다는 사실이 드러났다. 오죽하면 재판장이 "당신은 잘 모를 테니 김앤장에게 물어보고 오라"고 말했을 정도였다. 법원에 제출된 팩스에 김앤장의 발신번호가 찍혀 있어 증거자료로 활용되기도 했다.

진로의 변호를 맡았던 미국 변호사 고형식은 "50% 이상의 채권자들이 파산 신청을 반대했는데도 재판부가 굳이 파산을 결정한 이유를 알 수 없다"고 말했다. 당시 채권자들이 동의서까지 제출하면서 채무구조 개선을 위한 시간을 주자고 요청했는데도 재판부는 경영진에게 경영 능력이 없다는 결론을 내렸다. 그때가 2004년 4월, 1년 뒤에 3조

4,000억 원에 팔린 진로의 자산 가치를 법원은 1조 2,000억 원으로 평가했다. 진로의 운명은 여기에서 갈렸다.

당시 법무법인 덕수 변호사 이대순에 따르면 1997년 화의 개시 이래 진로는 해마다 10%에서 많게는 20%까지 높은 연체이자를 꼬박꼬박 물어왔다. 화의 조건이 가혹했을 뿐 자력갱생이 충분히 가능한 구조였다는 이야기다. 이대순은 "장진호의 갑작스러운 구속이 결국 진로의 파산을 불러왔다"며 "당시 법원의 결정은 석연치 않은 부분이 많았다"고 말했다. 이대순은 그 과정에 김앤장의 인맥이 개입했을 가능성이 크다고 확신하고 있다.

또 다른 의혹은 김앤장이 골드만삭스에 진로의 내부 정보를 제공하지 않았느냐는 것이다. 골드만삭스는 1998년부터 2000년까지 진로홍콩이 발행하고 진로가 보증한 2,800만 달러 규모의 금리연동부채권FRN을 비밀리에 사들인다. 진로홍콩은 진로의 100% 자회사면서 진로재팬의 100% 주주이기도 하다. 이대순은 "당시 이런 소유 구조의 내막을 알 수 있는 루트는 김앤장밖에 없었다"고 말했다.

골드만삭스는 채권자의 자격으로 진로홍콩에 대해 파산 신청을 낸 뒤 진로재팬의 소유권을 주장하고 진로재팬의 상표권을 압류하기도 했다. 진로가 진로재팬을 제때 매각할 수만 있었으면 파산까지 가지 않았을 수도 있다. 절묘하게 진로의 약점을 잡아낸 것이다. 골드만삭스는 과다한 변제를 요구하면서도 진로재팬이나 아크리스백화점 등 보유 자산의 매각을 반대하고 파산으로 몰아가는 이중적인 모습을 보였다.

김앤장은 이런 의혹에 대해 궁색한 변명을 늘어놓았다. 한때 진로의 법률 자문을 맡았던 변호사 전씨는 "장 전 회장은 이미 아웃된 상황에서 김앤장이 할 수 있는 일은 없었다"고 말했다. 전씨는 "당시 재판부는 경영진을 아웃시키고 회사라도 살려보자는 판단을 한 것으로 보인다"고 덧붙였다. 전씨는 진로와 골드만삭스의 쌍방대리 의혹과 관련해서는 사실무근이라고 일축할 뿐 명확한 대답을 내놓지 않았다.

김앤장은 다른 법률 회사들과 달리 창업 이래 지금까지 합동법률사무소 형태를 고집하고 있다. 일단 외형만 보면 변호사들이 모두 개인 사업자로 등록되어 있고 개별적으로 사건을 수임해서 이익을 내고 책임지는 구조다. 이를테면 김앤장의 다른 변호사들이 SK와 소버린을, 또는 진로와 골드만삭스를 동시에 대리하더라도 아무런 문제가 없다는 게 이들의 주장이다. 구차한 변명이지만 적어도 법적으로 문제될 부분은 아니다.

두 번째 쟁점은 김앤장과 일련의 외국계 사모펀드, 정부 관료들의 유착 가능성이다. 김앤장은 제일은행의 대주주였던 뉴브리지캐피탈과 한미은행의 대주주였던 칼라일펀드, 외환은행의 대주주인 론스타펀드의 법률 자문을 맡았다. 은행법에 따라 사모펀드는 은행의 대주주가 될 자격이 없는데도 이들은 모두 예외 조항을 적용받아 은행의 경영권을 넘겨받았고 막대한 시세 차익을 챙겼거나 챙길 예정이다.

흥미로운 것은 2000년 6월 금융감독위원회 내부 문서에 김앤장과 법무법인 세종의 법률 검토가 비중 있게 인용되어 있다는 것이다. 금융감독위원회가 칼라일의 한미은행 인수를 검토하고 있던 무렵인데 칼라일의 법률 자문을 맡고 있었던 법률 회사가 바로 이 두 회사였다. 이들의 의견이 곧 칼라일의 의견이었던 셈인데 금융감독위원회가 이를 가져다가 이들에게 은행을 넘기는 근거 자료로 썼다는 이야기다.

김앤장 관계자는 "그 자료가 금융감독위원회에 어떻게 들어갔는지는 알 수 없다"고 말했다. 금융감독위원회 관계자들도 "오래된 일이라 모르겠다"고만 말했다. 칼라일을 대리했던 김앤장의 정씨가 3년 뒤 론스타를 대리해 금융감독위원회에 외환은행 주식 취득 승인신청서를 냈다는 사실도 주목할 만하다. 론스타 헐값 매각 사건의 의혹은 칼라일의 한미은행 인수뿐만 아니라 멀리는 1999년 7월 뉴브리지캐피탈의 제일은행 인수까지 거슬러 올라간다.

모든 의혹의 핵심에 있는 사람은 역시 이헌재다. 김앤장 관계자는 "퇴직 관료에 대한 배려 차원에서 자리를 만들어주었는데 이헌재 씨는 사무실에 출근도 잘하지 않았던 것으로 안다"고 말했다.

김앤장의 일선 변호사들은 이들 고문들의 역할에 대해 알지 못하거나 굳이 언급하지 않으려고 했다. 이들의 연봉에 대해서도 철저히 함구했다. 김앤장은 최근 론스타의 세금 탈루 의혹과 관련해서도 법률 자문을 맡고 있는데, 김앤장에는 론스타의 이의신청을 심사 중인 국세심판원장 출신 고문도 2명이나 있다. 국세청장과 지방국세청장 출신도 여러 명이다. 론스타 관계자는 "이들은 변호사들을 도와 자문 역할을 할 뿐"이라고 밝혔다.

공직자윤리법은 4급 이상 공무원이 퇴직 직전 3년 동안 근무한 부서의 업무와 연관성이 있는 분야에 퇴직 이후 2년 간 취업을 금지하고 있다. 그러나 시행령에는 대상기업이 자본금 50억 원 이상, 외형 거래액 연간 150억 원 이상으로 한정되어 있다. 김앤장의 수임료는 물론 150억 원이 훨씬 넘지만 김앤장은 주식회사가 아니기 때문에 이에 해당되지 않는다.

김앤장이 론스타와 국민은행의 쌍방대리를 했다는 논란에 부딪힌 적도 있다. 김앤장은 론스타가 외환은행을 인수하던 무렵부터 론스타의 법률 대리인으로 활동해왔다. 그런데 국민은행이 외환은행 인수에 뛰어들자 국민은행의 법률 대리인을 맡아 논란을 자초했다. 사는 쪽과 파는 쪽을 동시에 대리하고 나섰다는 이야기다.

국민은행 관계자는 끝까지 "확인해줄 수 없다"고 말했지만 김앤장 쪽에서는 국민은행을 대리하고 있다는 사실을 굳이 숨기지 않았다. 이미 알려진 만큼 알려진 데다 숨길 수 있는 사안도 아니기 때문이다. 다만 김앤장 관계자는 법적으로 아무런 문제가 없다고 설명했다. 김앤장의 법률 대리는 극히 제한된 분야에 한정된다는 설명도 덧붙였다.

이 밖에도 김앤장은 하나은행의 최대 주주인 테마섹홀딩스의 법률 대리인을 맡기도 했다. 하나은행 역시 국민은행과 함께 유력한 외환은행 인수 후보였다. 테마섹과 엎치락뒤치락 최대 주주 자리를 노리고 있었던 골드만삭스 역시 김앤장의 오래된 고객이다. 골드만삭스는 또 외환은행의 2대 주주인 코메르츠방크의 주간사이기도 했다. 외환은행 매각과 관련해 곳곳에 김앤장이 끼지 않는 곳이 없을 정도였다.

김앤장 관계자에 따르면 론스타는 미국의 스캐든 압스를 비롯해 해외 유수의 로펌에 법률 대리를 맡기고 있고, 국내에서도 김앤장뿐만 아니라 여러 로펌과 동시에 계약을 맺고 있다. 그래서 김앤장은 재무적 거래에 전혀 개입하지 못하고 핵심적인 정보에 접근할 수도 없다는 이야기다. 이 관계자는 "국제적 업무를 포괄할 수 있는 국내 로펌이 많지 않기 때문에 김앤장에 의뢰가 몰리는 것"이라고 설명했다.

그러나 김앤장의 과거 전력을 보면 이런 쌍방대리는 문제의 소지가 매우 많다. 김앤장이 최고의 실력을 갖춘 국내 최대의 로펌인 것은 분명하지만, IMF 이후 국내에 진출한 외국계 금융자본을 대리하는 과정에서 이익충돌의 문제를 깔끔하게 처리하지 못했다는 비판을 받고 있다. 김앤장의 고객들 가운데는 외국계 금융자본뿐만 아니라 국내 유수 대기업들이 망라되어 있다. 누구의 이해를 우선적으로 대리할 것인지의 문제가 대두되는 것이다.

물론 김앤장은 한 차례 주식 취득 신고를 대행해준 것일 뿐 소버린과는 법률 자문이나 법률 대리 계약을 맺지 않았다고 주장한다. 그러나 김앤장의 주장을 액면 그대로 받아들이기에는 석연치 않은 부분이 많다. 김앤장과 함께 최태원의 변호를 맡았던 이대순은 "주식 취득 신고를 대행해봐야 수수료가 얼마나 되겠느냐"고 반문했다. 김앤장의 결정적인 역할이 더 있었을 거라는 이야기다.

"생각해보세요. 소버린은 갑자기 나타나서 지분을 정확히 14.99%만큼 사들였습니다. 15%가 되면 SK가 외국인 투자기업으로 분류되고 전기통신사업법에 따라 SK의 SK텔레콤에 대한 의결권이 축소되는 상황이었습니다. 이 기발한 전략을 누가 세운 것일까요."

당시 소버린을 공식적으로 대리한 로펌은 법무법인 명인이었다. 그러나 명인은 외국 사건을 맡을 만한 인력이나 능력이 안 되었다는 평가가 많다. 실무를 담당한 로펌이 따로 있었을 거라는 이야기다. 의혹은 꼬리를 문다. 최태원의 변호를 맡고 있는 상황에서 이해관계가 엇갈리는 소버린을 대리하게 되면 문제가 될 거라는 걸 김앤장은 정말 몰랐을까? 이 변호사는 김앤장이 실수를 한 것으로 본다. 명인의 뒤에 숨고 싶었겠지만 주식 취득 신고가 늦어 서두르다 보니 본의 아니게 이름이 드러나게 되었을 거라는 이야기다. 소버린은 10% 이상 주식을 취득할 경우 사전 신고토록 한 외국인투자촉진법을 위반해 검찰에 고발당하기도 했다.

검찰이 소버린을 기소유예 처분한 것도 석연치 않다. 검찰은 소버린이 국내법을 잘 몰랐고 투자자들의 피해가 없다는 점을 들어 면죄부를 주었다. '5%룰'을 위반할 경우 6개월 동안 의결권을 제한하는 것과 비교하면 파격적으로 관대한 조치였다. 소버린은 벌금 한 푼 물지 않았다. 한편 대한변호사협회에서도 김앤장의 쌍방대리를 문제 삼아 징계위원회를 소집할 거라는 소문이 나돌기도 했지만, 결국 조용히 넘어갔다.

김앤장은 론스타의 외환은행 인수에도 주도적인 역할을 했다. 김앤장의 이름이 처음 드러난 것은 그해 9월 론스타가 주식 초과보유 승인 신청서를 금융감독위원회에 제출하면서부터다. 그 이전에 론스타를 대리한 로펌이 어디였는지는 아직까지 확인된 바 없다. 재정경제부나 금융감독위원회도 밝히지 않고 있다. 투기자본감시센터는 론스타와 김앤장의 인맥 관계를 주목하라고 조언했다. 이헌재가 당시 김앤장에서 고문으로 재직 중이었다. 이헌재는 김대중 정부 시절 재정경제부 장관을 맡았다가 물러나서 2001년부터 이 회사의 고문으로 일해왔다.

론스타는 외환은행 인수 직후인 2003년 12월, 김앤장의 자문위원

김형민을 외환은행의 상무로 전격 발탁하기도 했다. 이른바 김앤장을 들어오고 나가는 인맥을 통해 광범위한 네트워크를 형성하는 이른바 회전문 현상이 벌어지고 있는 것이다. 투기자본감시센터 공동대표로 있는 인천대학교 무역학과 교수 이찬근은 "김앤장을 중심으로 한 파워 엘리트들의 담합 의혹을 파헤치는 게 외환은행 불법 매각 수사의 핵심"이라고 주장했다.

변호사법 제31조에는 수임 제한 규정이 명시되어 있다. 수임한 사건의 상대방이 위임하는 사건을 맡는 일이 제한된다. 동일 사건의 경우 동의 여부와 관계없이 제한되고 다른 사건의 경우 동의를 얻으면 가능하다. 또한 공무원이나 조정위원 또는 중재인으로서 직무상 취급한 사건도 맡을 수 없다. 이 밖에도 변호사 윤리장전 제17조 제1항은 현재 수임한 사건과 이해가 저촉되는 사건의 수임을 포괄적으로 제한하고 있다.

또 제17조 제3항에서는 의뢰인의 양해 없이는 대립되는 사건의 당사자에게서 수임할 수 없다고 규정하고 있다. 제18조에서는 과거 수임한 사건과 관련해서도 포괄적으로 수임을 제한하고 있다. 그러나 이 규정들은 모두 소송 사건의 경우에만 한정된다. 단순한 법률 자문이나 기업의 매각 또는 인수합병 등의 법률 대리만 맡는 경우는 아무런 수임 제한 규정이 없다. 외환은행 매각처럼 매수 주체와 매도 주체를 동시에 대리하더라도 문제가 없다는 이야기다.

법무법인 리인터내셔널의 변호사 고형식은 "미국의 경우 소송 사건뿐만 아니라 이익충돌conflict of interests의 문제를 포괄적으로 규정하고 제한하고 있다"고 지적했다. 미국변호사협회의 모범 규칙Model Rules of

Professional Conduct에 따르면 미국 변호사들은 의뢰인의 이익과 반대되는 이익을 갖는 사람을 위해 활동할 수 없다. 이익충돌이 발생하는 경우는 바로 사임해야 한다.

대한변호사협회 공보이사 하창우는 "소송 사건이 아니라면 외환은행 매각의 경우 론스타와 국민은행의 이해관계가 대립하지 않는 범위에서 쌍방대리도 가능하다"고 말했다. 이를테면 부동산 매매에서 매도인과 매수인을 중개하는 경우를 생각하면 된다. 하창우는 "쌍방의 이해와 동의가 전제돼야 하고 변호사는 쌍방에게 적절한 정보를 제공하면서도 비밀을 지켜야 할 의무를 갖는다"고 덧붙였다.

사실 김앤장으로서는 론스타를 대리하느냐 마느냐의 선택이 있었을 뿐이다. 외국계 사모펀드를 대리했다는 것은 비난받을 일일지언정 법적으로 문제되는 일은 전혀 아니다. 일부에서는 김앤장을 매국노에 비교하기도 하지만 이들의 주장은 "우리가 하지 않아도 결국 다른 법률 회사가 한다"는 것이다. 법률 회사들에 애국심을 강요해서 풀 수 있는 문제가 아니라는 이야기도 나왔다.

김앤장의 한 변호사는 "만약 김앤장이 론스타를 대리하지 않았으면 다른 법률 회사가 넘겨받았을 것"이라며 "김앤장을 공격해서 뭐가 달라지겠느냐"고 반문했다. 김앤장말고도 론스타와 자문 계약을 맺으려는 법률 회사들이 얼마든지 줄을 서 있다고도 했다. 국내 법률 회사들 가운데 해외 업무를 맡을 수 있는 곳이 많지 않고 김앤장이 국내 최대의 법률 회사라서 의뢰가 몰리는 것일 뿐 그것만으로 김앤장을 비난해서는 안 된다는 이야기다.

다른 한 변호사는 김앤장은 몸통이 아니라고 변명하기도 했다. "우리가 론스타를 대리했다고 비난하지만 실제로 큰 그림은 이미 미국 법률 회사인 스캐든 압스나 투자은행인 모건스탠리 등이 다 그려왔다. 우리는 한글로 서류를 꾸미고 한국 정부와 소통하는 역할 정도만 맡았을 뿐이다."

김앤장 관계자는 김앤장을 제외한 다른 국내 대형 법률 회사들은 대부분 외국 법률 회사들과 제휴를 모색하거나 제안을 받고 있다고 귀띔하기도 했다. 실제로 독일은 법률시장 개방 이후 9개 주요 법률 회사 가운데 7개가 인수·합병되었다. "이제 외국 법률 회사들이 굳이 김앤장을 거치지 않고도 직접 들어올 수 있게 된다. 아마 머지않아 이들이 국내 법률시장을 완전히 장악하게 될 것이다."

김앤장 변호사들의 주장은 부분적으로 옳다. 김앤장이 하지 않았으면 다른 법률 회사가 했을 일이고 그것과 관계없이 어떤 식으로든 외환은행은 론스타에 넘어갔을 수도 있다. 다만 문제의 핵심은 그 과정에서 김앤장의 고문들과 정부 관료들의 유착 의혹이 명확히 밝혀져야 한다는 것이다. 김앤장 변호사들은 국내 최대의 법률 회사에 다닌다는 자부심이 대단했지만 정작 자신들이 왜 비난이나 비판을 받고 있는지 잘 알지 못했다.

김앤장의 순진한 변호사들은 회사의 상층부에서 무슨 일이 벌어지는지 알아야 한다. 자신들이 왜 그렇게 많은 연봉을 받는지 고민해보아야 한다. 국내 최대의 법률 회사라는 명성에 걸맞게 좀더 높은 수준의 도덕성과 투명성이 요구된다는 이야기다. 고문의 지위와 역할을 명확히 정립할 필요도 있고 이익충돌의 문제도 좀더 깊이 고민해야 한다. 그게 법률시장 개방 시대, 김앤장의 생존 전략이 될 수도 있을 것이다.

　김앤장이 중심에 있지만 김앤장이 몸통이라고 할 수는 없다. 단순히 론스타를 변호한 것을 비난하는 데 그칠 게 아니라 그 과정에서 전·현직 정부 관료들과의 유착, 그들의 불법행위를 밝혀내는 게 핵심이다. 고액 연봉을 받고 옮겨간 퇴직 정부 관료들 역시 비난을 받아 마땅하지만 이들이 이런 의심을 받을 만한 자리에 가지 못하도록 법적으로 차단해야 한다. 그게 또 다른 론스타를 막는 방법이 될 것이다.

맺음말

이 책을 마무리하는 시점에 영화 〈국가 부도의 날〉이 개봉되었다. 어차피 팩션이라 큰 기대는 없었다. 이 영화에서 가장 현실적인 부분은 한국은행 팀장 한시현(김혜수)이 IMF 구제금융은 안 된다고 주장하자, 재정국 차관(조우진)이 윽박지르는 대목이다. "그래서 대안이 뭔데?" 실제로 통화 스왑 등이 가능한 상황이 아니었고 모라토리엄(지불유예 선언)도 검토 대상이 아니었다. 한시현은 제대로 답을 하지 못한다.

1997년 한국 정부에는 한시현도 없었지만 이 영화에 나오는 것 같은 차관도 없었다는 게 팩트다. 나라를 팔아먹으려는 몇몇 고위 공무원 때문에 IMF의 구제금융을 받아들이게 되었다고 단순 도식화하는 것은 왜곡에 가깝다. 무능하고 무지했기 때문에 결과적으로 나쁜 선택을 했다고 보는 게 맞을 것이다. 정치가 필요할 때 작동하지 않은 것이 진짜 문제의 원인이었다. 이 책에서 이야기하는 외환은행 매각도 마찬가지다.

"그래서 대안이 뭔데?" 그때 외환은행을 론스타에 넘기지 않았다면 다시 심각한 위기를 맞게 되었을 거라는 게 이들의 주장이다. 나는 여기에 절반만 동의한다. 어떤 이유로도 론스타는 외환은행의 대주주가 되어서는 안 되었다. 애초에 법적으로 불가능했고 론스타 이외의 대안이 없는 것도 아니었다. 이미 엄청난 공적자금이 투입된 뒤였고, 추가로 투입할 여력이 없는 것도 아니었다. 정부의 개입을 최소화하고 시장의 힘으로 해결해야 한다는 학습된 무기력과 외국 자본의 투자를 끌어낼 정도로 한국 경제가 개선되었다는 신호를 던지고 싶었던 진보 정권의 인정 욕구가 론스타의 특혜로 이어졌다.

외환은행 불법 매각 논란은 많은 사람이 충분히 잘 알고 있다고 생각하지만 정작 정확히 아는 사람은 많지 않은 사건이다. 많은 사람이 나에게 물어본다. '그래서 본질이 뭐냐?' 이보다 직접적으로 물어보기도 한다. '도대체 누가 나쁜 놈이냐?' 그러나 이 사건은 한두 마디로 정리할 수 있을 정도로 간단하지 않다. 흔히 외환은행 헐값 매각 사건이라고 하지만 애초에 헐값이었는지 아니었는지부터 여전히 의견이 엇갈리고 있다. 불법 매각 사건이라고 부르는 사람들도 있지만, 일단 한국 법원에서는 '불법'이 아닌 것으로 결론이 났다.

이 책의 원고를 넘기고 맺음말을 쓰고 있던 무렵, 변양호가 국회에서 강연을 한다는 소식을 들었다. 그래서 변양호를 찾아가 만났다. 몇 차례 만난 적이 있었지만 변양호는 나를 기억하지 못했다. 여러 질문을 준비했지만 아쉽게도 대답은 짧았고 길게 물어볼 시간도 없었다. 독자들의 이해를 돕기 위해 전문을 그대로 옮긴다.

이정환   몇 가지 질문을 하고 싶다. 나는 당신이 『변양호 신드롬』에서 말하지 않는 것들이 있다고 생각한다. 스티븐 리가 '변양호는 골드 메달리스트, 엘리어트 박(박순풍)이 실버 메달리스트였다'고 이야기했다. 그만큼 당신이 론스타의 외환은행 인수에 기여가 컸다는 의미다. 어떻게 생각하는가?

변양호   내가 외환은행 매각을 위해 앞장서서 뛴 것은 맞다. 그래서 금메달리스트라고 했다면 그럴 수 있다고 생각한다. 그때 론스타가 들어오지 않았다면 외환카드부터 부도가 났을 거고 20~30조 원 가까이 금융 비용을 지불해야 했을 거다. 그게(매각이) 맞다고 생각해서 한 것이다.

이정환   하종선은 당신을 만나는 게 핵심 임무였다. 론스타는 김앤장과 별개로 하종선에게 105만 달러를 주고 변호사로 선임했는데 하종선이 한 일은 당신을 만나 설득하는 것뿐이었다. 하종선도 인정한 사실이다. 그리고 검찰 기록을 보면 당신이 10억 달러에 51% 지분을 매각하는 걸로 하자고 이야기한 게 여러 사람의 증언으로 확인된다. PDA를 꺼내 계산을 하면서 구체적인 시나리오를 제시했다는 증언도 있었다. 당신은 책에서 그런 말을 한 적 없다고 주장했는데, 정확한 워딩은 다르더라도 당신이 론스타가 제시한 가격에 맞춰 가이드라인을 만들었다는 여러 증언과 정황 근거가 있다.

변양호	10억? 51%, 그게 무슨 말인가?
이정환	론스타에서 제시한 가격 조건에 맞춰서 매각을 밀어붙인 것 아니냐는 이야기다. 가격은 파는 쪽에서 불러야 하는 것 아닌가. 그런데 사겠다는 쪽에서 가격을 부르고 당신은 그 조건을 금융감독위원회에 강요했다.
변양호	일단 박순풍이란 사람은 만난 적이 없고 하종선이 론스타에 얼마를 받았는지 그때는 몰랐다. 가격은 내가 정한 게 아니다.
이정환	책에서도 적법하게 예외 승인을 받았다고 반복해서 주장하고 있지만 절차가 부실했거나 불법이었던 것으로 드러났다. 법적으로는 무죄 판결을 받았지만 그 이후에 새롭게 드러난 사실이 있다. 투자자 바꿔치기가 확인되었는데 묵인했고 비금융 주력자 여부를 제대로 심사하지 않았고 추경호 등의 반대가 있었지만 묵살했다.
변양호	그렇지 않다. 예외 승인은 금융감독위원회가 결정한 것이고 비금융 주력자 문제도 금융감독원과 금융감독위원회가 결정한 것이다.
이정환	5조 원 소송이 진행 중이다. 패소할 가능성이 높다는 관측이 지배적인데 어떻게 될 것 같은가?
변양호	자세히 살펴보지 않아서 모르겠다.

오랫동안 벼렸던 인터뷰였지만 궁금했던 것을 거의 해결하지 못했다. 이미 면죄부를 받은 그가 굳이 오래된 의혹을 해명하거나 변명할 이유도 없을 것이다. 변양호는 다음 3가지 질문에 한 번도 제대로 답을 하지 않았다. 모두 변양호의 무죄 판결 이후에 몇 가지 새롭게 드러

난 사실이다.

첫째, 론스타는 금융감독위원회의 인수 승인 한 달 뒤 론스타의 지분 구성이 바뀌었다고 신고했는데, 그대로 자금 납입과 등기가 이루어졌다. 원칙대로라면 자격 심사를 다시 해야 할 상황이었지만 처음부터 자격 심사가 제대로 이루어지지 않았을 가능성이 크다. 투자자 바꿔치기를 몰랐나? 알고도 묵인했나?

둘째, 비금융 주력자 여부를 제대로 심사하지 않았고 인수 이후에도 대주주 적격성 심사가 제대로 이루어지지 않았다. 변양호와 김석동 등은 론스타가 비금융 주력자라면 외환은행을 인수할 수 없다는 사실을 알았으면서도 제대로 심사하지 않았거나 비금융 주력자라는 사실을 이미 알고 있었으면서도 묵인했을 가능성도 있다. 론스타의 지분 구성과 출자 자산을 몰랐나? 아니면 알고도 숨겼나?

셋째, 이미 추경호 등이 외환은행이 비금융 주력자라면 예외 승인 대상이 될 수 없다는 사실을 경고한 바 있지만, 변양호는 묵살했다. 변양호의 단독 판단이었나? 아니면 윗선의 누군가의 지시 또는 허락이 있었나?

질문은 여기에서 멈추어 있다. 법원은 "매각 과정에서 부적절한 행위가 있었지만 전체 틀에서 엄격하게 보았을 때 배임 행위나 의사가 있었다고 보기 어렵다"며 무죄를 선고했다. "금융기관의 부실을 해결하기 위한 직무상 신념에 따른 정책 선택과 판단의 문제"라는 논리였다.

그러나 분명한 것은 하늘이 두 쪽 나도 론스타가 외환은행의 대주주가 될 수 없다는 사실을 변양호, 김석동, 추경호 등은 알고 있었다는 것이다. 검찰은 비교적 충실히 수사 결과를 내놓았지만, 법원은 검찰의 주장 대부분을 묵살했다. 이것은 단순히 부적절한 행위도 아니고 직무상 신념에 따른 정책 선택과 판단의 문제도 아니다. 국가 소유의 은행이 정체불명의 사모펀드에 넘어가는데 이들은 법 따위는 아랑곳하지 않고 오히려 진실을 은폐하고 본질을 호도하면서 명분을 만들고 정부와 국민들을 속였다.

오랜 취재 결과를 종합하면 변양호는 확신범에 가깝다고 생각한다. 스스로 말하듯이 외환은행을 론스타에 넘기지 않았으면 심각한 금융 위기가 닥쳤을 것이라 믿고 어떻게든 외국 자본을 유치해야 한다고 판단하고 밀어붙인 것이다. 변양호가 하종선에게 금품·향응을 받고 외환은행을 팔아넘겼다고 보기에는 일단 금액이 크지 않고 동기도 명확하지 않다. 변양호 혼자 할 수 있는 일도 아니다. 실제로 재정경제부와 금융감독위원회뿐만 아니라 청와대 행정관까지 함께한 자리에서 공공연하게 '도장값'이 논의되었고 명백히 불법이라는 것을 알면서도 매각을 강행했다. '부실 금융기관 정리 등 특별한 사유'라는 예외 조항을 끌어들였지만, 론스타가 여기에 해당하지 않는다는 사실을 이들은 모두 알고 있었다.

그러나 한국 법원이 변양호를 처벌하지 않고 불가피한 선택이었다는 주장을 받아들이면서 변양호뿐만 아니라 론스타도 면죄부를 받게 되었다. 인수 과정에 불법이 없었다는 결론이 나온 만큼 한국 정부는 론스타가 불법으로 외환은행을 인수했다고 주장할 수 없게 되었고 외환은행 매각을 고의로 지연시킨 데 대한 명분을 잃게 된 것이다.

론스타의 ISD 소송과 별개로 한국 정부는 이 사건을 다시 조사해야 한다. 미국의 제7대 대통령 앤드루 잭슨Andrew Jackson이 말한 것처럼

'은행은 군대보다 무서운 무기'다. 그래서 은행이 부실하면 공적 자금을 투입하고 엄격하게 대주주 자격 요건을 규정하고 관리·감독한다. 이 사건은 단순히 은행 하나가 팔려나간 사건이 아니고 재정경제부 국장의 개인적인 일탈로 볼 문제도 아니다. 변양호, 하종선, 박순풍, 그 뒤의 김앤장, 모건스탠리, 씨티그룹, 모피아 관료들과 검은 머리 외국인들, 그들만의 이너서클에서 벌어지는 담합과 결탁이었다. 한국 사회는 한 번도 이 사건을 제대로 반성하거나 평가하지 않았다.

이 책의 첫 장을 피터 정의 에피소드로 시작하면서 변양호와 하종선의 술자리를 맨 마지막에 넣을 계획이었다. 이 사건이 독립된 사건이 아니고 거대한 시스템의 문제라고 보았기 때문이다. 변양호의 생일 파티, 가수 지망생 박송화가 술을 따르고 변양호의 부하 직원들이 선물을 준비했다. 하룻밤 술자리로 200만 원을 넘게 썼는데 그 돈은 하종선이 댔다. 외환은행 가격 협상을 하던 무렵, 스티븐 리와 신재하, 샤리아 치스티가 노래방에서 〈보헤미안 랩소디〉를 부르며 여자를 끼고 노는 장면도 의미심장하다. 은행을 팔려는 쪽과 사려는 쪽이 한 팀처럼 보인다. 이 책을 쓰면서 확보한 수만 페이지 분량의 수사 기록과 정부 문건은 일관되게 말한다. '이들은 불법이란 걸 알고 있었다'.

론스타는 알았을 것이다. 세계 어디에서도 불가능하지만 한국에서 사모펀드가 은행을 인수하려면 변양호를 통하면 된다는 사실을 말이다. 변양호 혼자 할 수 있는 일은 아니지만 변양호를 움직이면 시스템을 움직일 수 있다는 사실을 알고 있었던 것이다. 칼라일이 한미은행을 인수할 때도, 뉴브리지캐피탈이 세일은행을 인수할 때도 비슷한 일이 벌어졌다.

'국가 부도의 날' 이후 한국 경제를 지배하는 이데올로기는 자유 시장의 경쟁이 성장을 견인한다는 것이었다. IMF와 굴욕적인 협상을 하고 글로벌 스탠더드라는 명분으로 신자유주의 구조 개혁을 밀어붙이면서 외국 자본 유치에 목을 맸던 그 시절이었다. 이제 막 IMF를 졸업했는데 다시 금융 위기를 맞기보다는 론스타가 내민 달콤한 달러를 받아들이고 약간의 불법은 묵인해도 된다는 오케이 사인을 누가 주었는지 늦게라도 밝혀야 한다. 약간의 불법이 아니라 법의 근간을 흔들고 금융 감독 정책과 정부의 시스템을 농락한 심각한 범죄였다. 한국 정부와 법원이 이를 묵인하는 순간 우리는 론스타에 책임을 묻기 어렵게 되었다.

이 책에서 나는 최대한 의견과 평가를 자제하고 때로는 분노를 억누르면서 때로는 절망하면서 충실한 기록자로서 역할을 다하려고 노력했다. 영화 〈국가 부도의 날〉과 달리 여기에는 악당이 없다. 이것이 옳다고 믿는 확신에 찬 모피아 관료들과 눈 먼 돈을 쓸어 담는 검은 머리 외국인들, 판단을 내려야 할 때 경제 논리에 물러서는 무능한 정치인들, 원칙도 철학도 없었던 IMF 모범생 국가가 빠진 함정이었다.

이제라도 외환은행 매각 과정에 치명적인 불법 행위가 있었다는 사실을 인정해야 한다. 론스타가 대주주 자격이 없다는 걸 알면서도 자격을 박탈하지 않았고 국민들의 눈치를 보느라 질질 끌면서 5조 원 소송의 빌미를 주었다는 사실을 고백해야 한다. 그것이 내가 밤잠을 설쳐가며 이 책을 쓴 이유다. 론스타 게이트를 극복해야 비로소 IMF를 졸업할 수 있다고 보기 때문이다. 같은 일이 반복되어서는 안 된다고 보기 때문이다.

부록

론스타와 대한민국 분쟁 관련 적요서 전문

다음은 론스타가 한국 정부에 보낸 적요서를 국회 사무처에서 번역한 자료 전문이다. ISD 소송 관련 자료가 전면 차단된 상황에서 론스타의 구체적인 요구 사항과 ISD 소송의 핵심 쟁점을 파악하는 데 매우 중요한 자료다.

Lone Star Investment Management SPRL

BE 0811.214.166

Boulevard de la Plaine, 9

B-1050 IXXELLES

론스타와 대한민국 분쟁 관련 적요서

론스타 인베스트먼트 매니지먼트

서울시 종로구 청와대로 1가 대통령실

대한민국 대통령 이명박 귀하

대통령 각하.

한국 정부의 조치로 막대한 금전적 손실을 입은 벨기에 투자사를 대표하여 편지를 드립니다. 이들 투자사는 LSF-KEB홀딩스, 스타홀딩스SCA, HL홀딩스SCA, LSF-SLF홀딩스SCA, 극동홀딩스1SCA, 극동홀딩스IISCA(본 서신과 첨부 문서에서는 론스타로 총칭) 등 총 6개사입니다. 이들 벨기에 투자사는 한국 외환은행(외환은행) 지분 64.42%를 비롯해 한국에 많은 투자를 하고 있습니다.

한국 정부는 최소 2005년부터 지금까지 론스타의 외환은행 지분 처분 역량을 실질적이고 심각하게 저해하고 론스타와 론스타 직원을 계속 괴롭히고 벨기에와 체결한 양자 간 조세조약을 위반하며 부당하고 임의적으로 조세를 부과하는 등 론스타와 관련하여 임의적이고 차별적인 조치를 지속적으로 취해왔습니다. 그 결과 론스타는 수십 억 유로에 달하는 막대한 손실을 입었습니다.

한국 정부의 이러한 행동은 대한민국 정부와 벨기에-룩셈부르크 경제연맹 간의 투자 상호 증진 및 보호 협정(한-벨기에 투자보장협정)하에서 벨기에 투자자를 보호해야 하는 한국 측의 의무에 위배된 것입니다. 론스타는 2008년 7월 9일, 2008년 2월 1일, 2012년 1월 17일 한국 금융위원회에 보낸 서신을 통해 한국 정부에 이들 위반 사례를 여러 차례 알렸지만 한국 정부는 론스타와 한 간의 분쟁을 해결하지 못했습니다.

따라서 론스타는 한-벨기에 투자보장협정 제8조 제1항에 따라 론스타의 한국 투자와 관련하여 한국 정부의 조약 위반 사례를 설명하는 자세한 적요서와 더불어 분쟁에 대한 서면 통지서를 여기 제출합니다. 론스타는 이번 분쟁을 원만히 해결할 준비가 되어 있으며 해결책을 논의할 수 있도록 담당자를 임명해주시기를 요청합니다. 론스타는 중재를 요청하는 일 없이 이번 문제를 신속하게 처리할 수 있는 조치를 구체적으로 제안할 준비가 되어 있습니다. 그러나 6개월 내에 해결책이 마련되지 않는다면 한국-벨기에 투자보장협정 제8조 제3항에 따라 국제투자분쟁해결센터에 이번 분쟁의 중재를 요청할 계획입니다.

감사합니다.

마이클 D. 톰슨 이사.

첨부 : 론스타와 대한민국의 분쟁과 관련하여 대한민국 정부와 벨기에-룩셈부르크 경제연맹 간의 투자 상호 증진 및 보호 협정 제8조 제1항에 명시된 적요서.

참조 : 김성호 주 벨기에 및 유럽연합 대사 대행, 김대기 대통령실 경제수석비서관

론스타와 대한민국의 분쟁과 관련하여 대한민국 정부와 벨기에-룩셈부르크 경제연맹 간의 투자 상호 증진 및 보호 협정 제8조 제1항에 명시된 적요서

I. 개요

1. 본 문서는 대한민국 정부와 벨기에 룩셈부르크 경제연맹 간의 투자 상호 증진 및 보호협정(이하 한국-벨기에 투자보장협정) 제8조 제1항에서 요구한 상세 적요서로 2012년 5월 21일 6개 론스타 기업(이하 론스타 또는 론스타 기업)이 대한민국 정부에 제기한 분쟁 통지에 첨부된다.

2. 이번 분쟁의 주요 쟁점은 한국 규제 당국이 지난 몇 년 동안 제3자에게 론스타가 보유한 한국 외환은행(이하 외환은행) 지분 매입 승인 신청을 승인하지 않은 것이다. 이 기간 론스타는 일련의 잠재 인수자와 론스타의 외환은행 지분 매매 협상을 진행했으나 규제 당국이 인수자의 승인 신청을 승인하지 않아 결국 결렬되고 말았다. 2012년 마침내 당국이 론스타의 외환은행 지분 매매를 승인했을 때는 매매가격이 크게 하락해 론스타에 수십억 유로에 달하는 손해가 발생했다. 이 기간 한국 규제 당국은 법적 권한을 완전히 무시했으며 잠재 인수자의 법적 타당성을 평가하기보다는 매각자인 론스타가 얻을 수익에 분노한 여론을 달래고 책임을 피하기 위해 행동했다.

3. 이 기간 한국 국세청도 한국 국내법과 벨기에 및 다른 국가와의 조세 조약에 규정된 의무에 반해 임의로 론스타에 조세를 부과했다. 규제 당국은 또 다시 적절한 조세 규정을 적용하는 대신 외국인 투자자의 면세 혜택에 분노한 여론을 달래는 데 급급했다. 그로 인해 규제 당국은 적법성 또는 이전 조치와의 일관성은 무시한 채 론스타의 조세 의무를 극대화할 수 있는 조치만을 무조건 적용했다.

4. 이러한 조치와 관련하여 한국 규제 및 사법 당국은 계속해서 론스타 직원을 부당하게 괴롭히고 체포, 조사, 감사해왔다.

5. 한국 측의 이러한 행동으로 인해 론스타는 수십억 유로에 달하는 손해를 입었고 그 과정에서 한국은 한국-벨기에 투자보장협정에 따라 벨기에 투자자와 투자를 보호할 의무를 위반했다.

6. 본 적요서에서 론스타는 (1) 론스타의 외환은행 지분 매입 및 쓰러져 가는 외환은행의 신용카드 계열사 외환신용카드와 외환은행 합병 (2) 론

스타의 지속적인 외환은행 지분 매각 노력 및 이 기간 한국의 권리 침해 및 임의적 조치 (3) 한국이 론스타에 부과한 임의적이고 모순된 조세 부과 (4) 한-벨기에 투자보장협정에 따라 한국에 소송 제기를 자세히 설명한다.

II. 외환은행 인수 및 외환신용카드 구제

A. 외환은행 원시 취득

7. 론스타는 2003년 당시 규모 면에서 한국에서 다섯 번째로 컸지만 불량 채권으로 심각한 재정 문제와 파산 위험에 놓여 있던 외환은행에 투자했다. 당시 한국은 경제 위기로 여러 대형 금융기관이 파산했거나 파산의 위험에 처해 있었으며 외환은행도 이로 인해 어려움을 겪고 있었다. 당시 외환은행의 주요 주주였던 코메르츠은행, 한국수출입은행, 한국은행은 외환은행의 자본을 확충할 의지나 역량이 없었다. 또한 한국 정부는 더이상 쓰러져가는 은행을 긴급 구제하기 위해 공공 자금을 투입할 수 없다는 입장이었다. 국내외 어떤 은행도 외환은행의 자본 확충에 관심을 보이지 않았다. 막대한 투자 위험을 무릅쓰고 한국의 쓰러져가는 대형 은행에 관심을 보이는 곳은 론스타뿐이었다.

8. 한국 정부는 재정적인 측면에서 외환은행의 성공 가능성에 관심을 보였고 론스타의 투자로 많은 실효를 거두기도 했다. 외환은행의 제2주주였던 한국수출입은행(32.5%의 지분 소유)과 한국은행(10.67%의 지분 소유)은 국영기업이었다. 결과적으로 이미 상당량의 공공자금이 외환은행에 투입된 상태였고 은행의 불안정한 재정 상태로 이들 공공자금을 회수할 가능성 또한 불확실했다. 외환은행이 파산하면 여러 재벌과 신용카드 회사의 부실화로 이미 약해진 금융시장이 더욱 불안정해져 한국 경제 전체에 심

각한 악영향을 미칠 수 있었다. 론스타는 1조 750억 원을 신규 투자하고 1,660억 원에 한국수출입은행의 외환은행 지분을 매입함으로써 한국 정부가 은행에 투자한 공공자금을 회수하고 한국 금융시장을 안정시키도록 지원했다.

9. 론스타는 외환은행에 막대한 자금을 투자하여 안정적으로 높은 수익을 창출하는 금융기관으로 되돌릴 준비가 되었다. 그러나 한국 국내법에 따라 한국상업은행의 지분을 상당량 보유하려면 금융감독위원회(이하 금감위)의 승인을 받아야 했다. 또한 2002년 4월 27일 개정된 은행법은 잠재 인수자가 비금융 주력자 산업자본인 경우에만 금감위에서 매입을 승인할 수 있도록 규정하고 있었다. 비금융 주력자는 은행의 의결권 지분을 4% 이상 소유할 수 없었다.

10. 론스타는 외환은행의 자본 확충과 관련하여 구속력이 있는 협정을 시작하고 바로 금감위에 승인 신청서를 제출했다. 2003년 9월 26일 금감위는 론스타의 외환은행 사외주 매입 신청과 더불어 론스타의 의결권 지분 포함 65.23% 내에서 코메르츠은행과 한국수출입은행이 보유한 지분을 추가로 매입할 수 있는 콜 옵션 행사권을 승인했다.

11. 2003년 10월 30일 론스타는 1조 3,830억 원에 외환은행 지분 51%를 매입했다. 이후 제기된 주장과는 달리 론스타는 급매 가격에 외환은행 지분을 매입하지 않았다. 사실 론스타는 투자 협의 기간의 상장 가격과 비교해 13%의 프리미엄을, 론스타가 외환은행의 전체 실사를 시작했을 때인 2003년 3월 기준 주가와 비교해 55%의 프리미엄을 지불했다. 론스타는 2006년 5월 11일 금감위에 필요한 취득 정보를 제공하고 2006년 5월 30일 콜 옵션을 행사하여 7,740억 원에 외환은행 지분 14.1%를 추가 매입했다.

즉, 해당 시점에 론스타는 총 2조 2,000억 원가량을 외환은행에 투자했다.

B. 외환은행에 외환신용카드 합병.

12. 론스타는 초기 외환은행 투자를 준비하는 기업 실사 및 협상 단계에서 외환신용카드의 심각한 재정 문제를 확인했다. 외환은행은 외환신용카드에 관심이 없었기 때문에 론스타는 외환신용카드를 구제하느라 외환은행마저 위기에 빠뜨리는 것보다 외환신용카드를 포기하는 편이 낫다고 판단했다. 그러나 론스타가 외환은행에 막대한 자본을 투자한 직후 한국 규제 당국은 외환은행이 외환신용카드를 구제하지 않으면 외환은행과 주요 주주에게 규제 권한을 행사할 것이며 외환은행이 향후 신용카드 사업에 참여하지 못하도록 규제하겠다고 경고를 보냈다. 론스타와 외환은행은 2003년 11월 20일 당국의 압력에 어쩔 수 없이 다른 주요 주주의 외환신용카드 지분을 매입한 다음 외환신용카드를 합병했다.

III. 론스타 반대 여론과 정치권 분위기에 따른 한국 규제 당국의 임의적이고 적대적인 행동

13. 론스타는 다른 투자자가 나서지 않을 때 한국의 대형 금융기관을 구제하기 위해 아시아 금융 위기 이후 절대적으로 필요했던 자본을 제공하고 한국 규제 기관의 강도 높은 압박으로 외환은행의 쓰러져가는 자회사인 신용 카드회사에 추가 자본을 투자했지만 한국 여론은 일반적으로 한국에 진출한 외국 투자자 특히 론스타를 이내 적대시하기 시작했다. 론스타는 한국에 투자하여 창출할 수익으로 인해 순식간에 한국 여론의 공격을 받았다. 한국 여론은 한국 자산을 매입해 막대한 수익을 남기고 금방 매각하는 외국자본을 뜻하는 먹튀로 론스타를 불렀다.

14. 한국 여론은 론스타의 수익을 없애거나 줄이도록 요구했고 정부는 이에 응했다. 아래 설명했듯이 한국 규제 당국은 론스타가 공정한 시장 가격에 외환은행 투자 지분을 처분하여 수익을 실현하는 것을 막기 위해 적법성 여부에 관계없이 모든 수단을 취했다. 이 과정에서 한국 여론과 정부는 은행이 위기에 있을 때 론스타가 막대한 프리미엄을 지불하며 외환은행(및 외환신용카드)을 구제했으며 은행과 신용카드 사업의 재정 상태를 크게 회복시켰다는 사실은 무시했다. 또한 론스타가 은행을 구제함으로써 한국 금융 서비스 산업과 전반적인 경제의 추가적인 피해를 막았다는 점도 무시했다.

15. 2012년 마침내 외환은행 지분 매매 승인이 떨어질 때까지 몇 년 동안 론스타에 대한 무자비한 공격은 계속되었다. 이 기간 론스타는 많은 정부 감사와 조사, 과도한 과세를 비롯해 임의적이고 차별적인 대우를 받았고 직원들도 괴롭힘과 체포, 제재, 심지어 구금 등에 시달렸다. 한국 정부의 이러한 조치로 인해 론스타는 수십 억 유로의 손해를 입었다.

A. 론스타의 외환은행 지분 매각 실패 및 관련 괴롭힘

16. 2006년 초 외환은행이 수익성을 회복한 이후 론스타는 다각도로 외환은행 지분 매각을 추진했다. 그러나 금감위는 부당하고 불합리하고 위법적으로 매각 승인을 보류하여 론스타의 노력을 수포로 만들었다. 금감위는 론스타와 관련하여 여러 조사와 법적 절차가 진행 중이기 때문에 매각을 승인하지 않는다고 했으나 이는 변명일 뿐이다. 론스타와 관련된 혐의 중 인수자의 론스타의 외환은행 지분 매입 신청 승인을 보류할 수 있는 법적 기반이 될 만한 것은 없었다.

17. 한국 국내법은 상업은행의 상당 지분을 매입하기 위해 승인 신청서

를 제출하면 규제 당국은 인수자의 자격과 조건과 대상 자회사만을 심사하도록 규정하고 있다. 따라서 매각자의 문제로 인해 인수자의 승인 신청을 거부한 것은 금감위의 권한에서 벗어난 행동으로 이는 론스타가 많은 이들이 부당하다고 여기는 재정 수익을 올렸을 경우 발생할 여론의 반발을 피하기 위한 조치임이 분명했다. 여론은 금감위에 론스타가 수익을 실현하지 못하도록 외환은행 지배 지분 매각을 금지하라고 또는 최소한 매각 가격을 낮추라고 요구했고 금감위는 매각 승인을 거부하여 여론을 달래려고 했다.

18. 한국 국내법은 금감위가 30일 내에 인수자가 제출한 신청서를 심사하도록 규정하고 있다. 그리고 행정절차법 제19조에 따라 피치 못할 사정이 있을 경우에만 원래 심사 기간 이내로 심사 기간(즉 30일 이내)을 연장할 수 있다. 그러나 론스타의 외환은행 지분 매매의 경우 승인 신청 심사를 1년 이상 유보해 일련의 매각 시도가 수포로 돌아가고 말았다.

19. 금감위는 외환은행 지분 매각 승인 신청에 대해 다른 투자자의 다른 금융기관 매입 승인 신청을 심사할 때와는 다른 태도를 취했다. 사실 론스타가 외환은행에 투자한 기간에 발생했던 다른 은행 매각 승인 신청은 한국 국내법의 규정에 따라 모두 60일 이내에 처리되었다.

20. 금감위의 심사 유보로 인해 론스타는 투자를 처분할 권리를 반복해서 박탈당했다. 아래 설명했듯이 수년간의 기다림 끝에 마침내 외환은행 지분 매매 승인이 떨어졌지만 이전에 협상했을 때보다 이미 매매가격이 크게 하락한 후였다.

1. 국민은행에 매각 시도.

21. 론스타는 2006년 1월 처음으로 외환은행 지분 매각을 추진했다. 이때 외환은행은 론스타의 관리하에 재정 상태가 완전히 회복된 상태였다.

주식 가격은 상승했고 자본 순가치는 1조 8,380억 원(2003년 6월 30일 기준)에서 5조 6,580억 원(2005년 12월 31일 기준)으로 증가했다. 자기자본 비율 또한 9.32%(2003 회계연도 기준)에서 13.68%(2005 회계연도 기준)로 높아졌다. 론스타는 이러한 회계상 실적 개선을 바탕으로 2006년 5월 9일 국민은행과 론스타의 외환은행 지분 64.62%를 6조 3,000억 원에 매각하는 주식 매매계약을 체결했다. 국민은행은 적절한 시기에 맞춰 2006년 5월 말 금감위에 승인 신청서를 제출했다.

22. 그러나 외환은행 지분 매각으로 인한 론스타의 수익 창출에 여론이 반발하자 한국 정부는 론스타를 공격적으로 조사하기 시작했다. 2006년 3월 3일 국회의 요청으로 감사원에서 진행한 론스타의 외환은행 원시 취득 감사, 2005년 9월 14일 외국인 투자 반대 그룹(투기자본감시센터)과 2006년 3월 7일 국회 재정경제위원회의 요청으로 대검찰청에서 진행한 론스타의 범죄 수사, 금감위 집행 기관인 금융감독원에서 진행한 조사 등을 대표적인 예로 들 수 있다. 이러한 조사는 정부, 외환은행, 론스타가 잘못해서 론스타가 처음부터 불법적으로 상당량의 외환은행 지분을 매입했다는 주장에 의거한다.

23. 정부 당국은 이러한 혐의를 키우기 위해 집중조사, 체포영장청구, 무거운 형량 구형 등으로 주요 론스타 직원을 괴롭혔다. 2006년 10월 31일부터 대검찰청은 유회원 전 론스타어드바이저코리아 대표에 대해 구속영장을, 그리고 외환신용카드 합병 당시 론스타에서 임명한 외환은행 이사였던 엘리스 쇼트, 마이클 톰슨, 스티븐 리 등 세 명에 대해 체포 영장(조사를 위해)을 여러 번 청구했다. 한국 정부가 여론에 영합하여 심사를 계속 유보하는 동안 대검찰청은 전례 없이 2006년 11월 6일 다수의 한국 언론인과

학자, 법률가에게 단체 메일을 보내 서울중앙법원의 영장 기각 판결에 대해 공개적으로 논의했다. 그러나 대검찰청은 대검찰청의 소송이 불법이라는 내용의 성명서를 발표했던 이사를 포함해 외환신용카드 합병을 승인했지만 론스타와 관계없는 외환은행 임원에 대해서는 체포 영장을 청구하거나 기소하지 않았다.

24. 론스타와 론스타 직원들에 대한 이러한 조사가 국민은행의 론스타 소유 외환은행 지분 매입 자격 심사와 아무런 관련이 없음에도 불구하고 금감위는 이들 조사가 진행 중이라는 이유로 국민은행의 승인 신청서 심사를 유보하고 결국 승인을 거부했다.

2. DBS 은행에 매각 시도

25. 2006년 11월 국민은행과의 외환은행 지분 매매 협상이 결렬된 후 론스타는 2007년 1월 싱가포르의 DBS은행과 협상을 추진했다. 그러나 금감위는 재빨리 DBS에게 매각을 승인하지 않겠다는 입장을 분명히 했다. 그 결과 DBS는 외환은행 지분 매입을 포기할 수밖에 없었다.

26. DBS와의 협상이 결렬된 시기에 금감위는 여론의 압박에 론스타가 비금융 주력자가 아니었다는 초기 해석을 재조사하기로 결정했다. 금감위는 2003년 당시 론스타는 비금융 주력자가 아니므로 외환은행 지분을 4% 이상 보유할 수 있다는 결정을 받아들였음에도 불구하고 론스타의 해외 계열사까지 포함해 론스타의 자격을 재심사하기 시작한 것이다.

3. 공개 시장에서 외환은행 지분 블록세일

27. 이 기간 외환은행은 론스타의 관리하에 꾸준히 수익이 늘어나고 안정되어갔다. 그럼에도 가까운 미래에 론스타의 외환은행 지분 매입 신청을 승인할 계획이 없다는 금감위의 공식 입장으로 인해 론스타가 언제 어떤

조건으로 투자를 회수할 수 있을지는 점점 더 불확실해졌다. 이러한 공식 입장과 두 번의 매각 협상 결렬로 론스타가 다른 인수자를 찾을 수 있을지도 불확실했다. 따라서 투자 회수가 불확실한 상태에서 노출을 줄이기 위해 론스타는 2007년 6월 22일 공개 시장에서 1조 2,000억 원에 외환은행 지분 13.6%를 매각했다. 블록세일은 단일 인수자가 외환은행 지분 상당량을 매입하는 것이 아니기 때문에 금감위에서 승인을 받을 필요가 없었다. 그러나 지배 블록을 판매할 때보다 훨씬 할인된 가격으로 지분을 매각해야 했다. 실제로 당시 매각 가격은 공식 상장된 주가에도 미치지 못했다.

4. HSBC에 매각 시도

28. 블록세일 이후 론스타는 HSBC아시아퍼시픽홀딩스UK와 매매 협상을 시작해 2007년 9월 3일 외환은행 지분 51.02%를 약 6조 원에 매각하기로 주식 매매계약을 체결했다. 2007년 12월 17일 HSBC는 금감위에 승인 신청서를 제출했지만 한국 정부는 다시 한번 론스타의 외환은행 지분 매매를 방해했다.

29. HSBC가 신청서를 제출한 당시에는 감사원과 대검찰청이 론스타의 외환은행 원시 취득과 관련해 론스타 또는 론스타의 대표자에 아무런 혐의가 없다고 조사를 마친 후였지만 금감위는 여전히 HSBC의 신청서를 승인하지 않았다. 지적했듯이 법적으로 금감위는 인수자 즉 HSBC의 자격만 심사할 수 있지만 금감위는 다시 한번 매각자인 론스타와 관련된 이유로 승인을 유보했다. 금감위는 외환은행과 외환신용카드의 합병과 관련된 유회원의 외환 신용카드 주가조작 혐의에 대해 법적 조사가 진행되고 있기 때문에 HSBC의 승인 신청서 심사가 유보되었다고 설명했다. 2008년 2월 1일 금감위는 모든 법적 소송이 해결되기 전에는 HSBC의 외환은행 지분 매입

승인 신청을 승인하지 않겠다고 발표했다. 그러나 한국 국내법에는 이러한 이유로 승인을 유보할 법적 또는 규제 기준이 없다.

30. 금감위의 이러한 조치는 법이 아닌 정치적 상황에 따른 것이다. 전광우 금감위 원장은 2008년 6월 5일 HSBC의 승인 신청서를 심사할 때 여론을 고려해야 하며 기존의 입장을 바꿔 HSBC의 신청서를 심사하려면 국민적 합의가 충분히 이루어져야 한다고 발표했다. 여론이나 국민적 합의는 은행 지분 매입 승인 신청 심사를 유보 또는 거부할 법적 기반이 아니다.

31. 론스타는 2008년 7월과 8월 사이 전광우 금감위 원장에게 일련의 서신을 보내 HSBC의 외환은행 지분 매입 승인 신청 심사를 촉구하고 HSBC의 승인 신청서를 처리하지 않으면 투자협정 중재를 요청할 계획이라고 알렸다. 그럼에도 금감위는 HSBC의 승인 신청을 처리하지 않았고 신청서를 제출한 지 9개월 후인 2008년 9월 18일 HSBC와의 주식 매매계약은 파기되었다.

5. 하나금융지주에 매각

32. 2008~2009년 글로벌 금융 위기 이후 론스타는 네 번째로 외환은행 지분 매각을 추진했다. 1년 가까이 세계시장에서 인수자를 찾아 헤맨 끝에 2010년 11월 25일 하나금융지주(이하 하나금융)와 4조 7,000억 원에 주식 매매계약을 체결했다. 주식 매매계약은 계약 종료까지 넉넉하게 6개월의 기간을 두었고 하나금융은 2010년 12월 13일 금감위에 승인 신청서를 제출했다.

33. 한국 반독점기구인 공정거래위원회는 2011년 3월 9일 매각 승인을 발표했다. 그 사이 금감위는 3월 16일 회의를 열어 비금융 주력자로서 론스타의 자격과 하나금융의 승인 신청을 함께 논의할 것이라고 발표해 금감

위가 신청서를 승인할 것이라는 기대를 품게 했다. 그러나 월 일 년 반 동안이나 항소 사건을 보류 중이던 대법원이 갑자기 유회원의 외환신용카드 주가조작에 대해 무죄를 선고한 서울고등법원 판결을 파기하고 서울고등법원으로 사건을 다시 돌려보냈다. 그리고 3월 15일 열린 회의에서 금감위는 론스타는 비금융 주력자가 아니라는 2003년 결정을 재확인했지만 하나은행의 외환은행 지분 매입 신청은 승인하지 않았다.

34. 금감위는 대법원의 예상치 못한 구금에 대한 비난 여론을 빌미로 하나금융의 승인 신청 심사를 유보했다. 은행법 제16조 제4항 제3호와 폐지된 증권거래법 제215조에 따라 금감위는 지난 5년 동안 금융 관련 법률 또는 규정을 위반하여 제재를 받은 주주에게 6개월 이하의 정해진 기간 내에 외환은행 지분을 10% 이하로 줄이라고 명령할 수 있다. 따라서 법원이 론스타가 외환은행과 외환신용카드 합병 과정에서 금융 관련 법률이나 규정을 위반했다고 최종 판결하는 경우 금감위는 초과 지분에 대해 강제 매각을 명령할 수 있었다. 표면상 금감위는 이러한 이유로 하나금융의 승인 신청서 심사를 유보했다. 그러나 금감위가 론스타의 외환은행 지분 상당량을 매각하라고 명령할 수 있는 법을 론스타의 지분 매각을 막기 위한 구실로 사용한다는 점에서 금감위의 이러한 설명은 역설적이라 할 수 있다.

35. 금감위의 승인 신청 심사를 기다리던 중 2011년 7월 8일 론스타와 하나금융은 하나금융의 승인 신청 제출일로부터 1년이 되는 2011년 11월 30일까지 주식 매매계약을 연장하기로 합의했다.

36. 2011년 10월 6일 서울고등법원은 외환은행과 외환신용카드의 합병 과정에서 발생한 외환신용카드 주가조작 사건에 대해 간접적으로 법적 책임이 있다고 판결했다. 론스타는 법원의 판결이 근거가 없다는 입장이었지

만 투자자를 최우선적으로 생각하고 금감위가 론스타의 외환은행 지분 매입 신청서를 처리하기 전에 필요하다고 반복적이고 공개적으로 주장했던 조건을 맞추기 위해 서울고등법원의 최종 판결을 인정했다. 따라서 론스타는 서울고등법원의 판결에 항소하지 않았고 2011년 10월 14일 해당 판결이 최종 판결로 확정되었다. 론스타는 일련의 서신을 통해 금감위에 서울고등법원의 판결에 항소하지 않기로 결정했으며 은행법의 요건을 충족할 수 없다고 설명했다. 또한 법원 소송이 끝나 하나금융의 승인 신청 심사를 가로막던 장애물도 사라졌으니 매각 명령에 의지할 필요 없이 론스타가 외환은행의 주요 주주라는 자리에서 벗어날 수 있도록 하나금융의 승인 신청서를 승인하는 것이 현 시점에 가장 적절한 조치라고 지적했다. 이러한 기반에서 론스타는 금감위에 매각을 조속히 승인하도록 촉구했다.

37. 그러나 금감위는 론스타가 하나금융에 지분을 매각하여 수익을 올리는 것을 막으라는 여론과 정치권의 압력에 따라 론스타가 더 낮은 가격으로 재협상하도록 하나금융과의 주식 매매계약이 종료되는 2011년 11월 30일까지 모든 승인을 유보했다. 실제로 금감위는 매매가격을 낮추기 전에는 하나금융의 신청을 승인할 수 없다는 점을 분명히 했다.

38. 2011년 10월 17일, 금감위는 론스타에 대한 서울고등법원의 최근 판결을 기반으로 론스타가 은행법의 요건을 충족하도록 충족 명령을 내릴 것이라고 알려왔다. 물론 론스타는 금융 범죄로 유죄판결을 받았고 항소를 하지 않아 최종 판결로 확정되었기 때문에 이는 불가능한 명령이었다. 이것이 금감위의 지연 전략에 불과하다는 것을 인지한 론스타는 현재 유보 중인 하나금융의 승인 신청을 조속히 처리해줄 것을 촉구했다. 그럼에도 금감위는 2011년 10월 25일 충족 명령을 내렸다. 중요한 것은 이 공식 명

령으로 론스타가 외환은행 지분 중 10%를 제외한 초과 지분에 대한 의결권을 박탈당한 것이다. 론스타는 충족 명령을 이행할 수 없다고 즉시 통보하고 하나금융의 승인 신청서를 조속히 처리해줄 것으로 재촉구했다.

39. 거의 한 달 후인 2011년 11월 18일 금감위는 2012년 5월 18일까지 외환은행 지분 중 10%를 제외한 초과 지분을 매각하라는 처분명령을 내렸다. 그 결과 론스타는 지난 1년 동안 협상을 진행해왔으며 계약까지 체결한 하나금융에 지분을 매각할 수 없는 상태에서 단기간에 다량의 주식을 처리하라는 한국 정부의 명령에 직면하게 되었다. 하나금융과의 주식 매매계약이 여전히 유효한 가운데 론스타가 금감위의 승인을 기다리고 있던 같은 날 금감위는 거의 1년 전 하나금융이 신청서를 제출한 이후 하나금융의 외환은행 지분 인수에 영향을 미치는 큰 변화가 있었다며 하나금융에 이러한 변화를 고려해 신청서를 다시 작성 제출할 것으로 명령했다. 금감위는 초과 지분에 대한 론스타의 의결권 박탈을 이러한 변화의 예로 들었다. 이 언론 발표에 대한 금감위의 공식 설명을 보면 금감위가 론스타의 외환은행 지분 가격 하락을 기대한 것이 분명했다.

40. 하나금융은 금감위의 발표에 힘입어 더이상의 지연 없이 금감위의 승인을 받으려면 가격을 낮춰야 한다면서 상당한 가격 인하를 요구했다. 실질적인 잠재 인수자 없이 얼마 남지 않은 처분 명령 이행 종료일까지 새로운 인수자를 찾아야 하는 상황에서 론스타는 하나금융의 가격 인하 요구를 수용할 수밖에 없었다. 그래서 론스타는 2011년 12월 3일 원래 4조 7,000억 원에서 3조 9,000억 원으로 매매가격을 인하하기로 합의했다. 하나금융은 인하된 가격 협상을 토대로 2011년 12월 5일 금감위에 두 번째 신청서를 제출했다.

41. 그러나 매매에 대한 정치권의 부정적 분위기로 인해 금감위는 두 번째 신청서도 심사를 유보했다. 하나금융이 두 번째 신청서를 제출하고 30일간의 법정 기간이 끝난 후 거의 2주가 지난 2012년 1월 17일 론스타는 금감위에 다시 서신을 보내 하나금융의 매입 신청이 승인되지 않으면 충족명령과 처분 명령을 이행할 수 없다고 알렸다. 금감위는 2012년 1월 27일 드디어 하나금융의 신청을 승인했고 론스타와 하나금융은 2011년 12월 3일 합의한 가격에 2012년 2월 9일 거래를 완료했다.

B. 국세청의 임의적 단적인 세무 감사 및 과세

42. 론스타의 외환은행 지분 매각과 관련된 일련의 사태와 더불어 한국 정부는 론스타에 벨기에와의 조세조약(한-벨기에 조세조약)에 위반되는 조세를 반복적으로 부과했다. 점점 적대적이 되어가는 한국 여론을 달래기 위해 한국 국세청은 지난 7년 동안 지속적으로 과세 방식을 바꾸고 벨기에 기업으로서 론스타 기업이 당연히 받아야 할 조세 혜택을 무시함으로써 론스타의 납세의무를 극대화했다.

43. 한국-벨기에 조세조약하에서 벨기에 기업은 한국 기업 지분 매각으로 얻은 수익에 대해 한국에서 세금을 납부할 의무가 없으며 벨기에만 이에 대해 독점적으로 조세를 부과할 수 있다. 국제 조세조약에서는 투자 유치국에서 과세 권리를 양도하고 거주국에서 과세 권리를 보유하는 이러한 조세 규정이 일반적이다. 그럼에도 벨기에는 조세 피난처이고 론스타는 부당한 면세 혜택을 받으려고 하는 전달자에 불과하다는 입증되지 않았고 설득력도 없는 혐의를 토대로 국세청은 벨기에와의 조세조약을 준수하지 않았다. 대신 벨기에 기업이 아닌 사실상 비非벨기에 투자자 수준의 조세를 부과했다.

44. 또한 아래 자세히 논의한 대로 2005년부터 지금까지 국세청은 단지 세금을 극대화하기 위해 론스타의 한국 기업 지분 매각에 대해 모순된 입장을 취해왔다. 론스타가 한국에 일정한 장소(고정 사업장)를 두고 여기서 정기적이고 지속적으로 비즈니스를 수행했을 때 한국에서의 과세가 극대화되는 경우 국세청은 론스타가 한국에 이와 같은 사업장을 가지고 있다고 주장했다. 고정 사업장이 없는 경우 보다 많은 조세를 부과할 수 있을 경우에는 한국에 이와 같은 고정 사업장이 없다고 결론지었다. 여러 번의 매매 거래 과정에서 국세청은 처음에는 론스타가 한국에 고정 사업장을 가지고 있지 않다고 했다가 다음에는 한국에 고정 사업장이 있다고 했으며 이후 다시 한국에 고정 사업장이 없다고 결론지었다. 또한 국세청이 론스타가 한국에 고정 사업장이 없다고 결론지은 경우에도 국세청은 적용할 수 있는 조세조약을 무시하고 한국 국내법만을 토대로 조세를 부과하거나 원천 징수했다.

45. 론스타와 국세청 간의 분쟁은 국세청이 영장이나 론스타어드바이저코리아의 동의 없이 불법적이고 강제적으로 론스타어드바이저코리아 서울 사무소를 불시 급습하여 론스타를 감사한 2005년 4월부터 시작되었다. 론스타어드바이저코리아는 한국의 다양한 론스타 조직에 서비스를 제공하던 개별 기업으로 론스타 기업에서 론스타어드바이저코리아를 소유 또는 경영한 적이 없었다. 국세청의 불시 급습은 론스타가 사무실 건물 스타타워를 소유했던 한국 기업인 스타타워 기업의 지분을 매각하여 수익을 실현하자 여론의 적대감에 높아진 것에 기인한다. 국세청은 해당 사건과 관계 없어서 론스타와 국세청이 이미 감사 과정에서 제외하겠다고 합의한 회사의 기밀 정보도 불시 급습해서 불법적으로 압수해갔다.

46. 2005년 10월부터 국세청은 사실상 론스타의 모든 한국 투자와 사업에 대해 막대한 조세를 부과하고 다양한 론스타 계열사와 직원을 대검찰청에 형사 고발했다. 특히 국세청은 스타타워 기업 지분 매각과 관련하여 1,120억 원의 양도소득세를 부과했다. 스타타워 기업은 벨기에 법에 따라 조직된 론스타 투자 홀딩 기업인 스타홀딩스SCA에서 소유한 회사였다. 한국-벨기에 조세조약은 지분 매각자 또는 양도인이 벨기에인일 경우 한국은 한국 기업의 지분 매각에 조세를 부과할 수 없다고 명확히 규정하고 있다. 그러나 국세청은 스타홀딩스SCA는 스타타워 기업 지분의 실제 수익 소유자가 아니라며 한국-벨기에 조세조약과 완전히 반대되는 입장을 취했다. 실제로 아래 언급했듯이 벨기에는 국세청의 이러한 입장에 공식적으로 이의를 제기하고 조약에 규정된 대로 양국이 함께 이 문제를 논의하자고 제안했다.

47. 국세청은 스타홀딩스SCA가 스타타워 기업 지분의 매각자 또는 양도인이 아니고 최종 투자자, 즉 스타홀딩스SCA를 간접 소유한 미국과 버뮤다 파트너십의 투자자가 스타타워 기업의 실제 소유주라고 주장했다. 그러나 국세청은 이들 투자자가 누구인지는 알지 못한다면서 단순히 미국과 버뮤다 파트너십에 조세를 부과했다. 이는 그른 결정이었지만 설혹 옳았다 하더라도 한미조세조약에 따라 이들 수익의 상당 부분은 면세 대상이었다. 그럼에도 국세청은 부동산을 주요 자산으로 보유하고 있는 한국 기업의 지분 매각으로 해당 수익이 발생했기 때문에 조세조약에 관계없이 한국 국내법에 따라 한국에서 조세를 부과할 수 있다고 주장했다. 이러한 그른 주장을 바탕으로 국세청은 스타타워에 간접 투자한 미국과 버뮤다 파트너십에 조세를 부과했다. 이는 분명 그른 결정이었지만 설혹 옳다고 하더라도 비非

한국 파트너십에 이러한 방식으로 과세하는 것은 해당 펀드 파트너십이 한국에 고정 사업장을 가지고 있지 않은 경우에만 가능했다.

48. 또한 국세청은 법인세 제도보다 세율이 높은 개인 소득세 제도에 따라 이들 기업에 조세를 부과했다. 한국 법원에서 몇 년에 걸쳐 소송을 진행한 끝에 한국 대법원은 2012년 1월 국세청의 다른 주장이 모두 유효하다고 하더라도 이들 기업에 개인 소득세율을 적용한 것은 부당하다며 론스타에 유리한 판결을 내렸다. 이 판결로 국세청은 부과했던 세금을 환급해야 했다. 그러나 국세청은 이를 따르지 않고 법인세 제도에 따라 조세를 다시 부과한 다음 다시 부과된 세금에 대해 일방적으로 환급을 적용했다. 이와 같이 론스타는 7년 간의 소송 끝에 대법원에서 유리한 판결을 받았지만 기본적으로 동일한 문제에 대해 한국 법정에서 다시 몇 년 동안 소송을 진행해야 하는 상황에 처해 있다.

49. 설명했듯이 국세청은 한국 국내법과 적용할 수 있는 조세조약에 따라 펀드 파트너십이 한국에 고정 사업장을 가지고 있지 않은 경우에만 개인 또는 법인세 제도에 따라 이들 조세를 부과할 수 있었다. 하지만 국세청은 불과 2년 후에 스타타워와 사실상 형태가 동일했던 론스타의 경우에서는 완전히 반대의 입장을 취한다.

50. 2007년 론스타와 제휴한 5개 벨기에 홀딩사는 다음 3개 한국 기업 지분을 매각했다. LSF-외환은행홀딩스에서 소유한 외환은행 지분 블록세일, 스타리스의 LSF-SLF홀딩스SCA와 HL홀딩스SCA에서 소유한 지분 매각, 극동건설의 극동홀딩스1호SCA 및 극동홀딩스2호SCA에서 소유한 지분 매각. 이들 한국 기업의 소유권 구조는 스타타워 기업의 소유권 구조와 흡사했다. 그러나 2008년 7월 국세청은 스타타워 기업 매각에 적용했던

것과는 정반대의 방식을 적용하여 이들 매각에 총 1,530억 원의 조세를 부과했다.

51. 2007년 지분 매각이 이루어진 3개 한국 기업 중 부동산을 주요 자산으로 가지고 있던 기업은 없었다. 따라서 한국 국세청이 이들 3건의 매매에 조세를 부과하려면 스타타워 기업의 경우에 적용했던 것과 동일한 방식 해당 방식도 옳지 않음을 적용할 수 없었다. 결과적으로 국세청이 스타타워 매매의 경우처럼 3건의 매매에 참여한 론스타 기업이 한국에 고정 사업장을 가지고 있지 않다고 결론짓는다면 매각 수익의 상당 부분은 한국 정부의 조세 대상이 아닌 조세조약(벨기에 또는 최종 펀드 투자자의 거주국과 체결한 조약)의 적용을 받는다. 하지만 국세청은 이러한 결과를 수용하지 않고 새로운 방식을 적용해 해당 매각에 한국 조세를 부과했다.

52. 이번에 국세청은 지분을 매각한 각 벨기에 기업은 무시하고 한국에 있는 한국 자산 관리 회사인 허드슨어드바이저코리아와 론스타어드바이저스코리아 직원의 기업 활동을 빌미로 업스트림 투자자인 미국과 버뮤다 파트너십이 한국에 고정 사업장을 가지고 있기 때문에 지분 매각 수입 일부에 대해 한국에서 과세할 수 있다고 주장했다. 설명했듯이 외환은행, 스타리스, 극동 매매 거래에서 론스타 기업의 소유권 구조는 불과 2년 전에 국세청이 업스트림 투자자가 한국에 고정 사업장을 가지고 있지 않다고 결정했던 스타타워 기업 매매 거래에서의 기업 구조와 유사하다. 이들 경우에서 보이듯이 국세청은 적법성이나 이전 입장과의 일관성에 관계없이 한국에서 많은 조세를 부과할 수 있는 방법이라면 무엇이든 가리지 않고 사용했다.

53. 벨기에는 2007년 8월 8일 한국의 한국-벨기에 조세조약 위반과 관

런해 조세조약 제24조에 따라 상호 합의 절차를 통해 스타홀딩스SCA 거래 분쟁을 해결하자고 제안했다. 국세청은 2007년 9월 27일 조약 위반에 관한 벨기에의 상호 합의 절차 제안은 물론 벨기에 정부와 해당 문제를 논의하는 것조차 거부했다.

54. 앞서 언급했듯이 2012년 2월 론스타는 마침내 상당량의 외환은행 지분을 하나금융에 매각할 수 있었다. 그러나 국세청은 다시 새로운 과세 방식을 적용했다. 금감위가 매각을 승인하기 전에도 국세청은 론스타에 지불할 매매가격에서 자본이득세를 원천징수하도록 하나금융에 명령했다. 한국 국내법하에서 원천징수는 매각자가 고정 사업장을 가지고 있지 않은 경우 및 적용 가능한 조세조약에서 원천징수를 제외하지 않은 경우에만 부과할 수 있었다. 따라서 국세청이 외환은행 지분 매입 및 매각과 관련하여 하나금융에 원천징수를 명령한 것은 론스타의 2007년 블록세일 경우와는 정반대로 론스타가 한국에 고정 사업장을 가지고 있다고 해석한 것을 의미했다. 국세청은 또한 한국-벨기에 조세조약하에서 2012년 매각 수익은 한국에서 원천징수 대상이 아니라는 것을 무시했다(또는 최종 투자자의 거주국과 체결한 조약에 따라 이들 최종 펀드 투자자가 이들 투자의 실제 납세자라는 국세청의 입장을 논의하기 위해 수용). 국세청이 되도록 많은 세금을 부과하기 위해 또 다시 이전과 반대의 입장을 취한 것이 분명해 보였다.

55. 국세청의 명령에 따라 하나금융은 매각 수익에서 4,310억 원을 원천징수해 2012년 3월 5일과 2012년 3월 7일 서울지방국세청과 남대문세무서에 각각 납부했다.

56. 요약하자면 국세청은 한국-벨기에 조세조약에서 보장하는 벨기에 주주의 권리를 노골적으로 무시한 동시에 론스타에 가능한 많은 세금을 부

과하기 위해 투자별 시기별로 실질적인 입장을 바꿔가면서 론스타의 한국 투자에 대해 총 8,000억 원가량의 세금을 부과했다.

IV. 한국-벨기에 투자보장협정하에서 제기된 클레임

57. 앞서 설명했듯이 한국 정부는 한국-벨기에 투자보장협정에서 규정한 론스타에 대한 의무를 위반했다. 론스타는 2008년 7월 9일, 2009년 2월 11일, 2012년 1월 17일 금감위에 보낸 서신과 구두를 통해 한국 정부에 이러한 위반 사례를 여러 차례 알렸다.

58. 론스타는 여기에 한국-벨기에 투자보장협정 제8조 제8항에 따라 본 상세 적요서와 분쟁에 대한 서면 통지서를 한국 정부에 제출한다.

59. 이번 분쟁에서 투자자는 벨기에 기업 LSF-외환은행홀딩스SCA와 스타홀딩스SCA, HL홀딩스SCA, LSF-SLF홀딩스SCA, 극동홀딩스1호SCA, 극동홀딩스2호SCA이다. 이들 투자자는 외환은행 지분 64.62%를 비롯해 한국-벨기에 투자보장협정에 따라 보호되는 다른 투자를 보유하고 있었다. 앞서 언급한 조치를 통해 한국 정부는 이들 투자와 관련하여 다음 사항을 위반했다.

제2조 제2항 공정하고 공평한 대우, 완전하고 지속적인 보호 및 보안 의무

제2조 제3항 임시적이고 차별적인 조치로 의한 투자의 운영, 관리, 유지, 사용, 보유, 처분 방해 금지

제3조 제1항 및 제2항 한국 투자자 또는 제3국 투자자 및 한국인 투자자 또는 제3국 투자자의 투자 및 수익률과 동일하게 대우할 의무

제5조 보상이 없는 몰수 금지

제6조 투자 및 수익에 대한 투자자의 자유 거래 보장 의무

60. 이러한 한국-벨기에 투자보장협정 위반으로 인해 론스타는 수십 억 유로에 달하는 손해를 입었다. 론스타는 이를 자세히 설명할 권리를 보유한다.

61. 한국-벨기에 투자보장협정 제8조 제1항에 따라 론스타는 이번 분쟁을 원만히 해결할 준비가 되어 있으며 선의에 따라 신중하게 한국 정부와 이를 논의하기를 바란다. 앞서 분명히 설명했듯이 이미 론스타는 한국과의 분쟁을 막고 해결하기 위해 많은 노력을 기울였으나 결실을 이루지 못했다. 6개월 이내에 적절한 조치와 보상을 통해 이 분쟁이 해결되지 않는다면 한국-벨기에 투자보장협정 제8조 제3항에 따라 론스타는 국제투자분쟁해결센터에 이번 분쟁의 중재를 요청할 계획이다.

스토리펀딩 후원에 참여해주신 분들

강명규, 강민경, 강봉수, 강상철, 강성민, 강승호, 강신윤, 강영희, 강유정, 강준모, 강희중, 고봉수, 고영애, 고재일, 고정옥, 고평섭, 고현철, 곽병주, 곽순정, 곽은아, 곽효철, 구상미, 구익현, 구철규, 국창민, 권경민, 권기우, 권숙희, 권오현, 권중근, 권현대, 금지헌, 김경중, 김공회, 김근애, 김덕민, 김도현, 김동수, 김동준, 김로나, 김명학, 김미자, 김민수, 김민찬, 김민혜, 김병수, 김병주, 김봉규, 김봉기, 김봉희, 김상섭, 김상열, 김상윤, 김상훈, 김선희, 김성수, 김성용, 김성진, 김성희, 김수옥, 김승겸, 김승범, 김승은, 김신우, 김아영, 김영덕, 김영란, 김영미, 김영삼, 김용구, 김용수, 김용현, 김용호, 김유용, 김윤수, 김이경, 김인, 김장수, 김정만, 김정화, 김종, 김종근, 김종민, 김종보, 김종오, 김준영, 김지영, 김진, 김진영, 김창한, 김창호, 김충기, 김태연, 김태우, 김태혁, 김평원, 김학남, 김학수, 김한수, 김현, 김현준, 김형균, 김형인, 김형주, 김혜옥, 김홍용, 김희정, 나용희, 남승균, 남유선, 노필성, 도한준, 류수현, 류장원, 목정호, 문재혁, 문재환, 문창곤, 문평곤, 문한송, 문형원, 민경희, 박경은, 박두현, 박문수, 박미경, 박민범, 박상준, 박성

웅, 박성호, 박신영, 박영수, 박우근, 박우준, 박원찬, 박정규, 박정오, 박정인, 박정호, 박종민, 박종호, 박주한, 박준상, 박준영, 박준호, 박준홍, 박중현, 박진동, 박찬영, 박찬태, 박창완, 박창원, 박혁준, 방문성, 배성경, 배현정, 백병규, 백승일, 백일선, 사종은, 서동욱, 서민석, 서현주, 선재성, 설재용, 소성, 손동주, 손성미, 손지훈, 송기순, 송영두, 송영욱, 송영은, 송원국, 송원석, 송윤영, 송인석, 송효진, 신동림, 신상규, 신자운, 신창준, 신현태, 신혜원, 신희선, 심정환, 안상규, 안현웅, 양다해, 양동석, 양버들, 양시원, 양용환, 양한구, 양희송, 엄태원, 여민구, 오경태, 오달영, 오동균, 오동은, 오병철, 오수진, 오용대, 오지석, 오형래, 원미선, 원철, 유광렬, 유영주, 유정현, 유지민, 유택근, 윤대영, 윤수인, 윤시원, 윤영림, 윤은주, 윤일평, 윤재중, 윤재형, 윤정원, 윤홍인, 윤희숙, 은지, 이강훈, 이건호, 이경숙, 이경태, 이경호, 이기원, 이대규, 이동욱, 이동원, 이동한, 이명규, 이명훈, 이미란, 이범석, 이병석, 이봉교, 이봉호, 이산하, 이상언, 이상욱, 이상헌, 이상훈, 이성구, 이성운, 이성종, 이세훈, 이수곤, 이승준, 이승환, 이신형, 이영석, 이예슬, 이용비, 이용욱, 이우림, 이우진, 이원재, 이은수, 이은진, 이은향, 이재형, 이정배, 이정식, 이정옥, 이정현, 이정희, 이제영, 이종찬, 이종희, 이주형, 이준범, 이준봉, 이준하, 이진석, 이진아, 이진영, 이창민, 이태용, 이태윤, 이태호, 이판희, 이한주, 이현주, 이혜은, 이홍민, 이효정, 이희만, 인정태, 임명환, 임성혁, 임원대, 임재홍, 임종문, 임진석, 임현수, 장동습, 장아랑, 장창완, 장현민, 전계영, 전용철, 전원경, 전은수, 전정현, 전현엽, 전홍주, 정경화, 정석구, 정성욱, 정아람, 정엽, 정영경, 정영석, 정윤후, 정은숙, 정인수, 정재원, 정주영, 정지웅, 정충교, 정해종, 정현경, 정현아, 정현영, 정현정, 제대영, 조규정, 조명암, 조상호, 조성국, 조성운, 조용립, 조정민, 조

한진, 주세운, 주재성, 주재영, 지대훈, 진유, 차수경, 차일석, 차형근, 채소진, 최경석, 최공필, 최낙현, 최동규, 최동규, 최만영, 최미라, 최세민, 최원진, 최유미, 최은경, 최정현, 최준석, 최준영, 최치건, 최항준, 컴웨이, 표효정, 하철안, 한경임, 한병후, 한상복, 한수열, 한영만, 허병진, 허인재, 허재혁, 홍성일, 홍승완, 홍우철, 홍원표, 홍윤정, 황서영, 황용신, 황우석, 황인홍, 황호연.

투기자본의 천국

ⓒ 이정환, 2018

초판 1쇄 2018년 12월 20일 찍음
초판 1쇄 2018년 12월 28일 펴냄

지은이 | 이정환
펴낸이 | 강준우
기획·편집 | 박상문, 김소현, 박효주, 김환표
디자인 | 최원영
마케팅 | 이태준
관리 | 최수향
인쇄·제본 | 대정인쇄공사

펴낸곳 | 인물과사상사
출판등록 | 제17-204호 1998년 3월 11일

주소 | 04037 서울시 마포구 양화로7길 4(서교동) 2층
전화 | 02-325-6364
팩스 | 02-474-1413

www.inmul.co.kr | insa@inmul.co.kr

ISBN 978-89-5906-512-7 03300

값 24,000원

이 도서의 국립중앙도서관 출판예정도서목록(CIP)은 서지정보유통지원시스템 홈페이지
(http://seoji.nl.go.kr)와 국가자료공동목록시스템(http://www.nl.go.kr/kolisnet)에서
이용하실 수 있습니다. (CIP제어번호: 2018040840)